Bruno Gloger · Richelieu

Richelieu

Die Karriere
eines Staatskardinals
Biografie
von Bruno Gloger

Verlag Neues Leben Berlin

Frontispiz: Richelieu. Gemälde von Philippe de Champaigne, Paris, Louvre

ISBN 3-355-00820-6

© Verlag Neues Leben, Berlin 1989 · 2. Auflage, 1990 · Lizenz Nr. 303
LSV 7001 · Schutzumschlag und Einband: Gerhard Christian Schulz · Kartenzeich-
nungen: Karl-Heinz Döring · Typografie: Erika Wald · Fotos: Staatliche Galerie Des-
sau, Schloß Georgium (1), Sammlung des Autors (52) · Schrift: 10p Timeless · Satz:
Karl-Marx-Werk Pößneck V 15/30 · Druck- und buchbinderische Weiterverarbeitung:
Offizin Andersen Nexö, Graphischer Großbetrieb, Leipzig III/18/38 · Bestell-Nr.
644 616 3

Vorbemerkung

Kein anderer ausländischer Staatsmann des 17. Jahrhunderts hat sich so dauerhaft in das Buch der deutschen Geschichte eingetragen wie der Franzose Armand-Jean du Plessis, Herzog von Richelieu, Kardinal der römisch-katholischen Kirche und Erster Minister Ludwigs XIII. von 1624 bis 1642. Sein Leben und sein Werk sind besonders gut durch Geschichtsquellen belegt, gründlich durchforscht und in mehrbändigen Biografien dargestellt worden, die jedoch nur in wissenschaftlichen Bibliotheken zur Verfügung stehen. Diese faszinierende Persönlichkeit den Freunden historischer Biografien näherzubringen, die weder mit der Geschichte noch mit den historischen Landschaften Frankreichs vertraut sind, erschien mir vor zwei Jahrzehnten als eine reizvolle, aber doch wohl zu schwierige Aufgabe. Schon der Schweizer Historiker, Diplomat und Schriftsteller Carl Jacob Burckhardt sah sich veranlaßt, nur den bis 1631 reichenden ersten Band seiner Richelieu-Darstellung weitgehend chronologisch als »reine« Biografie zu konzipieren. Als er 1966/67 nach zweiunddreißig Jahren zwei weitere starke Bände folgen ließ, stand der große Franzose nur noch im Mittelpunkt weit ausgreifender Exkurse zur allgemeinen Geschichte und Vorgeschichte des Dreißigjährigen Krieges.

Einige Artikel über die historische Bedeutung Richelieus, die anläßlich seines vierhundertsten Geburtstages 1985 veröffentlicht wurden, konnten zwar das Zerrbild von einem blutrünstigen Tyrannen korrigieren, das die »Drei Musketiere« und die nach dem berühmten Roman des Alexandre Dumas gedrehten Filme vermittelten, aber ein umfassendes Lebensbild lieferten sie nicht. Diese Lücke wurde nur noch deutlicher spürbar.

Da nun der zweihundertste Jahrestag des Beginns der Großen Französischen Revolution im Jahr 1989 die allgemeine Aufmerksamkeit auf weltpolitisch relevante Aspekte der Geschichte Frankreichs lenkt, folgte ich gern der Aufforderung des Verlags, mit einer Richelieu-Biografie einen Teil der langen Vorgeschichte dieser Revolution zu beleuchten. Dabei soll hinter den bekannten Umrissen des Staatsmannes auch jener widerspruchsvolle Mensch deutlicher erkennbar werden, der nicht nur seinen Zeitgenossen, sondern auch Historikern und Schriftstellern des 19. Jahrhunderts, denen Geschichtsquellen aus der ersten Hälfte des 17. Jahrhunderts nicht ediert zur Verfügung standen, als ein »Ungeheuer« erschienen ist. Ihm mehr Gerechtigkeit widerfahren zu lassen ist ein Anliegen dieses Buches.

Als jakobinische Ankläger die Verbrechen feudaler Gewaltherrschaft mit der Guillotine rächten, nannten sie auch den Namen des bereits vor einhundertfünfzig Jahren verstorbenen Kardinals Richelieu. Sein Name war im Volke noch so verhaßt, daß verlangt wurde, man möge seine Gebeine aus dem Grabe holen und den »Königsknecht« symbolisch enthaupten. Dazu ist es nicht gekommen. Ein so barbarischer Exzeß hätte tiefes Unverständnis der Revolutionäre für die Leistungen eines zwar extrem skrupellosen, doch in seinem Wirken für die Einheit Frankreichs unbeirrbaren Politikers offenbart.

Wir erkennen heute besser als die Urenkel der Opfer seiner grausamen Diktatur, daß Richelieu den Weg Frankreichs von der Einheit der Dynastie zur Einheit der Nation entscheidend mitbestimmt hat. Was er vollbrachte, knüpfte an Bemühungen um einen nationalen Einheitsstaat an, die seit der zweiten Hälfte des 15. Jahrhunderts nachweisbar sind. Vollendet wurde sein Werk erst unter dem »Sonnenkönig« Ludwig XIV. Ein einleitender Exkurs soll dies verdeutlichen und daran erinnern, wie unlösbar die Geschicke des französischen und des deutschen Volkes seit dem Mittelalter miteinander verbunden waren.

Frankreichs langer Weg zum Nationalstaat

Aus den Trümmern jenes riesigen *Frankenreiches*, das Karl der Große seinen Erben hinterlassen hatte, waren um die Mitte des 9. Jahrhunderts drei Teilreiche entstanden. Doch bereits gegen Ende dieses Jahrhunderts wurde das in der Mitte gelegene Lotharingien zwischen den Herren des Westfrankenreiches – des späteren Frankreich – und des Ostfrankenreiches – des späteren Deutschland – aufgeteilt. Diese linksrheinischen Territorien des karolingischen Großreiches blieben ein Jahrtausend lang Ziele für immer wieder neue Eroberungskriege, in denen es letzthin um die Vorherrschaft in Europa ging.

Im 10. Jahrhundert gelangten im *Ostfrankenreich* sächsische Herrscher auf den Königsthron, die eine – auf längere Sicht verhängnisvolle – Verbindung des deutschen Königtums mit einem erneuerten römischen Kaisertum schufen. Ein Anwärter auf den deutschen Königsthron blieb stets von der Gunst eines Wahlgremiums abhängig, das aus den mächtigsten Reichsfürsten bestand. Und ein römisch-deutscher Kaiser bedurfte der Bestätigung durch den Papst, aus dessen Händen er die Krone empfing. Das hatte sich noch nicht geändert, als im 16. Jahrhundert Kaiser Karl V. aus dem Hause Habsburg regierte, in dessen Weltreich »die Sonne nicht unterging«.

Das *Westfrankenreich* schien lange der Willkürherrschaft von Feudalherren ausgeliefert zu sein, die ihre Territorien wie eigene kleine Königreiche regierten. Hugo Capet, Herzog von Francien und Herr über das Gebiet zwischen Seine und Loire, übernahm im Jahre 987 die Krone Frankreichs vom letzten Karolingerkönig. Weil er klugerweise seinen Sohn zum Mitkönig krönen ließ, blieb weiterhin die Nachfolge männlicher Thronerben gesichert. Als König Ludwig XVI. im Jahre 1793 zum Tode durch die Guillotine verurteilt wurde, nann-

7

ten seine Richter ihn »Bürger Capet«. Mehr als achthundert Jahre lang hatten damals also »Kapetinger« sowie ihre Erben aus den Nebenlinien Valois und Bourbon Frankreich regiert. Ihre Hauptstadt war und blieb Paris. Dort schlug und schlägt nach tausend Jahren noch heute das Herz Frankreichs. Von dort aus wurden zunächst widerstrebende Teile des Königreiches nach und nach politisch, militärisch, ökonomisch und kulturell erobert, und dort begann und endete auch das Leben Richelieus.

Aber Francien und sein Kernland, die Île de France, verkörperten lange Zeit keineswegs das, was wir heute Frankreich nennen. Selbst die so nahe gelegene Normandie war noch bis zum Anfang des 13. Jahrhunderts ein selbständiges Herzogtum mit der Hauptstadt Rouen. Von dort aus eroberten Normannen im Jahre 1066 England. Daß die englische Führungsschicht nun jahrhundertelang französisch sprach und in großen Teilen Frankreichs ererbte Grafschaften nach Lehnsrecht besaß, wirkte sich für das französische Königtum bedrohlich aus, als im 14. und 15. Jahrhundert englische Könige die Thronfolge des Hauses Valois nicht anerkannten und von französischen Territorien aus einen »Hundertjährigen Krieg« um die Krone Frankreichs führten. Dadurch wurde die Einheit des kapetingischen Königtums zeitweilig sehr gefährdet.

Dramatisch, wie die Geschichte des französischen Königtums, ist auch die Geschichte der Stadt Paris verlaufen, die für die kapetingische Dynastie wie für die französische Nation stets besondere Bedeutung besaß. Um 1600 war die Hauptstadt noch von einer mittelalterlichen, um 1370 entstandenen Mauer umgeben, die bei Stadterweiterungen zwar oft durchbrochen, aber immer wieder repariert worden war und wirksame Kontrolle an den Stadttoren ermöglichte. Vieles im Stadtbild erinnerte noch an das 13. Jahrhundert, als ein etwas engerer Mauerring schon etwa einhundertzwanzigtausend Einwohner (eine für damalige Verhältnisse ungeheure Zahl) schützte, auch vor dem Zugriff erboster Feudalherren, denen leibeigene Bauern entlaufen waren. Vom Gewerbefleiß ihrer Bürger profitierten die Könige. Seit etwa 1250 konnte die Stadt deren umfangreichen Hofstaat auf Dauer ernähren, so daß König Ludwig IX. (als Kreuzfahrer wurde er bald nach seinem Tode vom Papst heiliggesprochen) auf der großen Seineinsel einen Palast als ständige Residenz bezog. Der auf dem rechten Flußufer gelegene Louvre war damals eine Bastion an der westlichen Stadtmauer. Erst nach 1546 entstand daraus der bekannte Königspalast.

Am rechten Seineufer hatten sich vor allem Kaufleute und Handwerker niedergelassen, am linken Ufer, um den sanften Genovevahügel gelegen, befand sich das »lateinische Viertel« der Mönche und Priester, in deren Bereich die Gelehrsamkeit eine berühmte Heimstatt fand. Das 1257 gegründete Kollegium des Hofkaplans Robert de Sorbon umfaßte als erste Vorstufe einer modernen Universität drei Fakultäten. Neben der Theologie wurden dort Rechtswissenschaft (noch überwiegend Kirchenrecht) und Medizin gelehrt. »Die Sorbonne« erhielt und bewahrte sich eigene Gerichtsbarkeit. Als höchste Autorität im wissenschaftlichen Meinungsstreit stellte sie eine weit über die Landesgrenzen hinaus wirkende Macht dar.

Ein aus weltlichen und geistlichen Juristen paritätisch zusammengesetzter Gerichtshof fungierte als oberste Berufungsinstanz und stärkte das Ansehen des Königs als »Hort der Gerechtigkeit« gegenüber der Willkür feudaler Grundbesitzer. Im 14. Jahrhundert entstanden daraus die typisch französischen »Parlamente« in Paris und mehreren Provinzhauptstädten. Diese Gerichtshöfe entschieden auch über Form und Rechtskraft königlicher Erlasse und Gesetze. Als Vorstufe von Parlamenten im modernen Sinne gab es damals Ständeversammlungen von Vertretern des Adels, der Geistlichkeit und des Besitzbürgertums. Parlamentsräte, Juristen bürgerlicher Herkunft bildeten eine neue adlige Gesellschaftsschicht, einen »Amtsadel« neben dem »Schwertadel«. Chronischer Geldmangel verführte die Könige dazu, staatliche Ämter als Pfründen zu verkaufen. Diese Aufstiegsmöglichkeit für Angehörige des Bürgertums veränderte jedoch die soziale Struktur des Feudalstaates nicht grundlegend, sondern förderte noch zusätzlich Korruption und Mißwirtschaft.

Als sich französische Städte im 12. und 13. Jahrhundert in der sogenannten Kommunebewegung bürgerliche Freiheiten (Selbstverwaltung) gegenüber weltlichen und geistlichen Feudalherren erkämpften, erlangten die Bürger der beiden bedeutendsten Städte im Bereich des königlichen Kronguts (Domäne), Paris und Orléans, nur begrenzte Freiheitsrechte. Das führte zu Unruhen und Aufständen. Im Verlaufe des Hundertjährigen Krieges (1337–1453), der von den Königen aus dem Hause Valois gegen ihre englischen Rivalen geführt wurde, kam es mehrmals zu solchen Krisen. Nachdem im Jahre 1356 König Johann »der Gute« in englische Gefangenschaft geraten war, setzte der Vorsteher der Pariser Kaufmannschaft Etienne Marcel drastische Steuersenkungen durch. Doch der Kronprinz Karl (VI.) gab nur zum Schein nach. Schon bald wurde Paris von Truppen des Hochadels belagert.

Nur weil gleichzeitig der größte Aufstand französischer Bauern im Mittelalter, die sogenannte Jacquerie (»Guter Jakob« war der Spottname für Bauern), die militärischen Kräfte des Adels aufsplitterte, dauerte es eine Zeitlang, bis die Pariser zur Kapitulation gezwungen und die alten Verhältnisse wiederhergestellt wurden. Im Volke überwog die Hoffnung, daß ein starker König der beste Schutz gegen Adelswillkür sei. Die enormen Kosten des Krieges gegen die Engländer nötigten König Karl VI. jedoch, neue Steuern einzuführen, was abermals Volksaufstände hervorrief. Auch diese wurden niedergeschlagen, und danach kamen einige Institutionen städtischer Selbstverwaltung wieder unter die Aufsicht königlicher Beamter.

Nach 1392 zeigten sich bei Karl VI. Merkmale zunehmender geistiger Zerrüttung. Alsbald begannen Machtkämpfe der bedeutendsten Feudalherren. Paris als Zentrum der Staatsverwaltung mit entsprechend reich fließenden Geldquellen (ein ähnliches Zentrum konnte das deutsche Königtum nie entwickeln) wollte jede der um die Macht kämpfenden Parteien unter ihre Kontrolle bringen. Der Thronfolger (nach der ihm gehörenden südostfranzösischen Provinz Dauphiné stets »Dauphin« genannt) konnte sich gegenüber dem Herzog von Burgund, dessen Länder nur als Lehen zu Frankreich gehörten, nicht behaupten. Im Jahre 1418 besetzten burgundische Truppen Paris, nachdem sich der Herzog mit den Engländern verbündet hatte. Der schwächliche Dauphin Karl VII. mußte fliehen und sah hilflos mit an, wie nach 1422 englische, burgundische und französische Heerhaufen mit Raubzügen große Teile des Landes verwüsteten.

Als englische Truppen die strategisch sehr wichtige Stadt Orléans belagerten, erschien ein siebzehnjähriges Bauernmädchen aus einem lothringischen Dorf, Jeanne (Johanna) d'Arc, vor dem willensschwachen Karl VII. Johanna verkündete sehr eindrucksvoll, daß sie von Gott gesandt worden sei, damit Frankreich gerettet werde. Ihre Worte hatten im einfachen Volke schon starken Widerhall gefunden. Nach

10

Gefangennahme der Jeanne d'Arc vor Compiègne. Zeitgen. Miniatur

längerem Zögern entschloß sich der Dauphin, ein Entsatzherr nach Orléans zu entsenden, das Johanna begleitete.

Nachdem die Stadt unerwartet schnell befreit worden war, führte die »Jungfrau von Orléans« 1429 Karl VII. zur Krönung nach Reims, der traditionellen Krönungsstadt, die dafür erst erobert werden mußte. Doch die Einnahme der Hauptstadt blieb ihr versagt. Vor Compiègne wurde sie von Burgundern gefangengenommen. Der von ihr gerettete König Karl unternahm nichts, sie freizukaufen. So wurde sie gegen eine hohe Summe an die Engländer ausgeliefert. Diese ließen sie nach einem kirchlichen Prozeß wegen Hexerei im Jahre 1431 auf dem Marktplatz von Rouen verbrennen.

Unterstützt durch einen Aufstand der Bürger, konnte Karl VII. 1434 endlich Paris einnehmen. Erst 1456, drei Jahre nach der Beendigung des Hundertjährigen Krieges, als die Engländer nur noch Calais besetzt hielten, ließ der undankbare König die im Volke bereits wie eine Heilige verehrte »Jungfrau von Orléans« durch ein neues

Gerichtsverfahren »rehabilitieren«; seit 1920 ist sie eine Heilige der katholischen Kirche. Das Auftreten der »pucelle« (wie »die Jungfrau« allgemein genannt wird) trug wohl wesentlich dazu bei, daß sich in den französischen Volksmassen schon früh ein Nationalgefühl entwickelte.

Der von 1461 bis 1483 regierende Ludwig XI. gab diesem Gefühl eine machtpolitische Grundlage. Erfolgreiche Politik unkriegerischen Landerwerbs, verbunden mit kluger Förderung gewinnträchtiger Wirtschaftszweige (wie Seidenmanufaktur) und hartem Vorgehen gegen die Herzöge aus altem Adel, die sich mit Herzog Karl dem Kühnen von Burgund gegen ihn verschworen hatten, ließ einen Staat entstehen, in dem der König nun überwiegend *Herr* und nicht nur Lehnsherr der nach Selbständigkeit strebenden Fürsten war. Am Ende waren die Länder Burgund, Maine, das Artois, die Freigrafschaft Burgund, die Provence und das Roussillon (am Fuße der Pyrenäen) in seinem Besitz. Wenn Richelieu die Konturen Frankreichs im wesentlichen klar umrissen vorfand, so war das vor allem diesem König zu verdanken.

Für Ludwigs minderjährigen Erben, Karl VIII., leitete von 1483 bis 1491 dessen Schwester als Regentin mit großer Geschicklichkeit (und mehr Redlichkeit als später die Mutter Ludwigs XIII.) die Regierungsgeschäfte. Sie verheiratete den König mit der Erbin des Herzogtums Bretagne – so wurde das königliche Kronland weiter abgerundet. Die Erfolge dieser Politik staatlicher Konsolidierung wurden jedoch aufs Spiel gesetzt, als nach 1494 französische Herrscher ebenso kostspielige wie sinnlose Ansprüche auf italienische Territorien erhoben. Die vorübergehende Eroberung der Staatsgebiete von Neapel und Mailand alarmierte das Haus Habsburg. Fühlte sich hier die spanische Linie der Habsburger angegriffen, so wurde auch der Konflikt mit den österreichischen Habsburgern unausweichlich, als König Franz I. sich 1519 – wenn auch erfolglos – um die Kaiserkrone bewarb. Gegen einen französischen König auf dem deutschen Kaiserthron gab es in der öffentlichen Meinung Deutschlands starke nationale Vorbehalte. Ein vierjähriger Krieg um den Besitz von Mailand endete mit der Gefangennahme Franz' I. in der Schlacht von Pavia (1525), nachdem der bourbonische Prinz von Condé als ranghöchster Marschall (Konnetabel) sich verräterisch mit dem habsburgischen Feinde verbündet hatte.

Bei der französisch-habsburgischen Rivalität, die seit dem Ende des 15. Jahrhunderts die Geschichte Europas maßgeblich beeinflußte, spielte es auch eine große Rolle, daß der spätere Kaiser Maximilian bereits 1477 als Ehemann der Erbtochter Karls des Kühnen in den Besitz der Niederlande (mit Flandern), Luxemburgs sowie des Artois und der Freigrafschaft Burgund (die nur kurze Zeit zu Frankreich gehört hatten) gelangt war. Seither sahen sich die Herrscher Frankreichs im Norden, Westen und Süden von habsburgischen Heeren bedroht und suchten unaufhörlich nach Möglichkeiten, diese eiserne Klammer zu sprengen. Die besten Helfer lieferten ihnen schließlich die Habsburger selbst, als sie nicht verhindern konnten, daß die kirchlichen Reformen Luthers und Calvins zuerst die religiöse, damit aber auch zwangsläufig die politische, militärische, ökonomische und kulturelle Einheit des habsburgischen Weltreiches zerstörten.

Daraus unmittelbaren Gewinn zu ziehen blieb dem französischen Königtum jedoch noch lange versagt, da es seinerseits durch religiöse Gegensätze im eigenen Lande erheblich geschwächt wurde. Die Gefahr solcher innenpolitischen Kämpfe schien zunächst dadurch gebannt zu sein, daß Franz I. mit dem Papst Leo X. 1516 ein Konkordat geschlossen hatte, welches die seit dem Anfang des 14. Jahrhunderts bestehenden Streitigkeiten um Sonderrechte der französischen, der »gallikanischen« Staatskirche – Gallia ist der lateinische Name von Frankreich – beendete. Der französische König durfte fortan Prälaten ernennen (den Päpsten blieb die kirchliche Weihe vorbehalten) und war an weitergehenden Kirchenreformen nicht interessiert. Zahlreiche »lutherische Ketzer« endeten, besonders nach 1540, auf dem Scheiterhaufen.

Doch ein nach Genf geflohener Franzose, Johannes Calvin, trat dort die Nachfolge des 1531 verstorbenen Reformators Huldrych Zwingli an und wurde zum Begründer des Kalvinismus. Die von ihm endgültig formulierte Lehre, daß jeder Mensch von Gott zu Auserwähltheit oder ewiger Verdammnis »prädestiniert« (vorherbestimmt) sei und nur in moralisch vorbildlicher Lebensweise den Beschluß Gottes erkennen könne, erwies sich mit ihrem Arbeits*gebot* und Luxus*verbot* als ideale Ideologie für frühe bürgerliche Revolutionen. Die Folgen der Niederländischen Revolution (1566–1579) und auch das Heranreifen der Englischen Revolution (1640–1649) ließen die Entwicklung in Frankreich nicht unberührt. Eine ähnliche revolutionäre Situation dort beizeiten zu verhindern war bereits ein Hauptanliegen der letzten Könige aus dem Hause Valois gewesen. Der Sohn Franz' I., Heinrich II., setzte die grausame Verfolgung der Lutheraner im eigenen Lande fort; als aber Kaiser Karl V. im Schmalkaldischen Krieg (1546/47) der protestantischen Oppositionspartei so schwere Schläge versetzt hatte, daß die Herrschaft der Habsburger über alle deutschen Territorien in greifbare Nähe gerückt zu sein schien, entschloß sich Heinrich, die deutschen »Ketzer« zu unterstützen. Die protestantischen Fürsten traten ihm dafür in einem Geheimvertrag die »reichsunmittelbaren« lothringischen Bistümer Metz, Toul und Verdun ab. Nachdem Karl V. 1553 vergeblich versucht hatte, Metz zurückzuerobern, mußte er im Augsburger Religionsfrieden (1555) die religiös-politische Spaltung des deutschen Reiches anerkennen.

Die so erfolgreiche »Deutschlandpolitik« Heinrichs II. galt fortan als Richtschnur für alle seine Nachfolger. In den nächsten Jahrzehnten spitzten sich aber in Frankreich innenpolitische Schwierigkeiten wieder dramatisch zu. Da konnte man von Glück sagen, daß auch die Habsburger lange Zeit nicht in der Lage waren, offensiv Großmachtpolitik zu betreiben. Im Jahre 1556 entsagte Karl V. dem Kaisertum und teilte sein Weltreich auf. Spanien, die Niederlande und die unermeßlich reichen überseeischen Besitzungen wurden dem in Madrid residierenden Philipp II. übertragen, während das deutsche Reich und das Kaisertum an Karls Bruder Ferdinand von Österreich (Ferdinand I.) fielen.

König Philipp wollte sogleich die Demütigung seines Vaters an Frankreich rächen und ließ spanische Truppen von den Niederlanden her in Nordfrankreich einfallen. Nachdem diese bis an die Somme vorgestoßen waren, gelang es einer aus Italien herbeigeeilten französischen Armee, den Angriff aufzufangen, und 1559 kam wegen beiderseitiger Erschöpfung ein Friedensschluß zustande, der dem Hause Habsburg die Herrschaft in Italien sicherte. Metz, Toul und Verdun blieben französisch, und »nebenbei« waren die Engländer von ihrem letzten Brückenkopf in Frankreich, Calais, vertrieben worden. Nur zwei Monate nach dem Frieden mit Spanien, der eine lange Reihe letzthin aussichtsloser Kämpfe mit dem Hause Habsburg beendete und dem ausgebluteten Lande eine Chance für wirtschaftliche Erholung bot, verunglückte Heinrich II. in einem Turnier tödlich.

14

Der fünfzehnjährige – formal mündige – Thronfolger starb bereits nach einem Jahr. Der neue König, Karl IX., war erst zehn Jahre alt.

Schon gleich nach dem Tode Heinrichs begann zwischen den nächsten Verwandten des jugendlichen Thronerben ein heftiges Ringen um Einfluß »an den Stufen des Thrones«. Noch im selben Jahr hielten die französischen Kalvinisten, Hugenotten genannt, ihren ersten Gesamtkirchentag ab, und zwar wohl nicht ohne Grund im katholisch gebliebenen Paris. Damals soll es in Frankreich bereits zweitausend Hugenottenkirchen gegeben haben, obwohl erst 1557 das Einfuhrverbot für kalvinistische »Missionsliteratur« aus der Schweiz erneuert und bei Zuwiderhandlungen die Todesstrafe angedroht worden war!

Politischer Führer der in Südfrankreich beim Adel und beim rebellischen Bürgertum der reichen Städte (auch in der Normandie) dominierenden Hugenotten war König Anton von Navarra, als Chef des Hauses Bourbon nächster Verwandter des Königshauses, also »erster Prinz von Geblüt«. Er hatte sich zusammen mit seinem Bruder, Prinz Ludwig von Condé, um 1557 der »reformierten Kirche« Calvins angeschlossen. Ihm folgte der als Heerführer berühmte Admiral Coligny.

Die Bourbonen standen traditionell in Opposition zum regierenden Königshaus; doch Anton von Navarra nahm diese Gelegenheit, das Haus Valois vom Thron zu verdrängen, nicht wahr. Um so eifriger waren zwei Brüder Guise, Angehörige einer Nebenlinie des lothringischen Herzoghauses und ebenfalls mit den Kapetingern verwandt, um maßgeblichen Einfluß auf die Regierungsgeschäfte bemüht. Sie führten die mächtige Partei der Katholiken an, die sich die Ausrottung der »Ketzerei« in ganz Frankreich zur Aufgabe gemacht hatte. Zwischen beiden Machtblöcken versuchte die Königin Katharina (aus dem florentinischen Geschlecht der Medici), als Regentin für den minderjährigen Karl IX. ein gewisses Gleichgewicht herzustellen, um so ihre eigene Position zu festigen. Sie konnte aber nicht verhindern, daß eine Reihe besonders mörderischer »Hugenottenkriege« Frankreich verheerten. Gegen die Hugenotten wurden spanische Truppen ins Land gerufen; die hugenottische Reiterei bestand fast ausschließlich aus Deutschen, die in der kalvinistisch gewordenen Kurpfalz angeworben wurden. Der gerade erst im Werden begriffene einheitliche französische Nationalstaat drohte in einem Chaos zu versinken.

Die »Bartholomäusnacht«, 24. August 1572. Zeitgen. Holzschnitt

Als die zahlenmäßig niemals überlegenen, militärisch aber viel besser organisierten Hugenotten schließlich die Oberhand gewannen und einen »gesamtfranzösischen« Krieg gegen Spanien erzwingen wollten, um den aufständischen niederländischen Kalvinisten beizustehen, sah sich Katharina von Medici zu äußersten Gegenmaßnahmen genötigt. Nachdem ein Attentat auf Coligny fehlgeschlagen war, wurde ein heimtückischer Plan ausgeheckt. Während der Hochzeit des jungen kalvinistischen Königs Heinrich von Navarra mit Margot von Valois, der Schwester König Karls IX., im August 1572 in Paris, wurden die Führer der Hugenotten umgebracht. Daraus entwickelte sich ein Pogrom gegen alle Protestanten. In der »Bartholomäus-

16

nacht« (vor dem Tage des Heiligen Bartholomäus) verloren in Paris zwei- bis dreitausend, in ganz Frankreich etwa dreißigtausend Hugenotten ihr Leben. Trotz dieser Verluste waren die Überlebenden jedoch noch stark genug, einen neuen Bürgerkrieg zu beginnen. Ihr Führer war der den Mördern entkommene König Heinrich von Navarra.

Der Niedergang des Hauses Valois schritt unaufhaltsam voran. Dem 1574 verstorbenen Karl IX. folgte ein homosexueller Bruder als Heinrich III. auf dem Thron. Als feststand, daß dieser ohne Erben sterben würde, betrachtete er den Bourbonen Heinrich von Navarra als seinen legitimen Nachfolger. Die Aussicht, einen Protestanten auf dem Thron Frankreichs zu sehen, veranlaßte die katholische Partei, eine auf spanischen Beistand gestützte Heilige Liga zu gründen, die ein Guise als vom Papst akzeptierter Thronfolger anführte. Die Hugenotten fanden bei der protestantischen Königin Elisabeth von England außenpolitischen Rückhalt. Im Volke genoß die katholische Partei jedoch entschieden mehr Sympathie. Der König mußte aus Paris fliehen. Er berief 1588 die Generalstände nach Blois ein, wo die Katholiken offen rebellierten. Da ließ Heinrich III. die Brüder Guise kurzerhand ermorden und beraubte die katholische Partei damit ihrer wichtigsten Führer.

Bald darauf erkannte der letzte Valois den Bourbonen offiziell als Thronfolger an. Eine Verständigung mit den – ökonomische Nachteile befürchtenden – Katholiken war jedoch gar nicht denkbar, Paris verschloß beiden Königen seine Tore. Diese begannen mit ihren vereinigten Truppen eine regelrechte Belagerung. Schon bald darauf fiel Heinrich III. dem Dolch eines Mönches zum Opfer. So wurde Heinrich von Navarra 1589 als Heinrich IV. König von Frankreich. Dem vom Papst gebannten »Ketzer« wurde aber sein Anrecht auf den Thron von ausländischen Bewerbern streitig gemacht. Neben dem Herzog von Savoyen erhob auch der König von Spanien Anspruch auf die Krone, und zwar für seine Tochter Isabella, deren Mutter eine Tochter König Heinrichs II. von Frankreich war.

Zur Beilegung des Thronstreites wurden 1593 die Generalstände nach Paris einberufen, das seit 1591 eine ständige spanische Besatzung hatte. Eine weitere, unabsehbare Steigerung des spanischen Einflusses auf die Geschicke Frankreichs ging nun aber einer Mehrheit in den Generalständen, in der die sogenannten Politiker schon weit entwickelte Ansätze zu gesamtnationalem Denken erkennen ließen, zu weit. Als Heinrich IV. im Juli 1593 überraschend zum Katholizismus übertrat (der vielzitierte Ausspruch:»Paris ist eine Messe wert!« kann allerdings nicht belegt werden), einigten sich beide Parteien schon nach wenigen Tagen auf einen befristeten Waffenstillstand. Die Liga hatte erkennen lassen, daß sie das Interesse des Katholizismus über das Interesse der Nation stellte, und damit ihrem Ansehen in großen Teilen der Bevölkerung sehr geschadet. Nach Ablauf des Waffenstillstandes konnte Heinrich IV. schnell entscheidende militärische Erfolge erzielen. Im März 1594 zog er endlich in Paris ein. Die letzten Kämpfe dauerten zwar noch bis Anfang 1598, doch bereits 1595 löste ihn der Papst vom Bann und erkannte ihn als König an.

Vier Jahrzehnte Bürgerkrieg zwischen zwei Parteien des alten Feudaladels, die sich bei ihrem Kampf um die Macht über ein schwaches Königtum auf religiös fanatisierte Teile der Gesamtbevölkerung stützen konnten, hatten die nationalstaatliche Einheit Frankreichs aufs höchste gefährdet. Auch der tatkräftige, kluge, schnell populär werdende neue König konnte nur schrittweise Voraussetzungen für eine wirtschaftliche und politische Gesundung des Landes schaffen. Sein berühmt gewordenes Toleranzedikt von Nantes verlieh 1598 den verfemt gewesenen Hugenotten volle staatsbürgerliche Rechte und sehr weitgehende religiöse Freiheit. Die zunächst zeitlich befristete militärische Absicherung dieser Rechte durch hugenottische Truppen und Festungen sollte sich nach der Ermordung Heinrichs IV. im Jahre 1610 als verhängnisvoll erweisen.

Der Zeit erfolgreichen Neubeginns folgten damals Jahre eines schrecklichen Rückfalls in nationale Zerrissenheit und wirtschaftliches Chaos. Doch dann betrat ein Mann die politische Bühne Europas, der als Erster Minister König Ludwigs XIII. nach 1624 die Politik Heinrichs IV. wieder aufnahm, indem er dem feudalabsolutistischen Frankreich des 17. und 18. Jahrhunderts einen nationalstaatlichen Panzer schmiedete.

Herkunft und Erbe

Drei Traditionen

Der Name *du Plessis* hatte im Adel Frankreichs seit dem Anfang des 13. Jahrhunderts einen guten Klang; doch seine Träger gehörten dem niederen Adel an, konnten nur im Dienste des Königs oder eines der großen Herren, die über Lehnsfürstentümer wie über kleine Königreiche herrschten, zu bescheidenem Wohlstand gelangen. Als ein jüngerer Zweig der du Plessis die Herrschaft Richelieu erwarb und sich nun zusätzlich danach benannte, überragte er in der öffentlichen Reputation den älteren Zweig erheblich. Dennoch erregte es Aufsehen, als im Jahre 1542 Louis du Plessis de Richelieu die dem ältesten Feudaladel angehörende Françoise de Rochechouart heiratete. Françoise hatte allerdings nur als eine Art Gesellschafterin bei einer reichen Verwandten gelebt und konnte weder Jugend noch Schönheit noch eine reiche Mitgift in die Ehe – die ihre Standesgenossen als Mesalliance betrachteten – einbringen. Immerhin wurde Louis durch den Schwiegervater der Zugang zu Ehrenämtern am Königshof erleichtert. Er starb jedoch schon nach neun Ehejahren und ließ seine Frau mit drei Söhnen und zwei Töchtern in – nach ihren Maßstäben – recht dürftigen Verhältnissen zurück.

Der älteste Sohn wurde während eines Aufenthaltes auf Schloß Richelieu von einem benachbarten Edelmann wegen einer alten Familienfehde, die aus nichtigem Anlaß aktualisiert worden war, heimtückisch getötet. Die Mutter ruhte nun nicht eher, bis der zweite Sohn, François, der am Hofe König Karls IX. als Page diente, nach Richelieu zurückkehrte und den Mord an seinem Bruder rächte, indem er in einer Furt des nahe gelegenen Flusses einen »Reitunfall« arrangierte, den der feindliche Nachbar nicht überlebte. Nachdem François Frankreich fluchtartig verlassen hatte, wurde er des Mordes beschuldigt und in Abwesenheit zum Tode verurteilt. Wahrscheinlich

19

hat er den späteren König Heinrich III. nach Polen begleitet, wo dieser 1573 zum König gewählt wurde (Polen war eine »Wahlmonarchie«). Heinrich kehrte jedoch 1574 nach Frankreich zurück, um dem verstorbenen Karl IX. auf dem Thron zu folgen.

François de Richelieu hatte bereits sehr jung (um 1566) die sechzehnjährige Suzanne de La Porte geheiratet – eine Bürgerliche! Seine adelsstolze Mutter hatte nur zugestimmt, weil der Schwiegervater, ein in Paris sehr angesehener Parlamentsrat, reich war und die Richelieus dringend Geld brauchten. Suzanne erbte aber nur von ihrer Mutter, und zwar so wenig, daß die Enttäuschung groß war. Als Ehefrau eines zum Tode Verurteilten, der als flüchtiger Mörder galt, hat die sanfte junge Frau bei ihrer verbitterten Schwiegermutter sicherlich harte Jahre verbringen müssen. Auch die Heimkehr ihres Gatten scheint zunächst daran nicht viel geändert zu haben. Die Gunst des neuen Königs schützte ihn vor strafrechtlicher Verfolgung, und ein anderer Gönner, der Präsident des Pariser Parlaments, erwirkte die Annullierung des Todesurteils. Trotzdem sah François de Richelieu den Stammsitz seiner Familie und seine Frau wohl sehr selten. Da Heinrich III. einen politischen Ausgleich zwischen der Hugenottenpartei und der katholischen Heiligen Liga suchte und dabei zwangsläufig zwischen den Fronten in erhebliche Bedrängnis geriet, brauchte er absolut zuverlässige Geheimagenten, die mit höfischer Geschmeidigkeit, aber notfalls auch mit kaltblütigem Mord dem Verteidiger der königlichen Zentralgewalt dienten. Einer von ihnen war offenbar François de Richelieu.

Heinrich III., der die Frauen nicht liebte, trug den Spottnamen »Fürst von Sodom«, weil der Sittenverfall an seinem Hofe an das biblische Sodom erinnerte. Seine Günstlinge, die sogenannten Mignons (»Lieblinge«) »bliesen die Lockpfeife des Betrugs nach Kurtisanenart«, so klagte ein Zeitgenosse. Der »Erzliebling« wurde zum Herzog von Joyeuse ernannt, sein Bruder erhielt den roten Hut eines Kardinals – wer ihre Freundschaft gewann, brauchte sich um die Gunst König Heinrichs nicht zu sorgen. Ein solcher Glückspilz war der Gatte der einsamen Madame de Richelieu. Seine Ernennung zum Grand Prévôt (oberster »Amtmann«) hatte allerdings den Nachteil, daß für dieses Amt eine sehr hohe Kaufsumme gezahlt werden mußte. François verfügte aber nur über ein Neuntel des Betrages und mußte zweiunddreißigtausend Livres (fast eintausend Kilogramm reines Silber) von seinen reichen Gönnern leihen. Immerhin hat dieses Amt seine wirtschaftliche Existenz soweit gefestigt, daß eine standesgemäße Erziehung von Kindern gesichert erschien. Nach 1578 stellten sich drei Söhne und zwei Töchter ein.

Der dritte Sohn, auf den Namen Armand-Jean getauft, wurde am 9. September 1585 geboren, wahrscheinlich in Paris, jedenfalls bezeichnete sich der Kardinal 1633 in einem Brief als Pariser. Komplikationen bei der Entbindung brachten die Mutter und auch das Kind in große Gefahr. Armand-Jean litt lebenslang unter fiebrigen Anfällen, bewies aber enorme geistige Energie und zähe Lebenskraft.

Vorerst war sein Leben am meisten durch die äußerst schwierige Lage des Königtums bedroht, durch den Bürgerkrieg, der die Heimatprovinz der Richelieus, das Poitou, mit am schlimmsten verwüstete. François war durch die vom König erteilten Aufträge so in Anspruch genommen, daß die Sicherheit seiner Familie nur auf den starken Mauern des festungsartig gebauten Schlosses Richelieu beruhte. Für katholische »Royalisten« war das Poitou, in dem Katholiken und Hugenotten seit langem um die Vorherrschaft kämpften, doppelt gefährlich. Die Erinnerung an die Gefahren der ersten acht Jahre seines Lebens hat den späteren Staatsmann nie verlassen. Daneben gab es aber auch Anlässe für manchen stolzen Rückblick.

Es sind Quittungen über ansehnliche Summen erhalten geblieben, die François de Richelieu für Dienste erhalten hat, »welche der König nicht erwähnt haben möchte«. Einer dieser nicht näher bezeichneten Aufträge muß wohl besonders wichtig gewesen sein, denn François wurde für seine Leistung zum Ritter des sehr vornehmen Ordens »Vom Heiligen Geist« ernannt. Es ist merkwürdig, daß in diesem Falle keine Versammlung des Generalkapitels stattgefunden hat, um den neuen Würdenträger aufzunehmen. Man munkelte, daß François' Wappen einige Schönheitsfehler aufwies. Die Verbindung mit den La Porte, deren Amtsadel in Kreisen des Schwertadels wenig galt, konnte durch die Verwandtschaft mit den hochfeudalen Rochechouart wohl nicht ganz aufgewogen werden.

Drei Jahre später, im Mai 1588, erlangte François als »Portier« hohen Ruhm. Eine Revolte von Anhängern der Heiligen Liga und der spanischen Partei zwang Heinrich III., aus Paris zu fliehen. Ligisten drangen in den Louvre ein und verfolgten den König, der durch eine Pforte des Tuileriengartens ins Freie gelangte. An dieser Pforte verhandelte der zurückgebliebene Richelieu so lange mit den wütenden Rebellen, bis der König in Sicherheit war. Wenige Monate darauf, als das Brüderpaar Guise ermordet und die Oppositionspartei damit führerlos geworden war, erhielt François den keineswegs ungefährlichen Auftrag, die in den Generalständen noch heftig randalierenden Ligisten festzunehmen. Er war auch dabei, als sich Heinrich III. mit Heinrich von Navarra verbündete und schon bald darauf ermordet wurde.

Als dann die Repräsentanten des militanten Katholizismus sich weigerten, den von Heinrich III. zum Thronfolger ernannten Heinrich von Navarra, den Ketzer, als Heinrich IV. von Frankreich anzuerkennen, bekannte sich François de Richelieu konsequent zum neuen König und diente dem Bourbonen ebenso treu wie zuvor dem letzten Valois. Heinrich IV. verlieh ihm den Rang eines Hauptmanns seiner Garde und sah ihn in mehreren Schlachten sowie vor dem abermals belagerten Paris an seiner Seite. Dort starb François de Richelieu am 10. Juni 1590 ganz plötzlich an einer nicht näher bekannten Krankheit.

Wenige Jahre später hätte der König über genügend Mittel verfügt, um die Hinterbliebenen eines so bewährten Mitstreiters gut zu versorgen. Doch im Sommer 1590 mußte er sogar die Belagerung seiner Hauptstadt abbrechen, da eine überlegene spanische Armee heranzog. Diese ließ eine ständige Garnison in Paris zurück, das Philipp II. von Spanien schon siegesgewiß »meine Stadt« nannte. In Frankreich schienen die von der katholischen Gegenreformation geförderten Kräfte der feudalen Zersplitterung über die Idee nationalstaatlicher Einheit zu triumphieren. Und im Zentrum des sich noch verschärfenden Bürgerkrieges versuchte François de Richelieus Witwe – hinter den Mauern des Stammschlosses keineswegs vor Mord, Raub und Brand sicher – ihren Kindern das aus heutiger Sicht doch recht ansehnliche Erbe zu bewahren.

Die derzeitigen Einkünfte aus beträchtlichem Grundbesitz, auf dem sich neben Schloß Richelieu drei weitere Schlösser befanden, waren geringer als die damit verbundenen finanziellen Belastungen, ganz zu schweigen von François' sonstigen Schulden. Der größte Teil der Besitzungen gehörte noch immer »der Rochechouart«, die auch über Schloß Richelieu herrschte und »die La Porte« tyrannisierte. Unerwartete Hilfe kam von Suzannes Vater. Als er starb, bat er seinen Mitarbeiter Bouthillier, seine Tochter zu beraten. Das tat dieser Advokat erstaunlich uneigennützig und so erfolgreich, daß die jüngere Madame de Richelieu, selbst klug und ausdauernd, den Familienbesitz zu retten vermochte. Nach dem Übertritt Heinrichs IV. zum Katholizismus kehrten bald friedlichere Zeiten zurück. Der König half den Richelieus mehrmals mit Geldgeschenken, und so konnte auch für den jüngsten Sohn, Armand-Jean, eine standesgemäße Ausbildung finanziert werden.

Der junge Armand

Der älteste der Söhne, Henri, sollte fast den gesamten Familienbesitz erben. Er richtete sich – wie einst der Vater – auf eine Karriere am Hofe ein. Auf den zweiten Sohn, Alphonse, wartete eine geistliche Pfründe: das nahe gelegene Bistum Luçon. König Heinrich III. hatte es um 1584 der Familie Richelieu »verliehen«, da seine Kassen leer waren und das Konkordat von 1516 ihm erlaubte, einen hochverdienten Offizier auf diese Weise nach Feudalrecht zu besolden. Dem jüngsten Sohn blieb nur die Aussicht auf Fürstendienst, wobei im allgemeinen der Degen eine größere Rolle spielte als die Feder.

Für Armand du Plessis (so wurde er in diesen Jahren genannt) war es von großer Bedeutung, daß ein Bruder seiner Mutter, Komtur im Malteserorden, in Paris lebte und ihm dort einen der sehr begehrten Plätze am Kollegium Navarra verschaffte. Amador de La Porte sorgte auch für standesgemäßes Auftreten seines neunjährigen Neffen, den ein Erzieher und ein Kammerdiener begleiteten; doch im Fegefeuer einer barbarischen Schuldisziplin – von vier Uhr morgens bis zwanzig Uhr mußten die Zöglinge hart arbeiten – spielten Fragen äußerlicher Repräsentation sicherlich keine große Rolle. Die Schulgebäude wiesen noch deutliche Spuren der letzten Kämpfe auf. Hungern und Frieren waren aber sowieso Bestandteile des traditionell spartanischen Erziehungsprogramms. An Werktagen boten zwei Mahlzeiten und ein Gottesdienst die einzigen Erholungspausen, die Feiertage wurden mit erheblich verlängerten Gottesdiensten fast vollständig ausgefüllt. Die jüngeren Schüler mußten sich oft mit einem halben Hering und einem Ei begnügen, während den älteren Gemüse ohne

Fleisch, ein Hering, ein Stück Käse, etwas Butter und ein Glas Wein serviert wurden. Bei aller kargen Lebensweise waren sie doch vornehme Herrlein.

Diese rauhe Erziehung machte aus dem weichen, oft kranken Muttersöhnchen Armand einen gegen sich und andere harten, strengen jungen Mann, der seinen oft kränkelnden Körper und sein sehr labiles Nervensystem mit eisernem Willen beherrschte, großen Mut und sogar Neigung zu rebellischem Verhalten zeigte, durch Lob aber leicht zu lenken war. Als nach vielen Jahren der ehemalige Rektor des Kollegium Navarra den allmächtigen Kardinal Richelieu besuchte, der Könige und Kaiser das Fürchten lehrte, bemerkten die verblüfften Sekretäre Seiner Eminenz bei ihrem Herrn nicht nur Anzeichen von respektvoller Unsicherheit, sondern sogar Furcht!

Und dabei konnte der hohe Herr auf seine Schülerzeit doch gewiß mit Stolz und Genugtuung zurückblicken. Latein und Griechisch sowie die sehr wichtig genommenen rhetorischen Übungen fielen dem überaus intelligenten Jungen leicht. Seine Begabung für methodisches Denken und Handeln ließ ihn das Schulpensum schnell bewältigen. Während die meisten seiner Mitschüler sich mit dieser geistigen Nahrung begnügten, absolvierte der wissensdurstige Armand auch den dritten Teil des Standardlehrgangs, das Studium der Philosophie, mit der ihm eigenen Intensität und Schnelligkeit. Neben der Mathematik des Euklid erlernte er damals die hohe Kunst, als Dialektiker »gegen alles und alle« zu diskutieren. Diese Fähigkeit hat später dem Politiker oft sehr genützt. Die Früchte der Bildungsreform Heinrichs IV., die Beseitigung der alten, von mittelalterlicher Scholastik geprägten Schulprogramme, kamen ihm noch nicht zugute. So blieb seine Bildung in manchen Bereichen lückenhaft. Das tat der faszinierenden Wirkung seiner Reden und Schriften jedoch keinen Abbruch.

Mit siebzehn Jahren beendete Armand seine Studien am Kollegium Navarra, um sich auf einer »Akademie« (einem Erziehungsinstitut für Söhne des Adels), die der Oberstallmeister des Königs erst vor wenigen Jahren gegründet hatte und nun mit großem Erfolg leitete, zu einem perfekten »Mann von Welt« ausbilden zu lassen. Beim Abschied vom Kollegium überreichte man ihm einen Degen und nannte ihn – seinem Wunsch entsprechend – »Marquis de Chillou« (nach einem der Güter, die den Richelieus gehörten). Der Titel eines

Das Rathaus von Paris, nach 1628. Kupferstich von Silvestre

Marquis scheint nur aus Prestigegründen mit einem »Nom de guerre«, einem angenommenen Namen verbunden worden zu sein. Er paßte gut zu einem jungen Stutzer, den nach dem Martyrium des Schulzwanges nun brennende Neugier, Lebensgier durch die Gassen der großen Stadt trieb.

Armand lernte erst jetzt jenes Paris kennen, »das sich aus Schrekken und Fremdherrschaft aufraffte; ein noch vom Schmutz des Mittelalters schwarzes Paris, beschützt von Mauern und Türmen, die von den letzten schweren Kämpfen zeugten, ein Paris der düsteren, gewundenen Gassen, der gebrechlichen und überlasteten Brücken, voll von Klöstern, Kirchen, Palästen, baufälligen Gebäuden, Räuberhöhlen; und dazwischen drängte sich die Menschenmenge, buntscheckig wie auf einem orientalischen Markt; ein ständig überschwemmtes Paris war es, und sein Gestank erregte Übelkeit. Helmbusch und Soutane, das strenge Wams der Bürger, die Roben aus Samt und Atlas, Livreen und Lumpen – alles das wimmelte durcheinander, und wenn es auch kaum Karossen gab, war der Wirrwarr doch unbeschreiblich« (Erlanger).

Die Zahl der Einwohner wird auf etwa 400 000 geschätzt. Innerhalb des mittelalterlichen Mauerrings herrschte schreckliche Enge. Charakteristisch waren an drei Seiten bebaute, zur Straße hin mit einer Mauer abgeschlossene Plätze, die sogenannten Höfe. Ein einziger von ihnen, als »Hof der Wunder« zu trauriger Berühmtheit gelangt, beherbergte 6000 oder 7000 Räuber, die vor allem nachts in die Stadt ausschwärmten. Und doch nannte damals einer der »geistigen Leuchttürme« Europas, der durch seine »Essais« zu bleibendem Ruhm gelangte Schriftsteller und Philosoph Montaigne, die Hauptstadt Frankreichs »eines der schönsten Schmuckstücke der Welt«.

Akademiedirektor de Pluvinel hatte auf Reisen in Italien berühmte Bildungseinrichtungen besucht, in denen Edelleute aus ganz Europa die feine Lebensart erlernten. Dann hatte er im Auftrag Heinrichs IV. zunächst in Paris einen Reitstall eröffnet, der zum Kernstück einer Akademie wurde. Nach diesem Beispiel sollten in Toulouse und Rouen ebenfalls Akademien für den Nachwuchs der feudalen Oberschicht gegründet werden. Kunstgerechtes Reiten und Fechten bildeten die Grundlage für weitere »ritterliche Künste«: gutes Benehmen in allen Lebenslagen, insbesondere bei Tisch, Kenntnisse in der Mathematik und in der Musik. So erwarb man Sicherheit im Auftreten, lernte schnelles Reagieren mit den richtigen Worten und mit dem Degen, konnte an ritterlichen Kampfspielen teilnehmen.

Monsieur de Pluvinel gab persönlich Hinweise, korrigierte Fehler in den Gesten, in der Sprache, in der Kleidung. Damit prägte er eine ganze Generation des französischen Adels, denn das Beispiel seiner Schüler machte schnell Schule. Bald kamen auch zahlreiche Ausländer nach Paris, um sich dort »den letzten Schliff« geben zu lassen. Früher waren sie nach Italien gereist. Unter ihnen befand sich der Engländer George Villiers, Günstling der Könige Jakob I. und Karl I., der in den Jahren von 1619 bis 1628 die Politik Englands maßgeblich mitbestimmte und als erster Herzog von Buckingham Richelieus gefährlicher Gegenspieler werden sollte.

Der »Marquis de Chillou«, eine elegante und auch schon vom Glanz geistiger Überlegenheit umstrahlte Erscheinung, konnte trotz ständiger Gefährdung durch Anfälle von Fieber und Kopfschmerzen auf eine steile Karriere als Offizier oder am Königshof hoffen. Da erreichte ihn schon zu Beginn dieser vielversprechenden Ausbildung völlig überraschend ein Hilferuf seiner Mutter. Bruder Alphonse, den man seit seinem zwölften Lebensjahr »Bischof von Luçon« nannte, war von religiösen Wahnideen besessen. Er weigerte sich ganz entschieden, die Bischofswürde anzunehmen, und trat als Mönch in ein Kartäuserkloster ein. Schon seit fast fünfzig Jahren war das Bistum Luçon von Vikaren mehr schlecht als recht verwaltet worden. Da es bereits als das schäbigste Bistum von ganz Frankreich gegolten hatte, bevor sein Territorium durch die Bürgerkriege verwüstet worden war, erbrachte die Pfründe jetzt kaum nennenswerte Einkünfte; doch Madame de Richelieu wollte diesen Besitz der Familie unbedingt erhalten.

Die Mitglieder des Domkapitels waren aber nicht bereit, eine weitere Verlängerung des Provisoriums zu dulden. Sie nötigten den letzten Verwalter, seinen Platz zu räumen, und ließen »illegal« einen Bischof amtieren, von dem nichts Näheres bekannt ist. Wahrscheinlich haben sich die Richelieus bemüht, den Skandal zu vertuschen. Inzwischen hatte Armand bereits ohne zu zögern dem Wunsch seiner Mutter, die er sehr liebte, entsprochen und das Studium der Theologie an der Sorbonne aufgenommen. Auf die Schulbank zurückzukehren war für ihn offenbar kein großes Opfer.

Die Pariser Universität befand sich noch immer an jener ziemlich breiten, durch zwei Tore abgeriegelten Straße, an der Robert de Sorbon sie um die Mitte des 13. Jahrhunderts gegründet hatte. In eines der stattlichen Kollegien, die bereits zur Zeit König Ludwigs des Heiligen erbaut worden waren, zog 1602 der erst siebzehn Jahre alte Armand du Plessis mit einem Sekretär, Dienern und – einem Arzt ein. Um die in Prüfungen nachzuweisenden Kenntnisse möglichst schnell zu erwerben, hatte er seine eigene Methode entwickelt: Mit einem Doktor der Theologie von der spanisch-niederländischen Universität Löwen und einem Engländer, der als Meister der Dialektik galt, arbeitete er täglich acht Stunden lang, ohne auf sein körperliches Befinden Rücksicht zu nehmen. Schwerpunkt dieser geradezu hektischen Studien und Streitgespräche war der gerade in Mode gekommene Neustoizismus. Asketische Morallehren der griechischen Philosophie des Stoizismus, die im Bürgertum, aber auch in Teilen des Adels zusammen mit dem Kalvinismus Anhänger gefunden hatten, sollten an den »Staatskatholizismus« Heinrichs IV. angepaßt werden.

Eine solche Beschleunigung des Studiums erregte an der Theologischen Fakultät nicht nur wohlwollendes Interesse; und sie erschien auch wenig sinnvoll, wenn man bedachte, daß Armand noch fünf Jahre bis zum Mindestalter fehlten, das im Kirchenrecht für einen Bischof vorgeschrieben war. Aber Madame de Richelieu hatte längst den König gebeten, beim Papst eine Sondergenehmigung zu erwirken. Einen solchen Dispens hatte Heinrich bereits für einen seiner außerehelichen Söhne erlangt, der als Sechsjähriger (!) Bischof von Metz geworden war. Für den Sohn seines verstorbenen Grand Prévôt wurde nicht vergeblich um Fürsprache gebeten: Der König beauftragte seinen Gesandten beim Vatikan, die Sache zu betreiben. In Rom gab es aber eine lange Liste ähnlicher Gesuche, und so kam nach einigen Monaten vom Papst nur die Erlaubnis, den ersten Teil der Studien schneller als sonst üblich zu absolvieren. Da reiste der junge Abbé (dieser Titel für einen Geistlichen ohne Amt wurde ihm schon zugestanden) kurzentschlossen selbst nach Rom. Ihm kam dabei zustatten, daß er (wohl von dem Privatlehrer aus Löwen) die spanische Sprache erlernt hatte. Spanisch war im 16. und in der ersten Hälfte des 17. Jahrhunderts die wichtigste Verhandlungssprache der Diplomaten und die vorherrschende Umgangssprache am Papsthof.

Dort regierte Papst Paul V. als Landesfürst einen italienischen Kleinstaat, der unter dem Machtkampf der Valois mit den Habsburgern erheblich gelitten hatte und nun die Vorteile eines einigermaßen gesichert erscheinenden Friedens genoß. Als Oberhirte der katholischen Christenheit herrschte er vor allem über die Stadt Rom. Deren Glanz als Zentrum weltlicher und geistlicher Macht war seit der Antike nie ganz erloschen und erstrahlte nun im Widerschein des Goldes, das sich aus der eroberten Neuen Welt über die Verwalter des Schlüssels zur ewigen Seligkeit ergoß. Der Abbé de Richelieu wurde aber weder vom Luxus geblendet, den der Papst und seine Kardinäle ungeniert zur Schau stellten, noch ließ er sich von dem anschwellenden Elend der städtischen Armut, vermehrt durch die herbeiströmenden Bettler, Siechen und Verbrecher aller Art, nachhaltig beeindrucken.

Paul V. entstammte dem mächtigen Adelsgeschlecht der Borghese, dessen damals gerade neu erbauter Palazzo heute eine der bedeutendsten Kunstsammlungen Roms beherbergt. Dieser Papst versuchte ohne spürbaren Erfolg, die Leiden der Armen – besonders auf dem Lande – zu mildern. Erfolgreicher war der gelehrte Jurist mit seinem Bemühen, die seit langem betriebene Vetternwirtschaft der Päpste staatsrechtlich zu fundieren. In den Familien der großen Feudalherren, die dem Vatikan nahestanden, wurden reich dotierte Pfründen und politisch bedeutsame Ämter angehäuft. Ihre jeweiligen Feindschaften und Zweckbündnisse genau zu kennen war für einen ehrgeizigen Anwärter auf ein hohes Kirchenamt sehr wichtig.

Nach sechs Monaten Aufenthalt in Rom beherrschte der Abbé de Richelieu die Kunst, seinen Ehrgeiz und seine überlegene Intelligenz mit dem Mantel christlicher Demut und Selbstlosigkeit so gut zu verhüllen, daß zwei in Rom lebende französische Kardinäle ihn unbesorgt in die höchsten Kreise des römischen Klerus einführen konnten. Der nur durch hohe Protektion empfohlene, noch völlig unbekannte junge Mann wurde sogar vom »Kardinal-Neffen« empfangen, der als Premierminister des Kirchenstaates fungierte. Eines Tages wiederholte Richelieu in vornehmer Gesellschaft eine soeben gemeinsam gehörte lange Predigt wortwörtlich. Diese enorme Gedächtnisleistung verschaffte ihm Zutritt zum Heiligen Vater, der sich persönlich von den geistigen Fähigkeiten des sonderbaren Bittstellers überzeugen wollte.

Einer ersten Audienz folgten bald weitere – der von Natur mißtrauische Papst war dem Charme des jungen Franzosen erlegen. Nach und nach wurden dabei auch politisch heikle Themen berührt, sogar die Frage der Rechtgläubigkeit König Heinrichs IV., dessen Zuverlässigkeit als Stütze des Heiligen Stuhles am Papsthof angezweifelt wurde. Da Paul V. die Rivalität zwischen Frankreich und Spanien als Druckmittel gegen spanische Großmachtpolitik in Italien nutzen wollte, ließ er sich gern davon überzeugen, daß der ehemalige »Ketzer« auf dem französischen Thron weder in religiöser noch in politischer Hinsicht Anlaß zu Besorgnis gebe.

Die Sympathie des Heiligen Vaters für den jungen Mann war eine Sensation. Von mißgünstigen Beobachtern wurde sie als Politikum ersten Ranges gewertet. Neider von der spanischen Partei legten dem Abbé Fallstricke, denen sich dieser Fuchs jedoch mühelos entzog, indem er Verleumder entlarvte und dabei in der Gunst des Papstes noch weiter aufstieg. Im September 1606 konnte der französische Kardinal de Givry dem Konsistorium die Erhebung seines erfolgreichen Protegés in den Bischofsrang vorschlagen. Den erforderlichen Dispens erteilte der Papst am 9. Dezember 1606 mit der bemerkens-

König Heinrich IV. von Frankreich. Gemälde von Pourbus d. Ä.

werten Begründung: »...nicht, weil dich der König von Frankreich empfohlen hat, sondern wegen deiner persönlichen Verdienste, obwohl du ... erst in deinem 23. Jahr stehst.« Armand war aber erst einundzwanzig Jahre alt – er hatte ein gefälschtes Taufzeugnis vorgelegt!

Die Gefahr, eines Tages als Betrüger entlarvt zu werden, war groß; er begegnete ihr mit einer »Flucht nach vorn«. Nachdem Kardinal de Givry ihn am 17. April 1607 zum Bischof geweiht hatte, »beichtete« Richelieu dem Papst die »Notlüge«. Dieser zeigte Verständnis und erteilte Absolution. Er fügte ein Orakel hinzu, das an diesem Hofe ein Lob bedeutete und etwa besagte: »Dieser Junge wird es als Betrüger noch weit bringen!« – Doch jeder Triumph Richelieus hatte einen hohen Preis.

Das ungesunde Klima Roms bescherte dem rastlos Arbeitenden gefährlich ansteigendes Fieber (wahrscheinlich Malaria) und nie weichende Kopfschmerzen. »Monsieur de Luçon« eilte deshalb nach Paris zurück, wo er sich bescheiden auf die noch fehlenden Prüfungen vorbereitete. Als Bischof saß er seinen Prüfern aber mit bedecktem Kopf gegenüber, und als er alle Prüfungen absolviert hatte, verlangte er viel weniger bescheiden, als »Gast« unter die Doktoren, also die Professoren der Sorbonne, aufgenommen zu werden. Nach einer ihm erteilten Sondergenehmigung stellte er seine Doktoratsrede unter das vieldeutig zu interpretierende Bibelwort »Wer wird mir gleich sein?«. Diese Frage sollte ihm nun der König beantworten.

Bischof von Luçon (1608–1616)

Am Hofe Heinrichs IV.

Der neue Bischof *von* Luçon hatte keineswegs die Absicht, ein Leben als Bischof *in* Luçon als einzigen Lohn für unendliche Mühen und Plagen zu akzeptieren. Mochten die aufsässigen Domherren, die nun einen unangreifbaren Vorgesetzten hatten, auch murren: »Monsieur de Luçon« (so wurde Richelieu bis zur Ernennung zum Kardinal genannt) richtete sich auf längeres Verweilen am Königshofe ein. Da die königliche Gnadensonne aber schon viele andere Prälaten angezogen hatte und weiterhin magnetisch wirkte, mußte der Neuling auch hier wieder nach Gelegenheiten suchen, durch besondere Leistungen aufzufallen und möglichst wirksame Protektion zu erlangen.

Was zeichnete all die vielen Kardinäle und Bischöfe aus, die mit wichtigen Staatsämtern betraut, ja sogar ins oberste Regierungsgremium, den Staatsrat, berufen worden waren? Einerseits mußte ihre *Rechtgläubigkeit* den sogenannten Ultramontanen (Rom lag »jenseits der Berge«) genügen, die das Vertrauen des Papstes genossen, und andererseits mußte der König von ihrem *Gallikanismus*, also ihrem unerschütterlichen Eintreten für die nationalen Belange der *Staatskirche »Galliens«*, überzeugt sein. Seit das Haus Habsburg zum Vorkämpfer der katholischen Gegenreformation geworden war, während die gallikanische Kirche deren Basis, die Beschlüsse des Konzils von Trient (1545–1563), nur mit Vorbehalten zur Kenntnis genommen hatte, ließ sich Ultramontanismus noch weniger als früher mit Gallikanismus vereinbaren; und dazu kam noch das (aus ultramontaner Sicht durch das Toleranzedikt von Nantes keineswegs gelöste) Hugenottenproblem. War es nicht ein Skandal, daß die Hugenotten der katholischen Staatskirche fast gleichberechtigt gegenüberstanden? Zur Zeit waren öffentliche Streitgespräche zwischen ihren bedeutendsten Predigern außerordentlich beliebt. Dem Kardinal Du Perron, einem ehemaligen Kalvinisten, wurde das Verdienst zugeschrieben, Heinrich IV. in langen Diskussionen für den katholischen Glauben gewonnen zu haben. Wenn dieser brillante Redner und der Gouverneur von Saumur (an der Loire), Duplessis-Mornay, der als »Papst der Hugenotten« bezeichnet wurde, sich ein Rededuell lieferten, so war das sozusagen ein sportlicher Wettkampf. Während in den Bürgerkriegen des vergangenen Jahrhunderts die gleichen Parteien sich kaum vorstellbare Grausamkeiten zum höheren Ruhme Gottes zugefügt hatten, ließ die zur Staatsdoktrin erhobene religiöse Toleranz nur noch Wortgefechte zu.

Die Ultramontanen hätten zwar viel lieber nach dem Vorbild der spanischen Inquisition allen Ketzern Scheiterhaufen bereitet, doch nach der Lage der Dinge mußten sie sich mit einigen »Faustpfändern« für das Wohlverhalten König Heinrichs begnügen. Als solche galten die Jesuiten, die 1603 nach Frankreich zurückgekehrt waren – Pater Cotton war Beichtvater des Königs –, und auch die eifrige Katholikin Maria von Medici, die 1573 in Florenz geborene Tochter des Großherzogs Cosimo von Toscana. Deren reiche Mitgift hatte Heinrich im Jahre 1600 zu einer zweiten Heirat veranlaßt. Der Scheidung von der kinderlosen Königin Margot hatte der Papst auf Anraten der (damals noch aus Frankreich verbannten) Jesuiten zugestimmt.

Während am Hofe Toleranz oder auch religiöse Gleichgültigkeit herrschte, ging durch die katholischen Massen der Bevölkerung eine Welle mystisch-religiöser Erneuerung, die eine entpolitisierte Volksfrömmigkeit förderte. Der König unterstützte diese Bewegung, da sie den weit verbreiteten Mißbrauch kirchlicher Pfründen – vor allem auch in den Klöstern – bekämpfte. Obwohl Richelieu für Mystiker eigentlich gar kein Verständnis hatte und die von ihnen mobilisierten geistig-seelischen Kräfte nur für seine »weltlichen« Ziele benutzte, erkannte er doch – wie der König –, daß die Abschaffung von Mißständen dem Staat nützte. Und so begann er, in diesem Sinne am Hof zu predigen, wobei er gleichzeitig mit einem blendenden, dem Zeitgeschmack entsprechenden Feuerwerk gelehrter Plattheiten das Publikum begeisterte. Auch der Kardinal Du Perron, seit der Rückkehr der Jesuiten zwar nicht mehr Beichtvater des Königs, aber noch immer sein enger Vertrauter, war von den Leistungen des jungen Prälaten sehr beeindruckt. Er war selbst vielseitig begabt, hatte am Hofe Heinrichs III. sogar als Verfasser ziemlich schlüpfriger Gedichte und als »Wunderkind des Humanismus« geglänzt. Doch das hatte ihn nicht gehindert, in einen katholischen Orden einzutreten, ein berühmter Theologe, Bischof, Erzbischof und Kardinal zu werden, ohne sich deshalb mit Pflichten zu belasten, die ihn vom Hofe ferngehalten hätten.

Heinrich IV. scheint sich diesem wandlungsfähigen Manne besonders verbunden gefühlt zu haben. Die Fürsprache des Kardinals hätte die heißbegehrte königliche Gnadensonne sicherlich bald noch heller über Richelieu erstrahlen lassen; aber während er diese neuen Pfründen »reifen« ließ – eine Wartezeit von mehreren Jahren erschien angesichts langer Listen älterer Anwärter unvermeidbar –, wollte Monsieur de Luçon nicht völlig ohne Macht und Einfluß leben. Macht und Einfluß hatte er vorerst nur in seinem Bistum, mochte es auch noch so ärmlich und verkommen sein. Vielleicht ließ sich das ändern? Doch vor allem: Für standesgemäßes Auftreten am Königshof reichte sein Geld nicht länger aus.

Anfang Dezember 1608 nahm er würdevoll Abschied vom König und allen den vielen, die ihm irgendwann irgendwie noch nützlich sein konnten, lieh sich von einem Freunde eine Kutsche und fuhr – wieder einmal von Fieber geplagt – bei naßkaltem Winterwetter über schwer passierbare Straßen, in großen Wald- und Sumpfgebieten von Wölfen und Räubern bedroht, nach seiner Heimatprovinz. Er war fest davon überzeugt, daß er schon bald, weniger arm und als erfolgreicher Vorkämpfer der Gegenreformation in seiner vom Kalvinismus hart bedrängten Diözese hoch angesehen, nach Paris zurückkehren würde. Dort nahmen bis dahin zuverlässige Freunde und sein Bruder Henri seine Interessen wahr.

Im Bistum Luçon

Als Richelieu in der Stadt Fontenay-le-Comte, dem letzten Rastort vor Luçon, von der Bürgerschaft feierlich empfangen wurde, stellten sich auch Vertreter des Domkapitels von Luçon ein, das den Richelieus noch immer feindlich gesinnt war. Ihr neuer Herr gab sich freundlich, wohlwollend. Wer das indes in seiner Bischofsstadt als

Schwäche auslegen wollte, dem wurde unmißverständlich klargemacht, daß zwar eine »Amnestie des Vergessens« in priesterlicher Mildherzigkeit gewährt werden könne, aber nur bei künftigem Wohlverhalten und striktem Gehorsam. Die bislang selbstherrlich regierenden Domherren hatten noch vor kurzem versucht, Madame de Richelieu durch einen Gerichtsbeschluß zu zwingen, dringend erforderliche Bauarbeiten an der Kathedrale und dem ebenfalls halb verfallenen Bischofspalast selbst zu finanzieren. Nun halfen sie widerspruchslos bei der Beschaffung von Mitteln für Reparaturarbeiten und Ausstattung mit dem notwendigsten Inventar.

Zufällig sind Briefe Richelieus an Madame de Bourges, die ihm befreundete Frau eines Pariser Arztes, erhalten geblieben, in denen er recht offenherzig »Stimmungsbilder« aus dem ersten, besonders harten Jahr übermittelte. Sie lassen erkennen, daß der junge Bischof im kaum bewohnbaren Palast, den er als »sein Gefängnis« bezeichnet, in der von Sümpfen umgebenen, trostlos wirkenden Stadt oder auf tief verschlammten Wegen, die zu elenden Dörfern führten, »bettelarm« und nur auf das Prestige seines Amtes gestützt, die ihm vertrauten Tugenden eines Stoikers dringend benötigte. Von normalen Einkünften war offenbar zunächst noch gar nicht die Rede, nur Spenden ermöglichten dem stolzen Prälaten, sich Hauspersonal, Möbel und sogar einige silberne Teller zu beschaffen, um Besucher einigermaßen standesgemäß empfangen zu können.

Sobald der Zustand der Straßen es erlaubte, begann Richelieu mit zielstrebig organisierten Erkundungsfahrten durch »sein Reich«, das in vielerlei Hinsicht eines »guten Hirten« bedurfte. Die Pfarrer waren ungebildet und manchmal auch moralisch verkommen. Richelieu betrachtete es als ein religiöses und politisches Anliegen, sie durch eine »Kurze Instruktion« von immerhin achtundsiebzig Seiten im Sinne der Reformbestrebungen Heinrichs IV. zu erziehen. Diese wurde ergänzt durch eine »Belehrung für Christen«, die auch von ganz einfachen Leuten verstanden werden konnte. Da die »Belehrung« völlig undogmatisch Volksfrömmigkeit gefühlsbetont propagierte, galt ihr Verfasser allgemein als ein ehrlich frommer Mensch. Bei der Missionsarbeit unter den Hugenotten, die im Poitou nicht nur über Rückhalt im Bürgertum und beim Adel, sondern auch über starke Festungen verfügten, stellte dieser Katechismus ein wichtiges Hilfsmittel dar. Das nahe bei Luçon gelegene La Rochelle, eine reiche

Hafenstadt am Atlantik, war eine unüberwindlich erscheinende hugenottische Bastion. Die Bekehrung der »Ketzer« mußte seit dem Edikt von Nantes ohne Zwang, nur mit der Kraft leicht verständlicher Argumente betrieben werden.

An dieser ideologischen Front stritt der junge Prälat mit solchem Eifer, daß er die gewichtige Fürsprache von Pierre de Bérulle erlangte. Dieser war der Leiter eines Priesterseminars vom Orden der Oratorianer und kämpfte für ähnliche Ziele. Viel wichtiger aber wurde die Bekanntschaft mit dem Kapuzinermönch Pater Joseph. Sie entwickelte sich zur lebenslangen Freundschaft. Pater Joseph leitete die Missionsarbeit seines Bettelordens in Frankreich. Weitere Verbündete für sein unentwegtes Streben nach einem hohen Staatsamt fand Richelieu in der Universitätsstadt Poitiers, der Hauptstadt des Poitou, wo sein Freund La Rocheposay als Bischof residierte. Hier glänzte der ehrgeizige Bischof von Luçon als Verfasser gelehrter Schriften und als Meister dialektischer Beweisführung in Wortgefechten mit kalvinistischen Geistlichen.

Nebenbei zeigte er auch Mitleid für die Bauern, deren unbeschreibliches Elend er auf seinen Visitationsreisen ernsthaft studiert hatte. Er setzte sich mit Erfolg für Steuernachlässe ein und schrieb sogar an den allmächtigen Finanzminister, den Herzog von Sully, der die Landwirtschaft für den bedeutendsten Wirtschaftszweig hielt. Diese Aktivitäten steigerten nicht nur seine Beliebtheit und sein Ansehen im Bistum, sie sollten ihn auch bei den Mächtigen am Königshofe in Erinnerung bringen. Von dort kam aber keine Resonanz – im Jahre 1609 bahnten sich in Paris und in Europa äußerst wichtige Entscheidungen an. Hat Richelieu deshalb so intensiv danach gestrebt, seine Wartezeit in Luçon abzukürzen und am Königshof auf die »große Politik« einzuwirken?

Erst im Jahre 1880 wurde ein anonymes Manuskript aufgefunden, das »Instruktionen, die ich mir für mein Benehmen bei Hofe gegeben habe« mit großem Freimut abhandelt. Die dort aufgezeichneten Maximen passen so gut zu unserem ungeduldig wartenden Bischof und auch zum späteren Kardinal-Minister, daß einige Biografen ihm die Verfasserschaft zugeschrieben haben.

Einleitend empfiehlt er sich eine Wohnung in Paris, die ihn »weder von Gott noch vom König fernhält«. Genaue Kenntnis des Charakters und der Gewohnheiten Heinrichs IV. sind von größter Wichtigkeit. Kein Wort, kein Blick, kein Wimpernzucken dürfen erkennen lassen, daß die zur Schau gestellte Bescheidenheit nur eingeübte Pose ist und daß vielmehr das Gefühl geistiger Überlegenheit einen Hochmut erzeugt hat, der mühsam verdeckt wird. »Je höher man hier steht und geachtet wird, desto mehr muß man den Bescheidenen und Respektvollen spielen.« Als sehr gefährlich werden Briefe bezeichnet, die aufbewahrt werden. Daher darf man auf diesem Wege nichts Bedenkliches mitteilen, und empfangene Briefe, die kompromittieren könnten, gehören ins Feuer. (Strikte Befolgung dieses Grundsatzes hätte Richelieus Biografen in große Verlegenheit gebracht!) Beleidigungen sollen schweigend ertragen werden, desto süßer ist später die Rache. – Soviel zu einigen Hauptthemen des Anonymus.

Und wie stellte sich damals die Verhaltensweise des ehrgeizigen Bischofs von Luçon dar? Gegen Ende des Jahres 1609 wurde bekannt, daß eine Generalversammlung des Klerus von Frankreich nach Paris einberufen worden war, zweifellos auf Wunsch des Königs. Welche Gelegenheit für einen jungen Mann, sich vor einem solchen Gremium auszuzeichnen! Doch seine (alle Bistümer Südwestfrankreichs umfassende) Kirchenprovinz entsandte nur zwei Delegierte, die in Bordeaux gewählt werden sollten, und an Kandidaten für eine solche Ehrung mangelte es gewiß nicht. Das war für Monsieur de Luçon, dessen Ruhm im Poitou so laut erscholl, offenbar kein Grund für Zweifel an seiner Berufung.

Sein Freund Denis Bouthillier, ein Sohn des getreuen Vermögensverwalters der Richelieus, jetzt Dekan der Kathedrale von Luçon, eilte nach Bordeaux, um Erzbischof Sourdis die Wahl des selbstbewußten Neulings zumindest erwägenswert erscheinen zu lassen. Unterwegs und in Bordeaux nahm er jede Gelegenheit wahr, möglichst viele Stimmen für die Kandidatur seines Gebieters zu gewinnen, um vor Sourdis Fürsprecher benennen zu können. Das Ergebnis seiner Mission war aber geradezu niederschmetternd. Sourdis ahnte ja nicht, daß hier von seinem künftigen Herrn und Meister die Rede war. Er reagierte sichtlich verärgert, ja empört über die anmaßenden Ambitionen eines »Minderjährigen«, und bei der im Februar 1610 abgehaltenen Wahl hatte Richelieu nicht die geringste Chance. Gewählt wurde Sourdis selbst und ein politisch bedeutungsloser Bischof. Der arme Bouthillier ließ sich das Sitzungsprotokoll aushändi-

Ermordung Heinrichs IV. in Paris

gen, um seinen maßlos enttäuschten Bischof von der Aussichtslosigkeit der gemeinsamen Bemühungen zu überzeugen.

Das Scheitern so schlecht fundierter Hoffnungen hätte einem guten Christen als Prüfung seines Gottvertrauens, einem gefestigten Stoiker als Ergebnis fehlerhaften Verhaltens erscheinen müssen – Richelieu stürzte es in eine tiefe, lange anhaltende Depression. Als er die schadenfrohen Blicke der Domherren, denen Bouthilliers Fiasko in Bordeaux nicht verborgen geblieben war, nicht länger ertragen konnte, zog er sich nach der Priorei Coussay zurück, einem einsam gelegenen, burgartigen Schloß südlich von Richelieu, das seiner Familie ebenfalls gehörte. Dort brütete er im Hauptturm über schwierigen theologischen Abhandlungen, um auf diese Weise seinen Kummer zu betäuben.

Und dabei hätte er mit begründetem Optimismus nach Paris blikken können. Dort sammelte der unermüdliche Bouthillier inzwischen neueste Informationen über die sich dramatisch zuspitzende

Politik König Heinrichs gegen die Interessen des Gesamthauses Habsburg und empfing vielleicht auch gerade wieder einen vertraulichen Brief vom Beichtvater des Königs, dem Jesuiten Cotton, mit dem der einsame Grübler von Luçon bereits mehrere Briefe gewechselt hatte. Auch Bruder Henri wirkte dort nach wie vor für ihn in der Umgebung der Königin, und mit zahlreichen Leuten von geringerem Stand, aber beträchtlichem Einfluß auf den unterschiedlichsten Gebieten unterhielt er weiterhin gute Beziehungen.

Da schreckte ihn plötzlich ein Brief Bouthilliers mit einer kaum faßbaren Nachricht aus seinem Trübsinn auf: König Heinrich IV. war am 14. Mai 1610 bei einer Fahrt durch Paris von einem fanatischen Katholiken erstochen worden. Das Staatsschiff trieb mit gebrochenem Mast in stürmischer See.

Auf der Suche nach einem neuen Leitstern

Für François de Richelieu soll einmal ein Wortspiel gedichtet worden sein, das seine »Treue zu den Lilien« (den Wappenblumen der französischen Könige) mit barockem Pathos pries. Diese Treue galt dem katholischen letzten Valois ebenso wie dem ersten Bourbonen, der als kalvinistischer Ketzer den Thron bestiegen hatte. Nach seinem Glaubenswechsel schließlich allgemein als katholischer König anerkannt, blieb Heinrich IV. den Anhängern der Papstkirche doch stets verdächtig. Diese Guten Christen grenzten sich gegen die gallikanischen Guten Franzosen, die ein friedliches Zusammenleben mit hugenottischen Christen anstrebten, zumindest so weit ab, wie es sich mit ihren »weltlichen« Interessen vereinbaren ließ. Und einer jener Guten Christen hatte nun – von wem gelenkt? – den König ermordet.

Wer bis dahin in Frankreich Macht und Ansehen behalten oder – wie die beiden »hoffähigen« Richelieus – noch viel mehr Macht und Ansehen gewinnen wollte, der konnte nur dem königlichen Leitstern folgen. Dieser hatte sich mit zunehmender Deutlichkeit auf einer Bahn bewegt, die allen französischen Königen seit Franz I. und Heinrich II. vorbestimmt zu sein schien: in ständiger Opposition gegen die Politik des Hauses Habsburg, auch um den Preis offener Unterstützung protestantischer Feinde der Könige von Spanien und der römisch-deutschen Kaiser. Jetzt aber stand ein neuer, nur schwach leuchtender Stern über dem Thron von Frankreich, der über Nacht vom Symbol königlicher Macht zum Streitobjekt charakterloser Glücksritter geworden war.

Die Witwe Heinrichs IV., Maria von Medici, sollte bis zur Volljährigkeit des 1601 geborenen Thronerben Ludwig XIII. die Regentschaft führen. Es erwies sich aber bald, daß ihre bevorzugten Günstlinge, das Ehepaar Concini, in ihrem Namen die eigentliche Macht ausübten. Leonora Concini – als Favoritin der Königin nahm sie den florentinischen Namen Galigai an – war die Tochter der Amme Marias, also ihre »Milchschwester«. Die Galigai war der dummen, trägen, wollüstigen, bigotten, dabei aber sehr ehrgeizigen und intriganten Mediceerin schon sehr früh als intime Dienerin, bald auch als einflußreiche Beraterin unentbehrlich geworden. Ihr ebenfalls aus Florenz stammender Ehemann Concino Concini kam aus dunklen Verhältnissen. Er war Glücksspieler von zweifelhaftem Ruf und Schmierenkomödiant gewesen, bis seine Schönheit zuerst die Galigai und dann auch ihre Herrin fasziniert hatte. So konnten die Concinis in Paris ihr Glück machen und auch die ebenfalls nach Frankreich gekommene, sehr zahlreiche Verwandtschaft gut versorgen. In dem nun beginnenden allgemeinen Buhlen um die Gunst der Regentin hatten sie von vornherein die überlegene Stellung der Favoriten.

Es scheint, als ob der Bischof von Luçon, dem im fest gefügten Herrschaftssystem Heinrichs IV. nur ein bescheidener Wirkungskreis zugewiesen war, die nun unvermeidbar gewordenen Machtkämpfe rivalisierender Cliquen des alten Hochadels und der aufgestiegenen Günstlinge der schwachen Regentin als großartige Chance für sein eigenes Machtstreben zu nutzen gedachte. Wer Richelieus mühsamen, an Krisen und Beinahekatastrophen reichen Aufstieg zum Gipfel der Staatsmacht überblickt, sieht ihn fast ein Jahrzehnt lang Irrlichtern folgen. Als einzig sicherer Leitstern erwies sich schließlich der alte, längst verloren geglaubte: das von mystischem Glanz umstrahlte nationale Königtum. Bis er entdeckte, daß dieser Glanz den unscheinbaren Sohn Heinrichs IV. umgab, sollte der Bischof von Luçon aber noch lange Zeit widerspruchsvolle Bindungen eingehen, nur um persönliche Macht – und sei es zu entwürdigenden Bedingungen – bemüht. –

Maria von Medici. Gemälde von Rubens

Wie von schwindelerregenden Erwartungen berauscht, wollte Monsieur de Luçon in einem Kondolenz- und Huldigungsschreiben die Regentin mit Schmeicheleien und der Versicherung ständiger Dienstbereitschaft überschütten. Er hoffte offenbar zuversichtlich, umgehend als Berater an den Hof berufen zu werden. Immerhin war er vorsichtig genug, diesen Brief zunächst an seinen Bruder zu senden, der ihn bei günstiger Gelegenheit persönlich überreichen sollte.

Henri, inzwischen mit dem Titel eines Marquis versehen, war entsetzt. Wenn Armand auch keine Rolle in der habsburgfeindlichen Außenpolitik Heinrichs IV. gespielt hatte, die nun schleunigst in ihr Gegenteil verwandelt werden sollte, so gehörte er doch eindeutig nicht zu den Freunden und Günstlingen der Königin, die jetzt auf fette Pfründen hoffen konnten. Ernüchtert, mußte er froh sein, daß Henri seinen Brief zurückgehalten hatte. Inzwischen wirkte Bouthillier unverdrossen weiter für ihn, und schon bald konnte dieser aus Paris melden, daß Richelieus Ansehen bei Hofe beachtlich sei. Pater Cotton und der Erzieher des jungen Königs hätten sogar davon gesprochen, daß man den Bischof von Luçon mit der Grabrede für den ermordeten König betrauen könne. Da beauftragte der von neuer Hoffnung beflügelte Prälat kurzentschlossen Madame de Bourges, die uns nicht näher bekannte Freundin, ihm in Paris ein günstig gelegenes Haus und Möbel zu beschaffen.

Im hektischen Durcheinander der zahllosen Glücksritter, die jetzt im Louvre ein und aus gingen, fand der ungebetene »Berater« für sich aber keinen Platz, der seinem Selbstgefühl entsprochen hätte. Die meisten Ämter aller Art und auch »Gnadengehälter« (Pensionen) vergab nicht etwa die Königin, sondern die Galigai. Die Florentiner hatten sich schon zu Lebzeiten König Heinrichs maßlos bereichert. Besonders seit Concino Concini um 1608 zum Geliebten der von dem notorischen Schürzenjäger Heinrich IV. vernachlässigten Maria von Medici avanciert war, hatten die beiden Concinis es so ungeniert getrieben, daß der Herzog von Sully seinem königlichen Freunde empfahl, die unverschämten Abenteurer aus dem Lande zu jagen. Doch der König wollte das Keifen und Klagen seiner Frau nicht ohne Not provozieren, und so konnten die Günstlinge ihren Einfluß festigen.

Jetzt waren sie unangreifbar geworden. Der einst allmächtige Sully hatte vorerst noch seine Ämter behalten. Die Regentin wollte den gut funktionierenden Verwaltungsapparat solange wie möglich intakt halten. Der Herzog mußte nun aber Demütigungen hinnehmen, die vor wenigen Wochen unvorstellbar gewesen wären. Als er den Concinis »Bündnis und Freundschaft« anbot, lachte ihn der freche Günstling einfach aus und sagte ungeniert: »Diejenigen, von denen wir abhingen, werden künftig von uns abhängig sein.« Der Favorit wurde alsbald zum Marquis d'Ancre ernannt und brauchte als unentbehrlicher »Witwentröster« auf höfische Etikette keine Rücksicht mehr zu nehmen.

Im Staatsrat gab es zunächst nur insofern Veränderungen, als der Gesandte des Papstes und der spanische Gesandte nun Sitz und Stimme (!) erhielten. Da war von antispanischer Außenpolitik natürlich nicht mehr die Rede. Heinrich IV. hatte offenbar die Absicht gehabt, eine Allianz aller protestantischen Staaten gegen den spanischen und den deutschen Zweig des Hauses Habsburg zu fördern. Er war schon im Begriff gewesen, zugunsten protestantischer deutscher Fürsten in den Erbstreit einzugreifen, der 1609 nach dem Tode des Herzogs von Jülich, Kleve und Berg entbrannt war.

Der König hatte die kalvinistische Republik der Vereinigten Niederlande – nach ihrer bedeutendsten Provinz auch Holland genannt – mehr oder weniger heimlich in ihrem Freiheitskampf gegen Spanien unterstützt. Als 1609 durch einen zwölfjährigen Waffenstillstand eine De-facto-Anerkennung jener bürgerlich-aristokratischen Republik erfolgte, die nach 1579 aus der ersten erfolgreich beendeten (früh)bürgerlichen Revolution Europas hervorgegangen war, erforderte die durch den Jülich-Klevischen Erbfolgestreit gegebene Lage neue strategische Überlegungen. Nach Ablauf des Waffenstillstandes würde Spanien gewiß versuchen, von den ihm verbliebenen Spanischen Niederlanden aus (dem heutigen Belgien und Teilen Nordfrankreichs) die abgefallenen Nordprovinzen zurückzuerobern. Dabei war es von nicht geringer Bedeutung, ob die am Niederrhein strategisch günstig gelegenen Länder Jülich, Kleve und Berg von einem Verbündeten des Hauses Habsburg oder von einem protestantischen Fürsten regiert wurden.

Da der Kaiser Jülich vorsorglich besetzen ließ, beschloß Heinrich IV., zugunsten der protestantischen Erbschaftskandidaten militärisch einzugreifen. Es handelte sich hier um den Kurfürsten Sigismund von Brandenburg und den Herzog Wolfgang Wilhelm von

Pfalz-Neuburg. Dabei wollte Heinrich linksrheinisches Gebiet für Frankreich erobern. Das Erbschaftsproblem war eigentlich schon dadurch gelöst, daß der Brandenburger und der Neuburger, deren Ansprüche am besten begründet waren, 1609 einen Teilungsvertrag geschlossen hatten. Weiterer Widerstand des Kaisers und das Eingreifen Frankreichs hätten wahrscheinlich schon damals jenen großen europäischen Krieg ausgelöst, der als der Dreißigjährige Krieg in die Geschichte eingegangen ist. Dazu kam es jetzt nicht.

Maria von Medici vermied wohlweislich eigene außenpolitische Aktivitäten. Die innenpolitischen Probleme nahmen ihre Aufmerksamkeit fast ausschließlich in Anspruch. Vorläufig konnte sie noch von den Ersparnissen Sullys, mit denen Heinrich IV. einen sehr kostspieligen Krieg hatte führen wollen, die nun wieder zur Rebellion und zu Parteikämpfen neigenden Herren des Hochadels mit Geschenken überhäufen, so daß sie sich ruhig verhielten. Sogar der Bourbone Prinz Heinrich von Condé, der als nächster Verwandter Heinrichs IV. seinen Anspruch auf den Thron angemeldet hatte, gab sich verständigungsbereit.

Anhänger der alten katholischen Liga und die Hugenotten, die ihre weiterbestehenden Gegensätze nicht länger nur mit Worten ausfechten wollten, mußten ebenfalls mit viel Geld besänftigt werden. Allein in den Monaten Mai bis Juli 1610 verteilte Maria von Medici die ungeheure Summe von sieben Millionen Livres (sie entspricht etwa einhundertfünfzig Millionen Francs heutiger Währung) an Günstlinge und gefährliche Parteigänger. Da der Bischof von Luçon weder geliebt noch gefürchtet wurde, ging er leer aus.

Auf den Gedanken, sich dem künftigen Herrscher, dem doch immerhin schon existierenden jungen König beizeiten zu nähern, kam er genausowenig wie irgendein anderer Angehöriger dieser moralisch verkommenen Hofgesellschaft. Der Sohn Heinrichs IV. galt als krankhaft gehemmt, schweigsam, nur mit Kriegsspielzeug und der Jagd auf Sperlinge beschäftigt. Absichtlich wurde er schlechten Erziehern überlassen. Man hoffte wohl, ihn auch später wie ein Kind gängeln zu können.

Richelieu verfiel abermals in düstere Resignation, floh – wieder von Geldmangel bedrängt – in sein Bistum. Doch da das Sumpfklima von Luçon seiner Gesundheit nicht zuträglich war, wurde Coussay nun sein ständiger Wohnsitz. Seinen Lebensstil in diesem einsamen, von einem Burggraben umgebenen Schloß beschrieb er als den »eines armen Mönches, der auf den Verkauf seiner Bücher und ein bäurisches Leben angewiesen ist«.

In dieser mißlichen Lage erwies es sich als vorteilhaft für ihn, daß sich der Kapuzinerpater Joseph seiner in Freundschaft erinnerte. Das reiche Kloster Fontevrault war von einer Äbtissin aus dem Hause Bourbon (einer Tante des Königs) ziemlich liberal geleitet worden. Die vornehmen Damen, die dort mit einer Pfründe versorgt worden waren, lebten keineswegs wie weltflüchtige Nonnen. Das wollte Pater Joseph ändern, indem er eine Angehörige des ebenfalls eng mit dem König verwandten Hauses Orléans als sittenstrenge Stellvertreterin einsetzen ließ. Ständiger Streit mit den reichen, lebenslustigen »Nonnen« machte allen Beteiligten das Leben schwer. Nach dem Tode von Eléonore de Bourbon sollte Antoinette d'Orléans nach dem Willen des Kapuziners, für den Fontevrault eine starke Bastion in seinem Kampf gegen die Hugenotten war, Äbtissin werden; doch diese erlangte vom Papst die Erlaubnis, ihren Wohnsitz frei zu wählen. Das tat sie, indem sie in Poitiers einen mittelalterlich-strengen Orden gründete, um dort ihr Lebensideal ungestört verwirklichen zu können.

Pater Joseph sah seine Pläne durchkreuzt und bat seinen Freund Richelieu, von der Königin ein Machtwort zu erwirken, das Antoinette zwingen würde, nach Fontevrault zurückzukehren. So bekam dieser einen hochwillkommenen Anlaß, sich Maria von Medici erneut zu nähern. Als er zur Audienz erscheinen durfte, versuchte er sogleich wieder, ihr seine Dienste als »ständiger Berater« mit der ihm eigenen Eloquenz geradezu aufzudrängen. Sully hatte den Hof verlassen müssen – war da nicht eine »Planstelle« für einen vielseitig begabten Hofmann frei geworden? Doch die Königin wollte nur seinen Bericht zum Fontevraultproblem hören. Dieses wurde – gar nicht im Sinne Pater Josephs – so gelöst, daß Richelieu die Wahl einer neuen Äbtissin aus einer weiteren Nebenlinie des Hauses Bourbon arrangieren mußte.

Der neue Fehlschlag entmutigte den Herrn von Luçon viel weniger als die vorhergehenden. Er hatte nämlich eine Gelegenheit gefunden, sich Pierre de Bérulles Dankbarkeit dauerhaft zu sichern. Dieser einflußreiche Vertraute der Königin ließ sich gern bitten, in Richelieus Diözese eine Niederlassung der Oratorianer zu gründen, einer Verei-

nigung ohne Klosterzwang lebender »Weltpriester«, die ihrer Berufung zum Priestertum ohne »weltliche Nebeninteressen« folgen wollten. Unter Bérulles Leitung waren die Oratorianer fest in die französische Staatskirche integriert worden. Eine weitere Chance, sich als
nützlicher Diener der königlichen Zentralgewalt zu erweisen, sah der
stets über die Grenzen seines Bistums hinaus agierende Prälat, als
bald darauf ein Sonderbevollmächtigter der Regentin im Poitou erschien, um diese noch immer »ketzerische« Provinz zu inspizieren.
Er beeilte sich, dem Sieur de Vic sogleich Rat und Hilfe anzubieten.

Wenn davon auch nicht Gebrauch gemacht wurde, so konnte er
doch mit Genugtuung feststellen, daß sich sein Ansehen im Poitou
und in Paris weiter festigte. Die Entwicklung am Königshof beobachtete nach wie vor Bouthillier, und ein weiterer Vertrauensmann reiste
sogar nach Rom, um den Papst daran erinnern zu lassen, daß der Bischof von Luçon ein zuverlässiger Anhänger des Ultramontanismus,
also der Politik der Regentin, sei.

Dieser Eifer, der sich auch in mehreren Briefen an Mitglieder des
Staatsrates und des Hochadels äußerte, trug schon bald Früchte. Leider reiften sie dem ungeduldigen Bischof zu langsam. Eine Beschleunigung erhoffte er sich von Komplotten des hohen Adels gegen die
Zentralgewalt, weil er dann vielleicht als Vermittler sein Glück machen konnte. Als gefährlichster Unruhestifter erwies sich in dieser
Zeit der Prinz von Condé.

Im Februar 1612 genoß Maria von Medici einen heiß ersehnten
Triumph: Sie konnte die Verlobung ihrer Tochter Elisabeth (Isabella)
mit dem ältesten Sohn des spanischen Königs und gleichzeitig die
Verlobung ihres Sohnes Ludwig XIII. mit Anna von Österreich, der
Tochter ebendieser »katholischen Majestät« (so lautete der offizielle
Titel), bekanntgeben. In Paris wurden sehr aufwendige Feste mit
Feuerwerk und anderen Massenbelustigungen gefeiert; angeblich
wurden mehr als zweihunderttausend Zuschauer Zeugen dieser Ver-
bindungen, die als postume Rache Spaniens an Heinrich IV. verstanden werden konnten.

Eine so überdeutliche Zunahme des Einflusses Spaniens beunruhigte die Hugenotten. Prinz Condé, religiös wenig engagiert, doch
traditionell Beschützer der Kalvinisten, verhandelte selbst heimlich
mit Spanien, das sich für jeden potentiellen Verbündeten gegen die
französische Zentralgewalt interessierte. Ihn störte vor allem die Tat-

sache, daß jeder männliche Enkel Marias seine eigene Anwartschaft auf den Thron beeinträchtigen würde. Drohend erklärte er, daß die Hugenotten Verteidigungsmaßnahmen ergreifen müßten.

Durch eine sonderbare Interessenkonstellation gewann er einen unerwarteten Verbündeten: Concini. Dieser brauchte im Gewirr ehrgeiziger Pläne den Beistand des Bourbonen. Als Lohn versprach er ihm die Zitadelle von Bordeaux. Concinis Forderungen waren aber so maßlos, daß die Minister die Königin bewogen, ihre Zustimmung zu verweigern. So etwas hatte der verwöhnte Favorit noch nicht erlebt! Zusammen mit Condé und dessen Anhängern verließ er demonstrativ den Hof. Zum Bürgerkrieg kam es aber nicht, da Concinis Frau ihren Gatten mit der Königin versöhnte. Die unter der Trennung sehr leidende königliche »Strohwitwe« ernannte den wiedergewonnenen Liebhaber überglücklich zum Marschall von Frankreich. Den aufsässigen Hochadel beruhigte sie abermals mit großen Geldgeschenken.

Der nunmehrige Marschall von Ancre stellte sich eine eigene Leibgarde zusammen, und die vielen Schmeichler, die in seinem Kielwasser segelten, bildeten eine Art Hofstaat. Gar zu gern hätte Concini großen Territorialbesitz in Italien erworben, denn er und auch seine Frau fürchteten sich vor dem Tag, an dem ihre Feinde stark genug sein würden, sich an ihnen zu rächen. Vorerst spielte der ehemalige Schauspieler die Rolle des mächtigsten Mannes am Königshof jedoch so überzeugend, daß Richelieu sich gegen Ende des Jahres 1613 entschloß, sich noch intensiver um seine Gunst zu bewerben – es schien ja kein anderer Weg zum Zentrum der Staatsmacht zu führen.

Concini ging auf die Ergebenheitsbekundungen des vornehmen Prälaten jetzt überraschend schnell ein. Wahrscheinlich wirkte sich aus, daß Angehörige des hohen Klerus und des hoffähigen Adels den Emporkömmling ihre heimliche Verachtung oft spüren ließen. Als viel schwieriger erwies sich, Einfluß auf seine Frau zu erlangen, denn Leonora Galigai verbarg sich, nachdem sie täglich etwa zwei bis drei Stunden lang der Regentin Verhaltensmaßregeln (meistens die Verwirklichung ihrer eigenen Wünsche betreffend) regelrecht »eingepaukt« hatte, in ihren mit Kostbarkeiten aller Art vollgestopften Zimmern. Diese auf ihre Umgebung dämonisch wirkende, in ständiger

Nervenanspannung lebende Frau fühlte sich nämlich selbst vom Teufel und von Dämonen besessen.

Da die weiße Magie der Kirche mit ihrem Weihrauch und dem nach festen Regeln praktizierten Exorzismus keine Linderung bewirkt hatte, suchte die Galigai heimlich Hilfe bei der schwarzen Magie der von der Kirche mit dem Feuertode bedrohten Hexer. Eine Zeitlang ernährte sie sich nur von Hahnenkämmen und Nieren von Widdern sowie von der Milch einer Amme, deren Brüste mit Weihwasser gewaschen werden mußten – nichts half. Erst die Kunst eines jüdischen Arztes, der aus Portugal vor der Inquisition geflohen war und im Louvre versteckt wurde, erlöste sie von ihren Qualen. Doch gerade als Richelieu sich ihr zu nähern suchte, hatte der Arzt es vorgezogen, aus dem goldenen Käfig zu fliehen. Nun fühlte sich die Galigai wieder »verhext« und schutzlos dem »bösen Blick« zauberkräftiger Menschen ausgeliefert. Richelieus Charme, sein durchdringender Blick und die soldatisch wirkende Gestalt haben sicherlich schon bei der ersten Begegnung eine nachhaltige Wirkung auf die Leidende ausgeübt. Ihr Mißtrauen überwog aber noch, und das beunruhigte den bald wieder auf seinen Beobachtungsstand in Coussay zurückgekehrten Bischof nicht wenig.

Er sah, daß Condé sich vergeblich bemühte, einen allgemeinen Aufstand anzuzetteln. Die Franzosen erinnerten sich noch zu gut an die Greuel der letzten Bürgerkriege, das Königtum Heinrichs IV. hatte sich als der beste Garant für Frieden und Wohlstand erwiesen. Als der Herzog von Vendôme, ein unehelicher Sohn Heinrichs IV., in »seiner« Bretagne zum Widerstand entschlossen blieb, zeigte die Regentin ungewohnte Tapferkeit: Sie reiste mit dem königlichen Sohn Heinrichs nach Nantes, der Hauptstadt der Bretagne. Der Erfolg, überschwenglicher Jubel im Lande und in Nantes beim Erscheinen »des Königs«, hat sie dann wohl selbst überrascht. Wie, wenn »ihr willenloses Werkzeug« seine ihm deutlich vor Augen geführte königliche Macht gegen ihren schäbigen Eigennutz und die Willkürherrschaft ihrer Günstlingsclique zur vollen Geltung bringen würde ...?! Der erst dreizehn Jahre alte »Monarch« bewies erstaunliche Klugheit, indem er weiterhin als harmloser Dummerjan dahinvegetierte. Später sagte der König über diese für ihn keineswegs ungefährliche Zeit: »Ich habe das Kind gespielt.« – Wenn Richelieu das geahnt hätte!

Die Rebellen hatten mit Erfolg die Einberufung der Generalstände verlangt, dort sollte sich die Schwäche des Regimes der Regentin ihrer Meinung nach eindrucksvoll erweisen. Die Hofclique hatte andere Vorstellungen vom Verlauf dieser Veranstaltung, und ihre Anhänger trafen entsprechende Vorbereitungen. Am 24. August 1614 wählten die stimmberechtigten Kleriker des Poitou den Bischof von Luçon zu ihrem Delegierten.

Im Rampenlicht der Generalstände

Am 27. Oktober 1614 fand im alten Palais der Bourbonen in Paris die feierliche Eröffnungssitzung aller Vertreter der drei Stände des Reiches statt. Sie sollten dann einige Wochen oder Monate lang getrennt die anstehenden Probleme beraten und sich erst zur Abschlußsitzung wieder zusammenfinden. Die königliche Familie und die höchsten Würdenträger saßen auf einem hohen Podest. Hier thronte auch unter einem mit goldenen Lilien bestickten Baldachin ganz in Weiß gekleidet Ludwig XIII. Er war erst vor wenigen Wochen volljährig und damit regierungsfähig geworden. Die mühsam eingelernten Begrüßungsworte des dreizehnjährigen Königs, dessen Volljährigkeit niemand so recht ernst nahm, scheint die Zuhörer in der Annahme bestärkt zu haben, daß ihren jeweiligen ständischen Interessen keine starke Zentralgewalt gegenüberstand.

Condé und andere Fürsten glaubten, daß sie eine breite Front von Gegnern des »spanischen Kurses« der Regierung im gallikanischen wie im hugenottischen Lager für ihre eigennützigen Zwecke mißbrauchen könnten. Wäre nicht schon 1595 der König von Spanien – ähnlich indirekt – in den Besitz der Krone Frankreichs gelangt, wenn die Generalstände sie ihm nicht verweigert hätten?

Maria und ihr Klüngel hatten sich ebenfalls gute Chancen ausgerechnet, wenn sie vor den Generalständen den Fürsten die Schuld zuwiesen am Verlust des wertvollsten Erbes Heinrichs IV., des sicheren Friedens im Lande; denn die Truppen der Rebellen hatten überall wie Vandalen gehaust. Von der Mißwirtschaft der korrupten Mediceerin wurde die breite Masse der Bevölkerung nicht unmittelbar betroffen, da die Hofclique sich noch von den Ersparnissen Sullys die eigenen Taschen füllen und die aufsässigen Fürsten mit horrenden Summen »beruhigen« konnte.

Man lebte – vor allem auf dem Lande – damals noch viel besser als später unter der Herrschaft Richelieus, als Bürgerkriege und erdrückende Steuerlasten den weitaus größten Teil der Bevölkerung ruinierten. Und Maria von Medici war entschlossen, auch die Reste von Sullys Schatz zu verschleudern, um die fürstlichen Opponenten in den Generalständen auszumanövrieren. Der klardenkende Herzog von Rohan, Sullys Schwiegersohn, gab seinem Bundesgenossen Condé mit Recht zu bedenken: »Die Königin hat Pfründen zu vergeben, und sie kann den Leuten, die sich ihren Wünschen widersetzen, sehr nachdrücklich schaden. Wer also würde sich für Sie gegen Ihre Majestät erklären?«

Auch Concini hatte erkannt, daß in der öffentlichen Meinung Stimmen zugunsten »der Krone« überwogen. Interessen des Klerus, des Bürgertums und des niederen Adels konnten gegen den Hochadel beider Konfessionen ausgespielt werden, um potentielle Rebellen in Schach zu halten. Die (formal) letzte Amtshandlung Marias von Medici als Regentin sollte also die Einberufung einer Ständeversammlung sein, auf der »königstreue« Delegierte eine klare Mehrheit bildeten. In diesem Sinne leisteten die Minister gute Arbeit. So war zum Beispiel die Wahl des als absolut zuverlässig geltenden Bischofs von Luçon das Ergebnis sorgfältiger Vorbereitungen gewesen.

In den separaten Verhandlungen der drei Stände wurden Vorschläge formuliert und dann den anderen übermittelt. Der Erste Stand, vertreten durch 144 Delegierte des Klerus, verlangte ganz allgemein, daß seine Anliegen vorrangig behandelt werden sollten, konnte sich damit aber nicht durchsetzen. Dann begann der Zweite Stand, vertreten durch 130 Delegierte des Adels, einen heftigen Angriff auf die seit 1604 gesetzlich fundierte Käuflichkeit der königlichen Finanz- und Justizbeamtenstellen. Auf diesem Wege gelangten immer mehr wohlhabende Bürger in die Staatsverwaltung, und ein großer Teil von ihnen bildete bereits einen neuen Adel, den Amtsadel (Noblesse de robe), mit dem der Geburtsadel (Noblesse de race) seine Vorzugsstellung gegenüber dem König nicht teilen wollte. Die für eine Aufhebung des Erbrechts an bereits veräußerten Ämtern erforderlichen Entschädigungsgelder waren jedoch nicht aufzutreiben, und so blieb diese Forderung unerfüllbar.

Noch mehr Streit gab es, als der Dritte Stand, repräsentiert durch 188 Delegierte des Bürgertums, auf die empfindlichste Schwäche des Adels, seine Abhängigkeit von »Gnadengehältern« (Pensionen) aus Steuermitteln, zielte. Die Einsparungen hätten jährlich 5,6 Millionen Livres ausgemacht, während der weitere Verkauf von Staatsämtern nur etwa 160 000 Livres erbrachte. Als dabei ein Pariser Jurist alle drei Stände »Kinder der gemeinsamen Mutter Frankreich" nannte, fühlten sich die Edelleute schwer beleidigt – seien sie denn etwa »Brüder der Abkömmlinge von Schustern«? Sie beklagten sich also beim »König« und somit bei denen, die den Träger der Krone als ihr Sprachrohr benutzten.

Hier wurde ein Vermittler aus dem Ersten Stand benötigt. Richelieus Talent für dialektische Argumentation in salbungsvoller religiöser Verpackung war bereits bekannt, und so entsandte ihn der Kardinal Du Perron – er hatte sich inzwischen vom Gallikaner zum Ultramontanen gemausert – zu den erbosten Vertretern des Dritten Standes. Diese zeigten sich verständigungsbereit, da sie noch auf ökonomische Zugeständnisse hofften. Ihr Sprecher wandte sich an »den König« mit der Bitte, »man möge allen Kaufleuten erlauben, ... mit allen Arten von Produkten und Waren Handel zu treiben, und allen gewerbetreibenden Handwerkern und anderen Personen, in jedem Produktionszweig zu arbeiten ..., ungeachtet irgendwelcher Privilegien«.

Die Berater der Königin waren an einer Förderung der frühkapitalistischen Wirtschaft jedoch nicht interessiert, obwohl dadurch das Steueraufkommen erheblich gesteigert worden wäre. Jede unkontrollierbare Weiterentwicklung der Produktionsverhältnisse bedrohte ja die Fundamente des Feudalstaates. Die Königin ließ die Forderung nach mehr Gewerbefreiheit strikt ablehnen und den Bürgern durch den kleinen König befehlen, sich beim Hochadel wegen des Geredes von »Verwandtschaft« zu entschuldigen. Auch weiteres Drängen auf erneute gerichtliche Untersuchung der Vorgänge um die Ermordung König Heinrichs IV. wurde streng untersagt. Offenbar waren da sehr peinliche Enthüllungen zu befürchten.

Nicht einmal auf eine Erleichterung der Steuerlast für die nichtprivilegierten Schichten wollten sich die Machthaber einlassen. Der Vorsteher der Pariser Kaufmannschaft, Robert Miron, warnte prophetisch vor einer Entwicklung, die dann wirklich zur Revolution von

1789 geführt hat. Miron sagte: »... die Verzweiflung könnte das einfache Volk zu der Erkenntnis bringen, daß der Soldat nichts anderes ist als ein Bauer in Waffen; und der Winzer könnte sich, wenn er zur Arkebuse greift, aus einem Amboß ... in einen Hammer verwandeln.«

Das vor zweihundert Jahren errungene, seitdem aber nur selten wahrgenommene Steuerbewilligungsrecht der Generalstände war nicht nur dem Hofe, sondern auch vielen Delegierten der beiden bevorrechteten Stände lästig. Indem sie diesbezügliche Forderungen des Dritten Standes zurückwiesen, förderten sie die Weiterentwicklung des Absolutismus, doch angesichts des so hilflos wirkenden kleinen Königs dachte damals wohl niemand daran.

Als die Beratungen sich dem Ende näherten, versuchte der Dritte Stand, das Königtum als Institution zu stärken, damit es bei späteren Konflikten die Steuerzahler gegen zusätzliche Ausbeutungsbestrebungen des Hochadels und der Kirchenfürsten schützen könnte. Es wurde eine Denkschrift vorgelegt, derzufolge der König nicht länger dem Papst unterstehen und selbst als eine Art »Stellvertreter Gottes« gelten sollte. Auch dieser Vorstoß der Bürger war zum Scheitern verurteilt, obwohl der Doktrin vom Gottesgnadentum des Königs durch das Pariser Parlament eine rechtliche Grundlage verliehen worden war. Maria und ihr Anhang konnten durchsetzen, daß der Parlamentsbeschluß aufgehoben wurde. Alle Entscheidungen der Generalstände wurden durch die sorgsam ausgewählte Mehrheit in ihrem Sinne so manipuliert, daß der Papst und das Haus Habsburg entscheidenden Einfluß auf die Politik Frankreichs behielten. Da der enttäuschte Prinz Condé aber unberechenbar blieb und eventuell sogar Gewaltmaßnahmen plante, sollten die Ständevertreter nun so schnell wie möglich verabschiedet werden. Als Tag der Schlußsitzung wurde vom König der 23. Februar 1615 benannt.

Richelieu, dem Debütanten auf dem Parkett der großen Politik, bescherte der feierliche Abschluß der Ständeversammlung einen unerwarteten Triumph: Zum erstenmal durfte er sich vor den bedeutendsten Repräsentanten des Königreiches zu den wichtigsten Fragen der Staatsverwaltung äußern. Die Königin selbst hatte zu verstehen gegeben, sie wünsche, daß der Bischof von Luçon für den Ersten Stand spreche, und so konnte Richelieu vorgeben, er »gehorche nur«. Seine ganze, länger als eine Stunde dauernde Rede war vor allem auf die Person der Königin orientiert. Dem stand nicht entgegen, daß er sich auch bemühte, allen anderen Parteien belanglose Zugeständnisse zu machen und niemanden zu kränken.

Für den Klerus verlangte er die Leitung der Staatsgeschäfte, da den Geistlichen jegliche Gier nach irdischen Gütern fremd sei. Obwohl jedermann wußte, daß diese Behauptung nur auf sehr wenige Ausnahmen zutraf (zu denen der Bischof von Luçon gewiß nicht gehörte), rief die oft gehörte Phrase keinen lauten Widerstand hervor. Gegen Pensionen sprach Richelieu sich nur zum Schein aus, denn gegen »weise und maßvoll« zugeteilte Gnadengehälter hatte er nichts einzuwenden. Den Ämterkauf lehnte er (wie seine eigene Adelskaste) radikal ab – doch später räumte er als Minister diesen innenpolitischen Fäulnisherd nicht aus. Er schmeichelte der Königin hemmungslos und beschwor den kleinen König »demütig und eindringlich«, die Macht auch weiterhin den bewährten Händen der Mutter zu überlassen. Er ahnte nicht, welch zählebiges Mißtrauen er damals im Träger der Krone gegen seine Politik weckte.

Nach belanglosen Schlußworten des Präsidenten der Adelsvertreter appellierte der Dritte Stand noch einmal an den König, er möge dem himmelschreienden Unrecht des herrschenden Regimes durch eine »Tat der Majestät« entgegentreten. Ludwig XIII. antwortete nur mit Redensarten. Es sei sein Wunsch, Gott zu dienen, seinem Volke zu helfen und jedermann zufriedenzustellen. Die Vertreter des Dritten Standes ließen sich verbittert nach Hause schicken. Als im Jahre 1789 die Generalstände nach einhundertfünfundsiebzigjähriger Pause wieder einberufen wurden, konnte der Dritte Stand nicht mehr mit Redensarten abgespeist werden.

Günstling von Günstlingen

Nachdem er auf der Ständeversammlung überaus erfolgreich agiert hatte und am Ende der Königin deutlich nähergekommen war, rechnete Richelieu fest mit alsbaldiger Berufung an den Hof. Bedachte er denn gar nicht, daß alle Entscheidungen Marias von ihrer Freundin Leonora Galigai gesteuert wurden? Diese war jetzt aber durch Kummer wie gelähmt. Concini hatte »seine beiden Frauen« alleingelassen und verfolgte nun mit zunehmendem Größenwahn Pläne, die ihm in Nordfrankreich einen eigenen Herrschaftsbereich sichern sollten. Das löste natürlich bei mächtigen Territorialfürsten Widerstand aus. Inzwischen war die Königin rastlos damit beschäftigt, die »spanischen Heiraten« ihrer Kinder vorzubereiten. Die Hochzeiten sollten am Ende des Sommers in Bordeaux stattfinden. Da wurde kein Helfer benötigt. Tief enttäuscht kehrte Richelieu nach Coussay zurück.

Der Briefwechsel mit einigen ihm treu ergebenen Klerikern, die am Hofe bereits Fuß gefaßt hatten, ließ ihn nicht völlig in Melancholie versinken. Er wurde bald auch in das Gerangel einbezogen, das bei der Jagd nach lukrativen Posten im Hofstaat der künftigen Königin schon vor der Hochzeit entstand. Es schien aber, als sollte er abermals leer ausgehen.

Doch als die riesige Hochzeitskarawane auf dem Wege nach Bordeaux in Poitiers vier Wochen lang aufgehalten wurde, weil die Prinzessin Elisabeth an den Pocken erkrankte, fand Richelieu endlich den Weg zum Ziel seines sehnlichsten Wunsches. Ein Mann mit dem schlichten Namen Claude Barbin, also »nicht von Familie«, öffnete dem angeblich nur zu einem Höflichkeitsbesuch herbeigeeilten Bischof von Luçon die Türen zu den Privatgemächern Maria von Medicis und ihrer Freundin. Schon zur Zeit Heinrichs IV. hatte die Galigai den bescheidenen, aber äußerst tüchtigen Juristen entdeckt und in ihren persönlichen Dienst genommen. Seit 1611 war er nun auch Intendant der Finanzen der Königin und galt noch immer – was allgemein als Phänomen bestaunt wurde – als unbestechlich.

Richelieu hatte ihn vor Jahren durch Bouthillier kennengelernt und brieflichen Kontakt behalten, aber er erkannte wohl erst in Poitiers, daß dieser äußerlich unscheinbare Mann »jetzt in den Staatsgeschäften mächtiger ist als jeder andere« (wie ein Zeitgenosse in seinen Memoiren urteilte). Als der adelsstolze Prälat sich entschloß, seinen noch sorgfältig verhüllten Ehrgeiz mit dem ebenso verhüllten Ehrgeiz des Claude Barbin zu verbünden, vollzog sich eine entscheidende Wende in seinem Schicksal.

Und wieder hieß es: warten, warten. Wohl begrüßten ihn die beiden Frauen wie einen lieben Bekannten, und die Königin versprach ihm sogar das hart umkämpfte Amt des Almoseniers bei der neuen Königin, aber die Galigai schien ihr Mißtrauen noch nicht ganz überwunden zu haben. Am Hofe gab es ja auch genügend Konkurrenten, die mit allen möglichen Intrigen versuchten, jeden Mitbewerber auszuschalten. Und vor allem: Condé wollte nun mit einem neuen Bürgerkrieg ein allmähliches Erstarken des Königtums unter dem jungen König gründlich unterbinden.

Der Marschall von Ancre kämpfte nördlich von Paris erfolgreich gegen Condés Rebellenarmee und kehrte dann im Triumph nach Paris zurück. Der Prinz zog indessen unbehindert ins Poitou, wo seine Truppen diesmal besonders schrecklich hausten und auch die Bewohner von Schloß Richelieu in große Gefahr brachten. Da dort der Herzog von Rohan nun die Hugenotten kampfbereit gemacht hatte, wäre der König bei der Rückkehr aus Bordeaux leicht in Gefangenschaft geraten; Condé versprach sich jedoch von einer gütlichen Einigung bessere Chancen für seine ehrgeizigen Pläne.

Andererseits hätte entschlossenes Handeln der Minister den Bürgerkrieg jetzt schnell beenden können; doch die »Graubärte« rieten der Königin, die Rebellen abermals durch Geschenke zu besänftigen. Condé ging darauf ein, weil er meinte, das Ministerium werde bald gründlich abwirtschaften und ihm dann Gelegenheit zu einem Staatsstreich geben. Aber auch Concini verlegte sich – vordergründig von seiner Frau, in Wirklichkeit von deren Ratgeber Barbin geleitet – auf hinhaltendes Taktieren, um zur gegebenen Zeit die Regierung zu übernehmen. Der Prinz wurde in den Ministerrat aufgenommen, und ohne ihren Führer waren die enttäuschten Verschwörer ungefährlich. Richelieu, inzwischen als Almosenier der neuen Königin endlich mit einem Hofamt versehen, blieb im Hintergrund, sozusagen in den Boudoirs der beiden mächtigsten Frauen von Frankreich.

Hier hatte bisher ein Frauenheld geherrscht. Doch dessen große Zeit als unentbehrlicher Bettgenosse war jetzt vorbei. Nun glaubte er, nicht nur durch Frauengunst, sondern dank eigener Fähigkeiten an die Spitze der Regierung gelangen zu können. Er wußte nicht, daß Barbin die Absicht hatte, durch ihn heimlich selbst zu regieren, und daß Richelieu hoffte, ebenso heimlich »die zweite Geige spielen« zu können. Dazu mußte sich der Bischof von Luçon aber erst einmal einen festen Platz im Gefühlsleben der vereinsamten und angesichts noch nicht entschiedener Machtkämpfe beunruhigten Frauen sichern.

Wir wissen, daß dem dreißigjährigen, auch äußerlich sehr attraktiven Prälaten sein heikles Vorhaben geglückt ist. *Wie* er aber die beiden dreiundvierzigjährigen, körperlich wenig reizvollen Damen seinem brennenden Ehrgeiz gefügig gemacht hat, wird wohl immer ein Geheimnis bleiben. Die unförmig fett gewordene, dumm und vulgär gebliebene Mediceerin befragte Wahrsager, ob ihr neuer Verehrer vielleicht über einen Zauber verfüge, der zur Liebe zwinge. Die kleine, dunkle, als runzlig, fleckig und kränkelnd beschriebene »Zauberin« Galigai hatte zwar nach wie vor Angst, fühlte sich aber nicht weniger angezogen. – Das Thema »Richelieu und die Frauen« wird noch bei anderen Gelegenheiten zu erörtern sein.

Als die Galigai im April 1616 allein nach Paris reiste, blieb Richelieu in ihrer Nähe. Nur dort wurde wirklich Politik gemacht. Maria von Medici stand vor der Entscheidung, die Macht mit Condé zu teilen oder Concini an die Spitze der Regierung zu stellen (worauf Barbin sich intensiv vorbereitete). Ganz unerwartet ergab sich auch noch das Problem, daß der König vielleicht früher als angenommen zum Machtfaktor werden könnte. Durch eine von Zeugen demütigend kontrollierte Hochzeitsnacht völlig verstört, hatte sich dieser noch enger an seinen einzigen Freund Luynes angeschlossen. In welche Lage wären »die drei Italiener« geraten, wenn Ludwig XIII. plötzlich die ihm zustehende Regierungsgewalt wahrgenommen und seinen bisher kaum beachteten Vertrauten mit der Allmacht eines Favoriten ausgestattet hätte?!

Nachdem Maria im Mai möglichst unauffällig nach Paris zurückgekehrt war, stellte sie ihrem in bedrohlichem Schweigen verharrenden Sohn eine – vielleicht von Richelieu ausgeheckte – Falle. Sie behauptete, fest entschlossen zu sein, die Regierungsgewalt vor dem Parlament an Ludwig XIII. zu übergeben und sich nach Italien – »fern von Verleumdern und Undankbaren« – zurückzuziehen. Wäre der König darauf eingegangen, hätte die Hofclique sicherlich einen Weg gefunden, ihn für regierungsunfähig erklären zu lassen. Als Thronfolger stand ja Marias noch unmündiger Lieblingssohn Gaston bereit. Doch Ludwig war offenbar auf diese Falle vorbereitet. Mit feierlichen Worten bat er die so wenig mütterliche Mutter, weiterhin für ihn zu regieren. Unter den wachsamen Blicken des auch bei diesem intimen Gespräch anwesenden Luynes spielte er das Kind wieder derartig überzeugend, daß Maria völlig beruhigt zu ihren gespannt wartenden Ratgebern zurückkehrte.

Prinz Heinrich
von Condé.
Stich von Lasne

Nun zögerte Barbin nicht länger, die wichtigsten Regierungsämter in seinem Sinne umbesetzen zu lassen und dabei selbst stärker in den Vordergrund zu treten. Der Bischof von Luçon zog es vor, wie bisher unkontrollierbare Macht (auf dem Umweg über die »hohen Frauen«) auszuüben. Aber gegen den Titel eines Staatsrats und eines Intendanten des Haushalts der Königinmutter sowie eine ansehnliche Pension von sechstausend Livres hatte er nichts einzuwenden. Concini betrachtete den Eindringling in seinen »Harem« zwar zuerst mit Mißtrauen, ließ sich jedoch durch Schmeicheleien davon überzeugen, daß Richelieu in ihm den überragenden Staatsmann sehe, dem er zu beiderseitigem Vorteil dienen wolle.

Für diesen »tüchtigen jungen Mann« hielten die neuen Machthaber sogleich eine schwierige Aufgabe bereit: Condé sollte nach Paris gelockt und zur Wahrnehmung einer glanzvollen, ihn aber möglichst kompromittierenden Rolle im Staatsrat bewogen werden. Niemand konnte in diesem Falle den »ehrlichen Makler« überzeugender spielen als der Bischof von Luçon. Er war mit dem Prinzen stets in respektvollem Kontakt geblieben und suchte ihn nun in Berry (nordwestlich von Poitou gelegen) auf. Dort gelang es ihm, den noch mißtrauisch Zögernden zu überreden, den Vorsitz im Staatsrat zu übernehmen.

Die Pariser empfingen Condé (der immer viel Geld ausgab) mit überschwenglichem Jubel, und fortan war es sein Palast und nicht der Louvre, wo eigentlich hofgehalten wurde. Der König, aber auch Maria von Medici nebst dem Regierungsapparat ihrer Favoriten waren zu völliger Bedeutungslosigkeit degradiert. Um die Mitte des August merkten die Concinis, daß sie den Bogen überspannt hatten. Sie bereiteten sich darauf vor, mit ihren Schätzen das Land zu verlassen; unmittelbar vor der Abreise erklärte die Galigai jedoch plötzlich, sie müsse bei der Königin bleiben. Diesen kaum glaublichen und für die Concinis am Ende verhängnisvollen Stimmungsumschwung muß wohl jemand bewirkt haben, der sich große Vorteile davon versprach, wenn die alte Günstlingsherrschaft auch unter ungünstigeren Voraussetzungen noch fortbestand. Wer aber konnte die Galigai so stark beeinflußt haben, wenn nicht Richelieu? Schon wenige Tage darauf glaubten die Concinis, ihr bisheriges Treiben fortsetzen zu können.

Barbin und Richelieu hatten Maria und Concini überredet, Condé bei einem Besuch im Louvre einfach verhaften zu lassen. Zuverlässige Edelleute setzten diesen Plan bei Anwesenheit König Ludwigs in die Tat um. Daß der Auch-Bourbone sich der Krone bemächtigen wollte, brauchte nicht erst bewiesen zu werden; er wurde in die Bastille eingeliefert. Die bedeutendsten seiner Mitverschwörer flohen, alle übrigen beeilten sich, den Repräsentanten des verhaßten Günstlingsregimes »unwandelbare Treue« zu geloben. Anfang Oktober kapitulierten auch die rebellischen Fürsten – bis auf den Herzog von Nevers, dem Condé Unterstützung für einen Kreuzzug zur Befreiung Jerusalems versprochen hatte und der nun seine Truppen mobilisierte. Und wieder war es Richelieu, der als einziger diesen gefährlichen Schwärmer beruhigen konnte. Mußte er nicht reich belohnt werden?

Das Volk von Paris war von dieser Entwicklung sehr enttäuscht. Von Condés Leuten organisierte Unruhen, bei denen das Haus der Concinis geplündert wurde, waren aber schnell erstickt. Weit größere Probleme ergaben sich aus Kontakten der Rebellen mit protestantischen Staaten, die sich von einer geglückten Palastrevolution in Paris Vorteile für ihre zur Zeit nur aufgeschobenen Kämpfe mit den spanischen und österreichischen Habsburgern versprochen hatten. Ein neu ausbrechender Religionskrieg in Frankreich hätte leicht zum »Stellvertreterkrieg« für europäische Mächte werden können, und diese Möglichkeit war auch nach der Kapitulation der rebellischen Fürsten noch als latente Gefahr für die neue Regierung zu beachten.

Eine noch engere Bindung an Spanien erschien Maria als der beste Schutz. Der Bischof von Luçon sollte als Sonderbotschafter nach Madrid reisen, um über geeignete Maßnahmen zu verhandeln. Irreführende Nachrichten von einer schweren Erkrankung des Königs, denen Vermutungen über seinen kurz bevorstehenden Tod folgten, veranlaßten ihn jedoch, seine Abreise zu verschieben. Die Aussicht auf eine neue Regentschaft Marias für ihren Sohn Gaston setzte inzwischen in der Regierung ein Karussell von Neubesetzungen in Gang, und dabei wurde dem reisebereiten Sonderbotschafter plötzlich das Amt des Staatssekretärs für Auswärtige Angelegenheiten und Kriegswesen angeboten. Ein Priester als Kriegsminister – diese Vorstellung schien niemanden zu irritieren. Nachdem Richelieu sich noch ein wenig geziert hatte, nahm er Ende November 1616 die Berufung überglücklich an.

Debüt in der großen Politik (1616–1617)

Eine Art Höhenrausch

Einige der Freunde und Gönner Richelieus, die zu seiner Ranger-höhung nicht wenig beigetragen hatten, lernten nun – unange-nehm überrascht – einen ganz neuen Bischof von Luçon kennen. Zwar wurde dieser von Gleich- und Höhergestellten weiter salopp Luçon genannt, doch der neue Minister trug die violette Bischofsrobe nur noch bei besonders feierlichen Anlässen. Für gewöhnlich trat er jetzt wie ein eleganter Edelmann auf, vornehm in modisches Schwarz gekleidet, und so führte er sich auch auf: Untergebene rücksichtslos antreibend, Gleichberechtigten gegenüber herrschsüchtig, nur auf seinen Vorteil bedacht. Ein salbungsvoll schmeichelnder Prälat blieb er nur im Umgang mit Maria von Medici, den Concinis und Barbin.

Wie selbstverständlich beanspruchte er als Bischof den Vorrang ge-genüber den älteren Ministern, was heftigen Widerstand hervorrief. Doch Concini sprach ihm den Vorsitz zu. Selbständige Entscheidun-gen durfte Richelieu aber weder in der Außenpolitik noch in militäri-schen Angelegenheiten treffen. Sogar wohlbegründete Einwände wur-den vom Favoriten in den täglich stattfindenden Sitzungen des Staatsrates – oft in beleidigender Form – zurückgewiesen. Alle Kränkungen und Demütigungen nahm Richelieu jedoch für das be-rauschende Gefühl in Kauf, dem höchsten Regierungsgremium anzu-gehören. Und dabei hätte ihn der ständige Widerspruch zwischen dem, was er jetzt »im Namen des Königs« sagte und schrieb, und dem, was seit Jahren unverrückbare französische Außenpolitik gewe-sen war, in tiefe Verzweiflung stürzen müssen.

Der spanische Gesandte und der Nuntius berichteten erfreut über den neuen Sachwalter ihrer Interessen am französischen Hof; dage-gen mußte der Gesandte der Republik Venedig warnen: »Man darf nicht damit rechnen, daß dieser Minister den Interessen Eurer Signoria wohlwollend gegenübersteht ...« Gerade jetzt aber zwang ein Konflikt zwischen Spanien auf der einen, Savoyen und Venedig auf der anderen Seite den französischen Außenminister, bisher nur verbal geäußerte Sympathie oder Gegnerschaft in politisches Handeln umzumünzen. Spanien wollte die beiden einzigen Staaten, die seiner Herrschaft über Norditalien noch im Wege standen, als potentielle Gegner ausschalten, und die Bedrohten baten nach alter Tradition Frankreich um Beistand.

Da geschah etwas, das zur Zeit Heinrichs IV. unvorstellbar gewesen wäre: Der Herzog von Lesdiguières, hugenottischer Gouverneur der an Savoyen angrenzenden Dauphiné, marschierte mit siebentausendfünfhundert Mann über verschneite Alpenpässe nach Savoyen, ohne sich um das – offenbar auch gar nicht ernst gemeinte – Stillhaltegebot seines Königs zu kümmern. Spanien, das auf lange Sicht von Eigenmächtigkeiten französischer Grandseigneurs zu profitieren gedachte, verzichtete nun auf den schon eingeleiteten Vorstoß nach Savoyen und erklärte sich mit Verhandlungen einverstanden. Richelieu hatte im Namen Ludwigs XIII. nicht nur die Vertreter Spaniens und Savoyens, sondern auch Gesandte des Papstes, des Kaisers und Venedigs zu einem Friedenskongreß nach Paris eingeladen. Als ob das Frankreich Concinis so handlungsfähig gewesen wäre, wie es das Frankreich Heinrichs IV. im Jahre 1609 gewesen war! Die Gesandten aller eingeladenen Mächte erschienen in Paris, aber sowie *der* strategisch neuralgische Punkt, die Veltlinfrage, von Venedig berührt wurde, kam es zum unvermeidlichen Abbruch der Verhandlungen.

Im Jahre 1556 war das Weltreich Kaiser Karls V. zwar in einen spanischen und einen österreichisch-deutschen Teil zerfallen, doch die in Madrid und Wien regierenden Habsburger konnten ihre militärische Macht vereinen, wenn sie über das Veltlin, ein langes, schmales Alpental, verfügten. Es führte von der mailändisch-spanischen Nordspitze des Comer Sees über das Stilfser Joch und andere Pässe in das habsburgische Einflußgebiet nördlich der Alpen. Seine geopolitische Bedeutung entsprach etwa der des Suezkanals im 19. Jahrhundert. König Heinrich IV. war es gelungen, mit der Republik Graubünden (die der Schweizer Eidgenossenschaft angehörte) einen Vertrag abzuschließen, der die Benutzung aller »Passagen« durch das Veltliner Gebirge von der Zustimmung Frankreichs abhängig machte. Trotz zahlloser Aufstände der katholischen Veltliner beherrschten die protestantischen Graubündner noch immer diesen wichtigen Angelpunkt der europäischen Politik.

Nun hatte Venedig zu seiner Verteidigung gegen einen spanischen Überfall schweizerische Söldner angeworben, die aber nur in die aristokratische Republik an der Adria gelangen konnten, wenn Frankreich den Durchmarsch durch das Veltlin gestattete. Daß Richelieu gegen das Interesse Spaniens entscheiden könnte, war nach Lage der Dinge völlig ausgeschlossen; dennoch versuchte er, hinhaltend zu taktieren. Schließlich mußte er den erbosten Venezianern aber eine klare Absage erteilen. Diese setzten daraufhin alle Hebel ihrer oft bewährten Diplomatie in Bewegung, bis alle Gesandten sich weigerten, noch länger in Paris zu beraten. Die Verhandlungen wurden ohne Beteiligung Frankreichs in Madrid fortgesetzt.

So gedemütigt zu werden dürfte auf den ehrgeizigen Debütanten Richelieu wohl sehr ernüchternd gewirkt haben. Die »dünne Luft« auf der höchsten Ebene der Politik seines Landes verwandelte sich gar zu leicht in »dicke Luft«, aus »Höhenrausch« konnte sich Schlimmeres als ein Katzenjammer ergeben, nämlich ein Sturz in Tiefen, aus denen es keinen politischen Wiederaufstieg mehr gab.

In seinen Memoiren hat der Erste Minister Richelieu, der acht Jahre später beim neu entbrannten Streit um das Veltlin sein erstes außenpolitisches Meisterstück im Dienste Ludwigs XIII. lieferte, in seine damalige Handlungsweise wichtige Elemente seiner späteren Politik hineinzuinterpretieren versucht; doch im Jahre 1616 ging es ihm sicherlich nur darum, Minister zu bleiben. Daß er dabei den König mit kaum glaublicher politischer Blindheit ignorierte, bis es für eine Korrektur fast schon zu spät war, ist wohl nur dadurch zu erklären, daß Ludwig »das unmündige Kind« noch immer mit wahrer Meisterschaft spielte.

In seinem zweiten Amt, als Kriegsminister, bekam er bald Gelegenheit, nach der außenpolitischen Schlappe innenpolitische Erfolge zu erringen. Seit Januar 1617 ließ Concini durch ihn Truppen anwerben, mit denen neue Aufstände der Grandseigneurs viel energischer als bisher bekämpft werden konnten. Im März begann ein neuer Bürgerkrieg in der Champagne und in Westfrankreich. Richelieu schrieb – noch immer im Namen des Königs, den er darüber nicht einmal informierte – scharfe Erlasse an die Rebellen. Da hieß es zum Beispiel: »Der König macht sich bereit, diejenigen zur Vernunft zu bringen, die sie verloren haben.«

Alles geschah auf Betreiben Concinis, worauf die Rebellen in ihrer Gegenpropaganda recht wirkungsvoll hinwiesen. Dadurch verstärkte sich in der Bevölkerung der Verdacht, daß »die Italiener« und ihr Klüngel mit den zur Befriedung des Landes geführten Feldzügen nur versuchten, ihre eigene usurpierte Macht zu festigen. Als Concini dann anordnete, daß die Leibgarde des Königs am Kriege teilnehmen und der Schutz des Louvre allein der Leibgarde der Königinmutter überlassen bleiben sollte, entstand sogar der Eindruck, dem König sei die Rolle eines Gefangenen des neuen Diktators zugedacht.

Eine solche Aussicht beunruhigte auch den geradezu lächerlich kleinen Hofstaat des Königs. Diesem gehörten außer Luynes dessen jüngere Brüder und ein Vetter an, ferner ein Jurist, ein unbedeutender Landedelmann, ein Gärtner, der Verwalter der Falknerei, ein ziemlich verkommener Kapuziner sowie der Finanzsekretär Déageant. Nachdem Barbin eindrucksvoll vorgeführt hatte, wie ein schlichter Bürger über das unscheinbare Amt des »Hauptbuchhalters« der Regentin in den Besitz fast unbegrenzter Macht gelangen konnte, wollte ihn Déageant womöglich noch überflügeln, indem er durch ein raffiniert ausgeklügeltes Doppelspiel bestimmenden Einfluß auf Luynes und über diesen auf den König gewann.

Als »heimlicher Informant« erschien er täglich bei Maria von Medici und bei Barbin, um ihnen »Neuigkeiten« zu liefern, die er vorher mit Luynes abgesprochen hatte. Selbst Ludwigs engster Berater traute dem stillen König weder die Energie noch das organisatorische Geschick zu, die ein »legaler Staatsstreich« erforderte. Und nur auf diese Weise konnten die Usurpatoren der Staatsmacht beseitigt werden. Luynes hatte bereits vergeblich versucht, sich mit den Concinis zu verbünden, um wenigstens die lukrative Position eines willigen Lenkers des willenlosen Monarchen zu behalten.

Erst nachdem der Günstling Ludwigs für sein Wohlverhalten bei der Tagung der Generalstände mit den Einkünften des Gouverneurs von Amboise belohnt worden war, hatte er begriffen, wie gut das Amt des Kerkermeisters Seiner Allerchristlichsten Majestät honoriert werden sollte. Von Spanien bezog er bereits ein Jahrgeld von eintausend

Talern. Um sich des Wohlwollens der Concinis noch dauerhafter zu versichern, hielt er um die Hand ihrer Tochter an. Doch die Günstlinge der Mediceerin erteilten ihm eine höhnische Absage. Dadurch sah sich der Favorit Ludwigs in die Front der Gegner der »Italiener« gedrängt. Er konnte aber ebensowenig ernsthaft etwas gegen die Günstlingsherrschaft unternehmen wie Ludwig selbst. – Wie war ihre merkwürdige Freundschaft eigentlich zustande gekommen, und was fesselte den König noch immer an die recht mittelmäßige Persönlichkeit dieses dreiundzwanzig Jahre älteren Mannes?

Die erste »Tat der Majestät«

Als während der Schlußsitzung der Generalstände von 1614/15 der Sprecher des Dritten Standes vom König eine »Tat der Majestät« zur Linderung sozialer Ungerechtigkeit forderte, hatten die Bürger einer Königsattrappe gegenübergestanden, hinter der sich ein zutiefst unglücklicher dreizehnjähriger Junge verbarg. Doch dieser vor Verlegenheit leicht ins Stammeln geratende, soeben erst juristisch volljährig gewordene König Ludwig XIII. von Frankreich hatte, als man mit ihm die bei der Eröffnungssitzung zu sprechenden Worte einübte, mit großem Ernst gesagt, es sei sein größter Wunsch, als Ludwig der Gerechte und nicht als Ludwig der Stammler in die Geschichte einzugehen.

Die herrschende Hofclique hatte weder den Charakter, der aus diesen nur zufällig überlieferten Worten sprach, in ihre egoistischen Pläne einzuordnen vermocht, noch war die Intelligenz erkannt worden, die plötzlich für einen Augenblick aufleuchtete, um dann wieder hinter der Maske des »kindischsten Kindes« – wie der freche Concini seinen König nannte – zu verschwinden. Nachdem der Bourbone Condé ein kurzes Zweckbündnis mit dem Dritten Stand eingegangen war, um den Anspruch des papsthörigen, spanienfreundlichen hohen Klerus auf die höchsten Regierungsämter abzuwehren, hatte er in Gegenwart Ludwigs einen scharfen Wortwechsel mit dem Führer der Ultramontanen, Erzbischof Sourdis, begonnen. Da hatte ihn das kaum beachtete königliche »Kind« mit ungewohnter Bestimmtheit unterbrochen:»Ich bitte Sie, mein Vetter, reden Sie nicht

Charles d'Albert, Herzog von Luynes. Bronzebüste von Rude

mehr weiter, denn wenn man Sie zurückweist, wird man auch mich zurückweisen wollen.«

Der 1601 geborene Kronprinz war ohne Zärtlichkeit und Mutterliebe aufgewachsen. Den viel zu früh verlorenen Vater hatte das Kind zwar verehrt, doch es erinnerte sich an gar zu viele häßliche, lautstarke Szenen zwischen den Eltern. Marias wortreiche Klagen, die sich schnell zu schrillem Keifen steigerten, hatten Heinrich oft zu einem unköniglichen Abgang gezwungen. Das Kind erlebte, wie sich die Mutter der italienischen Milchschwester mehr und mehr geistig unterordnete und deren Ehemann zuerst noch diskret, nach der Ermordung des Königs aber vor aller Welt als Liebhaber und Favoriten in ihr Leben einbaute. Der ehemalige Schmierenkomödiant und Glücksspieler konnte sich sogar erlauben, den minderjährigen König öffentlich zu brüskieren.

Im Jahre 1611 war der damals dreiunddreißig Jahre alte Charles d'Albert de Luynes in der Falknerei des Königs angestellt worden und hatte nun täglich Kontakt mit dem geistig und seelisch absichtlich vernachlässigten Ludwig. Dessen Lieblingsspiel war die grausame Jagd auf Sperlinge, die in einem Zimmer umherflatterten. Er ließ sie von Zwergfalken greifen. Luynes war ein netter, hübscher Mann und so harmlos, daß er sogar Duelle, die Lieblingsbeschäftigung des französischen Adels, mied. Notfalls bat er einen seiner Brüder, sich für ihn zu schlagen. Seinem völlig vereinsamten Herrn ersetzte dieser Edelmann bald Vater und Mutter. Als der geliebte Freund zum Hauptmann im Louvre ernannt wurde und eine Wohnung über den Gemächern Ludwigs beziehen durfte, hielt sich der kleine König so oft wie nur möglich bei diesem einzigen Vertrauten auf.

Seine Mutter und ihre Günstlinge unternahmen nichts dagegen, weil sie glaubten, diesen durchschnittlich begabten und gar keinen Ehrgeiz zeigenden Offizier leicht lenken zu können. Auch als sich der vierzehnjährige Ludwig nach der katastrophal verlaufenen Hochzeitsnacht von seiner etwa gleichaltrigen Gattin möglichst fernhielt und sich noch enger an den Freund anschloß, sahen sie noch keine Veranlassung, ihre Taktik zu ändern. Da der König nach erreichter Volljährigkeit nicht die geringste Neigung zeigte, selbst zu regieren – davon hatte sich die Mutter ja persönlich überzeugt –, wurde sein Favorit im Machtkalkül dieses Hofes, in dem der König eine Null darstellte, kaum höher bewertet. Und schließlich würde der verläßliche Déageant ja jedes denkbare Komplott der »beiden Nullen« schon beim ersten Anzeichen verhindern helfen.

Niemand ahnte, daß die leidenschaftliche Zuneigung zu dem einzigen Freunde am feindlichen Hof, wo die verhaßten Concinis immer ungenierter ihre Allmacht zeigten, schon bald dem einsamen König die Kraft zu einer ersten »Tat der Majestät« verleihen würde.

Als der Leibgarde des Königs befohlen wurde, ohne ihren Herrn Paris zu verlassen, sah Ludwig seine Freiheit oder gar sein Leben bedroht. Da half nur entschlossenes Handeln. Zunächst wollte er sich heimlich nach Amboise, dem berühmten Renaissanceschloß der französischen Könige an der Loire, begeben. Dort war Luynes Gouverneur, und von dort aus sollte mit den mächtigen Feinden Concinis verhandelt werden, um sie unter dem Königsbanner zu vereinigen. Die Minister schienen jedoch an diese Möglichkeit zu denken, denn aus dem Staatsrat wurde offiziell mitgeteilt, Ludwig XIII. – den wieder einmal niemand gefragt hatte – werde sich zur Armee begeben, die Soissons (nordwestlich von Reims gelegen) belagerte. Die ausländischen Gesandten wurden aufgefordert, den König dorthin zu begleiten.

Damit war eine völlig neue Lage gegeben. Erst einmal bei der Armee angelangt, konnte Ludwig im Quartier seiner Leibgarde Zuflucht und Schutz finden, wenn er sich entschloß, in Gegenwart der Gesandten zu verkünden, daß er die Regierungsgeschäfte hinfort selbst leiten wolle! Das erkannte aber bald auch Concini. Er ließ die Abreise so auffällig verschieben, daß Ludwig vor Wut und Enttäuschung schwer erkrankte.

Da erschrak Richelieu wie nur sehr selten in seinem Leben. Entsetzt starrte er in den Abgrund, dem er sich wie ein Blinder genähert hatte, geblendet vom Flitterglanz eines erbärmlichen Favoriten. Doch hatte ihm nicht ein Papst prophezeit, daß er es als Betrüger noch weit bringen werde? Damals hatte er seinem Glück nur mit einer kleinen »Korrektur« des Geburtsdatums nachgeholfen; später hatte er geschmeichelt und etwas intrigiert; aber jetzt, wo alles aufs höchste gefährdet erschien, was für ihn »leben« bedeutete, erwies er sich wirklich als ein genialer Betrüger.

Seine Briefe an Concini erreichten den Gipfel unterwürfiger

Schmeicheleien. Gegenüber dem Nuntius »erleichterte er sein durch Intrigen bedrücktes Herz«, bat um Förderung seines Wunsches, dem Vatikan in Zukunft als Kirchenfürst – etwa als Kardinal und Erzbischof von Reims – noch wirksamer zu dienen. Maria von Medici behandelte er dagegen wie eine ihm völlig hörige Frau. Er machte sie für die Gefahren, in die der Größenwahn Concinis sie alle gestürzt hatte, mit schonungsloser Härte verantwortlich und bat um seine Entlassung aus dem Ministerium. Er wußte nur zu gut, daß die verwirrte und ratlose Regentin darauf nicht eingehen würde, und akzeptierte schließlich »gehorsam« eine Bedenkzeit von acht Tagen.

Nun gab Richelieu dem noch unsicher abwartenden Luynes durch seinen Schwager de Pontcourlay heimlich zu verstehen, daß er den König zuverlässig über alle Maßnahmen unterrichten werde, die im Staatsrat oder noch heimlicher vorbereitet würden. Inzwischen hatte der König, obwohl er die Verantwortung für einen Mord scheute, aber bereits durch »zustimmendes Schweigen« den Vorschlag Déageants akzeptiert, Concini durch den Kommandeur der Königsgarde, de Vitry, töten zu lassen. Luynes hätte den verhaßten Favoriten lieber in Haft gesehen und hoffte nun, daß der von Richelieu angebotene Verrat einen unblutigen Machtwechsel ermöglichen werde. Doch Ludwig fürchtete die Risiken einer Verhaftung und einer Verurteilung Concinis mehr als die Last auf seinem Gewissen. Richelieus Angebot bewirkte bei ihm zunächst nur, daß sich in seinen Haß auf den Mann, der die Liebe seiner Mutter besaß, jetzt auch noch Verachtung für den Verräter mischte.

Der »Konnetabel« von Ancre hatte Paris verlassen und mußte erst durch das Gerücht, die Königinmutter wolle ihn absetzen, zurückgeholt und in eine tödliche Falle gelockt werden. Als er am 24. April – sich wieder völlig sicher fühlend – von »seinem Hofstaat« umgeben über die Louvrebrücke stolzierte, in der einen Hand einen Blumenstrauß für die Königin, in der anderen das Gesuch eines Bittstellers, trafen ihn drei Pistolenkugeln fast gleichzeitig, dann durchbohrten noch mehrere Degen den Sterbenden. Mit dem Rufe »Es lebe der König!« hatten sich die Attentäter offenbar genügend als Vollstrecker eines königlichen Urteils legitimiert, denn niemand aus dem großen Gefolge leistete Widerstand.

Im Nu waren die Schätze, die der stets auf eine schnelle Flucht vorbereitete Glücksritter bei sich trug – darunter Wechsel über zwei Millionen Livres! –, in fremden Taschen verschwunden. Vitry wurde bald darauf Marschall, später sogar Herzog. Niemals vergaß Ludwig XIII. die Stunden in quälender Ungewißheit und das Gefühl der Erlösung, als ihm gemeldet wurde: »Sire, es ist erledigt!« Als er dann an ein Fenster trat und herbeieilende Bürger ihm zujubelten, erfüllte ihn unauslöschlich die Gewißheit: Jetzt bin ich wirklich König.

Dieses Gefühl ließ sich leicht durch reale Macht fundieren, da die bisherige Regentin ihr schändliches Spiel verloren gab, nachdem sie dreimal vergeblich versucht hatte, zu ihrem Sohn vorzudringen. Auch die eigentliche Herrin, die »Zauberin« Galigai, resignierte angesichts der neuen Machtverhältnisse. Schließlich aber doch von Panik ergriffen, versuchte sie, ihre in Säcke geworfenen Schätze an Gold, Perlen und Edelsteinen zu verstecken. Als die Gardisten ihre Zimmer durchsuchten, waren es aber nicht kostbare Kleinodien, sondern unverständliche Zeichnungen und Texte, die sie in einen Freudentaumel versetzten: Horoskope für alle Mitglieder der königlichen Familie bewiesen, daß die Galigai eine Hexe war, und auf Hexen wartete der Scheiterhaufen.

Barbin und sein Ministerkollege Claude Mangot versteckten sich in einem Pferdestall des Louvre. Man wußte ja nicht, ob nur mit Concini »kurzer Prozeß« gemacht werden sollte. Richelieu hatte am Abend zuvor von dem Plan erfahren und beschlossen, sich von dem offenbar Unvermeidlichen bei einem Freund in der Sorbonne »überraschen« zu lassen. Nun eilte er in den Louvre, um zu prüfen, ob sein Rettungsanker hielt. Dort traf er sich mit seinen noch immer im Pferdestall ausharrenden ehemaligen Gönnern und Kollegen, die so plötzlich ihren Wert verloren hatten und ihrerseits auf seine Hilfe hofften. Richelieu ließ sich gern von ihnen als Fürsprecher zum König schicken, da er »als Bischof einen gewissen Schutz genieße«; im übrigen dachte er aber nur an sein eigenes Wohl.

Ludwig XIII. saß in der Großen Galerie (einem Beitrag seines Vaters zum Ausbau des Louvre) auf einem Billardtisch, umgeben von Leuten, die ihm ihre Ergebenheit bekunden wollten. Er wirkte fröhlich, gelöst, auf der wenig majestätischen Sitzgelegenheit aber doch deutlich um Wahrung seiner Würde bemüht. Als er den in respektvollem Abstand verharrenden Bischof von Luçon entdeckte, winkte

König Ludwig XIII. Gemälde von Rubens

er ihn gut gelaunt herbei und rief: »Na also, Luçon, hier sehen Sie mich befreit von Ihrer Tyrannei. Los, los! Gehen Sie!«

Das schien zumindest das Ende jeglicher Aussicht auf weiteres Wirken als Politiker zu bedeuten. Indessen erwiesen sich die in letzter Minute angeknüpften Beziehungen zu Luynes als rettender Ast über einem Abgrund. Der Favorit Ludwigs hielt es für nützlich, die gefährliche Königinmutter durch einen ihm ergebenen Spion bewachen zu lassen, und als solcher hatte sich Richelieu ja angeboten. Also wies er darauf hin, daß der Bischof oft Schlimmeres verhütet und das Königtum stets verteidigt habe. Nun gab sich Ludwig etwas freundlicher. Das Ministerium übernahmen zwar wieder die »Graubärte« von 1616, ehemalige Mitarbeiter Heinrichs IV., doch Richelieu sollte sein Gehalt weiterbeziehen und sogar an Kabinettssitzungen teilnehmen dürfen. Die Tür zum Kabinett versperrte ihm aber der neue (und alte) Minister Marquis de Villeroy. So viel »Flexibilität« empörte ihn zu sehr. Barbin und Mangot wurden in die Bastille eingeliefert, die Galigai erwartete das Todesurteil; nur der Bischof von Luçon konnte hoffen, durch seinen außerordentlich großen Einfluß auf Maria von Medici auch weiterhin eine bedeutende Rolle in der Politik spielen zu können.

Wie verhaßt das Regime war, das er soeben noch selbst verkörpert hatte, wurde ihm am Tage nach Concinis »Hinrichtung« gefährlich vor Augen geführt. Als er auf dem Wege zum Nuntius in seiner Kutsche über den Pont-Neuf kam (damals die neueste Brücke zur Seineinsel, heute die älteste von Paris), fand er dort eine maßlos erregte Menschenmenge vor. Man hatte den Leichnam des Marschalls von Ancre an einen Galgen gehängt und war gerade dabei, ihn zu zerstükkeln. Jedes Viertel der Stadt sollte ein Stück zur Erinnerung an den Tyrannen bekommen. Da der Kutscher einen Verkehrsunfall verursachte, hätte sich der Volkszorn beinahe noch gegen den bekannten Günstling des Toten gewendet, aber mit dem Rufe »Es lebe der König!« kam er davon.

Nach einigen Tagen hatte Richelieu Gelegenheit, mit Luynes Absprachen zu treffen, bei denen die Ergebnisse einer nun unvermeidlichen Begegnung Ludwigs mit seiner Mutter vorweg festgelegt wurden. Er verhandelte so geschickt, daß Luynes sich trotz seiner überlegenen Position als der Schwächere vorkam und den undurchschaubaren Favoriten der Königin fortan als Rivalen fürchtete. Maria mußte sich zwar nach Schloß Blois (an der Loire) zurückziehen, behielt aber ihr riesiges Vermögen und durfte ihre gesamte Dienerschaft mitnehmen.

Als Richelieu am fünften Tage gestattet worden war, Maria von Medici im Louvre zu besuchen – sie lebte dort wie in einem Gefängnis –, hatte diese ihn wie einen Retter begrüßt. Sie ahnte nicht, daß sie selbst *seine* Retterin war. König Ludwig liebte seine Mutter und achtete sie trotz allem. Weil Luynes das wußte, blieb die Königinmutter in seinem Machtkalkül stets ein gewichtiger Faktor. Der Bischof von Luçon war zur Zeit der einzige Mensch, der als »Doppelagent« das Vertrauen der unberechenbaren, machthungrigen Frau besaß.

Der von Luynes und Richelieu bis ins Detail vorbereitete Austausch von Erklärungen zwischen Ludwig und seiner Mutter sollte die erste eigenständige »Tat der Majestät« mit der offiziellen Verabschiedung der bisherigen Regentin vollenden. Es war wichtig, Maria vom Hofe des fünfzehnjährigen Monarchen, der noch um seine geistige Unabhängigkeit rang, zu entfernen. Die Unterredung bestand zunächst nur aus Monologen: Maria verlas ihre Rechtfertigung, die Richelieu verfaßt hatte; Ludwig beendete seine Antwort wie vorgesehen mit den Worten: »Ich habe beschlossen, nicht mehr zu dulden, daß jemand anders als nur ich in meinem Lande herrscht. Leben Sie wohl, Madame. Lieben Sie mich, dann werde ich ein guter Sohn sein.« Als ihn dann die Mutter schluchzend küßte, ohne ihn zu umarmen, weinten beide; als jedoch Luynes beim Abschied in einer sentimentalen Anwandlung die Weinende beruhigen wollte, war Ludwig bereits wieder die personifizierte Staatsräson, die keine Sentimentalität duldete.

Maria von Medici war kurz vor dem Tode Heinrichs IV. in Saint-Denis als Königin *gekrönt* worden, nachdem Heinrich seinen jahrelangen Widerstand gegen diese damals noch ungewöhnliche »Aufwertung« eingestellt hatte. Die kirchliche Weihe hatte ihr Ansehen als Regentin beträchtlich erhöht, und sie hob auch jetzt noch ihren Status als Königinmutter auf ein besonderes Niveau. Wenn König Ludwig die Abreise seiner Mutter aus Paris nun besonders feierlich gestalten ließ – Trompeter voraus, Reiter neben den Kutschen –, schien dies nur dem höfischen Protokoll zu entsprechen; man konnte darin allerdings auch eine berechnete Demütigung sehen. Das Volk von Paris nahm die ersehnte Gelegenheit wahr, die entmachtete »Italienerin« mit Spott und Hohn zu überschütten. Richelieu, der in der letzten Kutsche saß, nannte diese Verabschiedung in seinen Memoiren »eine Art Begräbnispomp«.

Zwar befand er sich auf der Seite der Verlierer, doch sah er sich wohl schon wieder auf dem Wege nach oben. Er ahnte nicht, daß er den tiefsten Punkt auf dem hindernisreichen Umwege zum höchsten Staatsamt noch nicht erreicht hatte.

Ein sanfter Sturz (1617–1619)

Zwischenspiel in Blois und im Poitou

Nach beschwerlicher Reise erreichten die Kutschen der aus Paris Verbannten mit ihrem Troß am 7. Mai 1617 das prächtige Königsschloß Blois. Seitdem der Herzog von Guise dort im Dezember 1588 ermordet worden war und Königin Katharina von Medici dort ebenfalls kurz darauf ihr Leben vollendet hatte, war das Schloß vernachlässigt worden. Dem kleinen Hofstaat Marias bereitete es Mühe, sich einzurichten und die düstere Atmosphäre etwas aufzuhellen. Für Richelieu erwies sich das als besonders schwierig, da er sich sogleich mit Rivalen konfrontiert sah. Zwar durfte er sich als engster Vertrauter der Königin fühlen und die Rolle ihres »Kabinettchefs« spielen, doch da waren auch noch der Bischof Bonzi von Béziers und einige intrigante Italiener, vor allem der Abbé Ruccelai, der sich Hoffnungen machte, eines Tages Monsieur de Luçon verdrängen zu können.

Ruccelai wurde von Luynes als zusätzlicher Informant sehr geschätzt. Er reiste häufig zwischen Paris und Blois hin und her. Daß Richelieu bereits am Tage der Ankunft dienstbeflissen einen beruhigenden Bericht lieferte und dann an jedem zweiten Tag weiterhin die Friedfertigkeit Marias beteuerte, hinderte seine vielen Feinde nicht an gegenteiligen Vermutungen. Nach dem Abendessen pflegten die Königin und der Bischof sich in die Privatgemächer der Königin zurückzuziehen. Was sollte man davon halten? Mußte dem als Günstling Concinis kompromittierten Prälaten nicht an Streitigkeiten zwischen dem König und seiner Mutter gelegen sein, um dann wieder als »ehrlicher Vermittler« auftreten zu können? Was in der Umgebung des Königs über den Favoriten Marias gesprochen wurde, gab dem Nuntius Anlaß, nach Rom zu berichten: »Der bedauernswerte Mann hat sein Ansehen und seine Autorität völlig verloren.«

Um es nicht wirklich soweit kommen zu lassen, sah Richelieu einen Ausweg schließlich nur noch in schleunigster Flucht. Als der Marquis de Richelieu berichtete, in Paris kursiere das Gerücht, der König wolle den Bischof von Luçon in sein Bistum zurückschicken, erbat er sich von der Königin Urlaub. Angeblich wollte er in Paris persönlich Nachforschungen anstellen. In Wirklichkeit reiste er jedoch heimlich nach Schloß Richelieu.

Maria reagierte auf Richelieus Flucht mit heftigen hysterischen Anfällen und verzweifelten Versuchen, den »Undankbaren« zurückzuholen. Doch dieser, von panischer Angst und Depressionen ergriffen, überschüttete den König, Luynes und Maria von Medici nur mit Briefen voller verworrener Entschuldigungen. Ludwig wies ihn an, sein Bistum nicht zu verlassen. Daran konnte Maria nichts ändern. Regelrechte Liebesbriefe der »Verlassenen« bekundeten, daß Richelieu den Platz der Galigai eingenommen hatte. Die Galigai war inzwischen wegen »Beleidigung der göttlichen und der irdischen Majestät« zum Tode durch Enthaupten verurteilt worden. Erst danach sollte sie »als Hexe« verbrannt werden. Vor der Hinrichtung antwortete sie auf die Frage, wodurch sie so große Gewalt über die Königin erlangt habe: »Mit der Macht, die eine starke Seele über eine schwache hat.«

Trotz der vielen Briefe, mit denen Richelieu verhindern wollte, daß er in Paris und Blois »abgeschrieben« würde, mußte er bald erkennen, daß er das Feld den Bonzi und Ruccelai überlassen hatte und nur durch eine ganz neue Initiative wieder Beachtung finden würde. Ein glücklicher Zufall kam ihm zu Hilfe. Der Kapuziner Pater Joseph bekämpfte zwar die Hugenotten, doch war er vor allem von der Idee besessen, einen Kreuzzug gegen die Türken zu organisieren. Den Papst hatte er bereits auf seiner Seite, und seit Juni 1617 gewann er auch Einfluß auf Ludwig XIII. Der König war allerdings nur ganz allgemein von seiner Persönlichkeit beeindruckt. Als der Bischof von Luçon diesem Schwärmer, mit dem ihn in letzter Zeit nur noch wenig verbunden hatte, in einem langen Brief »sein Herz ausschüttete« und ihn um Schutz und Hilfe bat, war Pater Joseph sehr bewegt und empfand wieder tiefe Zuneigung zu dem – wie er meinte – Mitstreiter gegen die hugenottische Ketzerei. Zwei Jahrzehnte lang sollte von nun an die Freundschaft dieser beiden Männer Frankreichs Geschichte mitbestimmen.

In drei Monaten verfaßte Richelieu eine umfangreiche Antwort auf eine Publikation hugenottischer Pfarrer, mit der diese ihre Konfession vor dem König verteidigen wollten. Die schnell veröffentlichte Gegenpublikation begründete wirkungsvoll die Positionen der katholischen Staatskirche, deutete aber bereits auch Grundzüge der Haltung des späteren Ministers an, der die Staatsräson über Fragen der Konfession stellte. Der Erfolg dieser Schrift war unerwartet groß. Luynes empfand die geistige Überlegenheit des Verfassers als so drückend, daß er sogleich mit einer kleinlichen Schikane reagierte: Er ließ dem Bischof befehlen, sich nur noch in der Stadt Luçon aufzuhalten. Sicherlich war ihm bekannt, daß Richelieu das dortige Sumpfklima möglichst mied.

Etwa gleichzeitig hatte Maria von Medici sich verleiten lassen, mit dem in der Bastille eingekerkerten Barbin Kontakt aufzunehmen und in ihre Korrespondenz einige notorische Verschwörer von hohem Rang einzubeziehen. Diese Briefe ließ Luynes abfangen und dem König vorlegen. Richelieu hatte damit gar nichts zu tun; dennoch bezeichnete Luynes ihn als eine Gefahr für die innere Sicherheit des Staates und veranlaßte den König, ihn sowie seinen Bruder und den Schwager de Pontcourlay aus Frankreich zu verbannen. Am 7. April 1618 erging ein entsprechender Befehl. Richelieu mußte seinen Wohnsitz ins päpstliche Avignon verlegen. Sollte sein Debüt in der großen Politik jetzt endgültig mit einem Debakel enden?

Das bittere Brot des Exils

Für den Aufenthalt in Avignon, der schönen Stadt am Unterlauf der Rhône, von der aus während des 14. Jahrhunderts frankreichhörige Päpste römisch-deutsche Kaiser bekämpft hatten, mieteten die Richelieus ein repräsentatives Palais. Obwohl sie nur über bescheidene Mittel verfügten, trieben sie größtmöglichen Aufwand, um nicht ihr Prestige, die Grundlage jeder politischen Existenz, zu verlieren. Luynes ließ sich darüber durch seine in Avignon lebenden Verwandten berichten. Der Stadtherr, Papst Paul V., erinnerte sich noch gut an Armand du Plessis, das junge Genie, und wollte bei Ludwig XIII. ein gutes Wort für ihn einlegen. Die ihm übermittelte Antwort lautete recht kühl: »Wenn sich der Herr von Luçon damit begnügt hätte, in seiner Diözese als guter Bischof zu wirken, lebte er jetzt nicht unter solchen Bedingungen ...« Und der neue Staatssekretär für Auswärtige Angelegenheiten fügte hinzu: »Aber diese Köpfe, die sich weit über ihre Pflicht hinauswagen, sind in einer Zeit allgemeiner Unordnung sehr gefährlich.«

»Eine Zeit allgemeiner Unordnung« – war Luynes denn nicht fähig, die nach Concinis Tod das ganze Land erfassende Begeisterung für einen friedlichen Neubeginn zu nutzen? An gutem Willen hat es ihm wohl nicht gemangelt; aber dem durchschnittlich begabten Mann fehlten die Kühnheit, der Weitblick und die rastlose Energie eines großen Staatsmannes. Enttäuscht stellten die Franzosen fest, daß im Grunde nur die Günstlingswirtschaft der Concinis durch die Raffgier der Familie Luynes und ihrer zahllosen Verwandten abgelöst worden war.

Der Favorit Ludwigs hatte die Hinterlassenschaft Concinis »geerbt« und dazu noch großen Territorialbesitz erworben, verbunden mit der Herzogswürde. Er heiratete die sechzehnjährige Marie de Rohan-Montbazon aus reichem Herzogshause. Die ehrgeizige und schöne Marie versuchte sogleich, den jungen König zu verführen; aber dem war durch die Peinlichkeiten seiner Hochzeitsnacht die körperliche Liebe gründlich vergällt worden. Da wandte sich die enttäuschte Verführerin der einsamen Königin Anna zu und wurde bald deren intimste Freundin. Dem Wunsche ihres Gatten entsprechend, erreichte sie, daß aus dem Königspaar endlich ein Ehepaar wurde und die Geburt eines Kronprinzen erhofft werden konnte. Denn Ludwigs Bruder Gaston und auch der Vetter Condé warteten ja darauf, die Thronfolge antreten zu können, was ganz im Sinne der nach Blois verbannten Königinmutter gewesen wäre.

Für Richelieu konnte die neue Mißwirtschaft des alten Ministeriums, an dessen Spitze nach Villeroys Tode auch formal der Herzog von Luynes trat, kein Trost sein. Er sah nichts, was den König hätte veranlassen können, ihn aus dem Exil zurückzurufen. Endlos kreisten seine Gedanken um die Frage nach den Ursachen für die folgenschwere Ungnade des Königs; seine Feder eilte über das Papier, um aller Welt in einer Rechtfertigungsschrift Rechenschaft zu geben über die Lauterkeit seiner Absichten und Taten. Da er sich keiner Schuld bewußt wurde, konnte er nur traurig feststellen: »Die Tugenden eines in Gunst stehenden Mannes werden zu Lastern, sobald er in Ungnade fällt.«

Seine Kunst, dialektisch zu argumentieren und dabei ungeniert das Unschuldslamm zu spielen, wurde diesmal nicht benötigt, denn jetzt brachte er nicht mehr ein mit ultramontanen, spanienfreundlichen Phrasen umhülltes politisches Konzept zu Papier. Ohne auf Einzelheiten der aktuellen Politik einzugehen, bekannte er sich zu den Grundsätzen der Außenpolitik Heinrichs IV. – So etwas blieb vorläufig besser in der Schublade. Während seines Aufenthalts in Avignon war ja der offene Aufstand der deutschen Protestanten gegen die habsburgischen Schwertträger der Papstkirche ausgebrochen. Die Rebellion der böhmischen Stände konnte nicht ohne schwerwiegende Folgen bleiben. Wer Frankreich an die Spitze der Nationen führen wollte, durfte nun nicht länger der »spanischen Linie« folgen, die nach dem Tode Heinrichs IV. zur Regierungsmaxime seiner Nachfolger geworden war.

Mußte der Schützling Pauls V., der Günstling Maria von Medicis, der Freund Pater Josephs nicht jede Gelegenheit begrüßen, die geeignet erschien, das Übel des Protestantismus durch gemeinsames Handeln aller katholischen Staaten auszurotten und die Christenheit im katholischen, dem »allumfassenden« Glauben zu vereinen? Sollten diese Gönner und Freunde alle einem besonders gerissenen Betrüger vertrauen, der nur darauf wartete, Macht über die Politik des französischen Königtums zu bekommen?

Ob der Bischof von Luçon, auf unabsehbare Zeit aus Frankreich verbannt, dieses oder jenes politische Konzept in seinem Archiv aufbewahrte, war am Anfang des Jahres 1619 ohne jede praktische Bedeutung. Es schien, als würde Frankreich ohne ihn auskommen. Doch konnte er lange ohne ausreichendes Vermögen, schon von Schulden bedrückt, in Avignon leben? Als aus Schloß Richelieu die Nachricht kam, daß die Marquise im Kindbett gestorben sei und der König dem Marquis sowie dem Herrn de Pontcourlay, nicht aber dem »Herrn Luçon« die Rückkehr erlaube, erfaßten den Verbannten wieder einmal tiefe Depressionen. Ein Leben ohne eine große Aufgabe, nur von Krankheit und Schmerzen erfüllt, erschien ihm nicht denkbar, und er bereitete sich auf seinen Tod vor. An die Mitglieder des Domkapitels von Luçon schrieb er einen Brief, der sein Testament enthielt. Im Stil eines mittelalterlichen Memento mori, eines

Traktats über den Tod, heißt es darin: »Die Welt ist nichts als Täuschung, es gibt keine Zufriedenheit und keine Belohnung als im Dienst an Gott, der die nicht im Stich läßt, die ihm dienen.«

Ob Armand-Jean du Plessis de Richelieu hier wohl jenen Gott gemeint hat, der zu Jeanne d'Arc sprach, bevor sie zur Jungfrau von Orléans wurde? Wohl kaum. Eine Hexe – Richelieu glaubte an Hexen! – konnte ja nur dem Teufel gedient haben. Ahnte er wohl, daß er selbst schon bald vielen Zeitgenossen und dann den Geschichtsschreibern der beiden folgenden Jahrhunderte als Teufel erscheinen werde? Auch das ist nicht anzunehmen. Er wartete auf ein Wunder, das ihm den Willen *seines* Gottes offenbaren sollte. Das Wunder geschah schon nach wenigen Wochen.

Luynes hatte einen verhängnisvollen Fehler begangen, als er Richelieu nicht nach Blois zurückdirigierte und Maria von Medici ihren rachsüchtigen Gedanken und gefährlichen Einflüssen kurzsichtiger Intriganten überließ. Die Königinmutter wollte auf den »ihr zustehenden« Platz im Staatsrat zurückkehren, um wieder – wie ehemals Katharina von Medici – die Politik Frankreichs maßgeblich beeinflussen zu können. Dabei spielten Eitelkeit und Habgier aber eine weit größere Rolle als politischer Ehrgeiz. Ihr war nicht verborgen geblieben, daß ihr nach wie vor rätselhafter und schweigsamer Sohn Ludwig zwar täglich den Vorsitz im Staatsrat wahrnahm, dort jedoch weder seinem Favoriten noch den greisen Ministern tatkräftiges politisches Handeln ermöglichte. Die Politik der gestürzten Regierung *sollte* nicht fortgesetzt, eine wirklich neue Politik *konnte* nicht begonnen werden. Während der seinen Pflichten noch nicht gewachsene Monarch am Nachmittag den Regierungsgeschäften entrinnen und bis in die Nacht hinein wenigstens als Jäger »Erfolgserlebnisse« verbuchen konnte, suchte der Staatsmann Luynes sein Heil in Halbheiten.

Maria von Medici und der Herzog von Epernon, der noch immer als einer der mächtigsten Grandseigneurs galt, waren ganz besonders daran interessiert, daß die 1611 abgebrochene Untersuchung des Mordes an Heinrich IV. nicht wiederaufgenommen wurde. Die Vertreter des Dritten Standes hatten 1614/15 auf der Tagung der Generalstände versucht, eine Forderung nach Wiederaufnahme des Verfahrens als Druckmittel gegen die Feinde einer starken königlichen

Zentralgewalt zu benutzen; doch die Akten blieben eingemauert, alle wichtigen Zeugen waren in Gefängnissen verschwunden. Die von Maria schon fast vergessene Freundin Galigai, selbst erheblich in die unaufgeklärten Vorgänge verstrickt (sie hatte eine für den König bestimmte Warnung nicht weitergeleitet), hatte in ihrem Prozeß keine belastenden Aussagen gemacht. Vielleicht waren ihr deswegen die Qualen eines langsamen Todes auf dem Scheiterhaufen erspart worden.

Nachdem Luynes' Bemühungen, die Königinmutter mit kleineren Zugeständnissen für eine loyale Zusammenarbeit mit seiner Regierung zu gewinnen, erfolglos geblieben waren, verzichtete er schließlich demonstrativ auf die wirkungsvollste Waffe, über die er gegen sie und Epernon verfügt hatte: Alle Unterlagen des Mordprozesses von 1611 wurden durch einen Brand, der wie auf Bestellung ausgebrochen war, vernichtet. Gleichzeitig wurde die Hauptbelastungszeugin, deren Aussagen bisher nicht hatten widerlegt werden können, dazu verurteilt, ihr Leben in einem barbarisch strengen Büßerinnenorden zu beschließen.

Nach so gewichtigen Vorleistungen hoffte der Favorit, Maria aus neuen Komplotten der Grandseigneurs heraushalten und ihre Versöhnung mit dem König erreichen zu können. Der wendige Abbé Ruccelai erhielt den Auftrag, die Königinmutter entsprechend zu beeinflussen. Dieser ehemalige Vertraute Concinis drängte Maria aber in die entgegengesetzte Richtung: vom König weg auf die Seite der rebellierenden Feudalherren. Um klare Verhältnisse zu schaffen, sollte sie aus Blois fliehen und sich unter den Schutz des Herzogs von Bouillon stellen, der als souveräner Fürst in Sedan residierte und als Führer der Hugenotten großes Ansehen genoß.

Obwohl dieser Herzog ein notorischer Unruhestifter war, scheute er doch davor zurück, vielleicht einen der blutigsten Bürgerkriege in der Geschichte Frankreichs auszulösen. Er verwies auf seinen schlechten Gesundheitszustand und gab den Rat, Maria von Medici möge sich unter den Schutz des Herzogs von Epernon stellen.

Dieser kannte im Kampf um die Macht keine Skrupel. Nach dem Tode Heinrichs IV. hatte er dafür gesorgt, daß Marias Anspruch auf Übernahme der Regentschaft für Ludwig XIII. gegen den Anspruch Condés schon nach wenigen Stunden durch das Pariser Parlament sanktioniert worden war. Die Regentin hatte ihm das aber nicht gedankt. Jetzt zeigte er sich dennoch bereit, trotz seiner fünfundsechzig Jahre ein großes Abenteuer im Dienste Marias zu wagen. Er verließ mit großem Gefolge Metz, wo er Gouverneur war, und begab sich – ohne das Verbot des Königs zu beachten – in die hugenottische Provinz Angoumois, die ihm ebenfalls unterstellt war. Dort angekommen, konnte er sich sicher fühlen. Er sandte einen Offizier nach Blois, der die Königin nach abenteuerlicher Flucht aus einem hochgelegenen Fenster des Schlosses – wobei sie beinahe die Kassette mit ihren Juwelen verloren hätte – zu einem vereinbarten Treffpunkt brachte. Epernon eilte ihr entgegen und küßte »als gehorsamer Vasall« den Saum ihres Mantels. Wie im (noch gar nicht so fernen) Mittelalter bedrohte feudale Anarchie die königliche Zentralgewalt. In der Provinzhauptstadt Angoulême wurden die Aufrührer triumphal empfangen.

Der König hatte gerade die Vermählung seiner Schwester Christiane mit dem künftigen Herzog von Savoyen in der Nähe von Paris gefeiert. Nun beeilte er sich, seine Streitkräfte zu sammeln, denn ein Bürgerkrieg schien unvermeidbar geworden zu sein. Zu seinem Glück zögerten die Führer der Hugenotten noch, dem Aufruf Marias zu folgen, so daß Ludwig eine Chance sah, seine verantwortungslos handelnde Mutter von dem gefährlichen Wirrkopf Epernon zu trennen. Ludwig XIII. wäre am liebsten selbst nach Angoulême geritten, um der Gewissenlosen ins Gewissen zu reden, doch das war nur ein Ausdruck der allgemeinen Ratlosigkeit. Der zaghafte Luynes riet zur »Mäßigung« gegenüber maßloser Frechheit der Rebellen, auch von den Ministern kamen keine praktikablen Vorschläge. Schließlich schrieb der König halb bittend und halb vorwurfsvoll an seine Mutter: »Ich beschwöre Sie …, wieder etwas zu sich zu kommen und zu überlegen, was Sie tun und wohin das führen wird.«

Der Herzog von Epernon wurde wegen Majestätsbeleidigung angeklagt und aller Ämter enthoben. Seine nach Feudalrecht unangreifbare »Schutzbefohlene« mußte wenigstens für die allernächste Zeit von weiteren unbesonnenen Schritten abgehalten werden. Deshalb reisten Pierre de Bérulle und ein weiterer Vertrauter Marias nach Angoulême. Sie sollten ihr nachdrücklich vor Augen führen, wie unnatürlich ein gemeinsames Komplott hugenottischer und ultramontan eingestellter »Großer« war, die sie – schlecht beraten – für »ihre Partei« hielt. In Marias derzeitiger Umgebung gab es aber genug »Berater«, die den beiden Abgesandten kaum erlauben würden, der Stimme der Vernunft Gehör zu verschaffen.

Wenn jemand damals an den verbannten Bischof von Luçon dachte, den der König haßte und den Luynes fürchtete, so hütete er sich wohlweislich, den Namen auszusprechen. Da erschien – gerade zur rechten Zeit – am Hofe der barfüßige, besonders schäbig gekleidete Pater Joseph. Er befand sich zufällig in Paris, als der »Donnerschlag von Angoulême« die Regierung in Panik versetzte. Ihm bereitete es nicht die geringsten Schwierigkeiten, den Namen des »Unnennbaren« auszusprechen. Nur dieser – so argumentierte er – könne die Königin sanft, aber zielstrebig vom Rande des Abgrunds wegführen, in den sie Frankreich zu stürzen im Begriff war.

Luynes wollte davon natürlich nichts hören. Doch Déageant, der als »Doppelagent« vor der Ermordung Concinis eine so zwielichtige Rolle gespielt hatte, daß Luynes ihn leicht beim König in Mißkredit bringen konnte, erhoffte sich von Richelieu bessere Belohnung für gute Dienste. Deshalb ebnete er dem Pater schnell den Weg zum König. Und diesem äußerlich unscheinbaren Mönch gelang es, den widerstrebenden Monarchen davon zu überzeugen, daß nur der Bischof von Luçon seinen Staat jetzt vor noch größerem Schaden bewahren könne.

So überbrachte am 7. März 1619 des Paters Bruder, Charles Le Clerc du Tremblay, Richelieu in Avignon einen Befehl Ludwigs XIII., in dem dieser ihn sehr freundlich aufforderte, sich sofort zur Königinmutter nach Angoulême zu begeben. Das war das kaum noch erhoffte Wunder! Eis und Schnee im März, ein Fieberanfall und andere körperliche Leiden ließen es nicht ratsam erscheinen, eine wochenlange Reise durch schwer passierbares Gebiet anzutreten; doch schon im Morgengrauen des nächsten Tages bestieg Richelieu die Reisekutsche, um den Ort seines Exils zu verlassen. Nun gab es für ihn weder Krankheit noch Schwäche, sondern nur große Aufgaben, die es zu meistern galt.

Der krumme Weg zur Macht (1619–1624)

Zwei Favoriten

Für den Weg von Avignon nach Angoulême benötigte der ungeduldige Rückkehrer nicht weniger als zwanzig Reisetage voller Gefahren und Abenteuer, die der geistige Vater der »Drei Musketiere«, Alexandre Dumas, erfunden haben könnte. Abgesehen von den Unbilden der Witterung und der Bedrohung durch Wölfe und Räuber auf miserablen Straßen, war der auffallende Reisende auch gefährlichen Mißverständnissen der zivilen und militärischen örtlichen Befehlshaber ausgesetzt. Zwischen den sich formierenden Fronten eines Bürgerkrieges konnte der Bischof von Luçon nur auf die Geschicklichkeit und die Energie seines Begleiters hoffen, und diesem gelang es auch wirklich, seinen Schutzbefohlenen wohlbehalten ans Ziel zu bringen. Wie würde die schnöde im Stich gelassene Königin ihn empfangen?

Mit Argusaugen beobachteten die Führer der heterogenen Fraktionen ihrer Partei, die eine Art Staatsrat bildeten, das Wiedersehen Maria von Medicis mit ihrem früheren Favoriten. Als der Herzog von Epernon den unerwarteten Besucher anmeldete, präsidierte die Königin gerade einer Ratsversammlung. Mit Genugtuung wurde festgestellt, daß Maria die Beratung ohne erkennbare Gemütsbewegung fortführte und offenbar bereit war, in Richelieu nur noch den Interessenvertreter der Gegenpartei – also ihres Sohnes und Luynes' – zu sehen.

Erst unter vier Augen zeigte sie ihre Freude und Erleichterung so spontan und überschwenglich, daß Richelieu aufatmen konnte. Schnell überzeugte er sie davon, daß nur eine klug vorbereitete Versöhnung mit ihrem Sohn die unsinnige Rebellion beenden könne, ohne daß sie selbst in einen Strudel mörderischer Kämpfe gerissen würde. Schließlich seien die Ultramontanen nur zu einem kurzen

Zweckbündnis mit den Hugenotten bereit, und was von der Vertragstreue der ausschließlich um ihre feudale Selbstherrlichkeit besorgten Grandseigneurs zu halten sei, brauchte ihr ja niemand zu sagen. Es komme nur darauf an, sich vorsichtig von so zweifelhaften Verbündeten zu lösen.

Das war allerdings leichter gesagt als getan. Um das Mißtrauen der Ratsmitglieder einzuschläfern, weigerte sich Richelieu zunächst, an den Ratssitzungen teilzunehmen. Daraufhin bestanden die Verschwörer energisch auf seiner Teilnahme, damit er sich nicht »mit unverbindlichen Ratschlägen aus allem heraushalten könne«. Scheinbar widerwillig gab der Bischof nach und riet, wenn er zu einem Votum aufgefordert wurde, immer nur zu einer friedlichen Einigung mit dem König.

Damit wurde er seiner Aufgabe gerecht, denn die Königinmutter hielt ihre Verbündeten davon ab, die Kampfhandlungen zu eröffnen, während der Befehlshaber der königlichen Truppen, Schomberg, sich Angoulême bedrohlich näherte. Bérulle, dem inzwischen noch der Kardinal La Rochefoucauld beigegeben worden war, wirkte als Verbindungsmann zwischen Maria und dem König. Epernon hätte am liebsten gesehen, wenn Richelieu nach Luçon weitergereist wäre, doch dieser konnte sich darauf berufen, daß Maria von Medici sein Bleiben wünsche. Er durfte wieder als Favorit auftreten, und das machte seine Position in Angoulême fast unangreifbar.

Auf der Gegenseite bestimmte Luynes die Verhandlungstaktik. Er ließ den König für eine Versöhnung Bedingungen stellen, von denen er annahm, daß Maria ablehnen und dadurch dem mit seinen Truppen anrückenden Schomberg Gelegenheit geben werde, Angoulême zu belagern. Das hätte ihre Verhandlungsposition sehr geschwächt. Richelieu sorgte jedoch dafür, daß Maria diesen Plan durchkreuzte, indem sie alle Bedingungen sofort annahm und Frieden verkünden ließ. Obwohl auch ihre Mitverschwörer straflos davonkommen sollten, war Epernon ebenso enttäuscht wie die anderen, weil sie diesmal sicher gewesen waren, daß sie den König zu weit größeren Zugeständnissen hätten zwingen können.

Luynes war nach dieser unerwartet schnellen Kapitulation davon überzeugt, daß sein gefährlichster Rivale auch in Zukunft die Mediceerin wie eine Waffe für seine ehrgeizigen Pläne einsetzen würde. Er beschloß, zunächst alle nur möglichen Hindernisse vor Richelieus

Erhebung in den Kardinalsrang zu errichten. Bérulle und La Roche-foucauld hatten diese Belohnung für den Friedensstifter bereits zum Gegenstand des Vertrags von Angoulême gemacht, der rote Hut war jedoch nur mündlich in Aussicht gestellt worden. Luynes suchte nun fieberhaft nach einer Möglichkeit, die Ernennung zu verhindern, während der siegesgewisse Bischof seine feierliche Investitur, die in Paris stattfinden sollte, bereits vorzubereiten begann. Dort wollte Maria nach der mit höfischem Pomp vollzogenen Versöhnungszeremonie ihren Sitz im Staatsrat wieder einnehmen, und dann könnte ihr Favorit als Kardinal zum erstenmal wirklich in der ersten Reihe der Mächtigen stehen.

Dazu gehörte aber auch ein Grad finanzieller Unabhängigkeit, den bisher noch kein Angehöriger der Familie du Plessis de Richelieu erreicht hatte. Konsequent begann der noch von Schulden bedrückte Prälat, seine Feinde in der Umgebung Marias durch ihm ergebene Männer zu ersetzen. Einer von ihnen war sein alter Freund Denis Bouthillier. Allein schon das Gerücht von der kurz bevorstehenden Rangerhöhung hob das Ansehen des Bischofs von Luçon im In- und Ausland beträchtlich. Wie ein Komet war er wieder aufgetaucht. Der eingekerkerte Prinz von Condé ließ ihn bitten, sich für seine Freilassung einzusetzen, und ein Sohn des Herzogs von Epernon, La Valette, Erzbischof von Toulouse, bekundete ihm Verehrung, aus der eine lebenslang andauernde Freundschaft erwuchs.

Andere, wie der Domherr Fancan und der »Hausprediger« Marias, Abbé de Morgues, wirkten als einflußreiche Propagandisten des »genialsten Politikers« Richelieu, so daß mißtrauische Neider argwöhnten, der Favorit der Königinmutter strebe nach einer weit höheren Stellung. Bald scharten sich alle Gegner des Herzogs von Luynes um den offenbar erfolgreicheren Bischof von Luçon.

Für diesen kam es nun darauf an, möglichst schnell sich selbst und seine Angehörigen sowie die wichtigsten Helfer mit einträglichen Pfründen zu versehen. Auf diesem Gebiet hatte Luynes die Raffgier der Concinis inzwischen noch übertroffen. Seine beiden Brüder waren ebenfalls Herzöge geworden, und die sehr zahlreiche, vor allem aus Avignon gekommene Verwandtschaft war so großzügig mit Landbesitz und gut dotierten Ämtern in Armee, Justiz und Verwaltung ausgestattet worden, daß die Opfer dieser Cliquenwirtschaft ungeduldig auf den Sturz des Favoriten warteten. Doch der König war und blieb ein freigebiger und gegenüber menschlichen Schwächen seines Freundes sehr toleranter Gönner.

Die Verhandlungen um die Ausstattung der Königinmutter mit feudalen Pfründen führte Richelieu weitgehend in eigenem Interesse. Maria ließ ihm so bedeutende Einkünfte zukommen, als gelte es, einem bereits ernannten Kardinal ein standesgemäßes Auftreten zu ermöglichen. Als ihr nach langem Feilschen die Provinz Anjou mit den Festungsstädten Angers, Ponts-de-Cé (an der Loire) und Chinon zugestanden wurden, erhielt Richelieus Bruder Henri, der Marquis, das Gouvernement von Angers. Damit hatte jedoch ein anderer Günstling Marias schon fest gerechnet. Dieser provozierte den neuernannten Gouverneur vor dem Schloß von Angers mit beleidigenden Äußerungen, die ein Duell zur Folge hatten. Dabei wurde Henri de Richelieu tödlich getroffen.

Zum Schmerz um den am meisten geliebten Bruder, dem in der Hausmachtpolitik der Richelieus eine wichtige Funktion zugedacht war, kamen noch sehr peinliche Verwicklungen in Finanzprobleme. Das Testament des hoch verschuldeten Marquis schädigte die Erben auf unerträgliche Weise. Es ließ an der Geschäftsfähigkeit des Testators zweifeln. Der stolze Bischof sah sich genötigt, den toten Bruder nachträglich für geistig unzurechnungsfähig erklären zu lassen, um das Testament nicht erfüllen zu müssen.

Das belastete ihn um so mehr, als auch bei den beiden noch lebenden Geschwistern, dem Bruder Alphonse und der Schwester Nicole, bereits schwere geistige Störungen aufgetreten waren. Offenbar handelte es sich um Fälle von Schizophrenie, die sich bis zum Wahnsinn steigerten. So fanden gegnerische Pamphletisten leicht Stoff für gehässige Anspielungen, wenn Armand-Jean de Richelieu ebenfalls gelegentlich durch absonderliches Verhalten ins Gerede kam. Der ehrgeizige Prälat sah sich sicherlich selbst öfters in Depressionen und »Nervenkrisen« am Rande unheilbar werdenden Wahnsinns. Doch immer wieder gelang es seinem scharfen, offenbar nie ermüdenden Verstand, geistige Energien zu mobilisieren, die seine Freunde ebenso verblüfften wie seine Feinde.

Noch voller Hoffnung, schon bald Kardinal zu werden, nahm er jetzt jede Gelegenheit wahr, sich als Vermögensverwalter und engster Berater der Königinmutter zu bereichern. Gouverneur von Angers wurde nun sein Onkel Amador de La Porte. Über diesen wurden auch die Verhandlungen mit Luynes geführt. Mit wachsender Ungeduld sah Richelieu, daß der Favorit des Königs nur daran interessiert zu sein schien, die eingeleitete Versöhnung zwischen Mutter und Sohn durch eine publikumswirksame Zeremonie zu vollenden und sich das Hauptverdienst daran zuschreiben zu lassen.

Als sehr störend empfand Luynes sicherlich, daß Richelieu die Mediceerin veranlaßte, sich für die Freilassung Condés einzusetzen. Diesen Bourbonen wollte er für die Königspartei gewinnen. Von Condés Charakter war zwar kaum Gutes zu erwarten, doch wenn er der ehemaligen Regentin die Hauptschuld an der Einkerkerung des Prinzen anlasten konnte, war es möglich, diesen auf längere Sicht davon abzuhalten, sich an einer Rebellion zu beteiligen, deren Aushängeschild der Name der Königinmutter war.

Als mehrere Monate vergangen waren, ohne daß Luynes auch nur die geringste Bereitschaft erkennen ließ, weitere Zugeständnisse zu machen, verlor Richelieu die Nerven und fuhr zum König nach Tours, um seine Ernennung zum Kardinal persönlich zu betreiben. Ludwig XIII. holte dort gewissermaßen seine Flitterwochen mit Anna von Österreich nach und war entsprechend guter Laune. Es wurde eine Begegnung von Mutter und Sohn auf einem Schloß des Herzogs von Rohan-Montbazon, Luynes' Schwiegervater, verabredet. Zu spät erkannte der Ungeduldige, daß er damit seinem Rivalen die ersehnte Gelegenheit gab, sich nun seinerseits der leicht manipulierbaren königlichen Törin als Waffe zu bedienen.

Am 4. September 1619 traf Maria von Medici auf Schloß Couzières ein. König Ludwig schien alle schlimmen Erfahrungen mit seiner Mutter vergessen zu wollen und versuchte noch einmal, in der machtgierigen Frau mütterliche Gefühle zu wecken. Doch der Anspruch der typisch italienischen »Mama« auf Herrschaft über ihre Kinder ließ sich mit den Gesetzen des höfischen Protokolls nicht vereinbaren. Da Königin Anna sie fühlen ließ, daß die Königinmutter *nicht* die erste Dame Frankreichs war, kam es zu häßlichen Szenen, unter denen der König sehr litt. Er suchte nach einer Möglichkeit, die zur Furie gewordene Mutter zu besänftigen, indem er ihr eine Freude bereitete. Als Luynes ihm in diesem Sinne einen Vorschlag unterbreitete, ging er sogleich darauf ein. Maria hatte ihm den Sohn Epernons, den Erzbischof von Toulouse, mit überschwenglichem Lob vorgestellt. Nun verlangte der König über seinen Gesandten in Rom den nächsten frei werdenden Kardinalshut für – La Valette. Richelieu sah sich um seine größte Hoffnung betrogen. Er verbarg seine Enttäuschung; doch hinfort trug die französische Politik bis zu Luynes' Tod den Stempel eines gnadenlosen Kampfes zwischen diesen beiden Männern.

Da Maria nicht in den Staatsrat berufen worden war, kehrte sie nicht nach Paris zurück, sondern bezog in Angers – nachdem sie in keineswegs friedfertiger Absicht Truppen inspiziert hatte – eine Art Wartestellung. Damit war die Versöhnung wieder in Frage gestellt, und als Luynes die Freilassung Condés veranlaßte, der prompt seinen Rachefeldzug beginnen wollte, standen sich die durch zwei Favoriten symbolhaft verkörperten Parteien aufs neue kampfbereit gegenüber. Luynes glaubte, seine Position jetzt wesentlich verbessert zu haben. Doch Richelieu schien entschlossen zu sein, sich eher mit den ärgsten Feinden der königlichen Zentralgewalt zu verbünden, als sich durch einen schwachen Günstling von seinem unverrückbar bleibenden Ziel abbringen zu lassen, seinen Namen mit dem Aufstieg Frankreichs zur führenden Macht in Europa untrennbar zu verbinden.

Auf der Seite der Rebellen?

Als eine Revolte der Ständevertreter des Königreiches Böhmen gegen das habsburgische Kaiserhaus Bewegung in die europäische Politik brachte, geriet die französische Außenpolitik, behindert durch den weiterhin schwelenden Bürgerkrieg und die Schwäche des königlichen Rates, in eine schwere Krise. Welche zusätzlichen Schwierigkeiten das Ergebnis der Schlacht am Weißen Berg bei Prag heraufbeschwören würde, lag noch in der Zukunft verborgen; aber daß durch die Rebellion der »Partei Maria von Medicis« der Konflikt zwischen protestantischen und katholischen Mächten Europas, der eine Parteinahme Frankreichs erforderlich machte, leicht nach Frankreich hineingetragen werden konnte, lag auf der Hand. Wie die Böhmen gegen die kämpferisch-katholischen Habsburger, so rebellierten die Hugenotten gegen den Sohn Heinrichs IV. mit dem Ziel, nach niederländischem Vorbild im Süden Frankreichs ihren eigenen kalvinistischen Staat zu gründen.

Die traditionell hugenottische Seitenlinie der Bourbonen gab es nicht mehr, seit der Prinz Heinrich II. von Condé völlig prinzipienlos widerspruchsvolle Bündnisse einging und seine Partner dann im Stich ließ. Jetzt zeigte er sich nach seiner Freilassung wild entschlossen, gegen die »hugenottischen Ketzer« zu kämpfen, während Luynes wieder seine alte Politik hinhaltender Verhandlungen propagierte.

Für Luynes war zunächst das Hauptproblem, die Königinmutter zur Rückkehr nach Paris zu bewegen, wo sie von den Rebellen isoliert werden konnte. Damit hätte Richelieu seine einzige Waffe gegen ihn verloren. Weil Richelieu das wußte, war er eher bereit, die monarchische Zentralgewalt aufs äußerste zu gefährden, als zu einer inneren Befriedung Frankreichs beizutragen, die Luynes' Position auf unabsehbare Zeit gefestigt hätte. Mit diplomatischen Floskeln verbrämt, schrieb er an seinen Rivalen, daß er sich zu seinem Bedauern genötigt sehe, die Königin so zu beraten, wie es ihrem Interesse am besten entspreche.

Um Maria drängten sich nun wieder mit zunehmender Ungeduld alle Feinde des Favoriten ihres Sohnes. Mächtige Herzöge verließen den Königshof, um in ihren Provinzen einen Aufstand vorzubereiten. Die Verbündeten Marias verlangten, daß sie öffentlich »mit Paris« breche. Da sie über eine Armee von etwa 25 000 Mann verfügten, während zur Verteidigung der königlichen Residenz kaum mehr als 3 000 Mann bereitstanden, schien nicht nur das Schicksal des Favoriten Luynes, sondern auch das seines Herrn und damit das der regierenden Dynastie besiegelt zu sein. Wenn auch – vor allem dank der Warnungen Richelieus – die Tür zu Verhandlungen zwischen »Paris« und dem »Nebenhof« in Angers noch nicht endgültig zugeschlagen worden war, so trennte Frankreich doch nur noch ein winziger Schritt vom Sturz in ein Chaos totaler feudaler Anarchie, das seit dem frühen Mittelalter überwunden zu sein schien. Und Richelieu befand sich auf der Seite der Todfeinde eines starken Königtums ...!

Da geschah eines jener Wunder, die für die Geschichte Frankreichs so bezeichnend sind. Der neunzehnjährige, bislang noch immer wenig selbständige König verkündete: »Unter den Gefahren, die uns bedrohen, muß man den großen und drängenden zuerst begegnen, das ist die Normandie. Ich meine, daß wir uns sofort dorthin verfügen und nicht in Paris abwarten, bis mein Königreich zur Beute wird und meine treuen Diener vernichtet werden.« Am 7. Juli 1620 brach er an der Spitze einer geradezu lächerlich geringen Streitmacht zur Eroberung der aufständischen Provinz auf, am 10. Juli zog er kampflos in Rouen ein. Bereits am 15. Juli stand er vor den Toren der stark befestigten Stadt Caen, ohne die Warnungen seiner Räte vor den Folgen eines Fehlschlags zu beachten. Er brauchte nur drei Stunden lang zu warten, bis ihm die Stadttore geöffnet wurden. Zwei Tage später war auch die Zitadelle der Stadt in seiner Hand. Begeistert jubelten ihm die Volksmassen zu. Die Entschlossenheit des Monarchen belebte alle Hoffnungen auf ein Frieden und Wohlstand sicherndes starkes Königtum. Eifersüchteleien und Uneinigkeit auf seiten der zahlenmäßig weit überlegenen Rebellen bildeten dazu einen wirkungsvollen Kontrast.

Mit Entsetzen sah Richelieu, daß es vorläufig nichts zu verhandeln gab, da König Ludwig, wirksam unterstützt von seinem Vetter Condé, sich nun unverzüglich gegen die Hauptstreitmacht seiner Mutter wandte, um eine Entscheidung zu erzwingen. Am 7. August 1620 kam es an der Loire, beim Brückenkopf von Ponts-de-Cé, zur Schlacht. Nach sechs Stunden hatte die Armee des Königs die Truppen der Rebellen in die Flucht geschlagen und den Brückenkopf erobert. Damit war der Bürgerkrieg faktisch beendet, bevor er das ganze Land in Mitleidenschaft gezogen hatte. Aus dem unerwarteten Erfolg des Königs gewann Richelieu die oft zitierte Erkenntnis:»Diejenigen, die eine legitime Macht bekämpfen, haben schon halb verloren; ihre Einbildungskraft zeigt ihnen hinter dem Feind, dem sie sich entgegenwerfen, schon den Henker, so daß der Kampf höchst ungleich beginnt.« – Ob in diesen entscheidenden Tagen die Furcht erregende Gestalt des Henkers auch vor *seinem* geistigen Auge erschienen ist, verschweigt uns der kluge Politiker.

In seiner zwielichtigen Stellung als Mitglied des »Kriegsrates« der Rebellen hatte Richelieu immerhin erreicht, daß Maria von Medici sich nicht demonstrativ unter den Schutz des Herzogs von Rohan stellte, der noch immer als Führer der Hugenotten für große Teile Südfrankreichs einen Sonderstatus verlangte. So war es möglich, daß die Königinmutter schon am Tage nach der Schlacht bei Ponts-de-Cé ihren Favoriten zu ihrem Sohn schicken konnte, als wenn sie sich.

freiwillig zu Friedensverhandlungen entschlossen hätte. Als Richelieu erkannte, wie erleichtert der König, Luynes und Condé ihn als Unterhändler begrüßten und offenbar gar nicht daran dachten, sein Verhalten kritisch zu erörtern, stellte er seine Verhandlungstaktik sofort darauf ein. Er verhielt sich wie der Vertreter einer gleichberechtigten Macht. Maria von Medici sei gewissermaßen Gefangene der Rebellen gewesen. Der König gewährte den zum Frieden bereiten Aufrührern abermals Straffreiheit und bezahlte sogar die Schulden seiner Mutter.

Dem verdienstvollen Herrn von Luçon versprach sein nun noch mehr verunsicherter Rivale in einer Art Privatvertrag den Kardinalshut, durch dessen Verweigerung Frankreich in den ersten Bürgerkrieg seit den Kämpfen der Liga gegen Heinrich IV. gestürzt worden war. Ein Kurier des Königs war bereits nach Rom unterwegs, um den dortigen französischen Gesandten zu veranlassen, die Standeserhebung Richelieus so schnell wie möglich zu erreichen. Außerdem vermittelte Pater Joseph noch eine Verbindung der Familien Richelieu und Luynes: Der Marquis de Combalet, ein Neffe Luynes', heiratete Fräulein Marie Madelaine de Pontcourlay, Richelieus Nichte.

Das alles genügte dem mißtrauischen Herrn von Luçon jedoch noch nicht, solange die Königin – also er selbst – nicht in den königlichen Rat aufgenommen war. Anstatt sich diese Machtposition durch ständiges Drängen der Königinmutter vom König »aufnötigen« zu lassen, deckte er seinen Plan dem Rivalen durch eine vorzeitige Forderung »für die Königin« auf. Luynes sah seine schlimmen Befürchtungen begründet und tat nun alles, um den Einzug des Gefürchteten in den königlichen Rat und seine Ernennung zum Kardinal abermals zu verhindern.

Er teilte dem Nuntius »vertraulich« mit, daß der König eigentlich gegen Richelieus Ernennung sei und dem Drängen seiner Mutter nur zum Schein nachgegeben habe. Der Nuntius schrieb einen entsprechenden Bericht an den Papst. Gegenüber Maria und ihrem Favoriten – der ihm unsympathisch war – heuchelte er weiterhin große Dienstbereitschaft. Auch Luynes tat so, als setze er sich sehr für Richelieu in Rom ein. Der Bischof von Orléans berichtete dem Geprellten kurz darauf von beunruhigenden Informationen, die er von einem römischen Vertrauten erhalten habe. Demnach zögere der Papst, die Ernennung zu vollziehen. Als Gründe wurden genannt: Richelieus Fälschung seines Geburtsdatums anläßlich der vorfristigen Weihe zum Bischof (1607), sein Verhalten als Minister unter Concini und neuerdings verdächtige Zusammenarbeit mit den Hugenotten. Von Luynes' Intrige war nichts durchgesickert.

Inzwischen hatte die nun geschlossen hinter Ludwig XIII. stehende katholische Partei den König bedrängt, er müsse die hugenottische Partei durch einen »Kreuzzug« zerschlagen, den enteigneten Kirchenbesitz an die Kirche zurückgeben und die reichen Besitzungen der »Ketzer« plündern lassen. Einen ersten Vorwand lieferten die Verhältnisse in Béarn, dem Land der Könige von Navarra, das Heinrich IV. nicht vollständig mit Frankreich vereinigt hatte. Der dortige Gouverneur, der Herzog von La Force, wollte sich offenbar ein souveränes kalvinistisches Fürstentum schaffen. Schon längst war der katholische Kultus – mit allen ökonomischen Konsequenzen – abgeschafft worden. Zusammen mit den Ultramontanen trieb auch der Prinz von Condé den König zu einem »heiligen Krieg« an. Ohne die Chancen zu erkennen, die sich für eine konsequent antihabsburgische Politik durch die Ereignisse in Böhmen boten, entschloß sich Ludwig XIII. zu einer »Strafexpedition« gegen Béarn.

Von einer nur geringen Streitmacht begleitet, doch von der Aura eines Nachkommen Ludwigs des Heiligen umstrahlt, zog er mitten durch hugenottische Provinzen, überall von der Bevölkerung jubelnd begrüßt. Die von König Heinrich IV. zugesicherte religiöse Toleranz war noch immer offizielle Regierungspolitik, und in Béarn sollte nun ebendiese Toleranz auch gegenüber den Katholiken erzwungen werden. Der innere Friede wurde vor allem durch die Feudalherren gefährdet, die es stets darauf anlegten, religiöse Gegensätze für sehr weltliche Ziele zu mißbrauchen.

Vergeblich bemühte sich der Herzog von La Force, den heranziehenden König durch Ergebenheitsadressen aufzuhalten. In der zweiten Oktoberhälfte 1620 wurde Béarn vollständig mit Frankreich verbunden und der seit sechzig Jahren bestehende Sonderstatus des kalvinistischen Königreichs beseitigt, ohne daß sich ernsthaft Widerstand geregt hätte. Am 7. November zog Ludwig XIII. glücklich wieder in Paris ein, wo ihn seine Mutter freundlich empfing. Alles schien sich für ihn zum Guten zu wenden.

Doch schon am nächsten Tage fand am Weißen Berg bei Prag eine Schlacht statt, deren Ausgang die von Luynes zu verantwortende französische Außenpolitik vor besonders schwierige Probleme stellte. Ratschläge des Herrn von Luçon einzuholen, der ehrsüchtig auf seine Ernennung zum Kardinal wartete, kam weder Ludwig noch seinem Favoriten in den Sinn.

Entscheidung am Weißen Berg

Seit die böhmischen Stände dem Nachfolger des am 20. März 1619 verstorbenen Kaisers Matthias, dem Habsburger Ferdinand II., die Herrschaft über Böhmen abgesprochen und den kalvinistischen Kurfürsten Friedrich V. von der Pfalz am 26. August zum König von Böhmen gewählt hatten, stand es schlecht um das Haus Habsburg. Nur mit großer Mühe war es Ferdinand am 28. August in Frankfurt (Main) gelungen, sich zum Kaiser wählen zu lassen. Der Protestantismus war trotz erster Erfolge der katholischen Gegenreformationen nicht nur im Reich, sondern auch in den österreichischen Erblanden noch stark.

Am 8. Januar 1620 wählten die protestantischen Ungarn Bethlen Gabor, den Fürsten von Siebenbürgen, zum König von Ungarn, nachdem sie Ferdinand II. ebenfalls abgesetzt hatten. Die Union der protestantischen deutschen Fürsten verfügte über ein schlagkräftiges Heer. In der Republik der von Spanien abgefallenen Niederlande und in England hatten die Feinde des Hauses Habsburg potentielle Verbündete. Es kam nun entscheidend darauf an, welche Haltung das katholische Frankreich gegenüber dem so in Bedrängnis geratenen Vorkämpfer der Papstkirche einnahm.

Wenn der Sohn Heinrichs IV. die Politik seines Vaters wiederaufnehmen, den Pfälzer sowie die lutherischen deutschen Fürsten gegen das Kaiserhaus unterstützen und auch den Niederländern nach Ablauf des Waffenstillstandes bei ihrem Kampf gegen Spanien aufs neue helfen würde, dann könnte Frankreich die eiserne Klammer habsburgischer Bastionen an seinen Grenzen sprengen. Doch durfte das katholische Königreich seine nationalen Interessen so rücksichtslos auf Kosten religiöser Gemeinsamkeiten durchsetzen? Wenn das nicht geschah und die Habsburger über den europäischen Protestantismus triumphierten, blieb Frankreich höchstwahrscheinlich auf lange Sicht ein von Bürgerkriegen zerrissenes Land, da ja die Hugenotten von Spanien Unterstützung erhoffen konnten. Richelieus Traum von einem geeinten starken Frankreich mußte dann ein Traum bleiben. – Mit welchen Gefühlen der Bischof von Luçon beobachtete, wie der junge König reagierte, als der Kaiser, aber auch der neue König von Böhmen ihre Gesandten mit Gesuchen um Hilfe zu ihm schickten, läßt sich aus späteren Aufzeichnungen nicht mehr klar erkennen.

Luynes war so sehr von seinem Privatkrieg gegen Richelieu in Anspruch genommen, daß er die Formulierung des französischen Standpunktes dem Präsidenten des königlichen Rates, Pierre Jeannin, überließ. Dieser argumentierte: »Seine Majestät ist verpflichtet, dem Hause Österreich gegen eine so große Zahl von Feinden zu helfen, deren absoluter Sieg die Religion, zu der sich Seine Majestät bekennt, in große Gefahr bringen würde.« Der Herzog von Angoulême, ein Vetter Ludwigs XIII., führte eine Gesandtschaft nach Ulm, wo die Vertreter der katholischen Liga mit denen der protestantischen Union verhandelten.

Dort wirkten die Franzosen für eine »Befriedung des Reiches«, indem sie dazu beitrugen, daß sich die überwiegend lutherische Union von ihrem kalvinistischen Oberhaupt, dem Pfälzer, distanzierte und am 3. Juli 1620 mit der Liga ein Abkommen über die Neutralisierung ihrer Gebiete schloß. Jetzt konnte Herzog Maximilian von Bayern – wie Kaiser Ferdinand von Jesuiten erzogen und gelenkt – seine Söldner ohne Furcht vor einem Angriff der Union dem Kaiser für dessen Kampf gegen die böhmischen Rebellen zur Verfügung stellen.

Eine starke spanische Armee zog gegen die Rheinpfalz, während Bethlen Gabor durch militärische Rückschläge gehindert wurde, den Böhmen zu Hilfe zu kommen. So hatten durch die »Befriedungspolitik« der französischen Unterhändler die Feinde des Hauses Habsburg ihre Überlegenheit eingebüßt. Im Juli 1620 gelang es den Spaniern, von Mailand her einen erfolgreich verlaufenden Aufstand der katholischen Veltliner gegen ihre protestantischen graubündischen Herren anzuzetteln. Das Ergebnis war, daß nun spanische Truppen über die Pässe des Veltlins nach Tirol oder Vorarlberg und weiter nach Böhmen oder an den Rhein dirigiert werden konnten. Als die französischen Unterhändler in Wien erschienen, um über Zugeständnisse für die in Ulm geleistete Hilfe zu verhandeln, wies man sie kühl ab.

Dank der Streitigkeiten im protestantischen Lager und der maßlosen Verblendung des Pfälzers, der in Prag mit seinem Hofstaat in Saus und Braus lebte und die Vorbereitungen für eine Entscheidungsschlacht gegen die heranziehende kaiserliche Armee sträflich vernachlässigte, konnte Ferdinands Feldherr Tilly am 8. November 1620 am Weißen Berg einen überwältigenden Sieg erringen. Böhmen war wieder habsburgisch. Die neuen Herren begannen sogleich mit der Rekatholisierung des Landes. Der Pfälzer floh, als »Winterkönig« verspottet, in die kalvinistische Republik der Vereinigten Niederlande.

Luynes' Ende

Vor allem durch die gewaltsame Öffnung der Pässe des Veltlins hatte sich die Situation an den Grenzen Frankreichs dramatisch verschlechtert. Habsburgische Regimenter konnten wieder wie zur Zeit des »Weltkaisers« Karl V. für Ziele des Gesamthauses diesseits oder jenseits der Alpen eingesetzt werden. Der Sieg Ferdinands II. am Weißen Berg beraubte Frankreich seiner potentiellen deutschen Verbündeten. Zum Führer der Union war der lutherische Kurfürst Johann Georg von Sachsen avanciert, er hatte einen vorteilhaften Pakt mit dem Reichsoberhaupt geschlossen. Für seine Hilfe bei der Niederwerfung des böhmischen Aufstandes war ihm unter anderem die Überlassung der Lausitz in Aussicht gestellt worden.

Entsetzt sah der Herzog von Angoulême, was seine Ulmer »Befriedungspolitik« bewirkt hatte. Sein schriftlicher Appell an den König, das Steuer entschlossen herumzuwerfen und zur Politik seines Vaters zurückzukehren, war nicht mehr als eine hilflose Geste. Der König hatte zwar seine monarchische Autorität durch die erfolgreichen Feldzüge gegen die Rebellen aus eigener Kraft festigen können, das schwer überschaubare Feld der Außenpolitik überließ er jedoch Luynes.

Dieser, stets zu hinhaltendem Taktieren neigend, fürchtete jetzt, durch weitere Mißerfolge in Ungnade zu fallen. So lähmte seine Angst auch seine Mitarbeiter, die unter seiner schlechten Laune litten.

Entschlossenes Eingreifen zugunsten Graubündens, das die so wichtigen Gebirgspässe natürlich zurückerobern wollte, war unter solchen Voraussetzungen kaum möglich. Immerhin ließ Luynes nun bei dem protestantischen König Jakob I. von England anfragen, was er von einer Heirat zwischen dessen Sohn Karl, dem Kronprinzen, und König Ludwigs Schwester Henriette halte. Eine solche Verbindung war zwar wegen der religiösen Konsequenzen sehr problematisch, doch sie konnte die Balance der europäischen Mächte zugunsten Frankreichs beeinflussen. Luynes arbeitete auch eine Vereinbarung zwischen Venedig und Savoyen aus, um deren Gegensätze zu Spanien für Frankreich zu nutzen. Alle diese Pläne machte aber das Verhalten der Hugenotten zunichte, die sich durch den triumphalen Erfolg Ludwigs XIII. in Béarn gedemütigt und bedroht fühlten.

Um Weihnachten 1620 fand in La Rochelle trotz strikten Verbotes durch den König eine Generalversammlung der Kalvinisten Frankreichs statt. Von den Gemeinden entsandte religiöse Fanatiker waren in der Überzahl. Deshalb konnten die an Kompromissen interessierten Edelleute diesmal nicht verhindern, daß der König sich durch provozierende Kriegsvorbereitungen genötigt sah, seine Autorität mit Gewalt wiederherzustellen. Sonderrechte, wie sie die Hugenotten auf Grund der – zum Teil geheimen – Artikel des Edikts von Nantes genossen, waren mit einem zentralistisch regierten Nationalstaat auf die Dauer nicht zu vereinbaren. Das hatte der Sohn Heinrichs IV. klar erkannt; aber ebenso entschieden wollte er an dem in Nantes verkündeten Prinzip religiöser Toleranz festhalten. Richelieu, der diese Maximen fast ein Jahrzehnt später verwirklichte, vermied damals wohlweislich, sich zu dem unlösbar erscheinenden Widerspruch zu äußern. Wie gebannt wartete er auf seine Ernennung zum Kardinal. Als am 21. Januar 1621 die Namen der neuen Kardinäle bekanntgegeben wurden, war der von La Valette dabei, der von Richelieu nicht.

Dieser Schlag muß den schon einmal Getäuschten sehr hart getroffen haben; doch diesmal verbarg er seine Gefühle vor Feinden und Freunden meisterhaft. Er wußte, wie Maria von Medici auch ohne sein Zutun reagieren würde, wenn sie sich von einem Emporkömmling, der ohne die »Gnade« ihres Sohnes ein »Nichts« war, betrogen sah, und er wußte, wie sehr Luynes die heimtückische Rache dieser

Frau fürchtete. Fast ebensosehr fürchtete Luynes jedoch den Einfluß des Prinzen Condé, der die Hugenottenpartei jetzt vollständig vernichten wollte und den auf Kriegsruhm versessenen König in diesem Sinne anstachelte.

Als das Desaster der französischen Außenpolitik gegenüber dem Hause Habsburg nach der Schlacht am Weißen Berg offenkundig wurde, hatte Luynes sogleich Truppen anwerben lassen. Ob sie aber in Graubünden für die Rückeroberung des Veltlins verwendet oder gegen die Hugenotten eingesetzt werden sollten, war nicht bekannt. Erst als die Protestanten, von Spanien ermutigt, in ihren Provinzen den Kriegszustand ausriefen und aus der militärischen Hauptstadt des Languedoc, Montauban, alle Katholiken vertrieben hatten, flammte der Bürgerkrieg mit verheerenden Folgen auf. Die vorhergegangenen Strafexpeditionen des Königs wirkten dagegen im Rückblick wie harmlose Geplänkel.

Ludwig XIII. stellte sich an die Spitze der Armee, seine nächsten Berater sollten die Generäle sein. Voller Furcht, dem König entbehrlich zu erscheinen, wenn er von militärischen Entscheidungen ausgeschlossen blieb, ließ sich der unkriegerische Luynes nun zum Konnetabel, zum Oberbefehlshaber, ernennen. Damit übernahm er aber auch die politische Verantwortung dafür, daß die Bekämpfung des inneren Feindes Vorrang vor dem Kampf gegen den äußeren Feind haben sollte. Luynes mußte also sehr daran interessiert sein, daß der Bürgerkrieg nicht unnötig lange die außenpolitische Handlungsfähigkeit Frankreichs lähmte.

Den Krieg gegen »die Ketzer« schien auch der intime Freund Marias ebenso vorbehaltlos zu unterstützen wie seine Freunde Bérulle und Pater Joseph. Wer wollte Richelieu wohl mit einem anonym erschienenen Pamphlet in Verbindung bringen, das den Konnetabel, der diesen Krieg gewinnen sollte, scharf angriff? Diese »Heilsame Ansprache und Rat des sterbenden Frankreichs an den König« denunzierte Luynes als Parteigänger Spaniens, des eigentlichen Feindes.

Solche Schriften, wegen ihrer blauen Umschläge »Kornblumen« genannt, richteten sich im Namen »aller guten Franzosen« nicht nur gegen Luynes, sondern ebenso gegen die Königinmutter und deren ultramontanen Anhang. Sie wurden inspiriert oder auch persönlich verfaßt von dem Domherrn Fancan, der seit Richelieus Rückkehr aus dem Exil dessen heimlicher Verbindungsmann zu einflußreichen Kreisen der gallikanischen Guten Franzosen war. Dieser Priester war ein besonders raffinierter Doppelagent. Er bezog Gelder aus dem Geheimfonds katholischer deutscher Fürsten, vertrat in Pamphleten die Interessen der französischen Protestanten, intrigierte auf eigene Rechnung, wie es ihm gerade nützlich erschien, und war jetzt also Richelieus heimlicher Stellvertreter im Lager der Guten Franzosen. Gleichzeitig bot das Eintreten des hoch angesehenen Paters Joseph für den Berater Marias allen Guten Christen die Garantie dafür, daß Richelieu einer der ihren sei.

Wenn auch Fancans »Pressekampagne« Luynes' Ansehen sehr wirksam untergrub – als viel gefährlicher erwies sich, daß Maria von Medici dem König und seinem Konnetabel ins Feldlager folgte und sich dort keineswegs nur als wohlwollende Zuschauerin bemerkbar machte. Während der Belagerung einer Stadt im Poitou besuchte sie ohne Rücksicht auf das höfische Protokoll ihren lieben Bischof von Luçon in der Priorei Coussay und auf Schloß Richelieu. Der wütende Luynes vermutete zwar konspirative Umtriebe mit dem Ziel, eine Dritte Partei zu organisieren, doch liebenswürdige Briefe des Bischofs schläferten sein Mißtrauen wieder etwas ein. Bald darauf versetzten militärische Erfolge, die den größten Teil Südfrankreichs der königlichen Zentralgewalt unterwarfen, den »siegreichen Oberbefehlshaber« in eine euphorische Stimmung, in der er sich allen Widersachern überlegen fühlte. Daß der in vorderster Front tapfer kämpfende König an diesen Siegen weit größeren Anteil hatte als der von den Offizieren wenig respektierte Konnetabel, blieb in der Öffentlichkeit aber keineswegs unbeachtet.

Richelieu wurde aus Rom von seinem Beobachter Bouthillier berichtet, daß seine Ernennung zum Kardinal in absehbarer Zeit nicht zu erwarten sei. Wozu also noch Dienstbereitschaft gegenüber einem Intriganten heucheln? Richelieu veranlaßte die Königinmutter, sich mit ihm zusammen nach Paris zurückzuziehen, wo sich alsbald Luynes' Feinde um sie scharten.

Währenddessen beging der Konnetabel im Siegesrausch den verhängnisvollen Fehler, den König in der Absicht zu bestärken, auch noch das Zentrum der hugenottischen Rebellion, also das ganze Languedoc, sofort zu unterwerfen. Ein hugenottischer Überläufer hatte versprochen, die Festung Montauban dem König auszuliefern.

Von dieser Aussicht beflügelt, führte Luynes die Armee blindlings in ein schlimmes Abenteuer. Auch der König war noch voller Siegeszuversicht.

Im benachbarten Béarn hatte Ludwig XIII. einen leichten Erfolg errungen. Die privilegierten Stände beider Konfessionen hätten die vollständige Angliederung an das katholische Frankreich gern verhindert, doch in den Volksmassen galt Ludwig XIII. noch als der Enkel jener Jeanne d'Albret, die einst das Land der Lehre Calvins geöffnet hatte. Dagegen dachte man im Languedoc vor allem an die vorgesehene Rückerstattung ehemaligen Kirchenbesitzes. Das lieferte den Pastoren gute Argumente, wenn sie zu äußerstem Widerstand gegen die königliche Armee aufriefen. Den Söldnern des Königs standen fanatisierte Glaubenskrieger gegenüber. Daß Ludwig XIII. religiöse Toleranz garantierte, genügte den Fanatikern *beider* Konfessionen nicht mehr. Machtpolitische Intrigen religiös ziemlich indifferenter Feudalherren konnten also leicht einen neuen blutigen »Glaubenskrieg« verursachen.

An eine kampflose Besetzung von Montauban war nicht mehr zu denken, da der Verräter erkannt und gehenkt worden war. Der Herzog von La Force leitete die Verteidigung. Auch wenn dieser versuchen wollte, durch Übergabeverhandlungen Vorteile für sich herauszuschlagen – die mißtrauischen Bürger hätten dies verhindert, weil sie bei feudalen Kompromissen stets die Zeche bezahlen mußten. Die Bevölkerung des umliegenden Landes wurde von dem tüchtigen Herzog von Rohan in Kampfbereitschaft gehalten. Luynes mußte eine außerordentlich aufwendige Belagerung organisieren und – verantworten.

Überall in Frankreich, vor allem aber in der Umgebung von Maria, wurde beklagt, daß Menschenleben, Geld und Zeit von diesem unfähigen Konnetabel vergeudet würden. Als am 16. September 1621 der Herzog von Mayenne (aus der lothringischen Herzogsdynastie) vor Montauban gefallen war, veranstalteten Katholiken in der hugenottischen Hochburg Charenton bei Paris einen Pogrom, dem viele Kalvinisten zum Opfer fielen. Geradezu flehende Bitten Luynes' an die Königinmutter, sie möge doch ins Feldlager zurückkehren, um die Autorität des Königs (und damit seine eigene) zu stärken, waren schon vorher höhnisch abgewiesen worden. Mit zunehmendem Befremden erkannte Ludwig, der sich seiner eigenen militärischen Fähigkeiten bewußt geworden war, wie wenig sein bisheriges Idol in Wirklichkeit seinen Vorstellungen entsprach.

Im November brach in den völlig unzulänglich ausgebauten Stellungen der Belagerer von Montauban eine Seuche aus. Wahrscheinlich handelte es sich um die Pest oder Fleckfieber. Ein Drittel der schlecht versorgten Soldaten wurde von ihr hinweggerafft und auch der König gefährdet. Die Belagerung mußte abgebrochen werden. Diese Demütigung hat Ludwig nie ganz verwunden. In seiner Verzweiflung versuchte der Konnetabel, wenigstens einen in der Nähe gelegenen kleinen Ort zu erobern, stieß aber auch dort auf hartnäckigen Widerstand.

Am 3. Dezember wurde er selbst von der Seuche befallen. Der König besuchte ihn trotz der ihm bereiteten Enttäuschungen täglich; doch als ihm am 15. Dezember gemeldet wurde, daß es mit dem Konnetabel zu Ende gehe, folgte er der Armee ins Winterquartier, ohne von dem sterbenden Freund Abschied zu nehmen. So starb Charles d'Albert, Herzog von Luynes, von allen verachtet, nur noch von einem Diener betreut. Spanien hatte nicht nur am Weißen Berg bei Prag, sondern auch vor Montauban über schwächliche Vertreter französischer Hegemonieansprüche gesiegt. Bevor sein Bezwinger, Richelieu, auf der Bühne der europäischen Politik erscheinen konnte, mußte der junge König, in dessen Namen allein französische Politik möglich war, aber noch eine Reihe schmerzhafter Erfahrungen machen.

Der einsame König

Vom zehnten bis zum zwanzigsten Lebensjahr hatte König Ludwig XIII. keinen Menschen so geliebt wie »seinen Luynes«. Während der letzten vier Jahre, in denen aus dem unglücklichen, linkischen, stotternden Jungen ein allmählich Selbstvertrauen gewinnender Herrscher geworden war, hatte er erkennen müssen, daß ihm weder Mutterliebe noch »normale« eheliche Liebe vom Schicksal beschieden waren. Nach dem Tode des Idols seiner Jugendjahre mußte Ludwig für seine Gefühle eine neue Wertskala aufstellen, die für sein ganzes künftiges Leben gelten sollte. Er wußte nun, daß er bisexuell veranlagt war, da er für Männer und für Frauen gleich starke Zuneigung empfinden konnte. Daraus zog er harte Konsequenzen.

Mit einer moralischen Strenge, die bei einem Herrscher seines Zeitalters ganz ungewöhnlich war, machte er das mühselige Geschäft verantwortungsbewußten Regierens zum wichtigsten Inhalt seines Lebens. Alle seine Gefühle unterwarf er dieser Priorität der Pflicht. Da aber jeder Mensch mindestens einen Menschen braucht, dem er bedingungslos vertrauen und an den er sich anlehnen kann, wenn die Einsamkeit ihn zu erdrücken droht, suchte er trotz aller Enttäuschungen wieder Zuflucht bei der Mutter. Voller Hoffnung schrieb er an sie: »Die Zuneigung, die ich für Sie hege und die stärker ist als jedes andere Gefühl, duldet nicht, daß mein Geist noch länger bei trüben Gedanken verweilt.«

Am 27. Januar 1622 kehrte er nach Paris zurück und bevorzugte bei der höfischen Empfangszeremonie seine Mutter deutlich gegenüber seiner Frau. Richelieu verfolgte diese Entwicklung mit gespannter Aufmerksamkeit. Er wußte von der tief verwurzelten Abneigung des Königs gegen ihn, den »Liebling« seiner Mutter, und von dessen Furcht vor der Geisteskraft des Mannes, der »imstande wäre, Mutter und Sohn zugleich zu tyrannisieren« (wie der gegen Richelieu intrigierende Nuntius Corsini nach Rom berichtete). Vorsichtig hielt er sich im Hintergrund. Er widmete sich vor allem der Ausstattung eines im Bau befindlichen Palastes für die Königinmutter, des heutigen Palais du Luxembourg, für dessen Bildergalerie eine lange Reihe kolossaler Gemälde zur Verherrlichung der Mediceerin in Auftrag gegeben worden war.

Als Maler war der in Brüssel lebende Peter Paul Rubens ausgewählt worden. Dieser kam auch als Diplomat der spanischen Krone nach Paris. Da Spanien 1621 nach zwölfjährigem Waffenstillstand seinen Rachekrieg gegen die abgefallene Republik der Vereinigten Niederlande wiederaufgenommen hatte, sollte Rubens verhindern, daß Frankreich die »niederländischen Rebellen« – wie zur Zeit Heinrichs IV. – mehr oder weniger heimlich unterstützte. Dem »engsten Vertrauten der Freundin Spaniens« gelang es offenbar leicht, den Maler davon zu überzeugen, daß auch er gut ultramontan-spanienfreundlich gesinnt sei.

Solange der Papst noch zögerte, ihn zum Kardinal zu ernennen, bemühte sich der Favorit Marias, überall als eifriger Verfechter der

Interessen des Papsttums zu erscheinen. Doch der zuständige Minister, Puisieux de Sillery, wollte die Rangerhöhung nur zugestehen, wenn sich der neue Kardinal dann als Gesandter an den Papsthof »abschieben« lassen würde. Bevor es zu bindenden Absprachen kam, wurde anstelle Marias der Prinz von Condé (den die Königinmutter beleidigt hatte) in den Ministerrat berufen. Der König war wie Condé davon durchdrungen, daß jetzt die Unterwerfung der Hugenotten wichtiger sei als alle außenpolitischen Probleme.

Da die Hugenotten so töricht waren, den Waffenstillstand zu brechen, zog Ludwig wieder mit einer Armee, die Condé unterstellt worden war, in den Bürgerkrieg. Während seiner Abwesenheit von Paris sollte ihn Maria von Medici mit weitgehenden Vollmachten vertreten. Richelieu veranlaßte sie jedoch, dieses verlockende Angebot abzulehnen und den König ins Feldlager zu begleiten. Auf diese Weise wollte er selbst im Zentrum der Macht bleiben und Maria notfalls eine neue Regentschaft sichern helfen. Condé war nämlich durchaus zuzutrauen, daß er bei einem plötzlichen Tode Ludwigs XIII. die Regentschaft oder sogar die Thronfolge an sich riß und damit die Hoffnungen Richelieus zunichte machte.

Königin Anna hatte kurz zuvor eine zweite Fehlgeburt erlitten. Luynes' Witwe war mit der Schwangeren im Louvre »um die Wette gelaufen«, wobei die Königin unglücklich stürzte. Da die erhoffte Geburt eines Kronprinzen Ludwigs Königtum und auch sein Selbstwertgefühl sehr gefestigt hätte, verzieh er den leichtfertigen Frauen diesen »Wettlauf« nie. Marie von Luynes entzog sich seiner Rache, indem sie kurz darauf einen Fürsten aus dem lothringischen Geschlecht der Guise heiratete, der zum Herzog von Chevreuse ernannt wurde. Die Herzogin von Chevreuse wurde für Ludwig zu einer höchst gefährlichen Feindin, und auch Richelieu verdankte später ihren Intrigen einige der schlimmsten Krisen seines Lebens.

Der Krieg gegen die Hugenotten verlief diesmal überall erfolgreich; doch da der Oberbefehl Condé übertragen war, erforderte die Eroberung des restlichen Südfrankreich einen sehr hohen Blutzoll. Condés Grausamkeit hatte zur Folge, daß viele Städte und Dörfer sinnlos in Schutt und Asche versanken, zahllose Menschen ihrer Habe beraubt und massakriert wurden. Die Hugenotten nahmen jede Gelegenheit wahr, sich zu rächen, so daß auf beiden Seiten furchtbare Verluste zu beklagen waren. Zu spät erkannte der Sohn Heinrichs IV., wie sehr solche Greueltaten das Andenken seines Vaters schändeten. Er wandte sich von Condé ab. Davon profitierte zunächst Puisieux, der jetzt nur noch die Berufung Richelieus in den Ministerrat zu fürchten brauchte. Dieser widmete sich jedoch scheinbar ausschließlich der Pflege seiner erkrankten Gönnerin. Und abermals siegte des Königs Sohnesliebe über sein Mißtrauen. Aus Sorge um die Gesundheit seiner Mutter schrieb er sogar an den Bischof von Luçon.

Ende Juni machten sich bei Ludwig XIII. erste Anzeichen einer Darm- und Lungentuberkulose bemerkbar, nachdem er seine Kräfte drei Monate lang maßlos überfordert hatte. Er blieb bei seinen Truppen, obwohl bald schwere Rückfälle auftraten. Je näher er den Tod spürte, desto mehr fühlte er sich zu seiner Mutter hingezogen. Als durch den Tod des Kardinals Retz eine der fünf »Planstellen« für Kardinäle frei geworden war, wollte er nicht länger mit ansehen, wie seine Mutter sich vergeblich bemühte, ihrem Favoriten den roten Hut zu verschaffen. Erbost über neue Winkelzüge seines Ministers Puisieux und des Nuntius Corsini, befahl er seinem Botschafter in Rom, unmittelbar beim Papst zu intervenieren. Gregor XV., von Richelieus »Rechtgläubigkeit« überzeugt und durch die Intrigen der bisherigen Mittelsmänner irritiert, zögerte nun nicht länger und ernannte am 5. September 1622 den Bischof von Luçon zum Kardinal. In Schreiben an den König und an Richelieu bekundete Gregor seine Überzeugung, daß der so hoch Geehrte seine Hauptaufgabe in der Ausrottung der hugenottischen Ketzerei sehen werde.

Dem schlecht informierten, bereits todkranken Papst sind nicht nur die wahren politischen Ziele des neuen Kardinals, sondern auch die ebenfalls noch sorgfältig verhüllten politisch-moralischen Maximen Ludwigs XIII. verborgen geblieben. Da der König Richelieus offen angedeuteten Wunsch, sogleich die Stelle des verstorbenen Kardinals Retz im Ministerrat zu übernehmen, ignorierte, standen beiden noch neunzehn Monate quälender Einsamkeit bevor, bis die Zeit lebenslanger Gemeinsamkeit beginnen konnte.

Die letzten Schritte zum Ziel

Als Kardinal war Richelieu dem Hochadel gleichgestellt, der König sprach ihn mit »mein Vetter« an, wie alle Herzöge und Marschälle. Dieser siebenunddreißigjährige Abkömmling des niederen Adels, Besitzer eines armseligen Bistums, ein Politiker aus Leidenschaft, der sich immer wieder zu entwürdigenden Winkelzügen gezwungen sah, verwandelte sich über Nacht in einen Grandseigneur. Er benahm sich sofort, als wären ihm die Allüren dieser Kaste von Geburt an in Fleisch und Blut übergegangen, und versuchte mit allen Mitteln, seine Einkünfte entsprechend zu erhöhen. Wenn der König glaubte, mit unfähigen Ministern Frankreich groß und mächtig machen zu können – ein Kardinal Richelieu konnte gelassener auf bessere Einsicht des Souveräns warten als der arme Bischof von Luçon.

Ein am Hofe lebender Edelmann schrieb bewundernd: »An klugen und zur Regierung eines Landes fähigen Männern herrscht immer größter Mangel ... Um einen Ihresgleichen zu schaffen, muß sich die ganze Natur darum bemühen und Gott ihn den Menschen lange, bevor er ihn zur Welt kommen läßt, ankündigen.« Gleich ihm waren die meisten Beobachter der französischen Staatsmisere davon überzeugt, daß der König schon bald diesem so seltenen politischen Genie die Leitung der Staatsgeschäfte anvertrauen *müsse*. Die außenpolitischen Schwierigkeiten spitzten sich derart zu, daß die gewaltsame Unterdrückung des hugenottischen Separatismus nicht länger alle Kräfte des katholischen Königreiches in Anspruch nehmen durfte.

Das Ministerium wurde nun von der Familie Brulart beherrscht. Der Kanzler Nicolas Brulart, Sieur de Sillery, hatte die eigentliche Macht seinem Sohn, dem »Außenminister« Puisieux de Sillery, überlassen; des Kanzlers Bruder, der Komtur de Sillery, vertrat Frankreich beim Vatikan. Ihr außenpolitisches Programm sah möglichst großen Druck auf Spanien wegen der Besetzung des Veltlins durch spanische Truppen vor. Deshalb strebten sie ein Bündnis mit Venedig, Savoyen und den protestantischen Kantonen der Schweiz an. Die Graubündner hatten vergeblich versucht, die Spanier ohne fremde Hilfe aus dem Veltlin zu vertreiben, dabei aber nur den österreichischen Habsburgern Gelegenheit gegeben, auch noch die nach Vorarlberg führenden Pässe Graubündens zu besetzen. Das Haus

Ball am Hofe Ludwigs XIII. von Frankreich. Kupferstich von Bosse

Habsburg hatte somit strategische Vorteile erlangt, die seine Gegner nördlich und südlich der Alpen aufs äußerste beunruhigten.

Als die Brularts ein Treffen des Herzogs von Savoyen mit Ludwig XIII. in Avignon zustande gebracht hatten, kam dabei nur ein gemeinsamer Protest gegen die Besetzung des Veltlins heraus. Spanien zeigte sich davon nicht sonderlich beeindruckt, und so wuchs in Frankreich der Unmut über so offenkundige außenpolitische Ohnmacht. Das gab Maria von Medici Gelegenheit, wieder in die große Politik einzugreifen. Als Schwiegermutter des Erbprinzen von Savoyen arrangierte sie eine neue Konferenz Ludwigs mit dem Herzog von Savoyen in Lyon. Hier wurde der Protest gegen die Anwesenheit spanischer Truppen im Veltlin zwar bis zur Drohung mit militärischen Gegenmaßnahmen gesteigert, doch angesichts der inneren Schwäche Frankreichs blieb auch dies eine leere Geste.

105

In Lyon hatte Maria ihre Autorität so steigern können, daß sie nun in den Ministerrat berufen wurde. Alsbald verlangte sie, daß dem politisch völlig unbedeutenden Kardinal La Rochefoucauld der Vorsitz eingeräumt werde. Offensichtlich wollte sie hier einen Präzedenzfall schaffen, um in absehbarer Zeit ihrem Günstling Richelieu eine Machtposition zu sichern, wenn dieser in den Ministerrat berufen würde. Von den Brularts wurde zunächst nur Condé als Rivale gefürchtet, obwohl dessen militärische Aktionen in Südfrankreich erfolglos verliefen. Bei der Belagerung von Montpellier war ihm nicht mehr Kriegsglück beschieden, als Luynes vor Montauban gehabt hatte. Nur durch Vermittlung des englischen Königs konnte am 9. Oktober 1622 in Montpellier mit den Hugenotten ein Friedensvertrag abgeschlossen werden. Doch mehr als ein erneuter Waffenstillstand war damit kaum erreicht. Tief gedemütigt verließ Condé die Armee und begab sich nach Italien, was einem Bruch mit dem König gleichkam.

Der Kanzler und der Außenminister fühlten sich aber erst sicher, als sie erreicht hatten, daß der König den als Finanzminister eingesetzten Marschall Schomberg, Condés Freund, aus dem Ministerium entlassen hatte. Da das Steueraufkommen des Landes in die Privatschatullen der Steuerpächter floß, denen diese Gelder für Vorschußzahlungen verpfändet worden waren, hatte Schomberg keine Möglichkeit mehr gesehen, den Staatsbankrott zu verhindern. Als nun der reichste Steuerpächter, der Schatzkanzler Beaumarchais, sich bereit erklärte, die Staatsschulden aus eigener Tasche zu bezahlen, wenn dafür der Marquis La Vieuville, sein Schwiegersohn, zum Finanzminister ernannt werde, war ein Nachfolger für Schomberg schnell gefunden.

Der achtzigjährige Kanzler Sillery, schon unter Heinrich IV. ins Ministerium gelangt, war ebenso wie sein Sohn Puisieux gewöhnt, sich auf Kosten des Staates zu bereichern. Das galt damals als allgemein üblich; doch als in der Öffentlichkeit eine breit angelegte literarische Kampagne Fancans Früchte trug und immer lauter der Verdacht geäußert wurde, daß beide Brularts für spanisches Geld spanienfreundliche Politik zum Schaden Frankreichs betrieben, mußten sie ihre Position durch Erfolge gegen Spanien zu festigen suchen. Am 7. Februar 1623 schlossen Frankreich, Venedig und Savoyen die Liga von Paris gegen Spanien. Vermittlungsbemühungen des Papstes, der einen Krieg zwischen katholischen Staaten verhindern wollte, hatten zur Folge, daß Spanien der Besetzung aller Festungen des Veltlins durch päpstliche Truppen zustimmte.

Angesichts der Erfolge des Hauses Habsburg in dieser Phase des Dreißigjährigen Krieges wog ein solches Zugeständnis an Frankreich allerdings wenig. Richelieu und seine Propagandisten konnten die Öffentlichkeit leicht noch mehr gegen die Brularts aufhetzen. Dabei zogen die Guten Franzosen und die Guten Christen, erbitterte Gegner, unter Richelieus Regie – ohne es zu ahnen – noch an einem Strang. Während der angeblich nur seiner »Herrin« hingebungsvoll dienende neue Kardinal vor allem bestrebt blieb, das Mißtrauen des Königs gegen den allgegenwärtigen »Schatten« seiner Mutter einzuschläfern, versuchte der Monarch, das Bewußtwerden seiner eigenen Unzulänglichkeiten und der Schwäche seiner Minister durch hektische Betriebsamkeit zu verdrängen. Geradezu exzessiv frönte er seiner Hauptleidenschaft, der Jagd, und als Organisator äußerlich glanzvoller Feste, auf denen er sich als Komponist, Tänzer und in jeder Hinsicht vollendeter Hofmann hervorzutun suchte, bot er kundigen Beobachtern mehr Anlaß zu Mitleid als zu Bewunderung.

Weil Ludwigs eheliche Beziehungen auf ein Minimum reduziert waren, konnte ein schöner junger Mann jenen Bereich seines Gefühlslebens erobern, in dem seit Luynes' Tod Leere geherrscht hatte: der Gardehauptmann Toiras. Die Brularts befürchteten, daß der neue Favorit auch im Ministerium bald den Ton angeben könnte; doch diese Sorge war unbegründet. Der königliche Puritaner hat niemals wieder Männern oder Frauen, für die er – stets selbstquälerisch verklemmt – Liebe empfand, Einfluß auf seine Pflichten als König gestattet. Nur die Mutter konnte noch eine Zeitlang davon profitieren, daß vor dem Gewissen des Königs die Sohnesliebe eine Sonderstellung einnahm.

Und die Mutter schickte immer wieder den ihm so verhaßten Richelieu mit irgendwelchen Anliegen zur Audienz. Dieser erinnerte an seinen sichtbar schlechten Gesundheitszustand, sprach von der Macht als von einer drückenden Bürde, die dem König von Gott auferlegt worden sei. Nur die Pflicht, sich ohne Rücksicht auf Leiden des Körpers und das eigene Seelenheil für Frankreichs Ruhm und Größe aufzuopfern, könne einen dem König unwandelbar treu ergebenen Diener vielleicht dazu bewegen, diese Last tragen zu helfen, wenn es erforderlich sein sollte ...

Scheinbar unbeeindruckt hörte der König Worte, die seine eigenen hätten sein können, entschied über die ihm vorgetragenen zweitrangigen Wünsche seiner Mutter und flüchtete sich so oft wie möglich nach Versailles, wo im Jahre 1623 ein sehr bescheidenes Jagdschloß entstand. Für Richelieu sollten Entschlüsse, die der König nach langem einsamem Grübeln dort traf, noch öfters besondere Bedeutung erlangen.

In diese Zeit fiel ein Maskenball des Hofes, an dem zwei vornehme, inkognito reisende Engländer teilnahmen. Der englische Thronfolger Karl und sein sowie seines Vaters Günstling George Villiers, jetzt schon erster Herzog von Buckingham, waren wie Helden eines Ritterromans nach Madrid unterwegs, um die Infantin Maria, die Karl heiraten sollte, höchst romantisch zu »erobern«. Daß der schöne, maßlos verwöhnte Buckingham sich an diesem Abend »unsterblich« in die Königin Anna verliebte, hatte bald außerordentlich schwerwiegende politische Folgen. Zunächst ahnte davon noch niemand etwas.

Der Tod Gregors XV. und die ersten politischen Maßnahmen des Nachfolgers, Urbans VIII., der allgemein als Freund Frankreichs galt, stellten die Herrschaft der Brularts vor eine neue Belastungsprobe. Richelieu hielt es nicht für nötig, an der Papstwahl teilzunehmen, da sich in Paris eine für ihn wichtigere Entscheidung anbahnte. Als Urban sich außerstande sah, die Verhältnisse im Veltlin zugunsten Frankreichs zu verändern, und Puisieux das einfach hinnahm, hatten die Brularts ihren letzten Kredit bei Ludwig XIII. verloren. Der Nuntius Corsini sah in Richelieu bereits den künftigen Leiter der französischen Politik. Er versuchte, dem aalglatten Politiker eine verbindliche Stellungnahme zur Veltlinfrage zu entlocken, hatte damit aber freilich kein Glück.

Nach langem Jagen und Grübeln in Versailles glaubte Ludwig, sich an die Hoffnung klammern zu dürfen, daß La Vieuville ihm das Joch Richelieuscher »Tyrannei« ersparen könne. Auch sein Liebling Toiras empfahl den Finanzminister. Am Ende des Jahres 1623 wurde der alte Kanzler entlassen, am 5. Februar 1624 folgte ihm sein Sohn Puisieux in die Bedeutungslosigkeit. Während der quälenden Wartezeit hatte sich der gewandte La Vieuville mit der Königinmutter und

Papst
Urban VIII.
Porträtbüste
aus der
Bernini-Schule

ihrem Favoriten so arrangiert, daß er mit ihrer Unterstützung rechnen zu können glaubte. Dieses Bündnis hielt natürlich nicht lange. Das neue Ministerium bot Fancan und seinen Mitstreitern zu viele Angriffsflächen. Die Pamphletisten konzentrierten sich zunächst auf die Finanzpraktiken La Vieuvilles und seines Schwiegervaters; bald aber führten sie auch Klage über völliges Versagen des Ministeriums vor allen aktuellen Aufgaben der französischen Außenpolitik.

Im Veltlin sollte das Durchmarschrecht für spanische Truppen bestehenbleiben. Den Ministern fiel dazu nur ein, sich beim Nuntius zu beschweren. Der protestantische Söldnerführer Graf Mansfeld hatte vergeblich versucht, für niederländisches und englisches Geld spanische und bayrische Truppen aus der Rheinpfalz zu vertreiben. Nun unterbreitete er in Paris das Angebot, den Habsburgern für französisches Geld in Deutschland Schwierigkeiten zu bereiten. Ratlos suchte La Vieuville Unterstützung bei Richelieu, doch dieser »bedauerte« höflich.

Als das weiter unten (S. 117 ff.) näher beschriebene Heiratsprojekt zwischen England und Spanien ganz unerwartet scheiterte, war der schon sehr verunsicherte Finanzmann nicht in der Lage, die sich für Frankreich neu ergebende Chance zu nutzen. Nach erbarmungsloser »Bearbeitung« durch die Königinmutter erklärte er sich bereit, den König zu bitten, Richelieu in den Ministerrat zu berufen. Er ahnte wohl schon, daß dies der Anfang vom Ende seiner kurzen Karriere als Staatsmann war.

Der König brauchte noch einmal eine lange Bedenkzeit, bis er sich entschloß, den so lange Gefürchteten als Nachfolger für den erkrankten Kardinal La Rochefoucauld in seinen Ministerrat aufzunehmen. Am 29. April 1624 teilte er es seiner Mutter mit, »damit die Welt erfährt, daß er wirklich und nicht nur zum Schein in vollem Einverständnis mit ihr leben wolle«: Richelieus Ziel war jedoch nicht, *ein* Minister, sondern *der* Minister des Königs von Frankreich zu werden. Und dagegen sträubte sich nicht nur der Monarch, sondern natürlich auch La Vieuville und das ganze sechsköpfige Kollegium. Der Kardinal verbarg seine Enttäuschung hinter salbungsvollen Worten, in denen priesterliche Demut nicht völlig seinen intellektuellen Hochmut verbergen konnte.

Schon bei der ersten Sitzung des Ministerrates, die wegen einer in Paris ausgebrochenen Pestepidemie in Compiègne stattfand, ließ er die Maske gänzlich fallen. Er belegte mit vielen Zitaten und Beispielen den Vorrang der Kardinäle vor höchsten weltlichen Würdenträgern. Die Furcht Ludwigs vor weiterem »Psychoterror« von seiten seiner lautstarken Mutter war so groß, daß er am 9. Mai den Anspruch Richelieus – aber ausdrücklich auf seine Person beschränkt – bestätigte. Damit hatte sich der Kardinal für den Kampf um den Platz am Steuerruder des Staatsschiffes, der noch drei Monate lang mit allen nur denkbaren Mitteln geführt wurde, eine gute Ausgangsposition geschaffen.

Seine wirkungsvollste Waffe war wieder die Druckerpresse. Eine neue Flut anonymer Pamphlete stellte La Vieuville entweder als völlig unfähig oder als Handlanger Spaniens dar. Dabei wurden von Fancans Leuten aber auch die Guten Christen scharf angegriffen, deren Führer, Pater Joseph und Bérulle, ihrerseits den heimlichen Initiator dieser Kampagne, »ihren Kardinal«, mit größtem Eifer unterstützten.

Derart unter Erfolgszwang gesetzt, packte La Vieuville mehrere heiße Eisen gleichzeitig an. Er versprach der »ketzerischen« Republik der Vereinigten Niederlande Subsidien für ihren Kampf gegen Spanien, bewilligte dem Söldnerführer Mansfeld ebenfalls Geld für neue Truppen, betrieb aber vor allem das Projekt der »englischen Heirat« für die Schwester König Ludwigs, als ob die sehr gewichtigen religiösen Vorbehalte auf beiden Seiten bereits durch erfolgreiche Verhandlungen entschärft worden wären. Dem war aber nicht so. Nun brauchte Richelieu nur abzuwarten, bis der König durch seinen Londoner Botschafter von einem Angebot La Vieuvilles erfuhr, zu dem dieser keine Vollmacht besaß. So etwas verzieh Ludwig nie. Und schon bald mußte er sich nach einem neuen Vorsitzenden für seinen Ministerrat umsehen. Condé war nach Frankreich zurückgekehrt. Er hatte zunächst nur seine Frau nach Paris geschickt, um eine Versöhnung mit Maria von Medici anzubahnen. Nun berief ihn der König wieder an den Hof. Die Leitung des Ministeriums wollte er ihm aber nicht anvertrauen. Auch der alte Herzog von Sully, ehemals engster Mitarbeiter Heinrichs IV., wurde nach Paris eingeladen, doch da an gedeihliches Zusammenwirken mit Maria bei dessen Berufung nicht zu denken war, fuhr der alte Herr bald hochgeehrt wieder in seine Provinz zurück.

Auf höchster Ebene konnte sich Ludwig XIII. nur noch mit seiner Mutter beraten, und diese kannte natürlich keinen besseren Ratgeber als Richelieu. Betont unverbindlich fragte der König den Kardinal, welche Veränderungen im Ministerium wohl zweckmäßig seien. Dieser gab vor, daß er Veränderungen gar nicht für nötig halte. Allenfalls könne er einige besonders fähige Leute empfehlen, die (wohl nicht ganz zufällig) durchweg Freunde Seiner Eminenz waren.

Halb beruhigt fuhr Ludwig nach seinem geliebten Versailles, um in ländlicher Abgeschiedenheit, wie ein Gutsverwalter arbeitend, intensiv nachzudenken. Der so lange zurückgestellte schwere Entschluß, dem gefürchteten und gehaßten Liebling seiner Mutter die Leitung der Regierungsgeschäfte zu übertragen, duldete nun offenbar keinen Aufschub mehr. Am 13. August wurde der völlig entnervte La Vieuville entlassen, gleich darauf verhaftet und auf Schloß Amboise interniert. Noch am selben Tag ernannte der König den Kardinal Richelieu zum Vorsitzenden des Ministerrates (die Erhebung in die besondere Vertrauensstellung eines Ersten Ministers erfolgte erst fünf Jahre später).

In seiner langen Dankesrede entwickelte der Neuernannte vor dem König und seinen Kollegen sogleich sein Regierungsprogramm: Grundsätze für einen absolut regierenden Monarchen. Das waren Worte, die das Herz Ludwigs XIII. erwärmten. In einer kurzen Ansprache an seine Minister versicherte er:»Künftig werde ich mich mit Freuden meinen Angelegenheiten widmen, denn sie werden gut verwaltet werden.«

Das waren ermunternde, aber auch gleichzeitig warnende Worte an einen Mann, der sich nun anschickte, auf einem schwankenden Seil über einem Abgrund zu balancieren, der seinen Vorgänger soeben verschlungen hatte. Für die nun folgenden achtzehn Jahre kann man das Leben und Wirken Richelieus nicht besser charakterisieren als mit dem Bild eines von seiner Kunst besessenen Seiltänzers, der sich der Gefahr eines tödlichen Absturzes stets quälend bewußt bleibt und doch unaufhaltsam voranschreitet.

Aufstieg zum Gipfel (1624–1631)

Primat der Außenpolitik: Kampf ums Veltlin

Als dem neuernannten Kardinal Richelieu am 10. Dezember 1622 in Lyon vom König in feierlicher Zeremonie der rote Hut überreicht worden war, hatte sich ein Zwischenfall ereignet: Nach der obligatorischen Dankesrede an den König war der Kirchenfürst vor Maria von Medici hingetreten, hatte als Zeichen besonderer Ergebenheit den Kardinalshut vor ihr niedergelegt und geschworen, er werde »sein Blut in ihrem Dienste hingeben«. Diese spontan wirkende, vielleicht auch wirklich so zustande gekommene Geste paßte nur zu gut in das Bild, das sich die politisch interessierten Zeitgenossen von diesem »Ehrgeizling« machten. In ihren Augen war der neue Vorsitzende des Ministerrates das Geschöpf der Mediceerin, dafür bestimmt, ihr Werkzeug zu sein und zu bleiben. Der florentinische Gesandte berichtete an ihre Verwandten: »Da der Kardinal Richelieu sich durchgesetzt hat, ist die Autorität der Königinmutter jetzt vollständig etabliert.«

Solange König Ludwig sich seiner Mutter so eng verbunden fühlte, wie es durch die Berufung ihres Favoriten dokumentiert worden war, blieb die Gunst der dummen, als Feindin aber höchst gefährlichen Matrone sozusagen die Existenzgrundlage für den Leiter der französischen Politik. Maria von Medici war die Enkelin des habsburgischen Kaisers Ferdinand I., Mutter der spanischen Königin Elisabeth, Schwiegermutter einer spanischen Infantin auf dem französischen Thron und auch dem Papsttum durch Herkunft und politische Ambitionen aufs engste verbunden. Wollte ihr »ergebener Diener« Richelieu als verantwortlicher Minister jene radikal antispanische und antipäpstliche Politik betreiben, die sein heimliches Denken von je her bestimmte, nun aber durch *diesen* König zu verwirklichen war, so mußte er sich in ihren unversöhnlichen Feind verwandeln.

Hätte der neue Regierungschef etwa sogleich verkünden sollen, daß er nach und nach die Herrschaft des hohen Adels über ganze Provinzen brechen, die Hugenotten wie auch die papsthörigen Katholiken als politische Parteien entmachten und die auf diese Weise enorm gesteigerte ökonomische und militärische Kraft des absoluten Königtums zur Vernichtung der Vorherrschaft Spaniens einsetzen wolle? Dann hätte nicht nur die entsetzte Königinmutter, sondern jeder seiner bisherigen Verbündeten aus dem katholischen wie aus dem protestantischen Lager unverzüglich seinen alsbaldigen, endgültigen Sturz betrieben. Es gab nur eine dauerhafte und genügend starke Legitimation für eine solche Politik: den deutlich bekundeten Willen des Königs.

Ludwig XIII. war ja nicht irgendein feudaler Machthaber, sondern der Repräsentant ungestillter Sehnsüchte der Volksmassen ganz Frankreichs, die unter feudaler Willkürherrschaft litten und im König den Bewahrer »gottgewollter Gerechtigkeit« sahen. Bei militärisch aussichtslosen »Expeditionen« des jungen Herrschers hatte die Aura eines Nachkommen Ludwigs des Heiligen bereits wahre Wunder bewirkt. Wer die Begeisterungsfähigkeit und die Opferbereitschaft dieser Volksmassen für die nationale Einheit eines starken Frankreich mobilisieren konnte, der machte sie – wenn die ökonomischen Voraussetzungen dafür herangereift waren – wahrhaft zum Demiurgen ihrer eigenen Geschichte.

Die ersten Schritte Richelieus auf dem dünnen Seil antispanischer Politik waren durch bereits eingeleitete Maßnahmen sozusagen vorprogrammiert, Maßnahmen, zu denen La Vieuville durch die Verleumdungskampagne Fancans genötigt worden war. Der Marquis de Cœuvres stellte in der Schweiz für französisches Geld Truppen auf. Als kurz nach Richelieus Amtsübernahme in der Nähe der von päpstlichen Truppen besetzten Veltliner Festungen dreitausendfünfhundert Franzosen und mindestens ebenso viele Schweizer zum Einsatz bereit standen, forderte der französische Kardinal den Heiligen Vater auf, die Alpenpässe freizugeben. Urban VIII. war aufs höchste überrascht und weigerte sich entschieden.

Alsbald rumpelten sorgfältig bewachte Karren über schweizerische Straßen, auf denen sich versiegelte Fässer voller Goldmünzen befanden. Diese hatten noch kurz zuvor die Geldkisten parasitär reich gewordener Steuerpächter, zu denen auch der Schwiegervater von La Vieuville gehörte, bis zum Rand gefüllt. Cœuvres konnte ins Veltlin einmarschieren und die verblüfften päpstlichen Festungskommandanten, die auf einen solchen Gegner nicht eingestellt waren, mitsamt ihren Soldaten nach Hause schicken. Das Veltlin wurde wieder graubündisch, den Spaniern war eine wichtige Trumpfkarte aus der Hand geschlagen worden. In einem Schreiben an den Papst gab sich Richelieu nun seinerseits überrascht. Er beschuldigte Cœuvres, eigenmächtig gehandelt zu haben, und beteuerte zynisch, daß ihm Gehorsam gegenüber dem Heiligen Vater ein Herzensbedürfnis sei.

Keineswegs im Sinne der Politik des Papstes ließ er dann aber noch an die Republik der Vereinigten Niederlande Subsidien in Höhe von über zwei Millionen Livres auszahlen. La Vieuville hatte sie für den Kampf um die von den Spaniern belagerte Festung Breda zugesagt. Damit erreichte Richelieu, daß die Niederländer ihm zwanzig Kriegsschiffe zur Verfügung stellten. Frankreich brauchte diese dringend. Der Herzog von Savoyen wurde durch Hilfsgelder in die Lage versetzt, Genua zu belagern. Auf den wichtigsten Hafen Spaniens in Italien erhob er nämlich einen »historisch begründeten« Anspruch. – Das war nicht mehr jenes Frankreich, das eben noch von einer politischen Krise in die andere getaumelt war und von seiten des Hauses Habsburg Demütigungen hatte einstecken müssen! In den Machtzentren der europäischen Politik rechnete man nun wieder mit überraschenden Kursänderungen in der französischen Außenpolitik.

Beifall erntete Richelieu zunächst nur bei den Guten Franzosen. Der König schwankte noch, da sein jesuitischer Beichtvater, unterstützt von anderen Priestern und der Partei der Guten Christen, ihm Schuldgefühle einzureden versuchte. Mit tiefschwarzer Farbe wurde ausgemalt, welche Gefahr für sein Seelenheil der »Verrat Frankreichs an der gesamtkatholischen Sache« heraufbeschworen habe. Ludwig beruhigte sich erst, als ihm »sein Kardinal« die gallikanische Formel für dieses besondere Sündenproblem überzeugend erläutert hatte: »Für Sünden der Könige gibt es keinen anderen Richter als Gott.«

Die Guten Christen konnte Richelieu etwas besänftigen, indem er Pater Joseph zum Papst sandte, sozusagen als Bürgen für künftiges Wohlverhalten des »Staatskardinals«, während der Neffe Urbans VIII., Kardinal-Legat Francesco Barberini, in Paris als »Aufpasser« wirken sollte. Der Kapuziner mußte unter dem Zwang seiner Ordensregel den weiten Weg nach Rom zu Fuß zurücklegen, so daß erst im Mai 1625 die beiden Vertrauensmänner ihre Positionen bezogen hatten. In Rom wie in Paris war viel von christlicher Demut und Gehorsam gegenüber der Heiligen Kirche die Rede, doch wenn der Papst in der Veltlinfrage erneut vermitteln wollte, sagten sowohl der Pater als auch der König beharrlich: »Nein.«

Inzwischen war es dem Kardinal gelungen, für seine irritierte Gönnerin und ihren noch immer mißtrauischen Anhang eine verlockende Fata Morgana an den nördlichen Himmel zu zaubern. La Vieuville hatte eine Chance gesehen, das gescheiterte Projekt einer »spanischen Heirat« des englischen Thronfolgers in eine »englische Heirat« der Schwester Ludwigs XIII. umzuwandeln, war dabei aber wegen starrer religiöser Vorbehalte auf beiden Seiten in den Abgrund vernichtender Ungnade seines Königs gestürzt. Nun übernahm Richelieu den verlockenden Plan seines Vorgängers in der Hoffnung, das Risiko der religiösen Vorbehalte nicht selbst tragen zu müssen, sondern es auf Buckingham abwälzen zu können.

Die »englische Heirat«

Die spanienfreundlichen Traditionen der mit Jakob I. 1603 auch in England zur Regierung gelangten schottischen Dynastie der Stuarts hatte in der Papstkirche Hoffnungen geweckt. Konnte nicht die von Heinrich VIII. 1534 vollzogene Trennung der anglikanischen Staatskirche von Rom durch dynastische Verbindungen gemildert, wenn nicht gar wiederaufgehoben werden? So war der Wunsch, den Thronfolger Karl (I.) mit einer Infantin, einer Schwester der französischen Königin Anna von Österreich, zu verheiraten, von Spanien ausgegangen. Jakob I. versprach sich davon Vorteile für seinen als König von Böhmen gescheiterten Schwiegersohn Friedrich von der Pfalz. Luynes' Plan von 1621, eine Ehe zwischen Karl und »Madame Henriette«, der Schester Ludwigs XIII., zustande zu bringen, war deshalb durch spanische Diplomaten erfolgreich hintertrieben worden.

Entscheidend war hier das Engagement des Günstlings Buckingham gewesen, dessen Sympathien und Antipathien seit 1619 die Poli-

Henriette von Frankreich, Königin von England. Gemälde von van Dyck

tik Englands in geradezu unglaublichem Maße bestimmten. Als Freund Spaniens hatte er den Thronfolger zu einer »romantischen Brautfahrt« nach Madrid überredet, als Feind Spaniens war er zurückgekehrt, weil der Erste Minister König Philipps IV., Olivares, ihn angeblich beleidigt hatte. Vor dem Parlament hielt er am 27. Februar 1624 eine mit großer Begeisterung aufgenommene Rede, in der er zum Krieg gegen Spanien aufrief. Der aus dem niederen Adel aufgestiegene Herzog konnte sich als Nationalheld feiern lassen, denn in der öffentlichen Meinung Englands hatte die Aussicht auf eine Verbindung mit den Vorkämpfern katholischer Hegemonie in Europa große Unruhe hervorgerufen. Ein Krieg gegen Spanien hätte aber viel mehr Geld erfordert, als Jakob I. zur Verfügung stand. Das Parlament bewilligte nur geringe Kredite, um die Autorität des Königs, der absolutistischer Herrschaftsgelüste verdächtigt wurde, möglichst wenig zu stärken. Die neu entfachte antikatholische Volksstimmung sollte gegen die Katholiken im eigenen Lande gelenkt werden.

Buckingham war nun auf die naheliegende Idee gekommen, die traditionelle, zur Zeit nur oberflächlich verdeckte Feindschaft Frankreichs gegen Spanien für seinen Privatkrieg gegen Olivares zu nutzen. Er sandte seinen Freund Lord Holland zu Maria von Medici, um zunächst deren Bedenken gegen eine Heirat ihrer Tochter mit dem Protestanten Karl zu entkräften und dann möglichst enge diplomatische Beziehungen zwischen London und Paris vorzubereiten. Am intensivsten widmete dieser sich aber der verführerischen Herzogin von Chevreuse, die seine leidenschaftliche Liebe erwiderte.

Richelieu gehörte bereits dem Ministerrat an, hatte aber noch nicht den Vorsitz erobert. Er überließ La Vieuville die unlösbare Aufgabe, König Jakob zu veranlassen, alle Gesetze aufzuheben, durch die in England, Schottland und Irland die Katholiken diskriminiert wurden. Nur unter dieser Voraussetzung wollte der Papst aber den Dispens für die Heirat mit einem protestantischen König erteilen. Doch sowohl Jakob I. als auch sein Sohn hatten sich vor dem Parlament feierlich verpflichtet, die gegen die Katholiken gerichteten Gesetze niemals abzuschaffen. La Vieuville war gestürzt, weil er ohne Wissen seines Königs an König Jakob das Angebot gelangen ließ: Es genüge, wenn dieser hinsichtlich der Katholikengesetze in einem Schreiben insgeheim nur seinen guten Willen bekunde. Welchen Ausweg aus dieser Sackgasse würde sein Nachfolger finden?

König Karl I. von England. Gemälde von van Dyck

Die »spanische Partei« in Frankreich war noch so stark, daß sie der Kardinal von den »weltlichen« Aspekten dieser Heirat nur ablenken konnte, indem er die Vorteile für »die gemeinsame katholische Sache« gewaltig überbewertete. Religiöse Zugeständnisse an Prinzessin Henriette sollten in Rom als erste Schritte zur Rekatholisierung des Inselreiches (miß)verstanden werden. Jakob I. wurde mit folgenden Forderungen konfrontiert: 1. Rechtliche Verbesserung der Lage der katholischen Minderheit; 2. freie Religionsausübung für die künftige Königin Henriette; 3. religiöse Erziehung der Kinder durch die Mutter. – Mit geringeren Zugeständnissen wäre auch eine spanische Prinzessin nicht zu haben gewesen. Doch inzwischen hatten die englische Öffentlichkeit und das Parlament so eindeutig antikatholische Positionen bezogen, daß der König diese Forderungen ablehnen mußte.

König Jakob besann sich auch nicht lange, beriet sich nicht mit Buckingham, der an Malaria erkrankt war, und sandte ein – die Beziehungen zu Frankreich schwer belastendes – klares Nein ab. Davon erfuhr der kranke Buckingham jedoch so zeitig, daß er den Brief aufhalten und an den König zurückschicken konnte, verbunden mit Hinweisen, wie die Aussage des Textes in ihr zustimmendes Gegenteil zu verwandeln sei. Dem Favoriten »war es gleichgültig, daß die Hochzeit des Prinzen von Wales die Scheidung der Nation von ihrer Dynastie bedeutete« (Philippe Erlanger), wenn ihm nur eine öffentliche Blamage erspart blieb. Jakob fügte sich widerspruchslos.

Noch vor der Unterzeichnung des Ehevertrags ließ der protestantische Herrscher alle über Katholiken aus Glaubensgründen verhängten Strafen aufheben und freie Religionsausübung verkünden. Dem Papst wurde erklärt, daß die Politik des Kardinals trotz scheinbarer Widersprüche stets konsequent gegen den Protestantismus gerichtet sei, und nach einigem Zögern erteilte Urban VIII. seine Zustimmung zur Unterzeichnung des Vertrages, die dann am 11. Dezember 1624 in Cambridge erfolgte. Etwa um dieselbe Zeit vertrieb Cœuvres die Truppen des Papstes aus den Festungen des Veltlins. Die Kontrolle der für Frankreichs Sicherheit wichtigen Alpenpässe war und blieb Richelieus wichtigstes außenpolitisches Anliegen.

Mochte es dem Kardinal auch halbwegs gelungen sein, seine Gönnerin und den Papst über die eigentliche, gegen Madrid und Rom gerichtete Politik Frankreichs zu täuschen – es gab scharfsichtigere

Beobachter, leider auch unter den Grandseigneurs beider Konfessionen. Schon im Januar 1625 forderten die südfranzösischen Hugenotten mit einem Angriff auf königliches Gebiet bei La Rochelle die Zentralgewalt erneut heraus.

Um nicht gleichzeitig gegen Spanien (das auf das Veltlin wohl nicht so ohne weiteres verzichten würde) und die Hugenotten (deren militante Führer auf spanischen Beistand hofften) Krieg führen zu müssen, ließ Richelieu die angriffslustigen Protestanten durch die königstreu gewordenen Herzöge von Lesdiguières und von La Force zum Frieden ermahnen. Auch Karl I., der seinem Vater gerade damals auf den Thron folgte, wurde gebeten, seine französischen Glaubensbrüder in diesem Sinne zu beeinflussen.

Das entsprach zwar keineswegs der Stimmung im englischen Volke, doch Buckingham wies überzeugend darauf hin, daß Frankreich nur gegen Spanien »eingesetzt« werden könne, wenn der verantwortliche Minister nicht Rebellionen im eigenen Lande befürchten müsse. Der überaus selbstbewußte Herzog zweifelte nicht im geringsten daran, daß er durch persönliches Auftreten in Paris die dort noch vorherrschenden Bedenken gegen einen französisch-spanischen Krieg schnell beseitigen werde. Anlaß für seinen Besuch ergab sich aus der Heirat seines königlichen Freundes mit »Madame Henriette«, die am 11. Mai 1625 in Paris stattfand. Den Bräutigam vertrat der mit Karl verwandte Herzog von Chevreuse, die Trauung vollzog Richelieu selbst. Buckingham sollte im Juni die junge Königin nach London geleiten. Bis dahin kam es aber noch zu dramatischen und folgenschweren Ereignissen.

Die Herzogin von Chevreuse, noch immer von Haß auf Ludwig XIII. erfüllt, hatte ihren Geliebten Lord Holland veranlaßt, die in Buckingham bereits schwelende Leidenschaft für die Gemahlin des französischen Königs durch schwärmerische Briefe hell zu entfachen. (Anna von Österreich war zu einer blonden Schönheit mit rosigem Teint erblüht.) Sie selbst, eine ebenfalls bildschöne Circe, hatte offenbar auch Richelieu »bezirzt«, denn dieser soll eines Tages in der Hoffnung auf ein Schäferstündchen im Palais Chevreuse erschienen sein. Angeblich hat es die darauf vorbereitete Herzogin so eingerichtet, daß die Königin Anna in einem Versteck beobachten konnte, wie der galante Prälat sich vergeblich abmühte. Ob nun Anna den erfolglosen Anbeter durch plötzliches Erscheinen noch zusätzlich demütigte oder ob nur Hofklatsch die Ursache war – bald darauf kam es jedenfalls zum Bruch zwischen dem Kardinal und den beiden gefährlichen Frauen.

Als der englische Favorit zwei Wochen nach der Hochzeit seines Monarchen mit großem Gepränge in Paris einzog und im Palais der Chevreuse (angeblich dem schönsten von ganz Frankreich) Quartier nahm, kannte die Bewunderung der Pariser keine Grenzen. Auch bei den Festen im Louvre, die ihm zu Ehren stattfanden, stellte er mit seiner beispiellosen Eleganz, seinem Prestige und seiner Schönheit alle Männer in den Schatten. Die mürrische Reserviertheit des glanzlosen Königs Ludwig fiel dadurch besonders auf. Buckingham schien das alles kaum zu bemerken. Er hatte nur Augen für die Königin Anna – und sie nur für ihn.

Schon beim ersten politischen Gespräch mit Richelieu am Tage nach seiner Ankunft stellte der vom schnellen »Erfolg« im Louvre noch Berauschte jedoch verblüfft fest, daß seinem Charme durch kühle Logik Grenzen gesetzt wurden. Der französische Staatsmann zeigte, voll unterstützt von den Mitgliedern des Ministerrates und dem König, wenig Neigung, Buckinghams Krieg gegen Spanien zu führen. Er verwies auf das nach wie vor ungelöste Hugenottenproblem und die Risiken eines Zweifrontenkrieges. Damit bereitete er nicht nur dem gewissenlosen Prahlhans, sondern natürlich auch dem neuen Schwager seines Königs eine vernichtende politische Niederlage.

Dieser harte Schlag hinderte den Herzog indessen nicht daran, einen neuen Privatkrieg zu beginnen: Er setzte sich das wahnwitzige Ziel, die Frau des Königs von Frankreich zu »erobern«, und die Chevreuse spornte seinen Ehrgeiz noch an, um dem König und seinem Minister Schwierigkeiten zu bereiten. Auf den vielen Festen, die Buckingham zu Ehren weiterhin gegeben wurden, glänzte dieser als unvergleichlicher Hofmann. Er lehrte den damals hoch geschätzten »englischen Stil« höfischen Benehmens. Sogar seine aus Spanien mitgebrachte schwarzsamtene Jagdkappe wurde als »boukinkan« übernommen. Sie gilt heute als »typisch französisch«. Bei uns ist sie als Baskenmütze bekannt.

Das Ehrengeleit für die erst fünfzehn Jahre alte Königin Henriette nach England sollte dem glühend Verliebten Gelegenheit geben, sein »Ziel« zu erreichen. Er war aber bereits mit einem dichten Netz von

Spionen umgeben, und auch Königin Anna wurde streng bewacht. Zuammen mit der Königinmutter durfte sie ihre Schwägerin bis nach Amiens begleiten. Für sie und für Buckingham waren getrennte Reisewege festgelegt. Trotz aller Vorsichtsmaßnahmen gelang es dem »unmöglichen« Liebespaar jedoch, während eines Gartenspaziergangs in Amiens ohne Begleiter zusammenzutreffen. Dabei soll sich der Engländer als ein so stürmischer Liebhaber erwiesen haben, daß Anna ihre Anstandsdamen herbeirufen mußte. Dieser nicht geheimzuhaltende halbe Erfolg des bis zum Wahnsinn Verliebten bedeutete leider keineswegs das Ende einer Affäre, die in ganz Europa mit Befremden verfolgt wurde.

Henriette war nun als höchst unwillkommene Katholikin Königin eines Landes, in dem die von Jakob I. aufgehobenen Katholikengesetze bereits wieder – auf Drängen des Parlaments – in Kraft gesetzt worden waren. Hinsichtlich der religiösen Erziehung ihrer zu erwartenden Kinder bestanden gegensätzliche Auffassungen. Die heimgekehrte Königin Anna und ihre unzuverlässigen Wächter traf der Zorn des rachsüchtigen Ehemanns und seines verantwortlichen Ministers. Die Chevreuse war als Gattin eines souveränen Herzogs diesem Zorn allerdings weitgehend entzogen. Das Ergebnis der »englischen Heirat«, die sowohl den Spaniern als auch den Hugenotten außenpolitischen Rückhalt nehmen sollte, war schließlich nur ein beträchtliches Anwachsen innenpolitischer Schwierigkeiten für den Kardinal.

Häupter einer Hydra

In den griechischen Götter- und Heldensagen war Hydra der Name einer neunköpfigen Wasserschlange, die für unbesiegbar galt, weil ihr für jeden abgeschlagenen Kopf zwei neue Köpfe nachwuchsen. Herakles besiegte sie dadurch, daß er die fruchtbaren Stümpfe der von ihm abgeschlagenen Köpfe sofort ausbrannte. – Wer den jahrhundertelangen Kampf des französischen Königtums gegen feudale Sondergewalten überblickte, konnte leicht an diese Sage erinnert werden und bedauern, daß in Frankreich noch kein zweiter Herakles erschienen war. Machtgierige Grandseigneurs und nahe Verwandte des Königs putschten bei jeder sich bietenden Gelegenheit. Auch schwere

Niederlagen hinderten sie nicht daran, so bald wie möglich eine neue Rebellion vorzubereiten.

Als Führer der militanten Hugenotten standen seit dem »Zwischenfrieden« von Montpellier (1622) nur noch die Herzöge von Rohan und von Soubise im Vordergrund. Diese beiden Brüder waren in hochverräterische Beziehungen zu spanischen Verbindungsleuten verstrickt. Solange jedoch auch andere Große noch in der Lage waren, Truppen für Bürgerkriege zu mobilisieren und einen Konflikt der Zentralgewalt mit den Hugenotten oder mit Spanien für ihre egoistischen Zwecke auszunutzen, mußte man alle potentiellen Feinde zumindest scharf im Auge behalten. Zu dieser Gruppe zählte Maria von Medici mit ihren Guten Christen, obwohl sie die Führung abgegeben zu haben schien. Neue Gefahr drohte von ihrem achtzehnjährigen Lieblingssohn Gaston, denn sein Erzieher, Oberst d'Ornano, haßte Richelieu. Ludwig XIII. hatte ihn wegen diesbezüglicher Äußerungen eine Zeitlang seines Amtes enthoben, und das stimmte Gaston nicht gerade friedfertig. Der Bruder des Königs und derzeitige Thronerbe blieb Intrigen gegen den Kardinal zugänglich, was diesen mit Recht sehr beunruhigte.

Dem noch immer sehr irritierten Papst ließ Richelieu durch den französischen Botschafter ausrichten: Allein die Protektion, die der Heilige Vater dem Hause Habsburg angedeihen lasse, sei die Ursache für Frankreichs derzeitige Hugenottenpolitik sowie für Bündnisse mit England und anderen protestantischen Staaten. Der Kardinal-Legat Barberini bedrängte indessen den König unvermindert, durch Zugeständnisse in der Veltlinfrage endlich Frieden mit Spanien zu ermöglichen und dann in Frankreich »die Ketzerei auszurotten«. Als sich Richelieu weiterhin mit seiner strikt ablehnenden Haltung durchsetzte, versuchte Barberini, die französische Öffentlichkeit gegen diesen »Freund der Ketzer im Kardinalspurpur« aufzuhetzen.

In dem nun aufs neue entbrennenden Kampf mit mehr oder weniger anonymen Streitschriften zeigte sich deutlich, daß die meisten Franzosen das nationale Interesse über die Idee eines »von der protestantischen Ketzerei gereinigten Europas« stellten, wenn dieses vom Hause Habsburg beherrscht würde. So konnte Richelieu die anhaltenden Klagen der Frommen getrost überhören und sich auf ein Simultanspiel mit einer verwirrenden Übermacht von Gegnern einlassen, die er hintereinander an ihrem jeweiligen Schachbrett zu schlagen gedachte.

Da es Buckingham gelang, die englische Politik weiterhin in makabrem Sinne zu seiner »Herzenssache«, also zum Instrument seines Kampfes um den »Besitz« der Frau des Königs von Frankreich, zu machen, schwankten die Beziehungen zwischen Frankreich und England bis zu seiner Ermordung im August 1628 stets zwischen Krieg und Frieden. Den ständigen Bemühungen des liebestollen Herzogs, seine erneute Zulassung als Botschafter Karls I. in Paris zu erreichen, um dort seine »Rache« an Spanien und die »Eroberung« der Königin Anna mit mehr Erfolg betreiben zu können, gab kein denkender Mensch eine Chance. Er durfte französischen Boden nie mehr betreten.

Um Ludwig XIII. zu erpressen, benutzte er Königin Henriette bedenkenlos als Geisel. Sie, ihre französischen Vertrauten und alle katholischen Engländer wurden schweren Schikanen ausgesetzt. Als ihm Henriettes Ehevertrag vorgehalten wurde, erklärte er zynisch: »Die Versprechungen zu ihren Gunsten sind nur gemacht worden, um den Papst einzulullen.« Richelieu stellte fest: »Wir haben keinen schlimmeren Feind als Buckingham.« Wenn er auch nicht sogleich alle Brücken für Verhandlungen abbrach, so verlagerte er doch den Schwerpunkt seiner antihabsburgischen Politik. Er begrub die Hoffnung auf eine protestantische Liga, die Buckingham anführen wollte, und setzte statt dessen auf diplomatische Aktionen mit dem Ziel, den Herzog von Bayern aus dem habsburgischen Lager »abzuwerben«. Dessen neuer Status als Kurfürst von der Pfalz war nämlich noch nicht reichsrechtlich bestätigt worden.

Auf Richelieus Bemühungen, den Verlauf des Dreißigjährigen Krieges auf deutschem Boden im Sinne Frankreichs zu beeinflussen, wird weiter unten einzugehen sein. Die Voraussetzungen für sein Eingreifen auf dem deutschen Kriegsschauplatz blieben: Regelung der Veltlinfrage zugunsten Frankreichs und Entwaffnung der Hugenotten. Sicherheit sollte auf keinen Fall mit einer Kapitulation vor der katholischen Vormacht bezahlt werden, die noch so mächtige Sachwalter in Frankreich besaß. Doch eben diese Kapitulation, Friede mit Spanien genannt, verlangten Maria von Medici und ihr mächtiger Anhang jetzt immer nachdrücklicher von dem Mann, dem sie so viel Macht verschafft hatten.

Während sich Wallenstein als kaiserlicher Feldherr auf seinen Siegeszug vorbereitete, der alle Hoffnungen der Protestanten erst einmal zunichte machte, beschloß der Kardinal, ungeachtet des Drängens der Ultramontanen, sich ohne Bürgerkrieg vom Druck der Hugenotten zu befreien. Erst dann wollte er sich auch mit Spanien auf seine Art arrangieren. Ohne die von England angebotene Vermittlerrolle anzunehmen, schloß er am 5. Februar 1626 mit den Hugenotten einen Vertrag, der ihnen im wesentlichen den von Heinrich IV. gewährten Status garantierte.

Die Guten Christen um Maria von Medici waren aufs äußerste empört. Sie verlangten, das mindeste sei nun ein Rachefeldzug gegen Karl I., der den englischen Katholiken die ihnen zugesicherten Rechte noch immer vorenthalte. Richelieu dachte aber gar nicht daran, einen so sinnlosen Krieg zu beginnen. Auch auf Provokationen Buckinghams, der einen Konflikt mit Frankreich gern in Kauf genommen hätte, um »seine Dame« dann vielleicht eher sehen zu können (!), reagierte er gelassen. Er schrieb: »Es ist in der Tat nicht vernünftig, wenn sich der König wegen der Leiden der Katholiken auf einen Krieg mit den Engländern einläßt. Er ist seinen Untertanen mehr als seinen Nachbarn schuldig, denn den einen ist er durch die Natur, den anderen nur durch Mitgefühl verbunden.«

Von allen Beratern Marias hatte der Oratorianer Bérulle den größten Einfluß. Mehrmals hatte dieser alte Freund des Kardinals trotz schwerer religiöser Bedenken die Politik des von ihm bewunderten Staatsmannes unterstützt, selbst wenn ihm das den Zorn des Papstes zuzog. Jetzt war selbst für diesen erprobten Verbündeten die Grenze der Loyalität in der Frage des Friedens mit Spanien erreicht. Er veranlaßte die Königinmutter, an den französischen Botschafter in Madrid die »Weisung« gelangen zu lassen, daß er den Spaniern Zugeständnisse machen dürfe, die Richelieu abgelehnt hatte. Der Kardinal war sehr unangenehm überrascht, als ihm berichtet wurde, der Botschafter habe mit dem Herzog von Olivares bereits einen Vertrag ausgehandelt. Das Veltlin sollte demzufolge bei Graubünden bleiben, allerdings unter der Voraussetzung, daß die katholischen Veltliner damit einverstanden wären (was natürlich nicht zu erwarten war).

Da er noch nicht stark genug war, Maria wegen ihres eigenmächtigen Vorgehens zur Rechenschaft ziehen zu lassen, zumal der König starkem Druck von seiten des Papstes nicht länger standhalten wollte, kam eine Zurücknahme des Vertrages nicht in Frage. Der Kardinal konnte aber durchsetzen, daß der Text noch mehrmals überarbeitet wurde. Inzwischen hatte sich die Schweizer Eidgenossenschaft bereit erklärt, notfalls die Rechte Graubündens zu schützen. Die Paßwege konnten jederzeit für spanische Truppen gesperrt werden. Am 5. März 1625 schloß Richelieu den Vertrag von Monçon, ohne auf die für seine norditalienischen Verbündeten dadurch entstehende schwierige Lage Rücksicht zu nehmen.

Der Frieden zwischen Frankreich und Spanien machte Buckinghams Kriegsplan zunichte. Das englische Parlament zögerte nicht, die klägliche Lage auszunutzen, in die das Königtum mit dem Favoriten geraten war. Die Bewilligung neuer Gelder – nicht etwa für einen Krieg, sondern für normales Funktionieren der Staatsverwaltung – machte es davon abhängig, daß der König auf Zölle verzichtete, die seine einzige persönliche Einnahmequelle waren. Und die Minister mußten künftig ihre Entscheidungen vor dem Parlament verantworten. In den Verfassungen der meisten europäischen Staaten erscheint diese Verantwortlichkeit der Minister erst zweihundert Jahre später! Obwohl König Karl sich zu seinem Freund bekannte, wurde Buckingham unter Anklage gestellt. Der König betrachtete diese Maßnahme als einen Angriff gegen sich selbst und löste das Parlament einfach auf.

Nachdem Richelieu mit großem Geschick mehrere literarische Kampagnen gegen frühere Rivalen inszeniert hatte, wurde er seit dem letzten Drittel des Jahres 1625 selbst zur Zielscheibe von Streitschriften, die ihn als »Kardinal von La Rochelle« in die Nähe des Teufels rückten. Sogar seinen Herrn bezichtigten ultramontane Autoren des Verrats an der Heiligen Kirche. Schriften streitbarer Gallikaner um Fancan, von denen »Der Staatskatholik« am deutlichsten die Handschrift seines Auftraggebers erkennen läßt, antworteten mit Gegenargumenten, die zwischen Religion und Politik klar unterschieden. Als ein übereifriger Jesuit mittelalterliche Herrschaftsansprüche des Papsttums wiederbeleben wollte, ließ der Kardinal dessen Werk durch die Sorbonne verurteilen, griff dann aber vermittelnd ein.

Doch nach dem März 1625 waren sich Ultramontane und Gallikaner in der Verurteilung einer Politik einig, die sie als Verrat an ihren Zielen empfanden. Den Wert der Kompromißfrieden mit den Huge-

Marie von Chevreuse. Zeitgen. Kupferstich

notten und mit Spanien wußten sie nicht zu würdigen, da sie die Bedeutung des Veltlins als Angelpunkt des Machtkampfes zwischen Frankreich und Spanien nicht erkannten. Solange Richelieu jedoch überzeugt sein konnte, daß der König seine Maßnahmen billigte und mit ihren Ergebnissen zufrieden war, glaubte er, sich unbesorgt seinen Plänen für eine umfassende Neuordnung der gesamten Staatsverwaltung widmen zu können.

Eine Verwirklichung dieser Pläne hätte die Interessen des Hochadels, der einzelne Provinzen noch immer wie kleine Königreiche besaß, erheblich beeinträchtigt. Spätere Revolten zielten deswegen auch unmittelbar auf den »ersten Diener« der erstarkenden königlichen Zentralgewalt. Das bald nach dem Vertrag von Monçon geschmiedete erste Komplott des Hochadels richtete sich aber gleichzeitig gegen den Monarchen. Die Kinderlosigkeit der Ehe Ludwigs XIII. und sein schlechter Gesundheitszustand hatten zur Folge, daß der jüngere Bruder zum Gegenstand gefährlicher Spekulationen wurde.

Als Schlüsselfigur agierte die aus England zurückgekehrte Herzogin von Chevreuse. Die Freundin der Königin Anna machte sich Gedanken über die beste Lösung des Thronfolgerproblems, da sie den Tod Ludwigs XIII. in naher Zukunft erwartete. Sie war für eine Heirat der Witwe mit ihrem Schwager Gaston. Der Altersunterschied von sieben Jahren wurde als unbedeutend angesehen, da die beiden sich seit langem gut verstanden. Maria von Medici zeigte sich jedoch fest entschlossen, ihren Lieblingssohn mit Maria von Bourbon-Montpensier, einer der reichsten Erbinnen Europas, zu verheiraten.

Gegen diesen Heiratsplan mobilisierte die Chevreuse eine starke »Partei des Widerstandes«, in der vor allem neidische Bourbonen aus Seitenlinien im Vordergrund standen: die Brüder Vendôme (»natürliche« Söhne Heinrichs IV.), der Graf von Soissons, der die reiche Erbin selbst heiraten wollte, sowie der Erzieher Gastons, d'Ornano, ihr neuer Liebhaber – der Marquis de Chalais – und viele andere Edelleute. Richelieu wurde von seiner alten Gönnerin genötigt, sich *für* die Heirat auszusprechen. Daraufhin richtete sich die Verschwörung sogleich gegen »diese Kreatur der Medici«. Die Chevreuse war mit den Herzögen von Rohan und von Soubise verwandt, Buckingham wartete begierig darauf, »seiner Dame zu dienen«, und so wurden die Hugenotten und England von vornherein in das Komplott einbezogen.

Aus England durch seinen Vetter La Mothe Houdancourt (aus dem Gefolge der Königin Henriette) gewarnt, beschloß der Kardinal, einem Aufstand zuvorzukommen. Er veranlaßte, daß der erst kurz zuvor zum Marschall ernannte d'Ornano mitsamt seinen Brüdern und Freunden verhaftet wurde. Dadurch ließen sich die übrigen Verschwörer nicht abschrecken, sie sahen sich ja noch nicht entlarvt. Doch der Prinz, dem an der reichen Heirat gar nichts lag, wenn nur sein schwelgerisches Lotterleben irgendwie finanziert werden konnte, verzieh es Richelieu nie, daß er ihm seinen besten Freund geraubt hatte, obwohl ihm beständige Treue völlig fremd war. Der damals entstandene Haß hat Frankreichs Sicherheit noch sechzehn Jahre lang mehrmals aufs schwerste erschüttert.

Am 10. Mai erschien Chalais, dem ein besorgter Onkel ins Gewissen geredet hatte, beim Kardinal in dessen Schloß Fleury (südlich von Paris gelegen) und berichtete, daß die Verschwörer ihn schon am nächsten Tage bei einem Besuch Gastons in Fleury ermorden wollten. Noch am Abend desselben Tages eilte der Bedrohte nach dem benachbarten Königsschloß Fontainebleau. Dort beschämte er Gaston durch diskrete Behandlung der für diesen sehr peinlich gewordenen Angelegenheit und überzeugte den König davon, daß man Ludwig XIII. meine, wenn man den Minister ermorden wolle. Entsprechend hat sich Ludwig von nun an verhalten. Richelieu erhielt sofort eine Leibgarde, und der Ministerrat wurde seinen Wünschen gemäß umgebildet.

Einem Aufstand seiner Halbbrüder, der beiden Vendômes, kam Ludwig zuvor, indem er sie nach Blois an seinen Hof lockte und dort verhaften ließ. Die Nerven seines Kabinettschefs hielten diesen Belastungen nicht stand, in zwei Briefen bat er nachdrücklich um seine Entlassung. Davon wollte der König aber durchaus nichts wissen. Er antwortete mit einer langen Botschaft, in der klar ausgesprochen wurde: »Ich habe volles Vertrauen zu Ihnen und niemals jemanden gefunden, der mir so zu meiner Zufriedenheit gedient hat wie Sie ... Ich bitte Sie, keine Verleumdungen zu fürchten; ... seien Sie versichert, daß ich Sie gegen jedermann, wer es auch sei, schützen und Sie niemals fallenlassen werde. ... Sie selbst sind es, der immer zurückhaltend blieb aus Furcht vor Veränderungen. Doch die Zeit ist vorbei, über alles nachzudenken ...: *Es genügt, wenn ich es will.*«

Gestützt auf einen solchen Freibrief hätte Richelieu wesentlich autoritärer regieren können, als er es in den nächsten vier Jahren tat. Er wußte nicht, wie zuverlässig der Monarch ein Versprechen hielt, wenn er davon überzeugt war, daß es das Wohl seines Staates verlangte. Die nächsten Verwandten, Gaston und Condé, stellten ihr persönliches Interesse ja höchst wetterwendisch über das des Staates. Als nun jedoch Condé, der die »Gnade« des Königs noch immer nicht wiedererlangt hatte, dem Kardinal ziemlich unerwartet ein Bündnis auf lange Sicht anbot, ging dieser hocherfreut darauf ein. Er war bereit und in den kommenden Jahren stets in der Lage, die »Treue« dieses habgierigen und grausamen Fürsten großzügig zu honorieren.

Inzwischen hatte Gaston die Verhaftung seiner Halbbrüder übelgenommen. Alexandre Vendôme, Großprior des Malteserordens, war sein Freund. Chalais, wieder ganz im Banne der Chevreuse, hatte sein Gelöbnis strikter Loyalität schnell vergessen und bemühte sich, den Prinzen für die noch immer schwelende Verschwörung zu gewinnen. Als Ludwig XIII. den Marschall d'Ornano strenger bewachen ließ, anstatt ihn freizulassen, zeigte sich der enttäuschte und moralisch haltlose Bruder geneigt, die Umsturzpläne zumindest kennenzulernen. Chalais verdoppelte seinen Eifer und genoß die Verschwörerrolle »im Dienste seiner Herrin« sehr.

Anfang Juli 1626 traf der königliche Hof in Nantes ein. Der König präsidierte dort der Ständeversammlung und veranlaßte, daß der Herzog von Vendôme das Gouvernement der Bretagne verlor. In Nantes erschien ganz überraschend Roger de Gramont, Graf von Louvigny, bei Richelieu, um sich dafür zu rächen, daß die Chevreuse seine Liebeserklärungen ignorierte und den Marquis de Chalais ihm vorzog. Er verriet dem Kardinal das ganze Ausmaß der Verschwörung, erwähnte auch den Plan einer künftigen Ehe Gastons mit der Königin Anna und deutete an, daß die dafür erforderliche Witwenschaft Annas es unvermeidlich erscheinen lasse, Ludwig XIII. zu ermorden.

Richelieu zögerte nicht, den König so zu informieren, daß dieser fest an ein Komplott seiner Frau mit seinem Bruder glaubte. Davon ist Ludwig überzeugt geblieben, obwohl es niemals einen stichhaltigen Beweis gegeben hat. Chalais, der sich durch unvorsichtiges Verhalten am stärksten kompromittiert hatte, kam in Haft und lieferte seinen Richtern Aussagen, die sich so interpretieren ließen, wie der Kardinal es für zweckmäßig hielt. Der schwatzhafte Gaston erzählte seinem Bruder und der Mutter – andere Untersuchungsrichter gab es für den Thronfolger noch nicht – »belanglose Sachen«, die neben der Königin auch Frau von Chevreuse, die Herzöge von Vendôme und Epernon sowie Chalais als Mitwisser belasteten.

Eine Verschwörung gegen den Staat, den er über alle Staaten Europas erhöhen wollte, mag der »Staatskardinal« wohl schon immer für ein todeswürdiges Verbrechen gehalten haben. Der Scharfrichter war bisher nur deshalb noch niemals in Aktion getreten, weil gegen hohe Herren weder ein Bauer noch der König im landläufigen Sinne ein Recht einklagen konnte. Der international versippte Hochadel stand stets mit Rache drohend hinter den Seinen. Diesmal wollte Richelieu dem Hochadel aber zumindest einmal das Richtschwert *zeigen*. Sein vergleichsweise unschuldiges Opfer war Chalais, als Angehöriger der Familie Talleyrand-Périgord von sehr hoher, aber nicht *zu* hoher Abstammung. Mit juristisch höchst fragwürdigen Mitteln kam in Nantes eine Verurteilung zustande, und mit ebenso bedenklichen Mitteln sorgte der Kardinal dafür, daß der König eine Begnadigung verweigerte.

Gaston ließ den Scharfrichter entführen und floh aus der Stadt. Ein zum Tode Verurteilter wurde dafür begnadigt, daß er als Ersatzscharfrichter fungierte. Mit dreißig Schwertschlägen quälte der Ungeübte sein Opfer, dem dann schließlich mit einem Küfermesser der Kopf abgetrennt werden mußte. Auf diese Weise ließ sich eine Hydra nicht besiegen! Zahllose Zuschauer bedauerten Chalais, und die Verschwörer schüchterte dieses Verfahren keineswegs ein. Doch nach einigen Jahren mußte der erste Herr aus dem Hochadel seinen Kopf auf den Richtbock legen. Richelieu setzte sein Programm konsequenter Stärkung der königlichen Zentralgewalt unerbittlich durch.

Seit dem empörenden Schauspiel auf dem Marktplatz von Nantes war und blieb er unpopulär, bald wurde er allgemein verhaßt. Auf Wunsch des Königs hielt er sich eine Leibgarde von zunächst dreißig Mann, die nach und nach, besonders seit 1631, erheblich vergrößert wurde. Erst die prächtig ausgestatteten adligen Gardisten des reichen Herzogs im Kardinalspurpur wurden wohl gelegentlich mit den berühmten Musketieren des Königs, die der gleichen sozialen Schicht entstammten, in Rivalitätskämpfe verwickelt, wie sie Alexandre Dumas ersonnen hat.

Zwischen dem alten Adel und dem jungen Bürgertum

Die Ergebnisse langer Beratungen der Generalstände von 1614/15 hatten deutlich gezeigt, daß der Erste wie der Zweite Stand und mit ihnen die Hofclique um die Regentin Maria nicht bereit gewesen waren, sich ihre Privilegien zugunsten des Dritten Standes schmälern zu lassen. Weder hinsichtlich der Bewertung des neuen Beamtenadels noch bei Forderungen nach Gewerbefreiheit und steuerlicher Entlastung hatte es Zugeständnisse gegeben.

Der Angriff des Zweiten Standes auf die Käuflichkeit und die Vererbbarkeit königlicher Finanz- und Justizämter hatte allerdings keinen Erfolg gehabt. Solange die Geburt eines Franzosen seinen »Stand« bestimmte, würden die Enkel der Aufsteiger aus dem Bürgertum weiterhin versuchen, über den Beamtenadel in den Geburtsadel zu gelangen. War nicht der Enkel der Françoise von Rochechouart gleichzeitig der Enkel des Advokaten La Porte? Der »Staatskardinal« hatte keineswegs die Absicht, die Vorrechte seines Geburtsstandes zu beschneiden; er wollte ihn nur so reformieren, daß er einem zentralistischen Nationalstaat in wohlverstandenem Eigeninteresse nützte, anstatt ihm durch permanente Rebellion zu schaden.

Um den Adel vor Armut zu schützen, unter der die Familie du Plessis de Richelieu so sehr gelitten hatte, schlug er vor, daß seine Standesgenossen Handel treiben dürften, ohne dadurch ihren Rang zu verlieren. Überhaupt sollte die Wertschätzung produktiver Arbeit in allen Bereichen erhöht werden. Dieser Priester nahm sogar Anstoß an der zunehmenden Zahl der Klöster und der darin lebenden Müßiggänger! Überall suchte er ein möglichst gerechtes Verhältnis herzustellen »zwischen dem, was der Fürst seinen Untertanen abnimmt, und dem, was sie ihm geben können, ohne dadurch in Schwierigkeiten zu geraten oder sich gar zu ruinieren«. Nachdem Mitarbeiter seine ersten Notizen und Entwürfe ausgearbeitet und in ein System gebracht hatten, galt es, soviel wie möglich davon zu verwirklichen.

Bereits 1625 wurden drei – ältere Bemühungen aufgreifende – Edikte erlassen, mit denen Richelieu »Freiheiten« des Adels bekämpfen wollte, die er als besonders gefährliche Mißstände betrachtete: 1. Übertriebener Luxus in der Kleidung, der zum Schuldenmachen verleitete, wurde verboten. 2. Gegen Duellanten sollte ausnahmslos die Todesstrafe verhängt werden. 3. Alle Burgen des Adels, die nicht der Verteidigung der Landesgrenzen dienten, waren zu zerstören. Wenn alle Stützpunkte feudaler Selbstherrlichkeit in Trümmer sanken, verloren auch die Hugenotten den militärischen Rückhalt für ihren »Staat im Staate«. Es war nun die Frage, ob die hochmütige Klasse der »Gebürtigen« sich loyal zum zentralistischen Königtum bekennen oder ob sie versuchen würde, weiterhin in ihren Herrschaftsgebieten im Widerstand zu verharren.

Im folgenden Jahre, nach dem Friedensvertrag von Monçon, sollte eine Versammlung aller Notabeln des Reiches, die Generalstände im Kleinformat, die Reformvorschläge beraten und Beschlüsse fassen. Ohne seine vielen aktuellen Aufgaben dabei aus dem Auge zu verlieren, verfolgte der Kardinal gespannt diese Beratungen, nachdem er die Eröffnungsrede gehalten hatte. Er sprach darin von einem »Chaos der Angelegenheiten«, aus dem der König befreit zu werden wünsche. In seinem Namen zählte der Großsiegelbewahrer Marillac, dessen Loyalität damals noch nicht schwankte, die schlimmsten Mißstände auf. Das Hauptdilemma bestand darin, daß die Aufgaben des Staates jährlich Ausgaben in Höhe von vierzig Millionen Livres erforderten, während die Einnahmen nur sechzehn Millionen betrugen, von denen der dritte Teil sogleich in den Taschen königlicher Pensionäre verschwand!

Einige der von Richelieu vorgeschlagenen Sparmaßnahmen betrafen Pfründen der Grandseigneurs (Admiralitätshoheit und Amt des Konnetabels), deren Abschaffung die Autorität des Königs stärkte. Das Verbot von Schmähschriften und eine Neuregelung des Bildungswesens, bei dem ein Wettstreit zwischen den (gallikanischen) Universitäten und den Schulen der Jesuiten vorgesehen war, diente demselben Ziel. Die Bestimmungen des Konzils von Trient sollten nun zwar vollständig übernommen werden, doch neben der ultramontanen Formel »Widerstand gegen das Ketzertum« stand die gallikanische Forderung »Gehorsam dem König«. Auch hier galt also das Prinzip friedlichen Wettbewerbs als Regierungsmaxime.

Wie sehr die Förderung von Schiffahrt und Handel dem leitenden Minister am Herzen lag, klang aus seinem persönlichen Appell an die Notabeln, »Frankreich durch seine Schiffahrt den alten Glanz zurückzugeben«. Auf der Höhe seiner Macht ist er noch recht eindrucksvoll auf dieses Thema zurückgekommen; doch allein schon die Kosten für fünfundvierzig Kriegsschiffe und ihre Besatzungen, die zur Abwehr eines englischen Angriffs unerläßlich schienen, erforderten sofort so gewaltige Ausgaben, daß andere Pläne, die auf eine beträchtliche Erleichterung der Steuerlasten abzielten, von vornherein illusorisch erschienen. Der Kardinal hatte angekündigt, daß eine breite Entwicklung von Handel und Gewerbe Frankreich geradezu paradiesische Perspektiven eröffne – jedoch unter der Voraussetzung, daß dem Lande der Friede *sechs Jahre lang* erhalten bleibe. Er hatte die Delegierten beschworen: »Der König wünscht, daß die Versammlung eine sichere und wirksame Regelung der Abgaben ermittelt, bei der die jetzt am stärksten belasteten Armen entlastet werden.« Dann hätte er allerdings den Inhabern der großen Vermögen (nicht zuletzt der Kirche) Sonderabgaben zumuten müssen; doch er merkte schnell, daß er hier auf eine unüberwindliche Mauer stieß. Die beiden privilegierten Stände hätten ihn und den König hinweggefegt und Gaston auf den Thron gesetzt, wenn versucht worden wäre, so »utopische« Vorstellungen zu verwirklichen.

In dem durch die Kriegsgefahr zugespitzten Interessenkonflikt zwischen dem Adel und einem mehrschichtigen Bürgertum sowie den Massen der Handwerker, Tagelöhner und Bauern, die damals »das Volk« repräsentierten, mußte Richelieu sich gegen die Interessen der Steuern zahlenden Bevölkerung entscheiden. Die erdrückenden Ausgaben für Heer und Marine sollten zu einem Drittel von der Staatskasse, zu zwei Dritteln von den Provinzen aufgebracht werden. Da die Steuerveranlagungen in den Provinzen von Adel und Geistlichkeit vorgenommen wurden, war damit die Verteilung der Lasten auf das Volk vorprogrammiert. Mit der akuten Bedrohung durch einen neuen, von außen unterstützten Bürgerkrieg kündigten sich schlimme Zeiten an. Die unbarmherzige Diktatur des Kardinals verlangte dem bereits verarmten, an Naturschätzen jedoch reichen Land das Äußerste an Opfern ab. Der französische Historiker Michelet hat diese Regierungsweise als eine »Diktatur der Verzweiflung« bezeichnet. Richelieus Erfahrungen mit der Notabelnversammlung haben viel dazu beigetragen, daß er nach deren Schlußsitzung am 24. Februar 1627 nur noch mit der Autorität regierte, die ihm der eindeutig bekundete Wille des Königs verlieh.

Diese Autorität hat damals noch nicht das Gewicht gehabt, das sie nach 1631 erreichte. Die Königinmutter mischte sich noch oft in

Entscheidungen des Königs ein, und dieser konnte sein Mißtrauen gegen den ungeliebten Minister nicht so schnell überwinden. Täglich wurden Briefe gewechselt, denn Ludwig XIII. kontrollierte die Regierungsgeschäfte bis ins kleinste Detail. Nicht immer stand unter oder neben dem Vorschlag des Ministers in roter Schrift: »Mir erscheint das oben dargestellte völlig angebracht.«

Wenn dem König zu Ohren kam, man tuschele hinter seinem Rükken, er sei nur das Werkzeug seines Ministers, so reagierte er sehr gereizt. Dann schrie er den Kardinal wohl an: »Gehen Sie nur voran, denn man sagt ja, daß Sie der wahre König sind!« In einem solchen Falle hat Richelieu einmal einen Leuchter ergriffen und geantwortet: »Gewiß, Sire, um Ihnen zu leuchten.« Stets blieb Ludwig bei seinem Grundsatz, daß der Minister vor seiner Ungnade zittern müsse, da er sonst übermächtig werde. Dagegen hatte dieser nur eine einzige, aber stets wirksame Waffe: das Rücktrittsgesuch. Davor hat der König immer kapituliert. Gleich darauf hat er seinem geängstigten »zweiten Ich« wieder mit einem Stirnrunzeln den Schlaf geraubt. In wirklichen Krisen hielten aber beide fest zueinander, kompensierten ihre Schwächen und potenzierten ihre Stärken. Solche Bewährungen waren im Jahre 1627 schon bald vonnöten.

Der Kampf um La Rochelle

Aus den für Frankreich so dringend nötigen sechs Friedensjahren konnte nichts werden; der Kardinal richtete sich auf einen Krieg mit England ein. Solange wie irgend möglich wollte er aber sein Lieblingsprojekt, eine Gesellschaft für Überseehandel, fördern. Sein bester Mitarbeiter wurde auch auf diesem Gebiet Pater Joseph. Von ihm ausgewählte Kapuzinermissionare fungierten an den Küsten des Mittelmeeres gleichzeitig als »Handelsattachés« für die (davon manchmal wenig erbauten) französischen Botschafter, vor allem in den Levanteländern. Englische und holländische Konkurrenz wurde erfolgreich bekämpft.

Der Schwerpunkt lukrativer Handelsbeziehungen sollte jedoch auf »Neu-Frankreich«, dem 1608 von Franzosen »entdeckten« Kanada liegen, dessen Reichtum an Pelzen und Fischen noch längst nicht genügend Einwanderer angelockt hatte. Es war außerordentlich schwierig, eine gesamtfranzösische Handelsgesellschaft zu gründen. Die Städte der Bretagne, vor allem Nantes, bestanden eifersüchtig auf Eigenständigkeit. Als 1628 endlich unter recht rühriger Beteiligung der verwitweten Frau von Combalet, Richelieus Nichte, die »Compagnie von Neu-Frankreich« zustande kam, überwogen religiöse, missionarische Interessen. »Ketzer« sollten von der Besiedlung ausgeschlossen werden.

So waren zwar die Hafenstädte Bordeaux, Rouen, Dieppe, Calais und Le Havre in der Gesellschaft vertreten, nicht aber La Rochelle, die bedeutendste, schönste und reichste Hafenstadt von ganz Frankreich. Der französische Wirtschaftshistoriker Henri Hauser hat darauf hingewiesen, daß diesem Hafen, der die beiden wichtigsten Produkte für den Handel im Nord- und Ostseebereich, Wein und Salz, dazu Kabeljau und Pelzwaren aus Neu-Frankreich sowie den Handel mit der iberischen Halbinsel vermittelte, eine Schlüsselstellung im Wirtschaftssystem des Kardinals zukommen mußte. Doch die Rochelaiser bestanden hochmütig auf der wirtschaftlichen und politischen Unabhängigkeit ihrer Kaufmannsrepublik. Sogar einen sehr vorteilhaften und ehrenvollen Platz im Überseehandel eines *geeinten* Frankreich lehnten sie entschieden ab.

Eine solche Herausforderung konnte Richelieu nicht auf längere Sicht hinnehmen. Er ließ die dem Hafen vorgelagerten Inseln Ré und Cléron noch stärker befestigen, sandte einen der fähigsten Marschälle, Ludwigs Freund Toiras, mit Truppen ins »Krisengebiet«, ohne die Klauseln des erst 1626 geschlossenen Vertrages zu beachten. Im übrigen vermied er sorgfältig eindeutige Kriegshandlungen.

Zum Krieg war aber Buckingham offensichtlich bereit. Um die leeren Kassen seines Königs zu füllen, begann er einen Kaperkrieg gegen französische Handelsschiffe. Das Parlament hatte, bevor es sich auf Befehl des Königs für unbestimmte Zeit vertagte, alle Steuererhebungen unterbunden. So mußte König Karl sogar sein Tafelsilber verkaufen; andere Geldquellen suchte er vergeblich zu erschließen. Matrosen und Soldaten wurden gewaltsam »geworben«. Doch am 27. Juni 1627 verließ eine stattliche Flotte den Hafen von Portsmouth mit Kurs auf La Rochelle. Buckingham hatte sich ohne ausreichende militärische und nautische Kenntnisse zum Großadmiral und Oberbefehlshaber aller Streitkräfte ernennen lassen. Am Mast seines Flagg-

George Villiers,
Herzog von
Buckingham.
Handzeichnung
von Rubens

schiffes wehten die Farben Schwarz und Gelb: das persönliche Banner der Königin von Frankreich!

König Ludwig war gerade während dieser dramatischen Zuspitzung des unerklärten Krieges mit England sehr schwer erkrankt. Bis zum 15. September bestand infolge mehrerer Rückfälle öfters akute Lebensgefahr. Zum erstenmal erlebte der Minister nun die enge Verbindung seines Schicksals mit dem seines Herrn auf besonders quälende Weise; denn inzwischen war die englische Flotte vor La Rochelle angelangt, und wenn sich die Rochelaiser zu einem offenen Bündnis mit dem Feinde Frankreichs entschlossen, mußten schnell Entscheidungen von noch unübersehbarer Tragweite getroffen werden.

Buckinghams Flotte operierte vor der Küste erstaunlicherweise nach einem Plan, der nicht gerade kühn zu nennen war. Der Herzog wollte die beiden befestigten Inseln erobern und dann – im Besitz gewichtiger Faustpfänder – König Ludwig Verhandlungen anbieten. Die vorsichtigen Bürger weigerten sich jedoch, den englischen Schiffen ihren Hafen zu öffnen, um Richelieu keinen Anlaß zum Generalangriff auf ihre Stadt zu geben. Während sich Toiras nur mit großer Mühe in seinen Befestigungen auf der Insel Ré hielt, damit aber Buckinghams Plan vereiteln konnte, zog eine größere französische Armee unter dem Befehl des Herzogs von Angoulême drohend vor die Stadt.

Noch immer siegesgewiß, versprach der liebeskranke Verehrer der Königin Anna ihrem Gatten dennoch, die englische Kriegsflotte heimwärts zu führen, wenn er als Botschafter nach Paris kommen dürfe! Er war tief enttäuscht, als sein Unterhändler eine strikte Ablehnung des unglaublichen Angebots überbrachte. Der Herzog von Buckingham blieb dazu verurteilt, in seiner Kabine ein von brennenden Kerzen umrahmtes Bild der Königin Anna – wie es ein verblüffter Besucher beschrieben hat – »anzubeten«.

Kaum war die Kunde von der Absage an den Engländer und der damit verbundenen Verschärfung des Krieges zu den Vorstehern der Bürgerschaft von La Rochelle gelangt, da beeilten sich diese zu geloben, hugenottische Rebellen nicht unterstützen zu wollen, wenn der König auf sein ihren Hafen bedrohendes Fort verzichte. Der Kardinal war jetzt aber fest entschlossen, die Hugenotten ein für alle Male zu entwaffnen, selbst wenn dabei Frankreichs schönste Hafenstadt zerstört werden müßte.

Maria von Medici und ihre Parteigänger stimmten diesem Plan begeistert zu, da sie sich davon die »Ausrottung der hugenottischen Ketzerei« versprachen. Die Grandseigneurs lehnten ihn ab. Sie wollten diesen Stützpunkt für künftige eigene Revolten nutzen und trugen deshalb alle möglichen Bedenken vor. Der König blieb lange unentschlossen, bis schließlich Richelieu wagte, ihm die Rolle seiner

Frau als »schöne Helena« so deutlich vor Augen zu führen, daß er wütend befahl, dieses »zweite Troja« so schnell wie möglich zu erobern. Nun verbündeten sich die Rochelaiser schleunigst mit England, denn wenn die Versorgung ihrer Stadt von See her gesichert war, hatten Angreifer auf der Landseite nach allgemeiner Überzeugung keine Chance.

Bevor der Kardinal seinen König veranlaßte, eine so schwierige, wenn nicht gar aussichtslose Belagerung zu beginnen, hatte er sich der Mitarbeit Pater Josephs vergewissert. Bereits unmittelbar nach der Berufung zum Vorsitzenden des Ministerrates hatte er den Provinzial der Kapuziner gebeten, diesen Ordensbruder von allen anderen Pflichten zu entbinden. Wie würde sich sein wichtigster Mitarbeiter verhalten, wenn er merkte, daß in La Rochelle gar nicht Ketzer, sondern nur Feinde des königlichen Absolutismus bekämpft wurden? Würde er dann auch ihn verlieren, wie er gerade jetzt den zweiten der wichtigsten Ratgeber, Fancan, verlor?

Um in den Besitz der Macht zu gelangen, hatte Richelieu *alle* seine Verbündeten über sein Fernziel im unklaren gelassen und sie allesamt betrogen, während der einzige, den er nicht betrog, der König, ihm bis zum Vertrag von Monçon als einziger mißtraute. Nun bekundeten ihm die Königinmutter und ihre »Frommen« wieder neues Vertrauen, da Pater Joseph die Ketzerbekämpfung vor La Rochelle persönlich zu kontrollieren schien. Gleichzeitig wurde aber der Bruch mit den Gallikanern, die den inneren Frieden erhalten wollten, unvermeidlich. Der Kardinal scheute nicht davor zurück, seinen heimlichen Helfer Fancan, der den Ultramontanen besonders verhaßt war, zu opfern. Er ließ ihn unter dem Vorwand »verräterischer Machenschaften« mitsamt seinen beiden Brüdern verhaften und ohne Gerichtsverfahren in die Bastille werfen, wo sein verzweifelter Propagandist bald darauf starb.

Inzwischen erforderte das Verhalten der Prinzen Gaston und Condé wieder Richelieus besondere Aufmerksamkeit. Gaston hatte das Fräulein von Montpensier geheiratet und war zum Herzog von Orléans ernannt worden. Seine junge Frau verkündete schon bald stolz bei Hofe, sie werde demnächst »den Thronerben« zur Welt bringen. Das kinderlose Königspaar geriet in große Sorge. Um so größer war die Erleichterung, als im Mai 1627 ein Mädchen geboren wurde. Die Mutter starb im Kindbett. Der leichtsinnige und frivole Gaston verlangte den Oberbefehl vor La Rochelle, erhielt ihn vom zunächst widerstrebenden König und hatte bald einen überraschenden Erfolg: Er konnte durch ein kühnes Unternehmen die englische Blockade durchbrechen und die hungernden Verteidiger von Ré versorgen lassen. Doch dann übernahm der König persönlich den Oberbefehl, und Gaston fühlte sich um seinen »Ruhm« betrogen.

Condé, Ehemann der Charlotte von Montmorency, war wider Willen in eine dramatische Machtprobe des Adels mit dem König und dessen »zweitem Ich« verwickelt. Ein wegen zahlloser Duellaffären zunächst nur verbannter Verwandter der überaus mächtigen Montmorencys war ohne Erlaubnis zurückgekehrt und nach einem provokativen neuen Duell zum Tode verurteilt und hingerichtet worden. Dieser »ungeheure Affront gegen den ganzen Adel« mußte eigentlich auch Condé zum Bruch mit dem verantwortlichen Minister nötigen; um so mehr erfreute es den Kardinal, daß der Prinz ihn unaufgefordert seiner Treue versicherte. Er wurde unverzüglich ins Languedoc entsandt, wo er mit gewohnter Grausamkeit unter den Hugenotten wütete und Rohan daran hinderte, mit einer Hugenottenarmee in den Kampf um La Rochelle einzugreifen.

Nachdem Buckingham hatte hinnehmen müssen, daß die schon zur Kapitulation bereite Besatzung von Ré in letzter Stunde mit Lebensmitteln und Munition versorgt worden war, gab er den Kampf auf und zog nach einem riskanten Rückzugsgefecht mit seiner Flotte ab. Unterwegs begegnete er den Schiffen, die Lord Holland – zu spät – mit Nachschub aus England heranführte. König Ludwig, der seit dem 10. Oktober im Hauptquartier vor La Rochelle residierte, hatte eine gewichtige Vorentscheidung gewonnen, als die englische Flotte am 8. November sieglos heimgekehrt war.

Eine zweite wichtige Vorentscheidung fiel, als es Richelieu bald darauf gelang, Lord Montagu, einen von der Chevreuse entsandten Unterhändler, für eine neue, weitreichende Verschwörung, aus lothringischem Hoheitsgebiet entführen zu lassen. Aus Schriftstücken, die man bei ihm fand, ging hervor, daß die »Circe« nicht nur Buckinghams fehlgeschlagenes Abenteuer, sondern auch die zweideutige Haltung Spaniens in diesem angeblichen Kampf gegen Ketzer inspiriert hatte. Eine von Spanien zugesicherte Hilfsflotte war nicht vor La Rochelle erschienen; dagegen stellte sich heraus, daß Spanien versucht hatte, den Kaiser im Verein mit Lothringen gegen Frankreich zu hetzen. Die Soissons (Bourbonen), der Herzog von Savoyen sowie Rohan sollten sich der allgemeinen Invasion nach Frankreich anschließen. Nun konnte Richelieu seine Gegenmaßnahmen treffen.

Ende November übernahm der in einen Generalissimus verwandelte Kirchenfürst die Leitung des gewaltigen Belagerungsunternehmens, das die Zeitgenossen faszinierte, weil es die Zukunft Frankreichs entscheidend mitbestimmen mußte. Er fragte:»Soll es weiterhin einen Staat im Staate geben, einen ständigen Verbündeten des feindlichen Auslandes, eine offene Stelle in der Flanke des Staatsgebietes?« Daß diese Frage nicht nur der König, sondern auch Pater Joseph entschieden mit nein beantwortete, mußte ihm fürs erste genügen. Alle Marschälle, der Herzog von Angoulême, Schomberg, Bassompierre und Marillac hatten heimliche Vorbehalte. Für Richelieu vernehmlich soll Bassompierre einmal gemurmelt haben:»Wir vom Adel wären ja dumm, wenn wir La Rochelle erobern würden!«

Gaston, der noch eine Weile dem Oberbefehl nachgetrauert hatte, zog sich Ende November schmollend und auf Rache sinnend nach Paris zurück. Im »Generalstab« befanden sich übrigens auch noch kriegerische Prälaten: Kardinal La Valette, Erzbischof Sourdis von Bordeaux und andere Anhänger von »Eminentissime«. (Diese höchste Steigerungsform der allen Kardinälen zustehenden Anrede »Eminenz« wurde fortan für *den einen* Kardinal an der Staatsspitze gebraucht.)

Eminentissime (der »Allererhabenste«) hatte alle Finanzmittel des Staates für dieses entscheidende Unternehmen mobilisiert. Sogar dem Klerus hatte er eine Million Livres abgerungen und auch sein gesamtes Privatvermögen für die Kriegsvorbereitungen zur Verfügung gestellt. Vor den Mauern und Wällen von La Rochelle entstand nun eine riesige Belagerungsstadt für etwa dreißigtausend Soldaten, mit Wällen und Türmen versehen. Von der See aber sollte der Hafen durch einen Damm abgeschnitten werden. An diesem sensationellen Bauwerk arbeitete sogar der König gelegentlich voller Begeisterung mit. Die Spanier hatten endlich eine Flotte geschickt, die jedoch nichts unternahm. Ihr berühmtester Feldherr, der »Städtebezwinger« Spinola – er hatte erst vor kurzem den Niederländern ihre Festung Breda weggenommen –, kam und gab Ratschläge. Anfang Januar 1628 wurden zweihundert mit Ballast beladene Schiffe vor der Hafeneinfahrt versenkt, die den Zugang blockierten. Doch die Bürger hielten sich noch immer für unbesiegbar, und es kamen Tage, an denen außer dem Kardinal selbst niemand an seinen Sieg glaubte.

Ganz unerwartet erhielt Richelieu von seinem Staatssekretär Claude Bouthillier aus Paris die Nachricht, daß die als Regentin eingesetzte Königinmutter sozusagen über Nacht zu seiner Feindin geworden sei, obwohl die politisch-militärische Entwicklung doch gewiß keinen Anlaß dafür bot. Zwei Hofdamen, die den Kardinal glühend haßten, hätten ihr eingeredet, daß »ihr Liebling« absichtlich sich selbst und ihren Sohn von ihr fernhalte. Das allein genügte, die Position des Verleumdeten aufs äußerste zu gefährden. Als kurz darauf Ludwigs Leibarzt starb und der infolge ständiger Überanstrengung wieder erkrankte König sich entschloß, in Versailles Ruhe und Erholung zu suchen, glaubte der in Panik geratene »Oberbefehlshaber« trotz der unabsehbaren militärischen Konsequenzen, ihn begleiten zu müssen. Der Einfluß der Mutter auf Ludwig XIII. war ja noch immer überaus stark.

Da war es Pater Joseph, der als energischer Beichtvater Eminentissime an die defätistischen Tendenzen der Marschälle erinnerte und ihm »befahl«, vor La Rochelle seine Pflicht zu tun. Ludwig erteilte sehr weitgehende Vollmachten, prophezeite aber säuerlich, die Marschälle würden Richelieu »nicht mehr gehorchen als einem Küchenjungen«. Da irrte er sich sehr. Sogar vom Krankenbett aus leitete dieser die militärischen Operationen so umsichtig, daß niemand an seiner Autorität zweifeln konnte, obwohl greifbare Erfolge auf sich warten ließen. In der Stadt übernahm ein neuer Bürgermeister mit großer Energie den Oberbefehl. Seine Gesandten handelten in London eine Art Schutzvertrag aus, der noch immer keinen endgültigen Bruch mit Ludwig XIII. bedeuten sollte.

Buckingham blieb darauf versessen, seine Niederlage vor La Rochelle zu rächen und als Sieger vor »seiner Dame« zu erscheinen. Da die Lords und die reichen Kaufleute im Parlament dafür jedoch kein Geld bewilligten, kam am 11. Mai 1628 sein Schwager, Lord Denbigh, mit einem ziemlich kümmerlichen Geschwader vor La Rochelle an. Er sah den unüberwindlichen Damm und die vorzüglich organisierte Belagerungsarmee, zögerte sieben Tage lang und segelte dann wieder nach England zurück.

Karl I. glaubte, diese Schande nicht ertragen zu können. Als sein

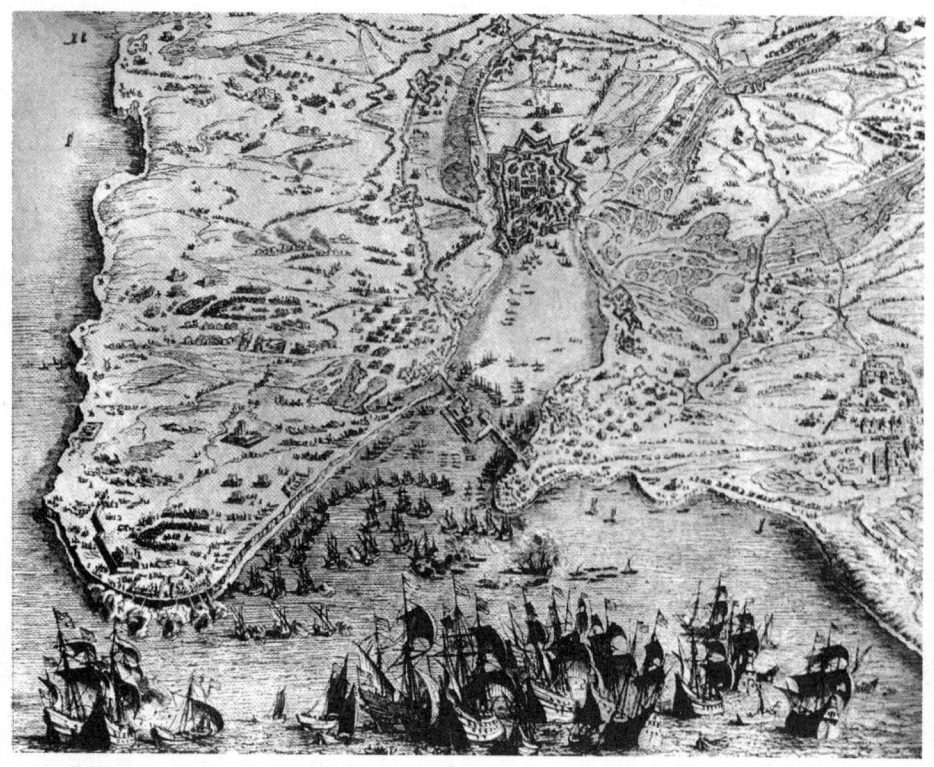

Die Belagerung von La Rochelle 1628

Favorit persönlich eine Delegation des Parlaments zu ihm führte, welche für ausreichende Kredite unerbittlich die Anerkennung grundlegender Menschenrechte verlangte, gab er schließlich nach, obwohl diese berühmt gewordene »Petition of Rights« mit einer absolutistischen Regierungsweise nicht zu vereinbaren war. Nun konnte Buckingham eine stattliche, reichlich mit Lebensmitteln versehene Flotte ausrüsten. Im Volke war man aber fest davon überzeugt, daß es »diesem Wahnsinnigen« nur um seine verbrecherische Liebe zur Königin Anna (mit der er jetzt heimlich korrespondierte) und nicht um Hilfe für protestantische Glaubensbrüder gehe. Am 23. August wurde er in Portsmouth ermordet.

Für Richelieu brachte der Tod des liebestollen Herzogs einerseits Erleichterung, da die englische Politik jetzt berechenbarer wurde; andererseits erinnerte ihn das Schicksal dieses Günstlings sehr an die Risiken der eigenen Position. Obwohl ihm der König seit seiner Rückkehr zur Armee Mitte April nicht mehr nur Respekt, sondern Freundschaft bezeigte, soweit der Standesunterschied das zuließ, und die gefährliche Eifersucht der Mediceerin durch einen geschickt formulierten Brief wieder einmal besänftigt worden war, mußte ein Scheitern der Belagerung vor La Rochelle doch unweigerlich seinen Sturz, seinen endgültigen Untergang bedeuten. Und nicht wenige wollten gar nicht so lange warten ... Ein Überfall auf sein einsam gelegenes Hauptquartier, den Freiwillige aus La Rochelle sorgfältig vorbereitet hatten, scheiterte nur an der Wachsamkeit der Gardisten, unter denen wie ein Berserker kämpfend plötzlich Pater Joseph, einem anderen Bericht zufolge der König selbst auftauchte.

Mitte September hatten Angriffe auf die Stadt noch immer keinen Erfolg gezeitigt, aber die Rochelaiser litten schrecklich unter der zunehmenden Hungersnot. Von 25 000 Einwohnern sollen in zwei Monaten etwa 15 000 Menschen verhungert sein. Der Bürgermeister sah sich genötigt, Verhandlungen aufzunehmen. Richelieu sicherte den Unterhändlern im Namen des Königs zu, daß allen Bürgern ihr Leben, ihr Besitz und ihr kalvinistischer Kultus garantiert seien, wenn die Stadt noch vor dem Eintreffen der Flotte, die Karl I. bald nach Bukkinghams Tod abgesandt hatte, kapitulieren werde.

Der zum Äußersten entschlossene Bürgermeister hatte aber nur Zeit gewinnen wollen. Am 20. September erschienen 114 Schiffe mit 5 300 Soldaten an Bord vor dem Sperrdamm, geführt vom Grafen Lindsey. Der Graf manövrierte geschickter als Denbigh, erreichte aber ebensowenig. Ein Artillerieduell wurde von beiden Seiten mit geradezu sportlichem Ehrgeiz und Todesverachtung betrieben. Doch als es nach einigen Tagen auf Lindseys Schiffen zu Meutereien kam, entschloß sich der Admiral, Verhandlungen aufzunehmen.

Als Unterhändler fungierte pikanterweise jener Lord Montagu, der aus Lothringen entführt, bald aber wieder freigelassen worden war. Da er die Beteiligung der Königin Anna an dem von der Chevreuse inszenierten Komplott geschickt vertuscht hatte, war damals ein großer Skandal vermieden worden; und nun wurde er von allen Beteiligten als seriöser Vermittler akzeptiert. Angesichts der gewaltigen Belagerungsmaschinerie, die ihm diskret vor Augen geführt wurde, hielt er die Kapitulation der Stadt für unvermeidlich. Der König ließ ihm aber sagen, daß damit keine Aufgabe für einen englischen Vermittler verbunden sei. Entmutigt eilte er nach London, um neue Instruktionen einzuholen.

Richelieu wollte die Kapitulationsverhandlungen noch vor Montagus Rückkehr abschließen. Vorher mußte er noch die Fanatiker im eigenen Lager, die harte Bedingungen forderten, durch den König zurückweisen lassen. Er dachte an die Zukunft, in der sich jetzt geübte Milde für Frankreich auszahlen sollte. Als am 27. Oktober sechs Abgesandte »wie Schatten lebendiger Menschen« zu Übergabeverhandlungen erschienen, verlangten sie von dem verblüfften Kardinal trotzig »einen Friedensvertrag, jedoch keinen Pardon und keine Gnade«. Ihre Privilegien und ihre Befestigungen sollten unangetastet bleiben. Nur für den Herzog von Soubise, der sich bei den Engländern befand, erbaten sie Gnade.

Wie auf ein sachlich wohlbegründetes Angebot antwortete der Generalissimus, er werde Seiner Majestät nach acht Tagen Vortrag darüber halten. Da rief einer der Delegierten entsetzt: »Warum denn erst nach acht Tagen, Monseigneur? Dann sind in La Rochelle auch die letzten verhungert!« Damit war die bedingungslose Kapitulation erreicht. Der Kardinal versprach noch einmal, was er den ersten Unterhändlern zugesichert hatte. »Normalerweise« wäre in der Stadt drei Tage lang nach Kriegsrecht geplündert worden. Am nächsten Morgen unterschrieben die Rochelaiser sehr erleichtert diese milden Bedingungen.

Um das neue Verhältnis der Stadt zu ihrem König von vornherein deutlich sichtbar zu machen, unterzeichneten von seiten der Staatsgewalt nicht etwa der Monarch oder sein Minister, sondern Truppenkommandeure, wie nach dem Abschluß einer Polizeiaktion. Bald darauf zog Ludwig XIII. mit überwältigendem Pomp in La Rochelle ein. Kurz vorher hatte Richelieu in Begleitung des Nuntius tief bewegt festgestellt, daß die Stadt »ganz voll von Toten war ... Die Seuche war nicht einmal schlimm, denn die ausgehungerten Körper vertrockneten eher, als sie verwesten.«

Der König ließ sofort Brot verteilen und schritt dann durch das Spalier der völlig entkräfteten Überlebenden zum Dom, wo sein Beichtvater, der Jesuit Suffren, den Dankgottesdienst zelebrierte. Der eigentliche Triumphator war der Kardinal. Er befahl, die mächtigen Festungsanlagen, vor denen noch immer die englische Flotte kreuzte, schleifen zu lassen. In der aller Privilegien beraubten offenen Stadt sollte ein Bischof residieren. Richelieu schlug dafür Pater Joseph vor. Dieser sollte gleichzeitig zum Kardinal ernannt werden. Doch der Mönch ließ sich nicht zur Annahme von Titeln bewegen, die ihm nichts bedeuteten. Er wollte eine »graue Eminenz« bleiben, zuständig für diplomatische Missionen, einen riesigen Spionageapparat, die Geheimpolizei und koloniale Unternehmungen. Als die vielen Kapuziner, die in der Lagerstadt eine fast klösterliche Disziplin durchgesetzt hatten, nun sogleich damit beginnen wollten, »die Ketzerei auszurotten«, wurde ihr Eifer nachdrücklich gebremst. Der Kardinal hielt sein Wort, die Kalvinisten durften als gehorsame Staatsbürger weiterhin »nach ihrer Façon selig werden«. Neuansiedlung von Protestanten wurde allerdings verboten.

Am 2. November kam Montagu aus London zurück. Nun gab es aber nichts mehr zu verhandeln. Eine Woche später erteilte Lindsey den Befehl zur Heimkehr, nachdem bei erfolglosen Unternehmungen zweiundzwanzig Schiffe verlorengegangen waren. Wenige Tage später zerstörte eine Sturmflut wie zum Hohn den Damm, der seinen Kanonen getrotzt hatte. Karl I., von seinem Dämon Buckingham befreit, verzichtete von nun an auf aktive Außenpolitik, was dem Lande die Beteiligung am Dreißigjährigen Krieg, ihm selbst aber nicht seine Hinrichtung am Ende der Englischen Revolution (1640–1649) ersparte.

Der erste Vorstoß nach Italien

Nach dem Triumph in La Rochelle war Richelieu keine Phase friedlicher Sammlung neuer Kräfte für sein Land und für sich selbst vergönnt. Alle nationalen und internationalen Probleme, die vor der entscheidenden Bewährungsprobe des französischen Königtums im Kampf mit den Nutznießern nationaler Zersplitterung hatten zurückstehen müssen, drängten jetzt heran, viel zu viele, als daß sie hier im einzelnen aufgezählt werden könnten. Jenseits des Rheins war Wallenstein wie ein Komet erschienen, der den Himmel des Hauses

Habsburg bis zu den Küsten der Ostsee erhellte. Dort wartete eine Riesenarbeit auf die Emissäre Pater Josephs. Die Zeit für ein militärisches Eingreifen Frankreichs war noch nicht gekommen. Aber die Verhältnisse in Norditalien, wo eine gefährliche Machtverschiebung zugunsten Spaniens unmittelbar drohte, erforderten sofortiges Handeln, und zwar mit allen zur Verfügung stehenden Mitteln.

Jeder Gedanke an diese Mittel mußte jedoch den leitenden Staatsmann Frankreichs in tiefe Verzweiflung stürzen. Die Notwendigkeit, immer mehr Geld aus einem verarmenden Volk zu pressen, um Söldner bezahlen zu können, die dann das Land – wie zur Zeit noch das Languedoc – verwüsteten, hatte schon seit 1624 zu einer nicht endenden Reihe von Volksaufständen (zuerst vor allem in einigen wichtigen Städten) geführt. Die Folge waren kostspielige »Polizeiaktionen«, die wiederum neue Aufstände hervorriefen. Woher nun das Geld für eine große Armee nehmen, die fähig war, im Winter einen Durchbruch durch versperrte Alpenpässe zu erzwingen und dann Casale, die bedeutendste Festungsstadt Norditaliens, in Besitz zu nehmen? Die Notwendigkeit dazu hatte sich während der Belagerung von La Rochelle ergeben.

Im Dezember 1627 war der letzte Herzog von Mantua und Markgraf von Montferrat aus dem Hause Gonzaga gestorben. Da er als Erben den Herzog von Nevers aus der französischen Seitenlinie des Hauses eingesetzt hatte, entstanden daraus zwangsläufig europäische Verwicklungen. Denn hier ging es um den Besitz der wichtigsten Festungen der Poebene, Mantua und Casale. Nevers übernahm unverzüglich die Herrschaft über Mantua, ohne den Einspruch des Kaisers, der beide Territorien als Reichslehen an sich ziehen und einem Anhänger Spaniens überlassen wollte, zu beachten; Montferrat besetzten der Herzog von Savoyen und (für Spanien) der Gouverneur von Mailand, um es aufzuteilen. Dabei leistete Casale jedoch Widerstand, so daß sich der Mailänder zu einer langwierigen Belagerung genötigt sah. Wenn das Haus Habsburg über Casale verfügte und mit Hilfe Savoyens neue Verbindungswege zum Rheintal gewann, so waren alle Bemühungen Richelieus um die Kontrolle des Veltlins vergeblich gewesen.

Sofort nach der Abreise von La Rochelle ließ der Kardinal das formal weiterbestehende Bündnis mit Spanien (das die Spanier nicht daran hinderte, die im Languedoc rebellierenden Hugenotten heimlich zu unterstützen) völlig außer acht und bereitete einen Winterfeldzug über die Alpen vor. Für Ludwig XIII. umriß er sein Programm mit zunächst noch unrealistisch anmutenden Terminen: »Wenn der König keine Zeit verliert, so wird er im Mai Italien befrieden und dann, wenn er mit seiner Armee durch das Languedoc zieht, im Juli Frankreich den Frieden geben und im August siegreich in Paris einziehen.«

Der König war schon vor seinem Minister nach Paris zurückgekehrt, wie ein Triumphator hatte er Einzug gehalten. Dort war er aber wieder unmittelbar dem Einfluß mächtiger Repräsentanten jener spanienfreundlichen, »gesamtkatholischen« Politik ausgesetzt, der Richelieu jetzt offen entgegentreten mußte. Gegen den Kardinal hatten sich nicht nur die katholischen Grandseigneurs verschworen, nicht nur ihre vielen Parteigänger, die ihre Privilegien ebenfalls bedroht sahen, sondern vor allem die Partei der um Frieden zwischen den katholischen Staaten bemühten Guten Christen. Maria von Medici stand beiden Gruppen gleich nahe.

Die Grandseigneurs setzten ihre größten Hoffnungen auf den Thronfolger Gaston, dessen Tatendrang schon wieder Stoff für neue Streitigkeiten im Herrscherhaus geliefert hatte. Der junge Witwer wollte Maria von Gonzaga-Nevers, die Tochter des neuen Herzogs von Mantua, heiraten, die Königinmutter war wegen einer alten Erbfeindschaft zwischen den Gonzaga und den Medici entschieden dagegen. Das drohende Zerwürfnis wollte Richelieu dadurch entschärfen, daß Gaston den Oberbefehl über die nun schleunigst aufzustellende Italienarmee bekam.

Im Kronrat, der sich am 26. Dezember 1628 mit der Rettungsaktion für Casale befaßte, sprachen sich Maria von Medici, der Großsiegelbewahrer Marillac und der 1626 zum Kardinal ernannte Bérulle »um des Friedens willen« so energisch gegen diesen Plan aus, daß Richelieu an das Ehrgefühl des Königs appellieren mußte, um das Unternehmen zu sichern. Er hoffte, der wankelmütige Prinz werde auf dem strapaziösen Feldzug Maria von Gonzaga vergessen; das würde dazu beitragen, die Königinmutter zu versöhnen; der König werde in Paris bleiben, und er selbst könne dann endlich einigermaßen ungestört die Regierungsgeschäfte leiten.

Plötzlich aufflammende Eifersucht des Königs auf den Bruder veranlaßte diesen jedoch am 3. Januar 1629, den Oberbefehl über die

Italienarmee selbst zu übernehmen. Das bedeutete: Der Minister mußte ihn begleiten, die übel gelaunte Königinmutter und der grollende Prinz Gaston konnten ungestört ihre Intrigen spinnen. Ein Fehltritt auf der mit Risiken gepflasterten Straße nach Casale würde den Initiator des Unternehmens in einen bodenlosen Abgrund stürzen lassen. Nach langem Grübeln beschloß der Kardinal, eine Aussprache mit dem König in Gegenwart seiner Mutter und des Beichtvaters Suffren, eines rastlosen Antreibers der spanischen Partei bei Hofe, zu verlangen, um mit einer Rücktrittsdrohung klare Verhältnisse zu schaffen.

Am 13. Januar unterbreitete er diesem erlauchten Publikum sein ganzes weitgespanntes, atemberaubendes Programm: Die Hugenotten sollten vollständig entwaffnet und als Unruhestifter ausgeschaltet werden, aber ebenso sollte der rebellische Hochadel, nicht anders als der niedere Adel, seinen Platz im geeinten, vom König mit absoluter Autorität regierten Staat akzeptieren müssen. Auch die Parlamente hätten sich der Zentralgewalt unterzuordnen. In der Außenpolitik dürfe Frankreich die Vormachtstellung Spaniens nicht länger hinnehmen. Von der Defensive sei so bald wie möglich zur Offensive überzugehen, zunächst auf den Meeren. Die Stadt Genf solle als »Außenposten Frankreichs«, Straßburg als Fernziel betrachtet werden, Saluzzo (im Grenzgebiet von Savoyen) müsse wieder französisch werden, ebenso ganz Navarra, Neuchâtel und die Freigrafschaft Burgund.

Dem König hielt er (als Priester) Charakterschwächen vor, die dabei allerdings wie Vorzüge erschienen. Mit sich selbst ging er selbstkritisch strenger ins Gericht. An die Königinmutter gewandt, mischte er wieder Kritik mit viel Schmeichelei. Das alles sollte nur auf die letzte dramatische Steigerung vorbereiten, das Rücktrittsgesuch. Da ein Schwächerer vielleicht (!) weniger durch Besorgnisse und Rücksichten gehemmt werde, könne er kühner handeln.

Ludwig XIII. antwortete, er werde über alles gründlich nachdenken, doch eines sei sogleich gesagt: Von einem Rücktritt wolle er nie wieder etwas hören! – Maria von Medici und Pater Suffren hielten es für klüger zu schweigen. Nach der Willensäußerung des Königs konnten sie nichts Gegenteiliges mehr vorbringen. Richelieu hatte bekommen, was er jetzt brauchte: Vollmacht zum Handeln. In diese Vollmacht war auch das Militärwesen einbezogen. Die einzelnen

Truppenteile wurden noch immer von Offizieren (officiers) aufgestellt, die ihr Amt (officium) als Unternehmer gekauft hatten und daher nicht abgesetzt werden konnten, doch das ganze Unternehmen mußte vom Staat finanziert werden. Immerhin standen dem König Ende Februar 1629 über 35 000 Mann sowie 3 000 Pferde und Maultiere zur Verfügung.

Bevor Ludwig XIII. sich zur Armee begab, setzte er im Rahmen eines feierlichen Gerichtstages seine Mutter wieder als Regentin ein, und bei dieser Gelegenheit verlieh er auch einem großen Gesetzeswerk formal Rechtskraft, das die gesamte Struktur der inneren Staatsverwaltung im Sinne Richelieus reformieren sollte. Da die Parlamente dieses Vorhaben jedoch boykottierten, blieb noch bis in die dreißiger Jahre hinein alles beim alten. Zunächst mußten alle Kräfte des Landes auf den Vorstoß nach Italien konzentriert werden, da wurden die Regierungsgeschäfte »unterwegs« schlecht und recht erledigt. Im Hauptquartier am Fuße der Cottischen Alpen erging am 27. Februar der Befehl zum Einfall nach Savoyen über die Straße von Susa. Seit Januar hatte Richelieu vergeblich versucht, vom Herzog Karl Emanuel das Durchmarschrecht zu erlangen. Der gerissene Savoyer wollte im Streit zwischen Frankreich und Spanien der lachende Dritte sein und hoffte, daß nach dem Fall von Casale seine Gewinnchancen erheblich steigen würden.

Der damals noch nicht zur Straße ausgebaute Paßweg über den 1 854 Meter hohen Mont Genèvre war im Winter für eine große Armee eigentlich unpassierbar. Auf verschneiten und vereisten Gebirgspfaden gelang das unmöglich Erscheinende dennoch, weil König und Minister ein begeisterndes Vorbild gaben und Pater Josephs Kapuziner überall anspornend predigten, ja sogar selbst in die Speichen steckengebliebener Kanonen griffen. Am 5. März, schon in der Nähe der Befestigungen am Engpaß vor der Stadt Susa, tauchte plötzlich ein Unterhändler Karl Emanuels auf. Er wurde mit seinen unrealistischen Forderungen von Richelieu nur ausgelacht. Ebenso unrealistisch erschien aber auch der Gedanke, die drei mächtigen Sperranlagen und das darüberliegende, mit 2 700 Elitesoldaten besetzte Fort Gelasse durch einen Frontalangriff bezwingen zu können.

In einer solchen Situation erwies sich die todesverachtende Tollkühnheit des Adels, die sonst in Duellen sinnlos verpuffte, als kriegsentscheidende Kraft. Der König selbst entdeckte auf einem Erkundungsgang einen Pfad, auf dem ausgesuchte Kämpfer hinter die Verteidigungsanlagen gelangen und deren Besatzungen im Rücken angreifen konnten. Beim alles entscheidenden Sturmangriff wollten der König und sein Minister – das Staatsoberhaupt und der Regierungschef! – es sich nicht nehmen lassen, Seite an Seite die Garderegimenter anzuführen. »Richelieu, der Vorläufer moderner Zeiten, ist zugleich der letzte Minister, der wie Erzbischof Turpin aus dem Rolandslied in den Streit zieht« (Philippe Erlanger).

Der von den Verteidigern nicht erwartete Frontalangriff wurde zu einem vollen Erfolg, Susa lag schutzlos vor den Franzosen, doch Ludwig XIII. verbot den Sturm auf die Stadt, »um die gewohnte Unordnung zu vermeiden, die sich bei der Plünderung der Städte ergibt und die vor allem die Ehre der Damen gefährdet«. Eine geplünderte und zerstörte Stadt wäre eine schlechte Kulisse für die glänzenden Ereignisse gewesen, die in Susa stattfinden sollten.

Als erster eilte Ludwigs Schwager, Karl Emanuels Sohn Viktor Amadeus, mit seiner Gattin herbei, die sich dem siegreichen Bruder theatralisch zu Füßen warf. Der Prinz von Piemont (Viktor Amadeus) unterzeichnete am 11. März den gewünschten Durchmarschvertrag und verpflichtete sich, beim Gouverneur von Mailand dafür einzutreten, daß die Belagerung von Casale ohne Krieg zwischen Frankreich und Spanien aufgehoben würde. Es fand sich auch ein Weg, die Verteidiger von Casale mit Lebensmitteln zu versorgen und ihren Willen zum Durchhalten damit entscheidend zu stärken. Die bereits vollzogene Aufteilung Montferrats unter die Räuber Spanien und Savoyen konnte aber nur rückgängig gemacht werden, wenn Karl Emanuel sich zu einem Bruch mit Spanien bequemte.

Erst am 5. April kam es in Susa zu Verhandlungen zwischen Richelieu und dem Herzog, von dem der Kardinal sagte, daß er »an Bosheit und Betriebsamkeit Luzifer übertrifft«. Bei der ersten Begegnung blieben beide bezeichnenderweise zu Pferde, die Rolle des Savoyers im Komplott der Chevreuse konnte und wollte der Kardinal nicht vergessen. Karl Emanuel zeigte sich nicht abgeneigt, einer von Frankreich, Venedig, dem neuen Herzog von Mantua (den er damit anerkannte) und Papst Urban VIII.(!) gegen Spanien zu bildenden Liga beizutreten, wenn – ja wenn Frankreich seine (gar nicht ernsthaft zu erörternden) territorialen Forderungen erfüllte. Er haßte Richelieu abgrundtief, weil dieser ihn nötigte, Farbe zu bekennen. Das

war nicht »sein Stil«, und mit der Durchtriebenheit eines Gebirgs-
bauern fand er immer wieder neue Ausflüchte, bis Ludwig XIII. persönlich eingriff und drohte, er werde kurzerhand nach Casale marschieren.

Das veranlaßte die Spanier, denen das geplante Bündnis mit Einbeziehung des Papstes Sorgen bereitete, die Belagerung von Casale in
der Nacht vom 15. zum 16. April heimlich abzubrechen und ihrem
Verbündeten zu raten, die »friedliche« Besetzung Casales durch eine
starke französische Garnison zu akzeptieren. So kam der »Vertrag
von Susa« zustande, der den Frieden in Norditalien zu sichern
schien. Marschall Toiras, der berühmte Verteidiger der Insel Ré, zog
an der Spitze von dreitausend Fußsoldaten und vierhundert Reitern
in Casale ein. Richelieu konnte sicher sein, daß diese Stadt gegen
einen erneuten spanischen Angriff ebenso tapfer verteidigt werden
würde, wie das Fort auf Ré gegen die Truppen Buckinghams verteidigt worden war.

Dieser Erfolg Richelieus wurde in ganz Europa als Sensation ersten Ranges empfunden. Gesandte mehrerer italienischer Staaten kamen nach Susa, um Ludwig XIII. ihre Aufwartung zu machen. Sie
bekundeten besonderen Respekt, weil Frankreich dem Haus Habsburg in dessen »ureigenster« Einflußsphäre erfolgreich Paroli geboten hatte. Der Kardinal hat uns Berichte seiner in Spanien tätigen
Agenten überliefert, denen zufolge ihm in Madrid so etwas wie
»sportliche Anerkennung« gezollt worden sei. Die Hofgesellschaft
habe ihn mit Hannibal oder sogar mit Spinola verglichen, während
König Philipp IV. in einem Kloster wahrscheinlich darüber meditiert
habe, warum nicht ihm ein solcher Minister zur Seite stehe. – Die
von Philipps Minister Olivares bereits eingeleiteten, recht erfolgreichen Gegenmaßnahmen ließen solche Schmeichler freilich bald wieder verstummen. Vom Verhandlungserfolg in Savoyen konnte nur
eine stolze Erinnerung übrigbleiben, wenn die französischen Truppen wieder abzogen.

Bevor der Monarch mit der Hälfte des Invasionsheeres nach
Frankreich zurückkehrte, um die Protestanten nun endgültig zum
Gehorsam zu zwingen, unterzeichnete er in Susa noch den Friedensvertrag mit England, den Karl I. angeboten hatte. Die Hugenotten
wurden darin gar nicht erwähnt! Richelieu blieb noch zwei Wochen
als Generalissimus in Savoyen; als sich herausstellte, daß ohne seine

Gegenwart den Unternehmungen des Königs der rechte Schwung fehlte, eilte er ihm mit neuntausend Mann zu Hilfe, ließ aber sechstausend Mann noch in Savoyen zurück. So konnte er dort notfalls wieder eingreifen. Inzwischen wanderte Pater Joseph, nachdem er sein verräterisch rotes Haar mit einem Kamm aus Blei grau gefärbt hatte, von Susa heimlich nach Mantua, um seinem alten Freund Nevers als vielseitiger Berater und Unterhändler zù helfen.

Das »Gnadenedikt« von Alais

Das Languedoc, Kernland des hugenottischen Widerstandes, hatte sich dank starker Festungsstädte bislang nur jeweils für kurze Zeit dem Zugriff der königlichen Zentralgewalt beugen müssen. Condés Vernichtungsfeldzug gegen kleinere Städte und die Landbevölkerung hatte den Herzog von Rohan nur daran hindern können, mit einer Armee in den Kampf um La Rochelle einzugreifen. Rohan glaubte noch immer, den ganzen Süden als selbständige kalvinistische Republik vom katholischen Frankreich abspalten zu können. Wie ein Souverän verhandelte er mit Spanien und England über Hilfsaktionen. In dem Maße, wie Spanien darauf einging, verlor es seine Glaubwürdigkeit als Vorkämpfer der katholischen Einheit, und ebenso verloren die Hugenotten des Languedoc das Recht, als loyale Staatsbürger zu gelten, denen es nur um freie Religionsausübung gehe. Die religiösen Mäntelchen für Machtpolitik waren fadenscheinig geworden. Das Weiterbestehen des kalvinistischen Kultus in La Rochelle erwies sich als Richelieus stärkste Waffe gegen den Mißbrauch religiöser Gefühle durch Verfechter feudaler Selbstherrlichkeit.

Der Kardinal schuf aber nicht nur wichtige ideologische Voraussetzungen für den Sieg des absolutistischen Königtums. Seit er am 14. Mai vor der Festungsstadt Privas wieder mit dem König zusammengetroffen war, gleichzeitig mit Condé, leitete er als Generalissimus die »Befriedung« Südfrankreichs. Er tat dies ungeachtet schwerer Fieberanfälle und anderer körperlicher Leiden, bis er am Ende als »Pazifikator«, als Friedensbringer, von der Bevölkerung begrüßt, in Montauban, das kalvinistische »Rom des Südens«, einziehen konnte. Doch der Weg dorthin führte durch rauchende Trümmer,

Ströme von Blut und unsagbares Elend. Bevor der Pragmatiker sich durchsetzen konnte, tobten die Fanatiker sich aus.

Ludwig XIII. verfuhr nicht wie Luynes, der die Kette hugenottischer Festungsstädte Glied um Glied »knacken« wollte und bereits an Montauban gescheitert war. Von Osten her beginnend, ließ er die drei Städte Privas, Alais und Anduze gleichzeitig angreifen. Als Privas am 28. Mai fiel, lag Richelieu krank zu Bett. Die Nachricht von der fürchterlichen Metzelei, die Condé mit Billigung des Königs in der Stadt veranstaltete, veranlaßte ihn aufzustehen und weitere Greueltaten zu verbieten; es war aber bereits zu spät. Bedrückt schrieb er an Maria von Medici: »Gott sei mir gnädig, solche Schlächterei habe ich noch nicht gesehen.« Doch dann wurde er wieder zum pragmatisch denkenden Machtpolitiker: »Die unerwünschte Strenge, die sich nun einmal ereignet hat, und die Güte, die der König den Städten beweisen wird, die sich freiwillig ergeben, wird ihnen zeigen, daß es ihr eigener Vorteil ist, wenn sie sich rechtzeitig zum Gehorsam entschließen und nicht abwarten, bis man sie dazu zwingt.«

Das Schicksal der Einwohner des im Kampf eroberten Privas wirkte tatsächlich abschreckend. Viele kleinere Orte öffneten ihre Tore, und Alais kapitulierte immerhin schon nach einer Woche. Da gab auch Rohan den aussichtslos gewordenen Kampf auf. Er bat den König, die in Nîmes versammelten Delegierten der Hugenottengemeinden nach Anduze rufen zu dürfen, wo über die Kapitulationsbedingungen beraten werden sollte. Auf Anraten Richelieus willigte Ludwig XIII. ein. Am 27. Juni 1629 wurden den Hugenotten jedoch nicht die von ihnen erwarteten Bedingungen für einen Friedensvertrag übermittelt, sondern ein von Richelieu formuliertes königliches Edikt, das ausdrücklich als »Gnadenedikt« bezeichnet wurde. Der Kardinal schrieb über sein Werk: »Früher hat man Verträge mit den Hugenotten geschlossen, jetzt gewährt man ihnen Gnade.«

Dieses Edikt ist ein leuchtendes Ruhmesblatt im Lebenswerk des Kardinals Richelieu, aber auch Ludwigs XIII., dem die realpolitische Weisheit seines leitenden Ministers die Bürde eines bleibenden Gewissenskonflikts auflud. Denn seine Mutter, sein Beichtvater und alle seine ultramontan denkenden Berater verlangten von ihm kategorisch die »*Ausrottung* der hugenottischen Ketzerei«.

Statt dessen nahm das Edikt von Alais dem Edikt von Nantes nur alle für die staatliche Einheit gefährlichen Bestimmungen. Es verbot

Herzog Heinrich von Rohan. Stich von Frosne

den Hugenotten eigene Festungen und eigene Truppen, auch Synoden und andere Institutionen der Selbstverwaltung, gewährte aber Gewissensfreiheit und freie Religionsausübung. Die Schulen sollten nicht zum Instrument allmählicher Rekatholisierung gemacht werden, Kinder brauchten nicht am Unterricht teilzunehmen, »wenn er ihrer Religion widerspricht«. Der König trug sich sogar mit dem Gedanken, kalvinistische Hochschulen und Akademien zu subventionieren ...!

Das Klima des Languedoc war Ludwigs Gesundheit nicht zuträglich. Er begab sich nach Paris zurück und überließ seinem Generalissimus die Überwachung der Ausführungsbestimmungen des Edikts, notfalls auch die endgültige »Befriedung« der Hochburgen des militanten Hugenottentums in den Cevennen und um Montauban. Der Kardinal litt selbst unter ständigem Fieber, führte die Armee aber – Gehorsam gebietend – von Ort zu Ort, und überall fielen Mauern und Türme der Spitzhacke zum Opfer. Wer sich in ihrem Schutze sicher gefühlt hatte, sah der Zukunft kaum ohne Tränen entgegen. So krasse Unkenntnis katholischer Lebensweise, wie sie im Zusammenhang mit Richelieus triumphalem Einzug in Montauban zutage getreten sein soll, war künftig nicht mehr vorstellbar. Den Sieger gottergeben bewundernde Einwohner haben dort angeblich gewünscht, »Madame la Cardinale zu sehen, denn sie muß die glücklichste Frau der Welt sein an der Seite eines so würdigen Mannes«!

Dem Herzog von Rohan wurde erlaubt, nach Venedig ins Exil zu gehen. Wenn er wegen Hochverrats zum Tode verurteilt und öffentlich hingerichtet worden wäre, hätte er als Märtyrer noch postum gefährlich werden können; als zeitweilig – mit einem »Taschengeld« von hunderttausend Talern – Verbannter kehrte er schon 1634 nach Frankreich zurück und diente dem König hinfort ebenso zuverlässig wie der letzte Befehlshaber von La Rochelle oder der Herzog von La Force.

Der so überaus erfolgreiche »Pazifikator des Südens« war stets darauf bedacht gewesen, den Löwenanteil am Ruhm auf die Person des Königs zu lenken, alle Schuld an den Schattenseiten dieses Ruhmes dagegen auf sich zu nehmen. Was er bis zur Rückkehr Ludwigs nach Paris in wohlverstandenem eigenem Interesse manipuliert hatte, wurde dann immer deutlicher zur Generallinie der von Maria und ihrem Klüngel gegen ihn betriebenen Kampagne: Der König stand außerhalb aller Kritik, doch sein Minister im Kardinalsrock sollte für die ungeheure Enttäuschung büßen, die er mit dem Gnadenedikt von Alais allen Anhängern der militanten Papstkirche bereitet hatte.

Mühsame Balance

Im Juli 1629 erreichten Richelieu sehr beunruhigende Nachrichten über neu entbrannte Streitigkeiten zwischen dem Thronfolger Gaston und Ludwig XIII. Strenge Rügen des heimgekehrten Monarchen hatten den nach wie vor zu Ausschweifungen neigenden Bruder veranlaßt, nach Lothringen zu fliehen, wo unversöhnliche Feinde Richelieus noch immer auf eine neue Chance warteten. Dort mußte er Schulden machen, lebte aber in Saus und Braus.

Maria von Medici zürnte ihrem »Werkzeug« im Kardinalspurpur, weil intrigante Hofdamen ihr eingeredet hatten, der Minister wolle Gaston an den Hof zurücklocken, indem er ihm verspreche, nun endlich die Heirat mit dem Fräulein von Gonzaga-Nevers zu ermöglichen. Darüber aber wollte die rachsüchtige Mediceerin noch immer nicht mit sich reden lassen.

Seit Richelieus Aufstieg zur Staatsspitze leitete die 1622 verwitwete Frau von Combalet den Haushalt des sehr auf standesgemäße Repräsentation bedachten Kardinals. Sie war seine Nichte. Nur mit großer Mühe hatte er sie aus dem starken Sog klösterlicher Abgeschiedenheit befreien können. Die bildschöne junge Frau spielte aber auch in der Hofgesellschaft eine bedeutende Rolle, denn die eifersüchtige Königinmutter hatte die »Nebenbuhlerin« als Hofdame in ihren Dienst genommen. Dort beschaffte »die Combalet« ihrem Onkel wertvolle Informationen; bald sah sie sich aber ständigen Angriffen der um Maria versammelten Feinde des mächtigen Ministers ausgesetzt.

Im August erkrankte der Generalissimus in der Nähe von Nîmes lebensgefährlich. Kaum einigermaßen genesen, ließ er sich die Rhône und die Saône hinauffahren – Wasserwege waren damals bequemer – und langte am 13. September in Fontainebleau an, wo sich der Königshof aufhielt. Unterwegs wurde er als »Friedensbringer« gefeiert, was seine körperlichen Leiden günstig beeinflußte. Am Hofe kam es aber schon bald zu aufreibenden Zusammenstößen mit der ehemaligen Gönnerin. Ludwig XIII. litt darunter so sehr, daß er häufig weinte. Auch der Kardinal weinte viel. Die Verursacherin solcher Tränenströme ließ sich davon nicht beeindrukken. Von Richelieu behauptete sie bei dieser Gelegenheit wie bei zahllosen anderen: »Er weint, wann er will.« Im Zorn entzog sie ihm die Aufsicht über ihren Hofstaat und ihre Besitzungen (das lukrative Amt des Oberintendanten), setzte ihn jedoch schon bald darauf wieder ein, als es ihr zweckmäßig erschien, sich mit dem »Undankbaren« zu versöhnen.

Dramatische innen- und außenpolitische Entwicklungen überzeugten nicht nur die Königinmutter, sondern viel mehr noch den König auch diesmal wieder von der Unersetzlichkeit dieses »Dieners«. Militärische und religiöse Triumphe des Hauses Habsburg jenseits des Rheins sowie eine sehr beunruhigende Veränderung in der strategischen Situation in Norditalien erforderten sofortige Gegenmaßnahmen, obwohl die letzten finanziellen Reserven des Staates bei den Kämpfen mit den Hugenotten verbraucht worden waren. Ludwig beeilte sich, dem »Wundertäter« an der Spitze seiner Regierung zu schreiben: »Seien Sie immer meiner Zuneigung versichert, die bis zum letzten Atemzug meines Lebens andauern wird.« Das war abermals eine Blankovollmacht für politische und militärische Entscheidungen, doch hinsichtlich ihrer Gültigkeit »bis zum letzten Atemzug« des unberechenbaren Monarchen blieb Richelieu skeptisch. Immerhin: Da Maria sich versöhnt zeigte, schwiegen auch bald die kritischen Stimmen ihrer Anhänger. Zuletzt hatten sie den »verräterischen« Kardinal-Minister des Giftmordes an ihrem geistigen Führer, Kardinal Pierre de Bérulle, bezichtigt.

Bérulle war am 2. Oktober so plötzlich einem Schlaganfall erlegen, daß sein politisch-religiöser Leitgedanke »Frieden mit Spanien um jeden Preis« Grund genug für diesen schweren Verdacht zu sein schien. Für Richelieu war der alte Freund und langjährige Verbündete zu einem sehr gefährlichen Gegner geworden. In seinen Memoiren hat er aber verständnisvolle Worte für den Idealisten gefunden, dessen Glaubenseifer die Einheit der Christenheit über die Einheit der Nation stellte und der nicht dulden wollte, daß Frankreichs politische Erfolge mit dem Elend der Volksmassen bezahlt werden mußten. Aber gerade darauf liefen auch wieder alle Vorschläge hinaus, die der Minister am 21. November dem Staatsrat unterbreitete.

Er hielt sofortiges militärisches Eingreifen in Oberitalien für unverzichtbar, denn sein spanischer Gegenspieler Olivares hatte das von seinen Vertretern in Susa unterzeichnete Abkommen nicht anerkannt und eine neue Belagerungsarmee nach Casale entsandt. Währenddessen ließ der Kaiser Mantua belagern, nachdem er Wallenstein genötigt hatte, starke Heeresgruppen (die dann im Reich fehlten) durch das Veltlin marschieren und sowohl das Herzogtum Mantua als auch die Markgrafschaft Montferrat besetzen zu lassen. Herzog Karl von Gonzaga-Nevers sollte aus seinem Erbe vertrieben werden, bevor Frankreich abermals eingriffe. Insgesamt 46 000 Kaiserlichen und Spaniern wollte Richelieu eine Invasionsarmee von etwa 50 000 Mann entgegenstellen, und diese gewaltige Machtprobe sollte ohne Kriegserklärung an Spanien vonstatten gehen! Die Truppen wollte er selbst befehligen, aber nicht als Generalissimus, sondern als Stellvertreter der *Person* des Königs. Denn angesichts der kaum verhüllten Rebellion des Thronfolgers dürfe Ludwig XIII. Frankreich nicht verlassen. Damit forderte Richelieu für die Dauer des Feldzuges eine Machtfülle, wie sie noch kein französischer Minister besessen hatte.

Da der König zustimmte, fügten sich Maria und auch der von ihr favorisierte Marillac, der nun eine vernichtende Niederlage Frankreichs für unvermeidbar hielt, ohne Widerspruch. Gegen Ende des Jahres erklärte sich der Thronfolger bereit, für relativ geringe Zugeständnisse (einhunderttausend Livres und zwei Provinzgouvernements) seine Pflichten in Frankreich wieder wahrzunehmen. Die Eintracht in der königlichen Familie schien wiederhergestellt zu sein. Für Richelieu wurde das Amt des Ersten Ministers neu geschaffen; sein halbirrer Bruder, der bereits Erzbischof von Lyon und Aix geworden war, erhielt den Kardinalshut. Am Weihnachtstag 1629 empfing der Erste Minister die Majestäten in seinem Haus Rambouillet (gegenüber dem Louvre gelegen) mit größtem Pomp. Anschließend begab er sich nach Lyon, wo er sein erstes Hauptquartier einrichtete. Der König zog mit einer zweiten Armee in die Champagne, um die Ostgrenze gegen eine Invasion kaiserlicher Streitkräfte zu sichern.

Richelieu wußte nur zu gut, wieviel für ihn von der jeweiligen Laune seiner ehemaligen Gönnerin abhing. Von Lyon aus sandte er ihr über seine Nichte einen geradezu unterwürfig formulierten Brief und so kostbare Geschenke wie ein Stück vom echten (!) Kreuz Christi. Gegenüber dem Papst verhielt er sich dagegen unnachgiebig. Als Urban VIII. seinen Unterhändler, einen sehr vielseitig ausgebildeten siebenundzwanzigjährigen Mann namens Giulio Mazarini (franz. Mazarin, nach Lyon entsandte, war der äußere Erfolg sehr gering. Es wurden Verhandlungen zwischen den Generälen beider Seiten vereinbart, die an einer friedlichen Regelung naturgemäß gar nicht interessiert waren. Wesentlich bedeutsamer war, daß der Kardinal Richelieu und der spätere Kardinal Mazarin bereits ihre erste Begegnung als schicksalhaft empfanden. Es sollte aber noch eine Weile dauern, bis aus dem Gegeneinander ein Miteinander werden konnte.

Unbeirrt von Vorhaltungen des Papstes und hinhaltenden Verhandlungen der Savoyer führte der Kirchenfürst seine schlecht ausgerüsteten und nur kümmerlich versorgten Truppen Ende Februar 1630 bei grimmiger Kälte über den Mont-Cenis-Paß nach Savoyen hinein. Schon bald standen sie dicht vor der Hauptstadt Turin. Der entsetzte Herzog Karl Emanuel rief spanische Truppen zu Hilfe; doch sein Gegner ließ Turin nur zum Schein belagern und lenkte den Hauptstoß seiner Armee völlig unerwartet gegen Pignerol, die stärkste Festung an den nach Frankreich führenden Versorgungswegen. Schon am zweiten Tage ergab sich die Stadt, die Zitadelle kapitulierte vor dem Marschall La Force nach sieben Tagen, am 29. März, dem Ostertag.

Nun konnte natürlich von einem Frieden um jeden Preis, den Marias Partei prophezeit hatte, nicht mehr die Rede sein. Aber ein ehrenvoller Frieden mit Spanien, das wohl die Unwägbarkeiten eines langen Krieges mit Frankreich scheute, erschien dringend geboten. Im Lande gärte es überall. Anhänger der Königinmutter hatten die Vernichtung des »Ungeheuers im Kardinalspurpur« beschlossen – Richelieu wußte es längst. Nur mit Mühe konnte der König den inneren Frieden noch aufrechterhalten. Von örtlichen Gewalten völlig unabhängige königliche »Intendanten« erschienen als Vorboten tiefgreifender absolutistischer Reformen zunächst in süd- und ostfranzösischen Provinzen; sie konnten aber auch zu Vorboten eines alles verschlingenden Bürgerkrieges werden.

In dieser äußerst schwierigen Situation übersandte der Erste Minister am 13. April 1630 seinem König ein Memorandum, in dem er mit rücksichtsloser Offenheit sagte: »Entscheidet man sich für den Frieden, dann muß man ihn sofort schließen ... Wenn sich der König zum Krieg entscheidet, muß man jeden Gedanken an Ruhe, Ersparnisse und inneren Aufbau des Königreichs aufgeben.«

Ludwig XIII. erhielt das Memorandum in Dijon, der einstigen Hauptstadt Karls des Kühnen von Burgund, wo separatistische Tendenzen deutlich sichtbar geworden waren. Anstatt schriftlich zu antworten, traf er Vorbereitungen zur Reise in Richelieus Hauptquartier. Der Kardinal hatte ihn wissen lassen, daß er ihn bei der Hauptarmee erwarte, wenn der Krieg weitergeführt werden solle. Vorerst war Ludwig aber nun dem Einfluß seiner Mutter überlassen, die ihn in Lyon durch den Kardinal-Legaten Barberini (der von Mazarin begleitet wurde) unter Druck zu setzen versuchte. Mazarins Verhandlungsstil machte auf den König großen Eindruck, aber in ihrem Bemühen, Frankreich zum Nachgeben zu bewegen, hatten die Unterhändler des Papstes keinen Erfolg. Ludwig ließ die Mutter und die Gattin in Lyon zurück und eilte am 10. Mai nach Grenoble, wo sein Erster Minister auf ihn wartete. Das war seine Antwort auf das Memorandum vom 13. April.

Durch die Anwesenheit des Monarchen wieder zu Höchstleistungen angespornt, brachen die französischen Truppen den letzten Widerstand der Savoyer innerhalb von zehn Tagen. Dann mußte endgültig, und zwar im Besitz wertvoller Faustpfänder, über Krieg oder Frieden entschieden werden. Nun zeigte sich deutlich, wie weit Ludwig XIII. noch von einer absolutistischen Regierungsweise entfernt war, und auch sein Erster Minister hatte noch längst nicht den Gipfel späterer »Allmacht auf Kredit« erklommen. Furchtsam dachten beide an die alternde, eifersüchtig und machthungrig grollende schreckliche Frau in Lyon, die wie eine Norne unsichtbare, aber für den Sohn wie für seinen Minister Verderben bringende Schicksalsfäden spann.

Vergeblich flehte Richelieu die Königinmutter an und veranlaßte auch den König, ihr zu schreiben, sie möge doch mit der Königin Anna und ihren wichtigsten Beratern (Häuptern der Opposition) nach Grenoble kommen. Allein schon ihr Erscheinen im Organisationszentrum des Feldzugs hätte den Widersachern des Kardinals viel Wind aus den Segeln genommen. Schließlich reisten Ludwig und sein Minister fast wie Angeklagte zu einer Beratung der wichtigsten Mitglieder des Staatsrates nach Lyon. Dort begannen für Richelieu nun jene Monate des Jahres 1630, die ihn später veranlaßten, es »das Jahr der Trübsal« zu nennen.

Im Fegefeuer

Sogleich nach der Ankunft des Staatsoberhauptes und des Regierungschefs in Lyon fand im erzbischöflichen Palais eine Sitzung des Staatsrates statt, an der von seiten der Opposition neben dem Großsiegelbewahrer Marillac auch der Herzog von Montmorency (der mächtigste Grandseigneur Südfrankreichs) teilnahm. Nach seinem »Bericht zur Lage« stellte Richelieu zur Entscheidung, ob Casale aufgegeben und dafür das strategisch fast gleichwertige Pignerol sowie ganz Savoyen besetzt gehalten werden solle oder ob es genüge, Casale zu verteidigen. Dann müsse man auf die Bedingungen der Spanier eingehen, Pignerol und Savoyen räumen und »durch einen schwachen und unehrenhaften Vertrag das Ansehen verlieren, das der König gerade gewonnen hat«.

Anschließend trug der Großsiegelbewahrer den Standpunkt der Opposition vor. Er lehnte die vom Ersten Minister betriebene Politik nationaler Größe als undurchführbar scharf ab. Die Leiden des Volkes seien zu groß. Den kranken Herrscher zu zwingen, sich außerhalb der Landesgrenzen den Gefahren eines Krieges auszusetzen, während im Lande das Ketzertum zwar militärisch besiegt, aber noch keineswegs ausgerottet sei, hielt er nicht für vertretbar. Er beendete seinen Appell an den König mit den Worten: »Das Mitleid und die Gerechtigkeit, jene beiden Säulen, auf denen der Staat ruht, sind noch schwach und machtlos und müssen sich erst aufbauen – das aber kann nur im Frieden geschehen.«

Nun war es die Aufgabe des Monarchen, seine Meinung zu äußern, seinen Willen zu verkünden; doch Ludwig XIII. legte das Schicksal Frankreichs in die Hände seiner Mutter. Es konnte gar kein Zweifel daran bestehen, daß diese wie Marillac dachte. Aber das Schlußwort ihres ehemaligen Favoriten hatte sozusagen eine Weiche gestellt, die das Votum der ehrgeizigen Matrone in die entgegengesetzte Richtung lenkte: Maria von Medici sprach sich gegen einen

»unehrenhaften Frieden« aus und stimmte zumindest in diesem vage formulierten Punkte Richelieu zu. Der raffinierte Dialektiker brachte es fertig, daran anknüpfend auch aus Marillacs Gegenargumenten Zustimmung für seine Thesen zu interpretieren! Die Leiden des Volkes habe Gott zum Bestandteil eines jeden Krieges gemacht, was aber nicht bedeuten dürfe, daß ein Friede »unter schwächlichen, erniedrigenden, schmählichen Bedingungen« einem Kriege vorzuziehen sei. Man führe doch nur Krieg, um einen ehrenhaften Frieden zu gewinnen.

Da die Königinmutter betroffen schwieg, hatte Richelieu diese Schlacht, deren Ausgang mehr bedeutete als alle bisherigen Siege in Savoyen, für sich und den auf weitere Siege erpichten König gewonnen. Die Entscheidung in dem meistens lautlos, mit wachsender Erbitterung geführten Kriege mit Maria von Medici stand jedoch noch aus.

In Casale widerstand die französische Garnison der gewaltigen Übermacht des »Städtebezwingers« Spinola nur noch »der Ehre wegen«. Die Festung Mantua war am 18. Juni 1630 durch Verrat eines bestochenen Offiziers überrumpelt worden. Die Stadt und der mit sagenhaften Schätzen angefüllte Palast der Gonzaga waren drei Tage lang von kaiserlichen Truppen so grausam geplündert worden, daß man noch nach Jahrzehnten in Europa mit Schaudern davon sprach. Einer der beteiligten Generale, der aus Schillers Wallenstein-Trilogie bekannte Octavio Piccolomini, reiste als schwerreicher Mann nach Regensburg, wo Anfang Juli ein Kurfürstentag begann. Dort versuchte Kaiser Ferdinand II., seinem Sohn Ferdinand die Thronfolge zu sichern, doch die Kurfürsten wollten sich ihre Wahlstimmen teuer bezahlen lassen.

Da war es höchste Zeit, daß Richelieu aus Lyon seinen Unterhändler entsandte, denn an mindestens einem Verhandlungspunkt, dem Mantuanischen Erbfolgestreit, war Frankreich ja beteiligt. Zum Gesandten wurde Anfang Juli Brûlart de Léon ernannt, mit dem Titel eines Beraters begleitete ihn der Bettelmönch Pater Joseph, in dessen Händen die komplizierten Fäden eines über ganz Europa gespannten Netzes offizieller oder geheimer diplomatischer Kontakte zusammenliefen. Die vom König unterzeichneten Instruktionen stammten nicht nur aus Richelieus, sondern auch aus Pater Josephs Feder.

Als Eminentissime Mitte Juli mit dem König wieder die Grenze nach Savoyen überschritt, um in St-Jean-de-Maurienne ein Hauptquartier zu beziehen, erwies sich, daß Ludwig solchen Strapazen gesundheitlich nicht gewachsen war. Nur mit großer Anstrengung erreichte er das Hauptquartier, wo sich seine vielfältigen Leiden noch verschlimmerten. Er weigerte sich, den Truppen weiter über das Gebirge zu folgen. Während der Abwesenheit des Königs und Richelieus war es bei den Truppen zu umfangreichen Desertionen gekommen, und nun begannen die Ruhr und die Pest, gefürchtete Begleiterinnen der Heere, sich in den umkämpften Alpentälern und in der Poebene auszubreiten.

Der Kardinal schrieb nun sehr häufig an Maria. Seine übertreibenden Schmeicheleien bewiesen, wie unsicher er sich fühlte, da die erneute Erkrankung des Königs ihm angelastet wurde und eine Verschlimmerung mit tödlichem Ausgang ganz Frankreich in ein Chaos stürzen mußte. In Mazarins anhaltenden Bemühungen um ein schnelles Ende des unerklärten Krieges sah er nur eine Parteinahme des Papstes für Spanien. Vor Ärger wurde er nun ebenfalls krank. Doch als die Marschälle Montmorency und d'Effiat (letzterer hatte ihm schon als Finanzminister treu gedient) den Truppen des Fürsten Viktor Amadeus von Piemont eine schwere Niederlage beibrachten, besserte sich sein Zustand wieder, wie es bei seinen »psychosomatischen« Krankheiten so oft zu beobachten war. Der Tod Herzog Karl Emanuels bedeutete eine weitere gute Nachricht, denn dessen Nachfolger Viktor Amadeus war ja als Schwager Ludwigs XIII. ein wesentlich günstigerer Verhandlungspartner.

Der königliche Kranke versank aber immer tiefer in Schwermut und Schwäche. Er fühlte sich dem Tode nahe und beschloß am 25. Juli, nach Lyon zurückzukehren. Die wieder einmal hemmungslos wütende Mutter überschüttete den Leidenden mit Vorwürfen, daß er dem »Verführer« gefolgt sei. Sie änderte aber sofort ihr Benehmen, als sich der König mit Festigkeit zu seinem Ersten Minister bekannte, und fand sogar sehr freundliche Worte, als sie den Kardinal aufforderte, möglichst bald ebenfalls nach Lyon zu kommen, da sein Herr ihn schon ungeduldig erwarte.

Marschall Schomberg war zwar mit einer Armee zum Entsatz von Casale aufgebrochen, doch er kam nicht recht voran, und die Aussicht, daß er den Belagerer Spinola vertreiben könnte, war wohl recht gering. Auch innenpolitisch drohten gerade dort Rückschläge, wo erst vor kurzem eine allgemeine »Befriedung« erfolgt war, im hugenottischen Süden. Der Herzog von Guise, Gouverneur der Provence, war offenbar im Begriff, einen neuen Aufstand vom Zaun zu brechen, und mit einer offenen Rebellion im Rücken konnte Richelieu den Krieg in Oberitalien nicht erfolgreich weiterführen. Der Erste Minister begab sich also schweren Herzens nach Lyon. Erst jetzt schien die wirklich entscheidende Auseinandersetzung mit der Mediceerin unmittelbar bevorzustehen. Alles hing davon ab, wie sich Ludwig XIII. verhalten würde.

Als Richelieu diesmal in Lyon eintraf, fand er eine völlig veränderte Situation vor. Niemand forderte ihn auf, wie sonst im Staatsrat seine politischen und militärischen Entscheidungen vor dem Staatsoberhaupt zu verteidigen und damit seine Stellung als Erster Minister zu behaupten. Am 21. September war der König von einem heftigen Fieber befallen worden, acht Tage darauf hatte ein (unerkannt gebliebener) Abszeß im Darm einen derart lebensbedrohenden Zustand verursacht, daß der Leibarzt ihn aufgab. Nach allgemeinem Brauch wurde das Hinscheiden eines Herrschers nicht als intim-familiäre Angelegenheit, sondern als eine Art »Staatsakt« betrachtet, an dem viele Zeugen teilnahmen.

Die nächsten Angehörigen und die vornehmsten Mitglieder des Hofstaates drängten sich um den offenbar Sterbenden, der Erste Minister stand abseits unter den vielen Feinden, die seinen Untergang beschlossen hatten und ungeduldig darauf warteten, ihn völlig vernichten zu können. Stumm nahm Ludwig XIII. Abschied von seiner Gattin. Dann winkte er seinen »Liebling« Saint-Simon an sein Bett und flüsterte ihm ins Ohr, daß der Herzog von Montmorency sofort den persönlichen Schutz des Ersten Ministers übernehmen solle. Er schien dessen Loyalität nicht in Frage zu stellen, obwohl der Herzog eindeutig zum Kreise der Grandseigneurs gehörte, deren feudale Selbstherrlichkeit durch Richelieu aufs schwerste gefährdet erschien.

Anschließend erteilte der Erzbischof von Lyon, Richelieus Bruder, dem Schwerkranken die Sterbesakramente. Obwohl ihr Patient sehr schwach war, entschlossen sich die Chirurgen noch einmal zu einem Aderlaß – ihrem Allerweltsheilmittel –, und dann warteten alle mit sehr unterschiedlichen Gefühlen auf das Ende des Monarchen. Die meisten hatten es eilig, sich auf das Regime eines Königs Gaston umzustellen.

Vorbereitungen dafür waren bereits seit einigen Tagen im Gange. Es war beschlossene Sache, daß Michel de Marillac Erster Minister werden sollte. Sein ebenfalls am Hofe weilender Bruder, der als Marschall vor kurzem das Kommando über die in Oberitalien eingesetzte Armee übernommen hatte, war für das Amt des Konnetabels, des Oberbefehlshabers über sämtliche Streitkräfte, vorgesehen. Ob Gaston, der sich in Paris aufhielt, seine Schwägerin Anna heiraten wollte und wie er sich überhaupt zu den Plänen seiner Mutter stellen würde, war noch ungewiß. Das bereitete der schon wie eine Regentin agierenden Königinmutter wenig Sorge. Völlig ungeklärt war auch die Frage, welches Schicksal die Verschwörer dem Ersten Minister nach dem Tode des Monarchen bereiten sollten. Darüber wurde in einem Nebenzimmer beraten. Maria von Medici hatte die Feinde Richelieus um sich versammelt, während vor dem erzbischöflichen Palais viele Einwohner von Lyon auf das Erscheinen des Hofbeamten warteten, der mit dem traditionellen Ruf »Der König ist tot, es lebe der König!« auch das Schicksal einfacher Bürger mehr oder weniger beeinflussen würde. Für diesen Fall gab es einerseits den Vorschlag, den Ersten Minister sofort zu verhaften; dagegen bot Marschall Marillac an, »das Ungeheuer« mit seinem Degen zu töten oder »es« durch einen Soldaten erschießen zu lassen, um damit klare Verhältnisse zu schaffen. Mord an einem Kardinal ging anderen aber zu weit: Der Herzog von Guise war für Verbannung, Marschall Bassompierre für lebenslange Haft. Es ist niemals bekannt geworden, auf welche Weise Richelieu später Einzelheiten über dieses geheime Gespräch erfahren hat. Die Beteiligten mußten ihre Pläne jedenfalls teuer bezahlen, wenn möglich mit der gleichen Münze, die sie dem Kardinal zugedacht hatten.

In diesem Zusammenhang ist bemerkenswert, wie schlecht Richelieu es dem einzigen gedankt hat, der ihm damals in Lyon Schutz und Hilfe (wenn auch nur auf Befehl des Königs) versprach: Heinrich II. von Montmorency. Der Herzog bot ihm sicheres Geleit in das von ihm beherrschte Languedoc oder nach dem päpstlichen Avignon an; sein Schützling schien aber gar nicht zuzuhören. Er weinte fast unaufhörlich und hoffte wahrscheinlich auf eines der Wunder, die sich bisher immer im richtigen Moment eingestellt hatten.

Vraye effigie du R. P. Ioseph de Paris predicateur
Capucin. Prouincial de Touraine superieur des missions
estrangeres et de Poitou, fondateur des Religieuses de
Caluaire A rendu l'esprit entre les mains de ses
superieurs le 18. decembre 1638.

Pater Joseph. Nach einem Kupferstich von Mellan

Dieses Mal bestand das Wunder darin, daß der letzte Aderlaß nicht den fast leergebluteten Patienten tötete, sondern den Abszeß öffnete. Nach wenigen Stunden schwand das Fieber, und Ludwig spürte bald Lust, wieder sein Pferd zu besteigen. Dann schritt die Genesung aber doch sehr langsam voran, so daß die Verschwörer neue Hoffnung schöpften. Königin Anna versuchte, die Gunst der Stunde zu nutzen. In der»Sterbestunde« hatte sie sich mit dem Gatten versöhnt. Nun wollte sie ihm das Versprechen abschmeicheln, diesen »so überaus schädlichen Ersten Minister« zu verbannen. Der standhafte König behielt sich eine Entscheidung über diese Frage jedoch bis zur Beendigung des Krieges vor. Auch als seine Mutter mit ihrem gefürchteten Toben und Kreischen mehr erreichen wollte, blieb er dabei, daß er sich in Paris, wenn der Friede geschlossen sei, entscheiden werde. Maria von Medici verstand diesen Aufschub als ein Versprechen in ihrem Sinne und gab sich damit zufrieden.

Am 19. Oktober verließ Ludwig XIII. in einer Sänfte Lyon, um in Versailles weiteren familiären Belastungen zu entgehen. Richelieu durfte ihn begleiten. Drei Tage später traf in Lyon ein Kurier aus Regensburg ein, der einen von Brûlart de Léon unterzeichneten Friedensvertrag mit dem Kaiser zur Ratifizierung überbrachte. Am Hofe, der noch in Lyon zurückgeblieben war, und überall im Lande, wo die Kunde vom Friedensvertrag sich schnell verbreitete, war die Begeisterung groß. Bouthillier kannte den genaueren Inhalt der verschlossenen Depesche nicht; er war aber fest davon überzeugt, daß Richelieu dem Vertrag zustimmen und das Einverständnis des Königs leicht erlangen werde. Sein Eilbote erreichte die königliche Karawane in Roanne, von wo aus die Weiterreise auf der Loire erfolgen sollte.

Pater Joseph hatte einen gut funktionierenden Kurierdienst zum Regierungszentrum eingerichtet; doch über die Lage in und vor Casale war der Regierungschef noch nicht informiert worden. Die Erkrankung des Königs hatte alles andere in den Hintergrund gedrängt. Jetzt sah der Erste Minister sich gezwungen, eine außerordentlich unpopuläre Entscheidung zu treffen und deren Anerkennung bei Ludwig XIII. durchzusetzen: Anstatt den Friedensvertrag zu ratifizieren, zerriß er ihn.

Außer sich vor Zorn argumentierte er vor dem König: »Der Botschafter hat seine Kompetenzen überschritten!« Er wies nach, daß Brûlarts Vertrag die Ergebnisse seiner bisherigen Politik zunichte machte und die Abhängigkeit vom Hause Habsburg erneuere. Der König erklärte, er sei noch zu krank, seiner Mutter Widerstand zu leisten. Richelieu möge in Roanne die Ankunft der übrigen Mitglieder des Staatsrates abwarten und dann vor der Königinmutter seine Haltung begründen und verteidigen. Er selbst eilte nach Versailles.

Was aber hatte sich in Regensburg ereignet, daß dem einsamen Kämpfer für nationale Einheit und Größe Frankreichs eine weitere, ganz ungeheuerliche Belastung seiner Position unvermeidbar erschien?

Die Graue Eminenz in Regensburg

Als der Kapuzinerpater Joseph im Jahre 1609 zum erstenmal dem ehrgeizigen Bischof von Luçon begegnete, verspürten wohl beide eine tiefe Zuneigung, doch ihre Lebensziele waren so weit voneinander entfernt, daß lebenslange Freundschaft als Lebens*gemeinschaft* höchst unwahrscheinlich anmutete. Der schon damals in seinem Orden sehr angesehene, bald darauf zum Vorsteher der Kapuzinerprovinz Frankreich (Provinzial) aufgestiegene Pater wurde 1577 in Paris als Sohn eines Parlamentsadligen geboren, dessen Vorfahren seit dem Anfang des 15. Jahrhunderts hohe Staatsämter innehatten, und auf den Namen François Le Clerc du Tremblay getauft. Zunächst zum Offizier und Diplomaten ausgebildet, trat der junge Mann 1600 gegen heftigen Widerstand seiner Mutter in den Kapuzinerorden ein, wo er den Namen Joseph annahm. Er fühlte sich zur Missionsarbeit berufen, sein höchstes Ziel war ein Kreuzzug gegen die Türken. Das Heilige Land gehörte damals ja zum Osmanischen Reich. In diesem Sinne leitete er die Missionsarbeit der Kapuziner im Mittelmeerraum, aber auch in den von Kalvinisten bewohnten Provinzen Frankreichs.

Richelieu verdankte ihm sehr viel. Daß der religiöse Schwärmer bereit war, sich der realpolitischen Denkweise des »Staatskardinals« anzupassen, wurde beim Kampf um La Rochelle deutlich. Danach kämpfte Pater Joseph ohne Schwanken für die Vormachtstellung Frankreichs in einem katholischen Europa, auch um den Preis von Bündnissen mit protestantischen Mächten. Die rote Robe eines Kardinals hatte er abgelehnt; aber als wichtigsten Mitarbeiter Richelieus kannten, schätzten oder fürchteten Kaiser, Könige und Minister nun die Graue Eminenz, eine Bezeichnung, die bald zu einem festen Begriff wurde und noch heute für einen im Hintergrund wirkenden Politiker verwendet wird.

Nach vergeblichen Versuchen, seinem Mitstreiter für einen Kreuzzug, Herzog Karl von Gonzaga-Nevers, bei der Verteidigung von Mantua zu helfen, hatte er sich vom Ersten Minister als »Berater« des Sonderbotschafters Brûlart de Léon zum Kurfürstentag nach Regensburg entsenden lassen, wobei dort kaum Zweifel darüber bestanden, wer der wirkliche Sonderbotschafter war. Seit dem unerwünschten Ergebnis der »Befriedungspolitik« des Herzogs von Angoulême in Ulm 1620, die den Triumph des Hauses Habsburg am Weißen Berg bei Prag ermöglicht hatte, war die Politik Frankreichs längst wieder darauf gerichtet, alle Rivalen des Kaisers zu unterstützen. Im katholischen Bereich sollte Bayern eine besondere Rolle spielen.

Der 1625 beginnende Siegeszug Wallensteins – er war inzwischen zum Herzog von Friedland aufgestiegen – stellte Richelieus Außenpolitik vor neue, schwierige Aufgaben. Erst als der Kaiser 1629 seine Macht auf Kosten *aller* deutschen Fürsten stärken wollte, um eventuell einen habsburgisch-deutschen Einheitsstaat gründen zu können, fanden die von Pater Joseph ausgesandten Unterhändler bei den besorgten Landesherren offene Ohren.

Während Richelieus Kampf um La Rochelle zu einem überwältigenden Erfolg des Prinzips nationalstaatlicher Einheit führte, scheiterte Wallenstein gleichzeitig an der Belagerung Stralsunds, das von See her versorgt wurde. Der kaiserlichen Zentralgewalt war hier eine deutliche Schranke gesetzt worden. Bald darauf landeten erste schwedische Streitkräfte auf Usedom, Vorboten einer von Frankreich organisierten Großoffensive gegen Wallenstein. Auf dem Kurfürstentag zu Regensburg (3.7. bis 13.8.1630) wollten die deutschen Kurfürsten Kaiser Ferdinand zwingen, den Herzog von Friedland zu entlassen, um damit die Zentralgewalt zu schwächen.

Auf dem Wege nach Regensburg wurde die französische Delegation in Memmingen vom Friedländer in dessen Hauptquartier empfangen. Mit Pater Joseph führte der Generalissimus in der Stille der Nacht ein langes Gespräch, von dem der Kapuziner manches in seinem geheimen Waffenarsenal für Zukünftiges verwahrte. Als Anfang

171

Wallenstein. Gemälde von van Dyck

August direkte Verhandlungen mit Ferdinand II. begannen, stand die Entlassung des kaiserlichen Heerführers nach heftigem Drängen der Kurfürsten bereits kurz bevor. Da brauchte sich Frankreich nicht mehr zu engagieren. Die Beichtväter des Kaisers und des Kurfürsten Maximilian von Bayern unterhielten allerdings diesbezüglich enge Kontakte mit Pater Joseph. Am 13. August wurde Wallensteins Entlassung verkündet.

Die Verhandlungen mit dem Kaiser kamen erst voran, nachdem Pater Joseph Ferdinands Mißtrauen gegen Richelieu (den Marillacs Mittelsmänner als »Feind des Friedens« charakterisierten) beseitigt hatte. Da dem Habsburger viel an einem sicheren Frieden mit Frankreich gelegen war, drängte er die Unterhändler in diese Richtung. Richelieu wollte aber mit dem Kaiser nur einen Separatfrieden für den Mantuanischen Erbfolgestreit schließen, der ihm gegenüber Spanien freie Hand ließ. Für einen allgemeinen Frieden oder gar ein Bündnis mit dem Kaiser hatte Brûlart keine Vollmacht. Venedig, die Republik der Vereinigten Niederlande, aber auch Schweden mußten sich sonst von Frankreich verraten fühlen.

Um den in Casale auf verlorenem Posten kämpfenden Toiras etwas zu entlasten, hatte der Kardinal über Mazarin mit dem kaiserlichen Oberbefehlshaber in Italien, Collalto, verhandelt. Es war dann aber ohne ihn von den Generälen ein bis zum 15. Oktober befristeter Waffenstillstand vereinbart worden. Toiras hielt nur noch die Zitadelle von Casale. Während dieses Waffenstillstandes starb der berühmte Spinola. Als bei Pater Joseph nun aber die deprimierenden Berichte aus Lyon eintrafen und der Waffenstillstand zu Ende ging, veranlaßte er am 13. Oktober den Abschluß des vom Kaiser gewünschten Vertrages, ohne sich der Zustimmung des schwer bedrängten Freundes zu vergewissern.

Ferdinand II. erkannte Nevers darin als Herzog von Mantua an, seine Truppen sollten nur noch die Festung Mantua besetzt halten. Dafür räumten die Franzosen Savoyen bis auf Pignerol und Susa. Ludwig XIII. verpflichtete sich, das Reich weder direkt noch indirekt anzugreifen. Dazu hätte er die mit den Protestanten abgeschlossenen Bündnisse lösen müssen! Die übrigen Punkte waren weniger wichtig. Kaum war dieser Vertrag paraphiert, da beendete Mazarin durch persönliches Eingreifen den bereits wieder entbrannten Kampf um Casale, das nun dem Herzog von Mantua gehören sollte.

War damit das Ziel des französischen Eingreifens in Italien etwa nicht erreicht? Voller Hoffnung traten Brûlart de Léon und Pater Joseph die Heimreise an. Entsetzt erhielten sie unterwegs die Nachricht, daß der Vertrag nicht ratifiziert worden sei und daß der Erste Minister es auf sich genommen habe, seinen Entschluß vor dem Staatsrat – also vor Maria von Medici und dem Großsiegelbewahrer Marillac – zu verteidigen.

Für Kaiser Ferdinand bedeutete das eine schwere Niederlage. Es war nicht nur sein großer Friedensplan gescheitert, er hatte auch die Wahl seines Sohnes Ferdinand zum römisch-deutschen Kaiser nicht mit den nötigen Kurstimmen absichern können. Überdies war er seit der Entlassung Wallensteins der wichtigsten Stütze seiner Kaisermacht beraubt. Er soll geklagt haben: »Ein schlechter Kapuziner hat mich mit seinem Rosenkranz entwaffnet und sechs Kurhüte in seiner engen Kapuze fortgetragen!«

Gewiß, Ferdinand II. war der große Verlierer dieses Kurfürstentages. Es war nun aber eine in ganz Europa noch heiß diskutierte Frage, ob der Gewinner in Regensburg, der Kardinal Richelieu, nicht schon sehr bald der große Verlierer in Paris sein werde.

Der »Tag der Geprellten«

Ludwig XIII. hatte seinen Ersten Minister in Roanne der Wut seiner Mutter und den haßerfüllten Attacken Marillacs mit dem Befehl überlassen, sich mit der Königinmutter zu versöhnen. Nachdem sich der König bereits entschlossen hatte, über den Friedensvertrag weiterverhandeln zu lassen, gab sich die Megäre erstaunlich friedfertig; sie wartete auf ihre »Stunde der Rache« in Paris. Zwar entsprachen Marillacs im Staatsrat vorgebrachte Anklagen der allgemeinen Stimmung im Volke, doch jetzt wog nur der *Wille des Monarchen*. Vielleicht war es auch nur eine Laune, die zufällige Stimmung eines kränkelnden jungen Mannes, der sich verzweifelt bemühte, als »Ludwig der Gerechte« in die Geschichte einzugehen? Feinde und Freunde des Kardinals waren jedenfalls gleichermaßen zu quälendem Warten verdammt.

Richelieu wurde mit berechnender Hinterlist die »Gunst« gewährt,

Kaiser Ferdinand II. Kupferstich von van Sompel

Maria während der Schiffsreise als galanter Unterhalter zu »dienen«.
In den Schlössern der Großen an der Loire fanden üppige Feste statt,
als ob Wohlstand und Frieden herrschten. Mit der Ankunft in Paris
war die Idylle jedoch zu Ende. Maria bezog das Luxembourg-Palais
und begann ganz unverhüllt ihre Vorbereitungen für den Sturz ihres
ehemaligen Favoriten, indem sie Frau von Combalet und andere Verwandte des Verhaßten schikanierte und aus ihrem Hofstaat vertrieb.

Der so schwer Bedrohte hörte gleichwohl nicht auf, mit unterwürfi-
gen Briefen an seine ehemalige Gönnerin um »Wiedergewährung
ihrer Gnade« zu bitten; unterdessen begleitete er den schweigsamen
Monarchen auf Jagdausflügen um Versailles. Ludwig war höflich und
freundlich, äußerte sich aber nicht zu den aktuellen Problemen. Am
8. November begab sich der königliche Hofstaat in die Hauptstadt.
Sowohl im Louvre als auch im gegenüberliegenden Palais Rambouillet, das Richelieu zu seinem Kardinalspalast auszubauen begann,
störten die Bauarbeiten, so daß der König nahe dem Palast der Mutter im ehemaligen Palais der Concinis Quartier nahm; der Kardinal
wohnte im Petit-Luxembourg, einem Nebengebäude des Medici-Pa-
lastes.

Obwohl sich seit der Ablehnung des Friedensvertrages von Regensburg nichts Wesentliches verändert hatte, glaubte Richelieu deutlich
zu spüren, wie die Zeit gegen ihn arbeitete. Maria und Marillac ent-
falteten provokativ zuversichtliche Geschäftigkeit im Umgang mit
seinen Gegnern, von denen niemand mehr am alsbaldigen Sturz des
äußerlich noch Mächtigen zweifelte. Ein Engländer berichtete, er
habe im Gesicht des Kardinals den »hippokratischen Zug« gesehen,
der den Tod ankündigt. Die Stimmung unter den wenigen Freunden
hat Pater Joseph, der unglückliche Unterhändler von Regensburg, beschrieben. Es sei fast unerträglich gewesen, die nur von gesteigerten
Angstzuständen unterbrochene tiefe Depression Richelieus miterle-
ben zu müssen.

Doch nicht nur der Erste Minister, auch sein König litt furchtbar
unter der frechen Siegeszuversicht der Witwe Heinrichs IV., die jetzt
mit der Liquidierung der »Ära Richelieu« auch alle Ansätze zur Wie-
derbelebung der Politik ihres ermordeten Gatten beseitigen wollte.
Mit Marillac und anderen Günstlingen war vereinbart worden, daß
Maria am Vormittag des 10. November in einem intimen Gespräch
von Ludwig, der sich anschließend wieder einmal in seine geliebten

Wälder flüchten wollte, eine verbindliche Zusage für die Entlassung des Verhaßten erpressen werde.

Zur selben Zeit hatte Richelieu den Großsiegelbewahrer zu einer Unterredung eingeladen. Dieser hatte es nicht für nötig befunden zu erscheinen und »Unpäßlichkeit« vorgeschützt. Als Informanten dann meldeten, daß auch die Königinmutter »unpäßlich« sei und niemanden empfange, ging der Kardinal beunruhigt zum Medici-Palast hinüber. Dort erfuhr er, daß der König kurz zuvor, nur von Marschall Bassompierre und seinem Favoriten Saint-Simon begleitet, seine Mutter aufgesucht habe und daß hinter ihnen alle Türen verriegelt worden seien. Da bewährte sich in einem alles entscheidenden Moment Richelieus ungeheure geistige Energie. Im Nu ließ sie aus Krankheit und Depression einen Kämpfer auferstehen, der das Äußerste wagte. Fieberhaft begann er nach einem Wege zu den »in Klausur« beratenden Majestäten zu suchen.

Ludwig war mit der Absicht zu seiner Mutter gekommen, für den Ersten Minister und dessen Verwandte ein gutes Wort einzulegen. Er wollte eine friedliche Zusammenarbeit bis zur Entscheidung über den italienischen Krieg in etwa sechs bis acht Wochen erreichen. Sicherlich hat er veranlaßt, daß Frau von Combalet das Zimmer betrat, um wieder »in Gnaden aufgenommen« zu werden. Der Anblick der schönen, jungen »Rivalin« aber wirkte wie ein Funke im Pulverfaß. Die zunächst noch zurückhaltende Matrone wurde urplötzlich wieder zur gefürchteten Megäre. Sie überschüttete die vor ihr Kniende mit unflätigen Beleidigungen, bis der tief gekränkte König seinen Schützling aus dem Zimmer schickte.

Noch bevor es Maria gelungen war, die entstandene Mißstimmung zu beheben, geriet sie vollends aus ihrem ausgeklügelten Konzept, denn durch eine unverriegelt gebliebene Tapetentür trat der Kardinal ins Zimmer! Dieser war im Palast dem höhnisch lächelnden, angeblich unpäßlichen Marillac begegnet, dann seiner weinenden Nichte, und nun glaubte er, daß ihn nur noch eine Verzweiflungstat retten könne. Da er den Bau des Palastes beaufsichtigt hatte, kannte er den geheimen, dunklen Gang, der von der Schloßkapelle zum Wohnzimmer der Königinmutter führte. Es kam jetzt darauf an, ob Maria auch diese Tür verschlossen hatte …

Aus der Sicht höfischer Etikette war die Situation grotesk. Ein »Diener« drang zu den Majestäten vor und ergriff unaufgefordert das

Wort: »Ich bin sicher, daß Sie von mir gesprochen haben.« Die rote Robe verschaffte ihm offenbar auch jetzt noch so viel Respekt, daß Maria ihn nicht einfach hinauswies und sich – anstatt dem König alles Weitere zu überlassen – auf Rede und Gegenrede einließ. Da sank ihr ehemaliger Liebling auch schon auf die Knie. Das versetzte die königliche Furie vollends in Raserei. Teils auf Französisch, teils mit dem Schimpfwortrepertoire einer florentinischen Marktfrau schrie sie, ihr heimtückischer ehemaliger Diener wolle jetzt »die Combalet« (für die ihr kein zotiges Wort ordinär genug zu sein schien) mit dem Thronfolger Gaston verheiraten. Sie jage ihn mit Schimpf und Schande aus dem Dienst (als Intendant ihres Hofstaates) und mit ihm seine gesamte Sippschaft.

Ludwig beschwor sie, ihn nicht länger mit Beleidigungen zu foltern; Richelieu bat unentwegt unter Tränenfluten um Vergebung, wenn er auch nicht wisse, wofür, und um die Erlaubnis, sich aus allen seinen Staatsämtern zurückziehen zu dürfen, da er offenbar nicht würdig sei, seinem König noch länger zu dienen. Als Ludwig nicht reagierte, keifte Maria: »Sie ziehen also einen Lakaien Ihrer Mutter vor?« Da besann sich der König endlich darauf, wer hier das Sagen hatte. Er befahl seinem Ersten Minister, aufzustehen und zu gehen. Der Mutter erklärte er nur, daß er jetzt nach Versailles fahren werde. Beide würdigte er keines Blickes mehr, Wut und Scham waren zu groß.

Der Kardinal war schon entschlossen gewesen, mit den Seinen nach Le Havre zu fliehen, wo er sich mit vorsorglich vorausgesandten Schätzen einschiffen wollte; da rief ihn ein Bote des Königs nach Versailles. Dort hatte der junge Saint-Simon seinen königlichen Freund eindringlich an die Verdienste und die unersetzlichen Fähigkeiten Richelieus erinnert, bis dieser sich wieder beruhigte und endlich die Entscheidung traf, auf die sein Erster Minister so lange warten mußte. Während Maria sich als Siegerin schmeicheln ließ und Marillac sich bereits als Premierminister sah, versprach in Versailles »der beste Herr seinem größten Diener« aufs neue: »Ich werde gegen alle Intrigen Ihrer Feinde zu Ihnen halten.«

Noch am Abend desselben Tages wurde der maßlos enttäuschte Marillac unter Hausarrest gestellt, gegen seinen in Italien kommandierenden Bruder erging Haftbefehl. Bereits am nächsten Morgen sah sich Maria von allen Eintagsanhängern verlassen. Ein Höfling prägte das bleibende Wort: »Es ist der Tag der Geprellten.«

Eine wirkliche Aussöhnung mit Maria konnten seit dem »Tag der Geprellten« weder Richelieu noch Ludwig XIII. ernsthaft erhoffen. Um so mehr kam es nun darauf an zu verhindern, daß die Königin-mutter noch einmal eine Rebellion gegen die königliche Zentralge-walt anzettelte oder mit ihrem Namen »legalisierte«. Das war nur möglich, wenn von nun an der König weder von der Mutter noch vom Bruder gegen seinen Ersten Minister ausgespielt werden konnte. Die haßerfüllte Mediceerin suchte im Namen Gastons heimlich Be-ziehungen zu Spanien herzustellen, um sich zu rächen. Feinde hatte der »Kriegstreiber« Richelieu freilich genug im eigenen Lande. Ein mißgünstiger Zeitgenosse schrieb: »Wenn der Kardinal den Louvre betritt, ist er von Menschen umdrängt, ohne jemals einem Freund zu begegnen.«

Der noch immer von seiner Mutter terrorisierte König Ludwig suchte im Januar 1631 Erholung im Schloß von Compiègne (nahe der Grenze zu den Spanischen Niederlanden). Maria beeilte sich, ihm zu folgen, und da durfte der Kardinal nicht fehlen. Am 22. Fe-bruar führten die ständigen Reibereien zwischen »Regierung und Opposition« zu einem schweren Zusammenstoß im Staatsrat. Ludwig verurteilte das hinterhältige Verhandeln seiner Mutter mit Spanien und ihre ständigen Versuche, Gaston zur Rebellion zu ermuntern. Alte Feinde des Kardinals wurden jetzt als Staatsfeinde verhaftet, Marschall Marillac, der Bruder des aus Frankreich verbannten ehe-maligen Großsiegelbewahrers, wurde sogar nach langen, fadenschei-nigen Untersuchungen im Mai 1632 in Paris öffentlich hingerichtet. Pater Suffren mußte seinen Platz als Beichtvater des Königs einem anderen Jesuiten überlassen.

Wichtigstes Ergebnis dieser Staatsratssitzung war jedoch der Be-schluß des Königs, sich »für eine Weile« von der Königinmutter zu trennen. Schon am nächsten Morgen brach der Hof auf, Maria mußte in Compiègne zurückbleiben. Ludwig XIII. nahm stumm Abschied – er hat seine Mutter niemals wiedergesehen. Nun kam Gaston an die Reihe. Als der König mit Truppen nach Orléans marschierte, ergriff der Thronfolger die Flucht, vierhundert Vasallen begleiteten ihn. Er begab sich abermals nach Nancy, der Hauptstadt Lothringens. Lud-wig XIII. erließ eine Proklamation gegen seinen im Ausland besonders gefährlichen Bruder, in der dessen Begleiter der Majestätsbeleidigung bezichtigt wurden. Es bereitete ihm jedoch große Mühe, diese Verfügung durch das burgundische Parlament anerkennen (»registrieren«) zu lassen. Gaston antwortete darauf mit Beschuldigungen gegen Richelieu, die in einem Manifest vom 30. Mai 1631 gipfelten.

Im Volke galt der König stets als Garant für Frieden und Gerechtigkeit, daran hatten jahrhundertelange schlechte Erfahrungen nichts geändert. Jetzt wurde der Kardinal als »finsterer Verführer des Königs« dargestellt. Auf seiner Flucht war Gaston bereits als »Befreier des Volkes« gefeiert worden. Diese Stimmung wollte Maria sich zunutze machen, indem sie ihre widerspruchsvollen Schwiegersöhne in Spanien, England und Savoyen in ihren und Gastons »Rachefeldzug« einzubeziehen suchte. Im Mai-Manifest wandte sich Gaston mit einem »Bericht aus eigener Anschauung« an seinen Bruder: »Kaum ein Drittel Ihrer Untertanen auf dem Lande lebt von richtigem Brot; ein zweites Drittel nährt sich von Haferbrot; und das letzte Drittel ... kümmert in einem so beklagenswerten Elend dahin, daß sie zum Teil buchstäblich verhungern ...«

Wenn der liederliche, immer wieder wortbrüchige Gaston als Persönlichkeit ein ernst zu nehmender Gegner gewesen wäre, hätte er Richelieu größere Sorgen bereitet. Seine Mutter war viel gefährlicher, solange sie mit ihrem riesigen Vermögen wieder neue Glücksritter anlocken und strategisch wichtige Plätze besetzen konnte. Mit List und großer Geduld ebnete der Kardinal ihr daher einen »Fluchtweg« nach der Grenzfestung La Chapelle, wo Maria sich verschanzen und zusammen mit Gaston auf spanische Truppen warten wollte.

In der Nacht zum 19. Juli verließ sie mit ihrem Troß heimlich Compiègne, um ihren bis ins kleinste vorbereiteten Plan auszuführen. Sie wußte nicht, daß Richelieu genau unterrichtet war und jeden ihrer Schritte überwachen ließ. Als Maria vor La Chapelle eintraf, stand sie vor verschlossenen Toren, denn der ihr ergebene Gouverneur war abgesetzt worden. Ihr blieb nichts übrig, als die Grenze zu überschreiten und die Statthalterin der Spanischen Niederlande, ihre Kusine Isabella Clara Eugenia, um Asyl zu bitten. Ein anklagender Brief an Ludwig XIII. war kein solches Politikum mehr, wie es frühere Briefe oft gewesen waren, weil des Königs *Sohnesliebe* nun kein Politikum mehr war. Zwar litt er nach der Trennung noch lange bei dem Gedanken, daß seine Mutter ihn verflucht haben könnte, aber er ließ nun alle ihre riesigen Besitzungen und Einkünfte beschlagnahmen. Maria war schon bald nicht mehr in der Lage, den gewohnten aufwendigen Lebensstil beizubehalten, doch aus Frankreich kam keine Hilfe; und als sie zehn Jahre später nach weiteren Irrfahrten ihr Leben in Köln kurz vor dem Tode Richelieus in Armut beendete, berührte das ihren Sohn kaum noch.

Der Kardinal empfand sicherlich keine Skrupel, sondern nur ungeheure Erleichterung darüber, daß es ihm gelungen war, seine ehemalige Gönnerin in die Arme des spanischen Feindes zu treiben. Erst danach konnte er sich ohne Furcht vor tödlichen Bissen der königlichen Viper voll den Staatsgeschäften zuwenden und die Wohltaten genießen, mit denen ihn der dankbare König sozusagen als Entschädigung für die Angst überhäufte, die er am »Tag der Geprellten« ausgestanden hatte. Ungeachtet aller Schikanen Marias schloß er seit dem Ende des Jahres 1630 für Frankreich sehr vorteilhafte Verträge und gab damit Ludwig XIII. die Gewißheit, daß dieser ein sehr starkes Gefühl nicht nutzlos geopfert hatte, als er in Versailles zu dem vor ihm knienden Ersten Minister sprach: »Ich bin dem Staat mehr als meiner Mutter verpflichtet.«

Der Mantuanische Erbfolgestreit war nach dem Scheitern des Vertrags von Regensburg durch den Vertrag von Cherasco endlich zugunsten der Gonzaga-Nevers geregelt worden. Die Grenzfestung Pignerol blieb französisch. Das bedeutete einen Sieg über Habsburg, aber nun wurde eine kaiserliche Armee für den Kampf nördlich der Alpen frei. Dort hatte sich Gustav Adolf von Schweden am 23. Januar 1631 für französische Subsidien von jährlich einer Million Livres im Vertrag von Bärwalde für fünf Jahre verpflichtet, mit vierunddreißigtausend Mann gegen den Kaiser anzutreten. Um den dadurch verunsicherten Kurfürsten von Bayern zu beruhigen, hatte Richelieu ihm die Unantastbarkeit seines Territoriums vertraglich garantiert.

Bald würden nun wieder in den deutschen Landen die eisernen Würfel des Kriegsgottes rollen und Schlachten – auch für Frankreich – entscheiden. Die hohen Hilfsgelder für Schweden führten aber sofort zur erneuten Bedrückung der bereits ausgepreßten Bevölkerung durch rücksichtslose Steuereintreiber. In der Provence schlug Condé mit gewohnter Brutalität einen weiteren Aufstand nieder. Am Ende wurde dort der Herzog von Guise, der in Lyon für Richelieus Vertreibung in die Emigration gestimmt hatte, seinerseits zur Flucht ins

Ausland gezwungen. So erlitt ein Feind nach dem anderen das Schicksal, das er dem Kardinal zugedacht hatte.

An Ruhe oder langfristig geplantes Handeln konnte Eminentissime noch immer nicht denken, aber die höchste Stufe persönlicher Macht hatte er jetzt erklommen. Am 13. August 1631 wurde er zum Herzog und zum Pair (»Paladin« der Krone) ernannt. Seine Einkünfte waren kaum noch zu überschauen. Ein neues Kapitel seines Lebens – und seines Landes – begann.

Allmacht auf Kredit (1631–1635)

Lebens- und Arbeitsstil Richelieus auf dem Gipfel der Macht

Unter den Kunstschätzen von Schloß Sanssouci in Potsdam befindet sich eine Nachbildung der Richelieubüste des berühmten italienischen Baumeisters, Bildhauers und Malers Bernini, für die Philippe de Champaigne ein dreifaches Porträt des Kardinals (von vorn und beide Profilansichten) als Ersatz für das lebende Modell angefertigt hat. Es zeigt den Ersten Minister auf der Höhe seines Lebens und seiner Macht. Der 1621 gleichzeitig mit Rubens aus Brüssel nach Paris gekommene, damals neunzehnjährige Maler hatte in den Diensten Maria von Medicis und Ludwigs XIII. gestanden, bis ihn Richelieu 1631 ganz für sich gewann, vielleicht »weil er einen so auffallenden Gegensatz zur Üppigkeit des spanischen Gesandten Rubens bildete« (Philippe Erlanger).

Dieser bedeutende flämisch-französische Porträtist vermochte anschaulich zu »schildern« (das ist das mittelhochdeutsche Wort für »malen«), worum sich die besten Biografen Richelieus mit Worten bemüht haben. »Ungemein klug, durchdringend, gefährlich klug sieht dieser Mann in die Welt, wie aus tiefer innerer Sammlung, aber mit bezwingender Überlegenheit ... Dazu ein Zug von Härte, von Unbeugsamkeit um die strenggeschlossenen Lippen, verborgene Schwermut um Stirn und Augen. Ein großer Prälat, ein großer Herr, ein großer Mensch« (Willy Andreas).

In seinen hinterlassenen »Staatsmaximen und politischen Fragmenten« hat Richelieu erläutert, warum sein Lebens- und sein Arbeitsstil identisch sein mußten: »Ich wußte, daß, obwohl die Spannweite meines Geistes der mir gestellten Aufgabe gewachsen war, die Aufgabe doch in keinem Verhältnis zu der Schwäche meines Körpers stand ... Aber abgesehen von der Leidenschaft, die mich an den Staat und an den Monarchen band, wußte ich, daß am Hofe wie im

Richelieu. Gemälde von Champaigne

Krieg derjenige, der sich vor dem Feinde zurückzieht, Gefahr läuft,
verfolgt und zugrunde gerichtet zu werden ... Nun zog ich die Folge-
rung, ich sei wie ein Soldat, dem man befohlen hat, eine unhaltbare
Stellung zu verteidigen, und der einen aussichtslosen Auftrag freiwillig übernimmt, weil er die Ehre dem Leben vorzieht.«

Schon gleich nach seiner Erhebung in den Kardinalsrang hat Richelieu sich um einen *fürstlichen* Rahmen für sein künftiges Auftreten als Anwärter auf das Amt des leitenden Ministers bemüht. Durch
äußerste Anspannung seiner finanziellen Ressourcen konnte er in
dem westlich von Paris, nahe bei der Königsresidenz Saint-Germain
gelegenen Rueil ein repräsentatives Landhaus kaufen und mit dessen

184

Ausbau zu einem Kardinalspalast beginnen. Für weitere Häuser und Schlösser außerhalb von Paris, dessen »Pesthauch« er niemals lange ertragen konnte, gab er große Summen aus; am liebsten und am häufigsten hat er sich aber in Rueil aufgehalten.

Um auch in Paris standesgemäß »hofhalten« zu können, erwarb er bereits 1624 das nahe beim Louvre an die Stadtmauer angrenzende Grundstück Rambouillet, das er zielstrebig über die Stadtmauer hinaus, die Nachbargrundstücke miterfassend, zu einem großartigen »Palais Cardinal« ausgestalten wollte. Nach seiner Ernennung zum leitenden Minister hat er sich selbstverständlich einen bürokratischen Apparat schaffen und mit Männern seines Vertrauens besetzen müssen, doch die jahrelangen Feldzüge im Süden und Norden Frankreichs sowie in Savoyen haben in dieser Hinsicht bis zum »Tag der Geprellten« zweifellos häufig Improvisationen – allerdings sehr effektive – erfordert. Im Vollbesitz der Macht konnte er dann endlich den ihm gemäßen Lebens- und Arbeitsstil über längere Zeiträume hinweg entfalten und durchhalten.

Einer der Geschichtsschreiber, denen er beizeiten »Materialien« für die Fundierung seines Nachruhms zukommen ließ, hat überliefert: »Der Kardinal legt sich um elf Uhr ins Bett und schläft nie mehr als drei oder vier Stunden. Wenn sein erster Schlummer vorüber ist, läßt er sich Licht und Schreibzeug bringen und schreibt oder diktiert einer Person, die zu diesem Zweck in seinem Zimmer schläft. Dann schläft er noch einmal bis gegen sechs Uhr, steht aber nicht vor sieben oder acht Uhr auf. Nach dem Gebet läßt er zuerst Diener kommen, damit sie die in der Nacht aufgesetzten Notizen abschreiben. Seine eigentlichen ›Bürostunden‹ absolvierte er von neun bis elf Uhr. Audienzen gab er sehr ungern, er betrachtete sie als Zeitverlust. Da er die Natur sehr liebte, verbrachte er die Stunde vor dem Mittagessen und einige Zeit danach, in der helleren Jahreszeit auch die Stunde nach dem Abendessen in den Gärten oder Parks seiner Schlösser, begleitet von vielseitig gebildeten Freunden, wobei Gespräche über Amtsgeschäfte verpönt waren. Nachdem er sich um 23 Uhr zur Ruhe begeben hatte, betete er kniend etwa dreißig Minuten lang. Zu Ostern zog er sich, wenn möglich, in ein Kloster zurück, um dort zu meditieren.«

Eine solche Einteilung des Vierundzwanzigstundentages könnte trotz aller Strenge des Wechsels von Arbeits- und Erholungsphasen

Richelieu. Gemälde von Champaigne

und der insgesamt unvorstellbar großen psychischen und physischen Leistungsfähigkeit noch irgendwie »normal« anmuten, wenn es sich nicht um einen chronisch schwerkranken Mann gehandelt hätte. Seit 1608 plagten ihn Wechselfieber (Malaria) und Kopfschmerzen, die seit 1621 als unerträglich bezeichnet wurden, und bald kamen noch schmerzhafte Verdauungsbeschwerden, Hämorrhoiden, Geschwüre am ganzen Körper und besonders quälende Fisteln hinzu. Doch während der Belagerung von La Rochelle ertrug er schwere Strapazen, und in den Feldzügen nach Savoyen ritt er über verschneite und vereiste, kaum gangbare Alpenpässe, führte das rauhe Leben eines Soldaten. Die seelischen Belastungen des Jahres 1630 verursachten gesundheitliche Rückschläge, die das Reisen nur noch auf Ruhebetten, zu Schiff oder in geräumigen Sänften (die wie kleine Zimmer ausgestattet waren) zuließen. Von weiteren schweren Erkrankungen wird noch öfters zu berichten sein.

Sein Arzt François Citoyts betreute ihn seit 1609, kannte also die nervösen Reaktionen seines Patienten auf schlechte Nachrichten oder Beleidigungen genau. Er verordnete dann körperliche Ruhe und erheiternde Gespräche, plagte ihn aber mit Aderlässen und fast täglich mit Abführmitteln. Unmäßiges Essen und Trinken mied Richelieu konsequent, und auf Sauberkeit in seiner Umgebung achtete er derart rigoros, daß er damit in einer keineswegs um Hygiene bemühten Umwelt großes Aufsehen erregte. Die reinlichen Katzen waren seine Lieblingstiere. Bei plötzlich eintretender Gefährdung der politischen oder gar der physischen Existenz verfiel er zunächst in sinnlose Vielgeschäftigkeit und panische Angst, doch daraus befreite er sich mit klaren, zielstrebigen Entschlüssen; wenigstens stellt sich sein Verhalten nachträglich oft so dar. Daß eine solche Entwicklung im einzelnen außerordentlich dramatisch verlaufen konnte, zeigte besonders eindrucksvoll der »Tag der Geprellten«.

Wie wenig in den dreißiger Jahren noch von dem verführerisch schönen Bischof von Luçon übriggeblieben war, der Maria von Medici und die Galigai gleichzeitig zu »betören« vermochte, lassen die überlieferten Porträts nicht erkennen. Philippe de Champaigne malte den bereits ergrauten Kardinal, dessen Gesicht mühsam beherrschte Leiden widerspiegelt. Das ist der Mann, in dessen arbeitsreichen Nächten so manches Mal der Chirurg, der Arzt und der Apotheker die Arbeit der Sekretäre unterbrachen oder gar wohl selbst deren Aufgaben wahrnahmen. Am Morgen hatte sich der Kranke dann trotz aller Torturen im Tiefschlaf der Erschöpfung wieder so weit erholt, daß er die Anforderungen des Tages meistern konnte. Er hatte sich eine Art Hofstaat zusammengestellt, dessen reibungsloses Funktionieren den täglichen Triumph des starken Geistes über den schwachen Körper ermöglichte. Seinem Haushalt wurde die Rolle eines Ministerbüros, ja eines ganzen Ministeriums zugewiesen.

Jedes Mitglied dieser »familia« (im Sinne von »Gefolgschaft eines altfränkischen Herrschers«) konnte die verschiedenartigsten Aufträge übernehmen, sogar der Arzt und der alte Beichtvater Abbé Mulot. Unter den Staatssekretären traten 1632 ein Bruder des bereits öfter erwähnten Denis Bouthillier, Claude Bouthillier, sowie dessen Sohn Léon (der sich nach dem ihm verliehenen Grafentitel Chavigny nannte) in die erste Reihe. Claude war überwiegend für Finanzen, Chavigny für die Beziehungen des Ersten Ministers zu Gaston von Orléans und Fragen der Außenpolitik, nach 1632 aber auch speziell für Finanzen zuständig. Die sehr engen, fast verwandtschaftlichen Beziehungen des Kardinals zur Familie des treuen Vermögensverwalters seiner Mutter führten dazu, daß er Chavigny wie einen Sohn behandelte – was nicht nur die Phantasie von Zeitgenossen beflügelt hat.

Als vielseitiger Vermittler und Geldbeschaffer war Claude de Bullion seit 1624 Mitglied des Ministeriums, ein besonders zuverlässiger Mitstreiter, bewährt auch als wichtigster Informant des Kardinals am »Tag der Geprellten«. Dieser und alle anderen bevorzugten Sekretäre konnten sich fast unkontrolliert bereichern. Und in dieser Hinsicht war und blieb Richelieu, der ja seinen eigenen, schnell anwachsenden Reichtum ebenfalls vom Günstlingssystem in der französischen Staatsverwaltung herleitete, sehr großzügig. Was durch Gunst erlangt wurde, konnte aber durch Ungunst über Nacht verlorengehen. Das wirkte manchmal vielleicht auf die in ständiger Armut lebenden Massen wie eine Art ausgleichender Gerechtigkeit.

Über allen mehr oder weniger bevorzugten Mitarbeitern stand Pater Joseph, der Titel, Geld und Luxus verschmähende, gern im Verborgenen wirkende Kapuziner, seit 1631 auf nachdrücklich wiederholten Wunsch des Königs offiziell Staatsminister mit sechsspännigem »Dienstwagen«. Dieser intimste Vertraute, Berater, Kundschafter, Beschützer und Beichtvater war zu Richelieus Nachfolger

Claude Bouthillier. Stich von Nanteuil

bestimmt. Es gab niemanden, der dafür würdiger und befähigter gewesen wäre. Doch die Graue Eminenz starb bereits im Dezember 1638; erst zwei Jahre später trat der inzwischen zum Franzosen gewordene Mazarin sein Erbe an.

Neben, aber auch innerhalb dieser altfränkisch-feudalen »familia« spielten im Leben des kinderlosen Inhabers faktisch unbegrenzter Macht und eines ungeheuren Vermögens seine blutsverwandten Erben, aber auch entferntere Verwandte stets eine große Rolle. Der Verlust des im Duell gefallenen ältesten Bruders Henri hatte ihn tief geschmerzt. Doch da der Marquis bekanntlich ein unsinniges Testament hinterlassen hatte, das den armen Bischof von Luçon nötigte, ihn postum entmündigen zu lassen, wäre dieser Bruder für den allmächtigen Ersten Minister vielleicht noch eine ähnliche Belastung geworden wie der halbirre Bruder Alphonse. Dieser durfte sein Leben nicht in einem Kartäuserkloster beschließen. Als Erzbischof von Lyon und Aix, mit dem Kardinalspurpur geschmückt, verfiel er schließlich völlig dem Wahnsinn.

Die jüngste Schwester, Nicole, erlitt das gleiche tragische Schicksal. Sie wurde mit dem aus dem Hochadel stammenden, zehn Jahre jüngeren Urban de Maillé-Brézé verheiratet, der schon bald in ein Hörigkeitsverhältnis zur Frau seines Büchsenspanners geriet und mit dieser mehrere Kinder hatte. Doch auch mit seiner unglücklichen Ehefrau, die in dem Wahn lebte, daß ihr Gesäß aus Glas sei, hatte er zwei Kinder. Diesem Schwager verhalf der Kardinal zu einer steilen militärischen Karriere, denn nur durch hohe Stellungen und reich dotierte Ämter konnte der Gatte Nicoles zum Ansehen der Familie Richelieu beitragen. So wurde er als Marschall einer der prominentesten Heerführer Frankreichs, trat aber auch als Diplomat und Vizekönig von Katalonien hervor.

Der Sohn Brézés und Nicoles, Armand, erwies sich als hochbegabt und wurde vom Onkel entsprechend erzogen und gefördert. Schon früh Admiral und Herzog geworden, gehörte er zu den Haupterben Richelieus. Er fiel aber bereits vier Jahre nach dem Tode des Onkels als erster Seeheld Frankreichs an Bord seines Flaggschiffs im Kampf mit einer spanischen Flotte.

Armands Schwester Claire-Clemence wurde 1641 mit einem Prinzen des Königshauses, Ludwig II. von Condé, verheiratet, der nach dem entscheidenden Sieg über Spanien bei Rocroi (1643) als der »Große Condé« in die Geschichte eingegangen ist. Zu der Ehe mit einem Kind, das noch mit Puppen spielte, war der Herzog von Enghien (so lautete sein Titel) erst nach langem Widerstreben bereit.

Auch die ältere Schwester Richelieus, Françoise, hatte einen Sohn und eine Tochter. Sie starb bereits 1615. Ihr Mann, René de Pontcourlay, begleitete den Schwager ins Exil nach Avignon. Der Sohn François erhielt hohe Ämter, denen er sich jedoch nicht gewachsen zeigte. Der Tochter sind wir bereits als junger Witwe des Luynes-Neffen Combalet und engster Vertrauten des Kardinals begegnet. Marie Madelaine de Combalet, 1638 zur Herzogin von Aiguillon ernannt, stand dem Onkel von allen Verwandten am nächsten. Sie leitete bis zu seinem Tode mit Umsicht und Autorität seinen großen Haushalt.

Die Verwandten aus der mütterlichen Familie La Porte wurden ebenfalls mit lukrativen Ämtern versorgt. Nähere Beziehungen hat Richelieu mit seinem Onkel Amador La Porte unterhalten, dem er seine Ausbildung in Paris verdankte. Amador spielte in den Marine- und Kolonialplänen des Kardinals eine bedeutende Rolle. Zusammen mit Claude Bouthillier und dessen Sohn Chavigny gehörte er zum »Rat der Admiralität«. Zu den entfernten Verwandten aus der Familie La Porte gehörte François Sublet de Noyers. Nachdem dieser sich bei der Kontrolle von Befestigungsanlagen und Problemen der Geldbeschaffung »seine Sporen verdient« hatte, wurde er 1636 zum Staatssekretär für das Kriegswesen ernannt. Auch beim König stand er in Gunst, so daß Chavigny eifersüchtig wurde. Der kleingewachsene Mann hatte sich vom Schreiber mit großem Fleiß emporgedient. Neben Mazarin und Chavigny zählte ihn der Kardinal am Ende seines Lebens zu seinen wichtigsten Mitarbeitern.

Das Regierungsprogramm

Mit dem Vorstoß französischer Truppen nach Oberitalien war der Kampf mit Spanien um die Vorherrschaft in Europa ohne Kriegserklärung, doch allgemein erkennbar eröffnet worden. Der Vertrag von Cherasco (1631) bedeutete nur einen Waffenstillstand; Richelieus radikal nationale, religiöse Mäntelchen verschmähende Außenpolitik mußte zwangsläufig zu neuen Zusammenstößen mit dem Hause Habsburg führen. Die vom Kardinal eingeleiteten inneren Reformen waren als Fehdeansage an die Verfechter des reaktionären Prinzips föderalistischer Gewaltenteilung gemeint und als solche verstanden worden. Die Häupter der inneren Opposition, die Königinmutter und der Thronfolger Gaston, hatten nach dem »Tag der Geprellten« nicht mehr zu Kristallisationspunkten von Rebellenarmeen werden können; sie mußten vielmehr durch Emigration in spanisches oder lothringisches Asyl ihre militärische Schwäche eingestehen. Von dort aus organisierte Verschwörungen gegen Frankreich wurden stets von Spanien unterstützt. In der Schlußphase seines Kampfes um einen südfranzösischen Separatstaat hatte sogar der Hugenottenführer Rohan mit Spanien paktiert. Verschwörer und Rebellen gegen das Frankreich Richelieus konnten nun niemals mehr glaubhaft behaupten, daß sie für nationale Ziele kämpften.

Am 13. Januar 1629 hatte Richelieu (wie oben S. 150 dargestellt) dem König in Gegenwart der Königinmutter und des Beichtvaters Suffren sein langfristiges Regierungsprogramm mit erstaunlicher Offenheit vorgetragen. Ludwig XIII. hatte diese Zielsetzungen vorbehaltlos gebilligt. Inzwischen waren die Hugenotten entwaffnet worden. Der letzte der sogenannten französischen Religionskriege hatte der drangsalierten Bevölkerung noch einmal die Alternative zum Leben in einem zentralistisch regierten Nationalstaat vor Augen geführt. Nun konnte sie sich – gemäß dem »Gnadenedikt von Alais« – unter dem Schutz der katholischen Obrigkeit zu ihrer kalvinistischen Religion bekennen. Das war ein sehr wichtiger Schritt zur dauerhaften Einheit der Nation.

Der immer wieder aufs neue nach feudaler Anarchie strebende Hochadel war noch längst nicht entmachtet. Es konnte aber kein Zweifel daran bestehen, daß der Erste Minister die Autorität der königlichen Zentralgewalt in Zukunft viel stärker zur Geltung bringen werde. Schon im Jahre 1627 hatte ein dem Hochadel angehörender Verächter dieser Autorität als rückfällig gewordener Duellant seinen Kopf auf den Richtblock legen müssen. Welcher Grandseigneur würde ihm als Verschwörer und überführter Hochverräter aufs Schafott folgen? Diese Frage sollte schon bald beantwortet werden.

Die im Januar 1629 angemeldeten Ansprüche auf Territorien in Savoyen, in der Schweiz, in Lothringen und im Elsaß, schließlich auch an der Südgrenze Frankreichs wurden je nach der Entwicklung des großen Krieges östlich des Rheins aktualisiert. Überall wurden nur historisch begründbare oder für die Landesverteidigung angeblich unverzichtbare Forderungen erhoben. Da Ludwig XIII. oft unter Gewissensqualen litt, die seine ultramontanen oder gar spanisch gesinnten Beichtväter eher vermehrten als linderten, hat ihm sein Erster Minister *als Priester* regelrecht »eingehämmert«, daß er von Gott für seine Taten nicht nach Maßstäben verantwortlich gemacht werde, die für gewöhnliche Menschen gelten. Für den König sei das Wohl seines Staates das höchste Gesetz. Er dürfe seine Macht nicht mißbrauchen, aber auch nicht dort Milde walten lassen, wo andere gegen das Interesse des Staates verstießen. Nur mit einem Monarchen, der solchen Maximen unbeirrbar folgte, konnte Richelieu sein Regierungsprogramm nach und nach verwirklichen.

Die Innenpolitik, vor allem die Wirtschafts- und Sozialpolitik, blieb völlig den gesteigerten finanziellen Anforderungen der Kriegskasse untergeordnet. Von einer Erleichterung der Steuerlasten oder gar von der – noch 1629 geforderten – Abschaffung des Ämterkaufs konnte keine Rede sein. Auch der Auf- und Ausbau einer respektablen Handels- und Kriegsmarine vermehrte nur den Druck auf die Steuerkassen.

Zu Richelieus kaum noch übersehbaren Ämtern und Titeln gehörte auch das des »Großmeisters und Generalintendanten der Schiffahrt und des Handels«. Während der Regierungszeit Heinrichs IV. war die Schiffahrt stark vernachlässigt worden. Es hieß, daß Frankreich nach Heinrichs Tode kein einziges Kriegsschiff mehr besessen habe. Im Mittelmeer terrorisierten nordafrikanische Seeräuber aus den Berberstaaten den französischen Seehandel ungestraft, die französische Flagge genoß keinen Respekt. Um dem abzuhelfen, verlangte der Kardinal, daß sofort mit dem Bau von vierzig Kriegsschiffen (davon sollten dreißig kampfstarke Galeeren sein) begonnen werden müsse. Einer alten Familientradition folgend, wandte er sein Interesse besonders dem an der Seinemündung gelegenen, leider immer wieder versandenden Hafen der Stadt Le Havre zu, der eine Zeitlang den Hugenotten als militärischer Stützpunkt gedient hatte. Für den Ausbau dieses Hafens hat Richelieu enorme Summen ausgegeben, doch gegen das ständige Versanden kam auch er nicht an.

Erst lange nach dem Tode Ludwigs XIII. verfügte Frankreich über gut ausgebaute Kriegshäfen. Dennoch errangen französische Admiräle nach 1635 so bedeutende Erfolge in Seeschlachten gegen spanische Flotten, daß Richelieu in seinem »Politischen Testament« den König erinnern konnte: »Wäre Eure Majestät so schwach gewesen wie Ihre Vorgänger, so hätte Sie nicht auf hoher See alle Kräfte, die Spanien vereinigen konnte, im Jahre 1638 in Asche verwandelt.«

Der Kardinal realisierte sein Regierungsprogramm pragmatisch, taktisch klug und weit vorausschauend planend. Starre, auf Theorien beruhende Programme lehnte er ab. Durch »Präzedenzfälle« ließ er sich niemals festlegen, er benutzte sie nur gelegentlich für eine ihm

Die Kirche der Sorbonne

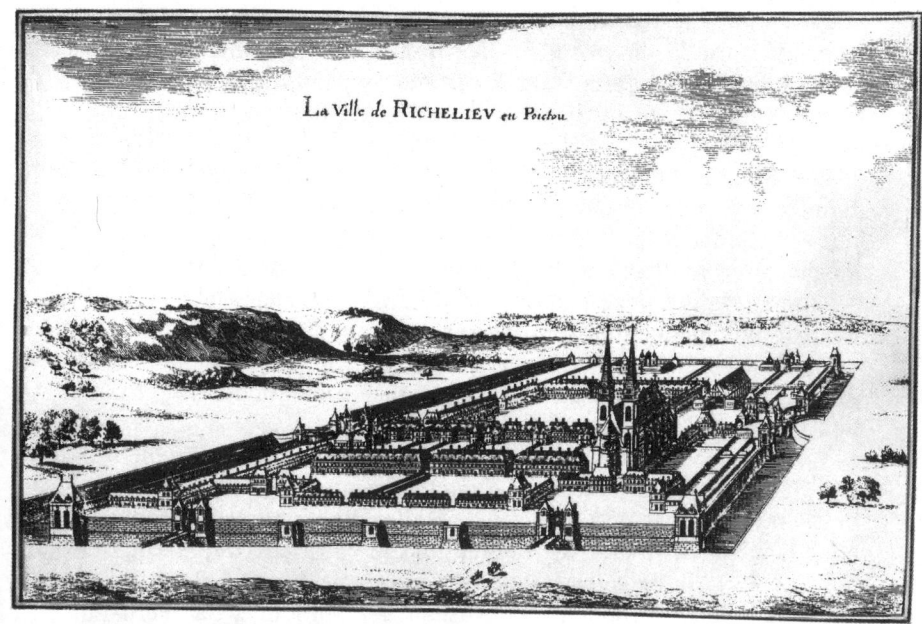

Stadt Richelieu. Kupferstich von Merian

nützlich erscheinende Argumentation. Über die Gewohnheit mancher Politiker, die Geschichte nach Lehren für aktuelle Probleme zu durchforschen, äußerte er sich skeptisch: »Die Vergangenheit bezieht sich nicht auf die Gegenwart, das Verhältnis zwischen den Zeiten, dem Ort und den Personen ist immer ein gänzlich anderes.«

Richelieu als Bauherr

Favoriten wie Concini, Luynes oder Buckingham waren für heutige Begriffe unvorstellbar reich gewesen; Richelieu übertraf sie alle. Man hat errechnet, daß seine Einnahmen im Jahre 1638 etwa 1,4 Millionen Livres betrugen. Dem standen Ausgaben von etwa 1,25 Millionen Livres gegenüber. Ludwig XIII. lebte viel sparsamer, sehr zum

Ärger seines Ersten Ministers, der nicht nur durch die Macht, sondern auch durch das Ansehen des französischen Königtums – das nicht zuletzt auf äußerem Glanz beruhte – ganz Europa überstrahlen lassen wollte. Doch mit Geschenken für seinen so unentbehrlichen Ersten Minister hat er nicht gegeizt.

Die Staatsfinanzen befanden sich seit dem Tode Heinrichs IV. ständig in einem desolaten Zustand. Da die normalen Einnahmen nur etwa ein Drittel der Ausgaben (insbesondere der Kriegskosten) ausmachten, mußten die Finanzminister stets »irgendwie« Geld beschaffen, was meistens zur Ausplünderung ländlicher Gebiete, seltener zur Beschlagnahme der riesigen Vermögen einiger der sich unverschämt bereichernden Steuerpächter führte. Ein geordnetes Kreditwesen, das breit gestreute Staatsanleihen ermöglicht hätte, gab es noch nicht.

Wenn einer der großen Herren Geld für seine Schlösser, öffentliche Gebäude, Wegebau oder Hafenanlagen ausgab, so wirkte sich das belebend im wirtschaftlichen und sozialen Bereich aus, aber ebenso auch lange nachwirkend als Beitrag für die kulturelle Repräsentation des Staates. Als Beispiele seien vier Komplexe aus der Bautätigkeit Richelieus hervorgehoben: der Ausbau der Sorbonne, das Petit-Luxembourg, das Palais Cardinal sowie Schloß und Stadt Richelieu.

Noch heute bilden die von ihm in Auftrag gegebenen neuen Gebäude des mittelalterlichen Straßenzuges, an dem Robert de Sorbon nach 1257 die ältesten Kolleggebäude errichten ließ, den Kern der Pariser Universität, deren zahlreiche Institutionen seit dem 19. Jahrhundert unter dem Namen der alten berühmten Bildungsstätte vereinigt sind. Richelieu, der seit seiner Studentenzeit und insbesondere seit seiner Promotion zum Doktor der Theologie der Sorbonne eng verbunden geblieben war, wurde bereits 1622 zum Vorsteher der sich selbst verwaltenden Kollegs berufen. Sein Architekt Lemercier leitete die Arbeit an den Neubauten, von denen die Universitätskirche Berühmtheit erlangt hat. Dieses von ihm gestiftete und mit besonderer Aufmerksamkeit bedachte Gebäude hat der Kardinal zu seiner Grabkirche bestimmt.

Nach 1631 trat bei den Arbeiten an der Sorbonne eine längere Pause ein, weil der Staatsmann nun beschloß, das Palais Rambouillet zu einem wahrhaft königlichen Schloß umbauen zu lassen. Das Petit-Luxembourg war ihm als Stadtresidenz unbehaglich geworden. Es

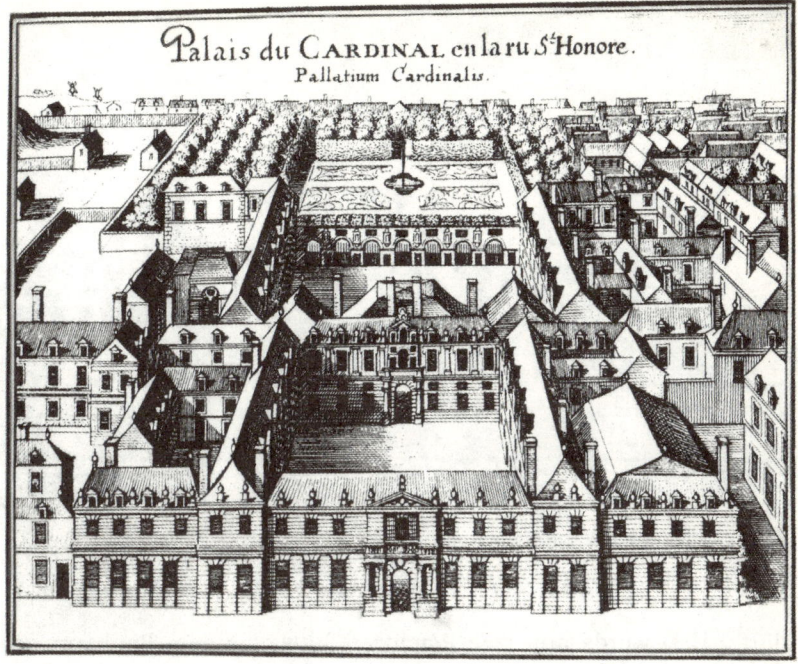

Palais Cardinal (Royal) in Paris. Kupferstich von Merian

waren zu viele Erinnerungen an Maria von Medici und den »Tag der
Geprellten« damit verbunden. Dieses Gebäude, unmittelbar neben
dem Luxembourg-Palais gelegen, war eigentlich ein Geschenk Marias an ihren »Liebling« Richelieu gewesen, blieb aber nichtsdestoweniger mit seinem Namen verbunden. Heute ist es Residenz des Präsidenten des Senats (der zweiten Kammer des Parlaments), in ihm befinden sich auch der Sitzungssaal sowie die Arbeitsräume aller
Senatoren.

Die Vorbereitungen für den Bau des großartigen Kardinalspalastes,
der heute unter dem Namen Palais-Royal (Königlicher Palast) Sitz
des Staatsrates und staatlicher Kulturbehörden ist, zogen sich noch
bis 1634 hin, der Bau wurde 1639 vollendet. Kurz vor seinem Tode
setzte der Kardinal Ludwig XIII. als Erben ein mit der Auflage, daß
nur der König selbst oder der Kronprinz diesen Palast bewohnen

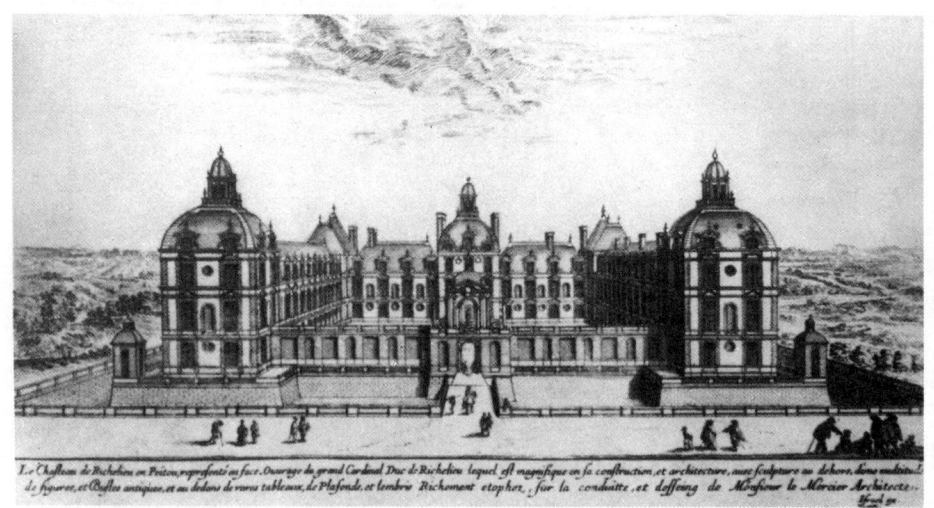

Schloß Richelieu. Kupferstich von Silvestre

dürfe. Hier wurde nun jene Pracht entfaltet, die dem Bauherrn der Größe und der Macht des französischen Königtums angemessen erschien. Er selbst bevorzugte zumindest bis zur Vollendung der ersten Baustufen weiterhin sein Palais in Rueil.

Als Monument für den Aufstieg des Hauses Richelieu sollten das alte Stammschloß und die Stadt Richelieu die Zeitgenossen und die Nachwelt in bewunderndes Staunen versetzen. Dieses Ziel hat der hoch gestiegene Sohn des Poitou erreicht, den Triumph aber kaum selbst genossen. Nachdem er etwa zwanzig benachbarte Güter aufgekauft und damit das zusammenhängende Territorium eines Herzogtums geschaffen hatte, änderte er den seit 1626 verfolgten Plan, das alte Schloß nur zu verschönern und einen neuen Flügel anzubauen. Lemercier erhielt 1631 den Auftrag, völlig Neues zu entwerfen und zu gestalten. Das Ergebnis muß geradezu atemberaubend gewesen sein. Ein uns nicht näher bekannter Architekt Vignier schrieb im Jahre 1676, übereinstimmend mit anderen Zeitgenossen: »Es ist das einzige Haus in Europa, das man vollkommen nennen kann.« – Heute sind von dieser Pracht nur noch unbedeutende Reste erhalten.

198

Schloß Rueil, Gartenseite. Kupferstich von Silvestre

Warum wohl mag der Kardinal nur aus der Ferne kontrolliert haben, wie seine Wünsche Gestalt annahmen? »Er träumte von dem Wirtschaftshof, der an seinen Langseiten auf 144 Meter Länge mit Gebäuden eingerahmt werden sollte, von einem ersten Hof – 124 zu 112 Meter – mit Reitsaal und großen, getäfelten Ställen, vom dritten Hof mit seinen Wassergräben und der Brücke, von der man das gesamte Meisterwerk überschauen mußte, von dem monumentalen, von einer Kuppel überragten Portal, auf dem sich eine Fama mit der Trompete in der Hand erhob, von der Statue Ludwigs XIII. in römischem Gewand, vor drei marmornen Herkulesfiguren, von den Säulen des Vorbaus, den Obelisken, der Terrasse, dem vierten Hof mit seinen Pavillons in den Ecken, von der Ehrentreppe, den Gemächern des Königs und der Königin, von der Wohnung des Ministers selbst, die einstmals die seines Vaters gewesen war. Er träumte von der Einrichtung, den Möbeln, Wandbehängen, Bildern, zahllosen Kunstschätzen. Er träumte davon, aber auch nur das: Niemals fand Richelieu die Zeit, das Schloß und die kleine Stadt zu sehen, die seinen Namen trugen« (Philippe Erlanger).

Gerüchten zufolge sollen sich die Gesamtkosten auf vierzehn Millionen Livres belaufen haben – dieser Mann scheute offenbar keine Kosten, wenn es galt, seiner Familie ein prächtiges Denkmal zu setzen. Sein eigenes Denkmal stand bereits in der Geschichte Europas; doch an dessen Fundamenten rüttelten gerade jetzt wieder haßerfüllte Feinde.

Hochgeborene Verschwörer und ein Opfer: Der Fall Montmorency

Die Königinmutter war genötigt worden, im Ausland Asyl zu suchen; der noch ziemlich populäre Thronfolger lebte ebenfalls nur halb freiwillig außerhalb der Landesgrenze; im Lande gab es an mehreren Stellen Hungerrevolten, die leichter zu unterdrücken waren als die sie begleitenden Pestepidemien. Da hatten es Agitatoren, die zum Widerstand gegen Richelieus Diktatur aufriefen, nicht sonderlich schwer.

Der neue Großsiegelbewahrer, Châteauneuf, erwies sich als eifriger Handlanger, als erwogen wurde, den Bruder seines Amtsvorgängers, den Marschall Marillac, »als abschreckendes Exempel« hinzurichten. Durch die unerwartet schnellen Siege des Schwedenkönigs Gustav Adolf war eine außenpolitisch so prekäre Lage entstanden, daß ein Justizmord an dem objektiv nur wenig belasteten Marschall von König Ludwig schließlich akzeptiert wurde. Die von Lothringen aus agierenden Verschwörer hatten sich nämlich auch vorgenommen, Marillac zu befreien.

Zuvor, Anfang Januar 1632, mußte darüber entschieden werden, wie Frankreich sich angesichts der Veränderung des Kräfteverhältnisses zugunsten der protestantischen Mächte verhalten sollte. Die meisten Minister sprachen sich für eine Kriegserklärung an den Kaiser und für den Einmarsch ins Elsaß aus. Pater Joseph hielt es jedoch für richtiger, weiterhin als »dritte Kraft« durch geheime Kontakte dafür zu sorgen, daß weder die protestantische Partei noch das Haus Habsburg zu einem vollständigen Triumph gelangte.

Nach langem Abwägen aller Möglichkeiten folgte der Kardinal dem Rat des Kapuziners. Die innere Schwäche seines Staates, die gerade jetzt wieder bei Streitigkeiten um die Befugnisse der Parlamente deutlich zutage trat, und die zwielichtige Haltung des Thronfolgers erlaubten wohl auch gar keinen offenen Krieg mit den Habsburgern.

Aus Briefen, die seine Agenten in Lothringen abgefangen hatten, wußte Richelieu von Verhandlungen der Königinmutter mit Spanien, bei denen es um die Auslieferung ostfranzösischer Grenzfestungen und um die Befreiung Marillacs aus Metz gegangen war. Nun erfuhr er Anfang Mai, am Tage der Hinrichtung des Marschalls, durch Überläufer genaue Einzelheiten über das geplante Komplott. Das Ausmaß des Frankreich drohenden Schadens war erschreckend. Neben Maria von Medici, Gaston, den souveränen Herzögen von Lothringen und Savoyen waren auch die Herzöge von Bouillon, Montmorency und Chaulnes sowie der Marschall Créqui mit Plänen beschäftigt, wie man dem Kaiser und den im Norden, Süden und Osten lauernden spanischen Heeren breite Einfallstore nach Frankreich öffnen könne.

Ludwig XIII. fuhr sofort nach Calais und schickte den dortigen Gouverneur, der die Stadt und den wichtigen Hafen an die Königinmutter ausliefern wollte, persönlich in die Verbannung. Ebenso schnell handelte sein Erster Minister. Er veranlaßte die Herzogin von Chevreuse, den Herzog von Lothringen – ihren derzeitigen Liebhaber – vor unbesonnenen Schritten zu warnen. Dann wandte er sich dem Herzog von Montmorency zu, dem er bekanntlich Dank schuldete. Montmorency versuchte, den auf ihm lastenden Verdacht zu entkräften, indem er seine Loyalität beteuerte; doch als es im mühsam befriedeten Languedoc zu einem neuen Aufstandsversuch kam, spielte er dabei eine zumindest zwielichtige Rolle. Die Traditionen seines Hauses und seine familiären Beziehungen ließen Heinrich II. von Montmorency als gefährlichsten Verschwörer innerhalb der Landesgrenzen erscheinen. Die Art, wie mit ihm umgegangen wurde, mußte deutlich Auskunft geben über die wirkliche Macht König Ludwigs XIII. und – seines Ersten Ministers.

Das Haus Montmorency hatte den höchsten Rang nach dem Königshaus mit seinen Nebenzweigen. Seine Häupter führten den Titel »Erster Baron der Christenheit«. Heinrich II. war nicht nur Herzog und Pair, sondern auch Marschall von Frankreich. Bis Richelieu dieses Amt aufgehoben hatte, war er auch noch »Admiral von Frankreich« gewesen. Dieser Verlust an Ehre schmerzte ihn wohl noch. Gouverneur des Languedoc war er seit 1613. Dort hatte er Rohan nach dem Fall von La Rochelle besiegt, und anschließend hatte er auf dem italienischen Kriegsschauplatz den entscheidenden Sieg von Veillane erfochten, was dem damals Vierunddreißigjährigen den Titel eines Marschalls einbrachte. Als »Idol des Hofes und der Provinzen« hielt er in mehreren Residenzen glänzender Hof als Ludwig XIII. Er war ein berühmter Frauenheld, während seine Ehefrau, die attraktive Römerin Felicitas von Orsini, eine Nichte Maria von Medicis, sich an ihrem »Musenhof« in Chantilly (nördlich von Paris) von Dichtern als »Silvia« feiern ließ.

Zur Teilnahme am Komplott verführte ihn der Bischof von Albi. Zwei Vettern des Bischofs lebten bei Maria in Brüssel, und diese ließen Montmorency über ihren Onkel Angebote der Verschwörer zukommen, die seine Eitelkeit anstacheln sollten. Da sowohl der Vater des Herzogs als auch der Großvater das Amt des Konnetabels innegehabt hatten, strebte auch Heinrich II. diesen Ehrentitel an. Doch Richelieu, der vor La Rochelle, in Oberitalien und in Südfrankreich Oberbefehlshaber aller Streitkräfte gewesen war, hatte das Amt des Konnetabels abgeschafft und wollte daran nichts ändern. Das wirkte auf Montmorency offenbar ebenso als schleichendes Gift wie der Verlust des Admiraltitels.

Dennoch fühlte sich der Herzog dem König, der ihn stets als Freund und Verwandten behandelt hatte, sehr verbunden, und auch vom Kardinal erwartete er nur Wohlwollen. Seinerseits hatte er dem »Emporkömmling« gegenüber die gönnerhafte Haltung eines wirklichen Grandseigneurs vielleicht etwas zu deutlich gezeigt, und in Lyon sah er den Ersten Minister zittern ... Da konnte bei jenem Wohlwollen sehr schnell in Haß umschlagen, wenn der bisherige Freund auf die Seite der Feinde trat.

Die Lage spitzte sich zu, als Richelieu eine Armee nach Lothringen marschieren ließ, wo Gaston mit geliehenem Gelde etwa fünftausend spanische Soldaten angeworben hatte. Gleichzeitig erging an den Gouverneur von Montpellier der Befehl, den Herzog von Montmorency zu verhaften. Für das Languedoc wurden Intendanten ernannt, die gefürchteten, völlig skrupellosen »Erwählten« des Kardinals. Der geplanten Verhaftung konnte der Herzog sich entziehen, da er rechtzeitig gewarnt wurde. Nun versuchte Richelieu ein letztes Mal, eine Verbindung Montmorencys mit dem inzwischen aus Lothringen aufgebrochenen Thronfolger zu verhindern. Er empfing den

Hauptmann der Leibgarde des verblendeten Grandseigneurs, der dann auch sein Bestes tat, den Herzog vor einer Allianz mit dem wankelmütigen Prinzen zu warnen; doch die Stimmen von Beratern, die an die stolzen Traditionen der Montmorencys erinnerten und Verhandlungen aus einer Position der Stärke empfahlen, noch mehr aber die aufreizenden Reden seiner Gattin Felicitas gaben schließlich den Ausschlag für ein Bündnis mit Gaston.

Zu spät erkannte er, daß sein Schwager Condé und der Generalissimus Richelieu den Süden Frankreichs wirklich nachhaltig befriedet hatten. Vereinzelten Aufstandsversuchen adliger Glücksritter war durch das »Gnadenedikt« von Alais die Massenbasis entzogen, und die Truppen des durch die Auvergne heranziehenden Prinzen Gaston boten einen wenig imponierenden Anblick. Richelieus Taktik hatte Gaston beizeiten von seinem Hauptverbündeten, Karl von Lothringen, getrennt und anderen potentiellen Rebellen in Frankreich vor Augen geführt, wie kläglich ein französischer Thronfolger sich ausnahm, wenn er vom Ausland her mit wenigen, dazu noch undisziplinierten Söldnern Heimatboden betrat. Dessen Aufruf zum Bürgerkrieg, dem sechsten in fünfzehn Jahren, verhallte fast ungehört. Die Söldner liefen ihm davon, weil sie nicht plündern durften, und mit einigen hundert Edelleuten aus der Auvergne und der Provence, die diese Rebellion wohl als eine Art Duell ansahen, war gegen die Armeen der Marschälle La Force und Schomberg nichts auszurichten.

Als Karl von Lothringen erkannt hatte, daß Richelieu keineswegs bereit war, die Verschwörung gegen seine Person ungesühnt hinzunehmen, drängte er seinen gefährlich gewordenen Gast, das Land schleunigst zu verlassen. Ziemlich konsterniert beschloß Gaston, seine Truppen ins Languedoc zu führen. Sein bombastischer Aufruf an alle Franzosen, gegen Richelieu , den »Zerstörer« der allgemeinen Ruhe, den »Feind des Königs und des königlichen Hauses«, zu den Waffen zu greifen, kam einer Kriegserklärung gegen seinen königlichen Bruder gleich, denn dieser identifizierte sich ja mit seinem Ersten Minister.

Ludwig XIII. und Richelieu zogen zunächst gemeinsam mit einer Armee vor Nancy; denn ganz ungeschoren sollte Herzog Karl diesmal nicht davonkommen. Karl kapitulierte zwar sofort, mußte aber dennoch jenen Teil seines Landes abtreten, der das französische Bistum Metz bisher von Frankreich getrennt hatte. Nach diesem leich-

Herzog
Heinrich II.
von
Montmorency.
Kupferstich
von Mellan

HENRY, DVC DE MONTMORENCY, ET D'AMVILLE,
PAIR ET MARECHAL DE FRANCE, GOVVERNEVR, ET
LIEVTENANT GENERAL POVR LE ROY, EN LANGVEDOC.
Mellan F.

ten Erfolg wandten sich der König und Richelieu dem Languedoc zu, um »den Fall Montmorency« an Ort und Stelle zu klären. Für eine Weile blieben sie aber noch in Fontainebleau, wo sich der Hof aufhielt.

Gaston geriet schon unterwegs in Panik, als es ihm nicht gelang, die Auvergne für seine Rebellion zu gewinnen. Vergeblich forderte er nun sogar den spanischen Kardinal-Infanten Fernando (einen bewährten Heerführer), den Vizekönig von Katalonien und den Gouverneur von Mailand, ja sogar Wallenstein auf, in Frankreich einzufallen. Im Juli berichtete der Intendant d'Hérmery über die mißliche Lage des Thronfolgers an Richelieu und äußerte dabei zuversichtlich die Erwartung, daß Gaston bald »reumütig« an den Hof zurückkehren werde.

Ungeachtet der Schwäche seines Verbündeten fühlte sich Montmorency unlösbar an das gegebene Wort gebunden. Am 22. Juli ließ er auf der Ständeversammlung in Pézenas die Kommissare Richelieus verhaften, und eine Woche später vereinigte er die Truppen des zu ihm haltenden Adels mit der geringen Streitmacht des Thronfolgers. Der größte Teil der Provinz, vor allem auch das Parlament von Toulouse und mit ihm die wichtige Stadt, beteiligte sich nicht an dem Aufstand. Gegen zwei königliche Armeen gab es für die Aufrührer keine Chance.

Der König und Richelieu hatten sich nach Lyon begeben, um auf überraschende Ereignisse schnell reagieren zu können. Dort erreichte sie die Nachricht, daß am 1. September bei Castelnaudary (südlich von Toulouse) Schombergs Truppen in ein kurzes Gefecht verwickelt worden seien, bei dem der Graf von Moret, ein Freund Gastons, gefallen und der Herzog von Montmorency, aus siebzehn Wunden blutend, gefangengenommen worden sei. Schombergs Soldaten hätten den überaus populären Grandseigneur offensichtlich am liebsten entkommen lassen, doch dieser habe mit mehreren Hauptleuten wie jemand gekämpft, der den Tod sucht. Nun sei er in sicherem Gewahrsam. Damit war die Rebellion niedergeschlagen. Gaston forderte Schomberg zwar noch zu einer neuen Schlacht heraus, dieser wich ihm aber aus. In der Nähe der spanischen Grenze bezog der Thronfolger ein festes Lager, stets bereit, den Boden Frankreichs wieder zu verlassen. Die Frau Montmorencys und seine zahllosen Freunde erwarteten, daß Gaston durch Verhandlungen mit seinem Bruder das Leben des tapferen Verbündeten retten werde. Seit feststand, daß der hochgeborene Rebell nicht an seinen Wunden sterben werde, war Richelieu jedoch entschlossen, ihn auf dem Altar der Staatsräson zu opfern.

In einem langen Brief legte er dem König das Für und Wider einer Begnadigung dar. Er hatte zu spät erkannt, daß der Marschall Marillac nicht geeignet gewesen war, den Grandseigneurs durch seinen

Tod ein abschreckendes Beispiel zu geben. Das mußte nun gnadenlos nachgeholt werden. Erst wenn Köpfe hochadliger Rebellen über das Schafott rollten, ging in Frankreich die Zeit feudaler Sonderrechte zu Ende. – Es sollten jedoch noch zwei Jahrzehnte vergehen, bis sich unter Ludwig XIV. der königliche Absolutismus unwiderruflich durchsetzen konnte.

Die Verhandlungen mit Gaston führte der Staatssekretär Bullion, dem auch der Thronfolger vertraute. Auf die Bedingung, daß Montmorencys Leben garantiert werden müsse, entgegnete Bullion kühl, es gehe hier nicht um Vertragsklauseln, sondern um Gnade. Damit gab sich Gaston zufrieden. Ihm lag offenbar am meisten daran, seinen Günstling Puylaurens zu retten. Diesem wurde unter der Bedingung Pardon gewährt, daß er unter Eid aussage, ob sein Herr wirklich – wie ein Gerücht besagte – die lothringische Prinzessin Margarethe, Schwester des Herzogs Karl, geheiratet habe. Puylaurens verneinte dies mit einem Falscheid, und so fehlte ein wichtiges Politikum vorerst noch in Richelieus Kombinationen.

Am 11. Oktober tagten die Stände des Languedoc unter Vorsitz Ludwigs XIII. Den Ständen wurde zwar zugestanden, daß die Intendanten und Kommissare aus der Provinz abberufen wurden, doch dafür verloren sie einige Privilegien, was sich in einer Verdreifachung der Steuern äußerte. Infolgedessen schwelten die sozialen Unruhen weiter. Richelieu reagierte darauf – wie überall – nur mit Polizeiaktionen.

Montmorencys Prozeß fand gegen Ende Oktober vor dem Parlament in Toulouse statt. Der König wurde mit Gnadengesuchen aus ganz Frankreich geradezu überschüttet. Auch der Papst, der Herzog von Savoyen und die Signoria der Republik Venedig wandten sich in diesem Sinne an den Monarchen; andere wählten den Weg über den Kardinal. Condé hatte sich für einen Anteil am beschlagnahmten riesigen Vermögen seines Schwagers mit dessen Hinrichtung einverstanden erklärt, während seine Gattin nur mit großer Mühe, nachdem Richelieu sein Mitgefühl persönlich bekundet hatte, bewogen werden konnte, nicht in Toulouse zu erscheinen und den König um Gnade zu bitten.

Fast noch schwieriger war es für Ludwig XIII., die Fürbitte des achtundsiebzig Jahre alten Gouverneurs der benachbarten Provinz Guyenne, des Herzogs von Epernon, abzulehnen, denn dieser notorische Verschwörer hätte durch eine Beteiligung am Aufstand die Lage für den König viel komplizierter gestaltet. Der noch immer nicht ausgeräumte Verdacht, daß Epernon an der Ermordnung Heinrichs IV. beteiligt gewesen sei, machte es dem Sohn leichter, auch hier fest zu bleiben.

Montmorency benahm sich wie ein vollendeter Edelmann. Er wußte, daß Richelieu seinen Tod aus Gründen der Staatsräson forderte, und zeigte, daß er dafür Verständnis habe. Er vermachte dem Kardinal (mit Erlaubnis des Königs) das überaus kostbare Mobiliar eines der beiden Salons, über die er noch verfügen durfte. Als er am 30. Oktober von weinenden Richtern wegen Hochverrats und Majestätsbeleidigung zum Tode verurteilt wurde, zeigte Ludwig sich ungerührt. Die fast unmittelbar darauf vollzogene Hinrichtung des etwa gleichaltrigen Freundes hat ihn aber bis an sein Lebensende bedrückt. Zu seinem um Gnade bittenden Hofstaat sagte er: »Ich wäre kein König, wenn ich die Gefühle eines Privatmannes hätte.«

Der Herzog starb mit der Haltung, die sein Leben bestimmt hatte. Seine Hinrichtung wurde vom Hochadel ganz Europas nicht als Akt fürstlicher Willkür, sondern als Signal für den Beginn einer neuen Ära verstanden, zumal auch viele der Anhänger Montmorencys hingerichtet worden waren. Wie stark dieses »Verständnis« aber noch von tiefem Haß geprägt war, sollte der verantwortliche Staatsmann schon bald zu spüren bekommen.

Grenzen geliehener Allmacht

Durch das Strafgericht von Toulouse hatte Richelieu sich nur eine kurze Atempause verschaffen können. Die überlebenden Verschwörer waren entweder noch immer als Angehörige des Königshauses vor dem Schwert des Scharfrichters sicher, oder sie nahmen den schimpflichen Tod auf dem Schafott jetzt mit der gleichen Selbstverständlichkeit in Kauf, mit der sie bisher den Tod auf dem Schlachtfeld in ihr Kalkül einbezogen hatten. Der Lenker der Geschicke Frankreichs mußte mit weiterer Bedrohung seines Werkes und seiner Person durch rebellierende Feudalherren rechnen.

Um so mehr verwundert es zu sehen, wie der Kardinal schon während der Schlußphase des Prozesses gegen Montmorency die Heimreise des Hofes so organisierte, daß sie für ihn eine gemächliche Erholungsreise mit amourösem Hintergrund werden sollte. Aber gerade in diesen Wochen stand in Deutschland eine Entscheidungsschlacht zwischen König Gustav Adolf von Schweden und dem vom Kaiser zurückgerufenen Generalissimus Wallenstein bevor, deren Ergebnis eventuell schnelle Reaktionen Frankreichs erforderlich machte. Die plötzlich aufflammende »Vergnügungssucht« des verantwortlichen Ministers wurde dadurch offenbar nicht gedämpft. Erhalten gebliebene geheime Korrespondenz der Herzogin von Chevreuse belegt überzeugend, daß Richelieu in der heiteren Atmosphäre einer Fahrt des gesamten Hofstaates durch die Guyenne und auf der Garonne versucht hat, sich der Königin Anna und ihrer Freundin Chevreuse zärtlich zu nähern.

Die Heimfahrt begann am 3. November in Toulouse. Der König war bereits einige Tage zuvor nach Paris aufgebrochen, ihm war offenbar nicht nach höfischen Lustbarkeiten zumute. Marie von Chevreuse hatte unter den Augen von Eminentissime eine Liebschaft mit dem Großsiegelbewahrer Châteauneuf begonnen, dem Richelieu vertraute. Diesem neuen Verehrer berichtete sie, daß der Kardinal der Königin »unvorstellbare Schmeicheleien« gesagt, sich ihr gegenüber in Anwesenheit Annas aber betont kühl gegeben habe. Erst später habe er ihr seine Leidenschaft offenbart, »die so heftig geworden sei, daß ihn der Kummer über das Verhalten der Madame de Chevreuse (sie spricht von sich in der dritten Person) krank macht«. Kokett stellte sie fest: »Offenbar ist es mir bestimmt, die Tollheit von Narren zu erwecken. Der Kardinal beweist es mir deutlich.« – Daß Châteauneuf diese Verallgemeinerung nicht auch auf sich selbst bezogen hat, mußte er wenig später teuer bezahlen.

Zunächst versuchte Richelieu nur, das Besorgnis erregende Liebespaar zu trennen, obwohl er nicht ahnte, daß es der großen Verführerin nicht um einen neuen Liebhaber, sondern um einen Ersten Minister ging, der ihr wirklich bedingungslos ergeben sein sollte. Die Herzogin spann ihr Netz wieder mit bewährter Meisterschaft. Sie schrieb:»Gestern abend ließ sich der Kardinal nach dem Befinden der Madame de Chevreuse erkundigen und schrieb ihr, er stürbe vor Sehnsucht, sie zu sehen, er habe ihr vieles zu sagen, da er ja mehr denn je Madame zugetan sei. Sie macht sich aber wenig aus solchen

Anna von Österreich, Königin von Frankreich. Gemälde von Rubens

Beteuerungen, um so mehr aus denen, die ihr versichern, daß Monsieur de Châteauneuf ihr vollkommen angehört.«

Der schöne Bischof Armand von Luçon hatte seinerzeit erreicht, daß die durchaus nicht jugendlich-attraktiven Freundinnen Maria von Medici und Leonora Galigai sich in ihn verliebten und ihm eine steile politische Karriere ermöglichten. Wollte der Kardinal Richelieu jetzt ein ähnliches Spiel wiederholen? Oder handelte es sich bei ihm wirklich um Verliebtheit? Auf jeden Fall hatte er es hier mit zwei nicht nur attraktiven, sondern zugleich auch recht gerissenen Damen zu tun.

Noch voller Zuversicht, die ihm gegebene Fülle an Macht und Reichtum wenigstens einige Tage und vielleicht auch Wochen lang wie andere große Herren genießen zu können, hatte er aufwendige Vorbereitungen treffen lassen. In der Hafenstadt Brouage, deren Gouverneur er war, in dem weiter nördlich gelegenen La Rochelle und vor allem in der Stadt Richelieu sollten großartige Feste mit Reiterspielen, einer »Seeschlacht«, Konzerten und natürlich kostspieligen Gelagen zu Ehren der von ihm angebeteten Damen stattfinden.

Daraus wurde jedoch nichts. Schon bald nach der Abfahrt häuften sich alarmierende und deprimierende Meldungen: Der Befehlshaber der im Erzbistum Trier stehenden französischen Truppen, Marschall d'Effiat, war gestorben, ebenso der im Languedoc so erfolgreich gewesene Marschall Schomberg. Der Letztgenannte war im Alter von einundfünfzig Jahren einem Schlaganfall erlegen. An fähigen Heerführern herrschte großer Mangel. Noch viel härter traf Richelieu aber die Nachricht, daß Prinz Gaston abermals ins Ausland, diesmal nach Brüssel, geflohen war. Treibende Kraft war dabei Puylaurens gewesen. Dieser fürchtete, vom Kardinal wegen seines Meineides belangt zu werden, seit Gastons Ehe mit Margarethe von Lothringen nicht mehr verheimlicht werden konnte. In Brüssel hatte der Prinz seine übelgelaunte Mutter vorgefunden, die ihre Interessen durch den unzuverlässigen Sohn schlecht vertreten sah. Eine sorgfältiger vorbereitete Verschwörung sollte dafür bessere Voraussetzungen schaffen.

Dadurch erhielten die geheimen Hoffnungen der stets mit neuesten Nachrichten versorgten Chevreuse und ihrer Freundin Anna gewaltigen Auftrieb. Sie zweifelten nicht daran, daß die Tage des verhaßten Tyrannen gezählt seien und Châteauneuf schon bald dessen Amt übernehmen werde. Nach damaliger Rechtsauffassung war ein

Staatsstreich, den ein Thronfolger vom Ausland her gegen das tyrannische Regime eines Ministers organisierte und leitete, vollkommen legal. Seine Helfer genossen Schutz.

Auf diese Nachrichten reagierte der Organismus des chronisch kranken Kardinals mit einer lebensgefährlichen Steigerung der gewohnten Beschwerden. Zu einem schweren rheumatischen Anfall kam noch ein Abszeß am Darmausgang. Die damit verbundene Harnverhaltung mußte sich zu einer tödlichen Harnvergiftung steigern, wenn nicht die Natur oder ein guter Chirurg schnell halfen. Diese Situation wurde vom Hofgefolge sehr wohl bemerkt und ausgenutzt. Als der trotz seines hohen Alters noch sehr vitale Herzog von Epernon um die Erlaubnis bat, als Gouverneur der Guyenne die Königin und ihren Hofstaat auf Schloß Cadillac empfangen und festlich bewirten zu dürfen, nahm man die günstige Gelegenheit nur zu gern wahr. Der nicht gefragte »Reisebegleiter« konnte diese ihm höchst unwillkommene Unterbrechung nicht verhindern.

Schloß Cadillac lag nicht weit von der Garonne entfernt. Als der kranke Kardinal nach der Königin und dem Hofstaat den Fluß überquert hatte, fand er dort seine Kutsche nicht.vor. Die lebenslustige Hofgesellschaft war ohne ihn aufgebrochen, und übermütige Hofdamen hatten seine Kutsche dabei entführt. Von Schmerzen gepeinigt beschloß der mächtigste Mann Frankreichs, sich zu Fuß zum Schloß zu begeben. Da eilte aber auch schon Epernon mit seiner Karosse herbei und bat den hohen Gast mit vielen Entschuldigungen, darin Platz zu nehmen. Richelieu zog es jedoch vor, seinen Leidensweg in Begleitung Epernons zu Fuß fortzusetzen. Wahrscheinlich dachte er daran, daß König Heinrich IV. einst an der Seite dieses fragwürdigen Freundes in einer Kutsche ermordet worden war.

Sein Mißtrauen wurde keineswegs vermindert, als sich herausstellte, daß der größte Teil seiner Leibgarde und die meisten seiner Diener am jenseitigen Ufer untergebracht waren. Nach einer mit Angst und großen Schmerzen verbrachten Nacht ließ er sich von seinen Leuten im Morgengrauen mit einem kleinen Schiff nach Bordeaux bringen. Dort nahmen seine Beschwerden noch zu. Die Hofgesellschaft amüsierte sich indessen auf Schloß Cadillac. Der verliebte, längst ergraute Châteauneuf tanzte dabei wie ein Jüngling, ohne sich auch nur im geringsten um seinen schwerkranken »Chef«, dem er doch viel verdankte, zu kümmern. Es konnte kein Zweifel daran bestehen, daß die Hofgesellschaft und die Herren aus der Guyenne nur noch auf den Tod des »Mörders von Montmorency« warteten.

Als bald darauf die Königin mit ihrem großen Gefolge die Vergnügungsreise auf der Garonne fortsetzte, suchte sie den Ersten Minister zwar auf, doch wahrscheinlich nur um abzuschätzen, wie lange er noch leben werde. Auch anderer Besuch stellte sich ein: der von zweihundert Leibgardisten begleitete Herzog von Epernon. Beim erstenmal höflich abgewiesen, erschien er noch einmal, wieder mit seinem gefährlichen Gefolge, und wurde dann empfangen. Am Krankenbett gewann er den Eindruck, daß die beabsichtigte Entführung sich erübrige, da der Tod des Kardinals offensichtlich unmittelbar bevorstehe. Mit einer höflichen Floskel zog er sich wieder zurück.

Wie in der Nähe Feinde auf seinen Tod lauerten, so wartete im fernen Versailles König Ludwig auf die Genesung seines unersetzlichen Ministers. In diesen Jahren empfand er für ihn eine wachsende, tiefe Zuneigung, die nur hin und wieder ins Wanken geriet, wenn die geistige Überlegenheit des Kardinals als gar zu drückend empfunden wurde. Am 13. November kam es zu einer schicksalhaften Wende im Befinden des Kranken. Einem Chirurgen gelang es, die übervolle Blase mit einem Katheder zu entleeren und den Abszeß zu öffnen. Die akute Lebensgefahr war abgewendet; davon durfte vorerst nur der König, nicht aber die Meute der Feinde etwas erfahren.

Als deren Späher, ein Hofbeamter der Königin, mit Briefen Annas und der Chevreuse in Bordeaux erschien, verlor der Kardinal keine Zeit mit dem Lesen verlogener Phrasen. Unversehens begann er den Kundschafter auszuhorchen. Dieser sollte ihm berichten, wie oft und wie lange sich der Großsiegelbewahrer bei der Königin aufhalte und ob er abends lange bei der Herzogin bleibe. Fragte so ein Sterbender? Erschreckt und tief beunruhigt kehrte der Spion zu seiner Herrin zurück. Die weiterhin nur auf Vergnügungen versessene Hofgesellschaft war zwar tief enttäuscht, weil vorschnelle Hoffnungen unerfüllt geblieben waren, aber noch immer konnten skrupellose Männer die Lebensflamme des »Tyrannen« auslöschen, wenn dessen Leibgardisten im Kampf unterlagen.

Das wußte Richelieu nur zu gut. Am 20. November wurde er – vollständig in ein Seidentuch gehüllt – auf einer Bahre zu einem kleinen Schiff getragen, das mit unbekanntem Ziel den Blicken feindlicher Späher entschwand. Beim Gouverneur ließ er sich wegen des formlosen Abschieds entschuldigen, die Ärzte hätten Seiner Eminenz dringend geraten, in einem seiner Gesundheit weniger schädlichen Klima Genesung zu suchen. Erst in seiner Stadt Brouage konnte der glücklich Gerettete in Ruhe darüber nachdenken, wie schnell innerhalb weniger Tage Gefühle höchster Macht und tiefster Ohnmacht in ihm gewechselt hatten. Er zog daraus die Erkenntnis, daß er schnell zur »Null« werden konnte, wenn er sich zu weit von der »Eins«, die der König darstellte, entfernte und dabei die laufenden Staatsgeschäfte vernachlässigte. Eine wirkliche Urlaubsreise ließ sich mit seiner einsamen Stellung neben dem König nicht vereinbaren.

Die bitteren Erfahrungen mit Châteauneuf veranlaßten ihn, Pater Josephs vorzüglichen Geheimdienst für eine genaue Kontrolle des Briefwechsels zwischen Marie de Chevreuse und ihrem willigen Werkzeug einzusetzen. Es stellte sich heraus, daß Verbindungen von diesen beiden bis zum englischen Königshof reichten. Königin Henriette hatte vorzeitig Richelieus Tod bekanntgegeben und die Qualitäten Châteauneufs als seines potentiellen Nachfolgers gerühmt. Nun legte der Geheimdienst dem sehr peinlich berührten Ersten Minister auch Briefe der Königin Anna und der Chevreuse vor, in denen diese ihn höchst respektlos »den vergammelten Hintern« nannten.

Für seine Rache an dem Großsiegelbewahrer – nur dieser erschien ihm zur Zeit angreifbar – wählte er ein besonders hinterhältiges Verfahren. Er stachelte den König gegen die gesamte Hofclique auf, beteuerte aber immer wieder, er selbst glaube nicht an verräterische Umtriebe von dieser Seite. Am 3. Januar 1633 trafen sich der König und sein Minister zum erstenmal seit Toulouse. Ludwig hatte Informationen sammeln lassen und brannte geradezu darauf, dem schon totgeglaubten Freund – er schloß ihn gerührt in die Arme – seine Zuneigung dadurch zu bekunden, daß er den treulosen Großsiegelbewahrer sogleich aus dem Amt jage. Richelieu hielt ihn davon ab. Er wußte genau, daß er damit den Zorn und den Eifer des Herrschers nur anstacheln würde.

So war es tatsächlich. Ludwig ließ die Verbindungen zwischen Châteauneuf und der Chevreuse noch genauer überprüfen, und am 25. Februar 1633 wurde der Großsiegelbewahrer verhaftet. Durch dessen beschlagnahmte Korrespondenz kamen Beziehungen zu weiteren Verschwörern ans Licht, und Richelieu nutzte geschickt die Gelegen-

heit, sich selbst gutgläubiger Naivität zu bezichtigen und den Scharf-
blick sowie die Entschlußkraft seines Herrn zu preisen. Kein anderer
als der Monarch sollte in Zukunft aber jemals wieder ungestraft versuchen, den Kardinal Richelieu wie einen »gutgläubig Naiven« zu
behandeln oder gar sein Leben zu bedrohen. Das Jahr 1633 ist als
»das Jahr der Henker« in die Geschichte Frankreichs eingegangen.

Jetzt wurde Ernst gemacht mit der seit Jahren bestehenden Vor-
schrift, daß alle Verteidigungsanlagen des Adels, die nicht für den
Schutz der Landesgrenzen benötigt wurden, geschleift werden sollten. Überall, wo der Aufruf des Thronfolgers, seinen Kampf gegen
»den Tyrannen« zu unterstützen, im Adel Widerhall gefunden hatte,
zogen Intendanten und Kommissare als Repräsentanten des königlichen Absolutismus unbelehrbare Rebellen vor die Gerichtshöfe einer
unerbittlichen Blutjustiz.

In der Provence übernahm der Marschall de Vitry, der Mörder
Concinis, den Platz des geflohenen Herzogs von Guise. Wer nicht
verbannt, eingekerkert, auf eine Galeere geschickt oder dem Scharfrichter überantwortet wurde, zog es vor, sich zumindest den An-
schein von Gehorsam zu geben. Wenn Besitzer von Schlössern und
Burgen sich weigerten, deren Mauern zerstören zu lassen, drohte
ihnen der Kerker oder das Schafott. Besonders in der Champagne,
die an das feindliche Lothringen grenzte, wurde mit Aufrührern
kurzer Prozeß gemacht. Isaac de Laffemas, als »der Henker des
Kardinals« bekannt, meldete von sich selbst und von den ihm un-
terstellten Richtern, daß nur noch über die Todes*art* entschieden
werde. Er wurde ermahnt, nicht *alle* Angeklagten hinrichten zu lassen.

Châteauneuf kam mit einer Kerkerstrafe davon, die er bis zur Regentschaft der Königin Anna verbüßen mußte. Die ränkevolle
Chevreuse hätte Ludwig XIII. am liebsten auf dem Schafott gesehen;
er hatte mit ihr zu viele persönliche Rechnungen zu begleichen.
Doch noch immer war Richelieus Leidenschaft für seine gefährlichste Feindin so stark, daß diese nur auf das ihr gehörende Schloß
Dampierre bei Paris verbannt wurde. Sie schlich sich alsbald verkleidet zu ihrer Freundin Anna in den Louvre, bis der wütende König sie
in einem bei Tours gelegenen Schloß ihres Vaters verwahren ließ.
Diese offenbar wirklich bezaubernde Frau brachte es jedoch fertig,
von dort aus fast täglich mit der Königin Briefe zu wechseln und mit

so mächtigen Feinden Richelieus wie König Philipp IV. von Spanien und dem Herzog von Lothringen Kontakt aufzunehmen.

Einer ihrer vielen Verehrer, der zwischen dem Prinzen Gaston und Châteauneuf Nachrichten vermittelt hatte, wurde von der Geheimpolizei aufgespürt und dem Richter Laffemas ausgeliefert. In den Verhören gab er keines der ihm bekannten Geheimnisse der Chevreuse preis. Er wurde wie selbstverständlich zum Tode verurteilt. Ausnahmsweise begnadigte ihn der König, offenbar weil er ein Rochechouart, also ein Verwandter der du Plessis de Richelieu war.

Andere Mitverschwörer konnten fliehen. Sie wurden in Abwesenheit verurteilt: Sieben sollten geviertelt, sieben gehängt, einer gerädert, viele andere »nur« enthauptet werden. Laffemas ließ ein großes Bild malen, auf dem die fiktiven Hinrichtungen dargestellt waren. Dieses wurde auf einem Wagen durch Städte und Dörfer der Champagne gefahren. Hinrichtungen zogen immer viele Tausende von Zuschauern an, da war ein Bild freilich nur ein unvollkommener Ersatz. Der mit ihm illustrierte Terror hatte auch unerwünschte Nebenwirkungen. Marschall d'Estrées, 1624 – damals noch mit dem Titel Marquis de Cœuvre – als Vertreiber der päpstlichen Truppen aus den Festungen des Veltlin zu Ruhm gelangt, befehligte jetzt die französischen Streitkräfte im Kurfürstentum Trier. Da seine langjährige Freundschaft mit Châteauneuf bekannt war, brachte er sich vor Laffemas in Sicherheit. Nur mit großer Mühe gelang es Richelieu, diesen kaum ersetzbaren Heerführer auf seinen Posten zurückzuholen.

Noch schwieriger war es, die Parlamente als Organe »normaler« Rechtsprechung daran zu hindern, Rebellen milder zu beurteilen, als das vor den königlichen Sondergerichten geschah, wenn die Rechtsbrecher als Mitstreiter des vom Ausland her agierenden Thronfolgers auftraten. Das Pariser Parlament leistete dem König offen Widerstand, als zwei seiner Angehörigen wegen Beteiligung an der Verschwörung bestraft wurden. Ludwig XIII. erschien persönlich auf einem Gerichtstag, auf dem Châteauneufs Nachfolger Séguier im Sinne Richelieus begründete, warum künftig jeder Fall von Majestätsbeleidigung (im besonderen Rebellion) viel härter bestraft werde, als bisher üblich war. Darauf antwortete der Parlamentspräsident mit der ziemlich respektlos klingenden Warnung an den König: »Es ist gefährlich, Neuerungen im Staate einzuführen, weil sie oft mit einer Zersetzung der Monarchie enden.«

Da man in das traditionelle Rechtsgefüge des Staates mit Sonder-
gerichten nur für kurze Zeit eingreifen konnte, begnügte sich der
Kardinal damit, daß sich das Pariser Parlament »unter Protest« dem
Willen des Königs beugte. Er knüpfte neue Verhandlungen über die
Rückkehr Gastons an, schien damit auch Erfolg zu haben, doch der
launische Prinz zog es im Frühjahr 1633 vor, seine Ehe mit Marga-
rethe von Lothringen provokativ bekanntzugeben und weiterhin die
Grenzen der Macht des »Tyrannen« deutlich zu markieren.

Das traf diesen um so härter, als damit auch die Autorität Ludwigs XIII.,
einziges Fundament der »Kardinalsdiktatur«, immer wieder in
Frage gestellt wurde. Deswegen konnten die längst steckengebliebe-
nen inneren Reformen zur wirtschaftlichen Kräftigung des Landes
nicht weitergeführt werden; viel schwerer wog aber, daß Frankreich
unter so schlechten Voraussetzungen nicht direkt in den Kampf des
Kaisers mit den ins Hintertreffen geratenen Verbündeten Richelieus
eingreifen konnte. Pater Josephs Agenten waren und blieben weiterhin Frankreichs wirksamste Waffe.

Gustav Adolf von Schweden und Wallenstein

Während der Belagerung von La Rochelle lernte Richelieu einen
Verwandten seines Schwagers Maillé-Brézé, den Baron Hercule de
Charnacé kennen, der im Auftrag Pater Josephs seit 1622 in mehreren Mittelmeerländern, später aber auch in Rußland, Polen und
Deutschland wertvolle Informationen gesammelt und persönliche Beziehungen zu wichtigen Staatsmännern geknüpft hatte. Unter den
vielen Agenten des Kapuziners hat Charnacé in der Deutschlandpolitik des Kardinals wohl die bedeutendste Rolle gespielt. Ihm gelang
es, 1629 zwischen Polen und Schweden einen sechsjährigen Waffenstillstand zu vermitteln, der es ermöglichte, Schweden Anfang 1631
durch den Vertrag von Bärwalde langfristig in die von Richelieu organisierte Front gegen die Vorherrschaft des Hauses Habsburg in Europa einzufügen. Auch bei mehreren deutschen Fürsten konnte er
Ende Februar 1631 durch einen Gesandten auf dem »Leipziger Kon-
vent« deren Widerstand gegen das »kaiserliche Joch« verstärken hel-

fen, wobei französisches Geld abermals eine nicht geringe Rolle spielte.

Mehr als Geld und Versprechungen verschiedener Art auf dem deutschen Kriegsschauplatz einzusetzen war dem Kardinal während seiner anhaltenden innenpolitischen Bedrängnisse nicht möglich. Erst nach dem »Tag der Geprellten« konnte Richelieu seinen Handlungsspielraum etwas erweitern. Vom Ausland her gesteuerte Verschwörungen und Rebellionen hinderten Frankreich so lange am offenen Eingreifen in den zum europäischen Konflikt gewordenen Krieg auf deutschem Boden, wie der Thronfolger sich im Ausland aufhielt.

Als der Kardinal sich entschlossen hatte, »die schwedische Karte zu spielen«, war Gustav Adolf nur die Rolle eines Sachwalters französischer Politik zugedacht worden. Der »nordische Pensionär« konnte nur durch französische Hilfsgelder in Höhe von einer Million Livres jährlich in Deutschland 30 000 Fußsoldaten und 6 000 Reiter unter Waffen halten. Diese Armee durfte er nicht gegen Bayern einsetzen. Mit dem Kurfürsten von Bayern schloß Frankreich eine Allianz ab, die gegen Spanien gerichtet war, welches die bayrisch gewordene Kurpfalz noch besetzt hielt. Kaiserliche Truppen, die nach der Entlassung Wallensteins noch in nord- und mitteldeutschen Territorien verblieben waren, sollten durch Bündnisse Gustav Adolfs mit den Kurfürsten von Brandenburg und Sachsen zurückgedrängt werden. Auf diese Weise sollte ein militärisches Gleichgewicht entstehen, bei dem Frankreich das Zünglein an der Waage bildete. Hier hatte Richelieu sich aber gründlich verrechnet.

Der neue Generalissimus des Kaisers, Graf Tilly, war mit seiner hungernden Armee, die nur noch aus Resten der gewaltigen Streitmacht Wallensteins bestand, vor Gustav Adolf bis zur Oder-Warthe-Linie zurückgewichen und hatte die Festung Magdeburg, die Nordwestdeutschland und den Weg nach Böhmen beherrschte, von den Söldnern seines Generals Pappenheim einschließen lassen. In der Stadt befand sich ein Vertreter der schwedischen Armee, der die Übergabe an Tilly verhinderte. Als die Stadt erstürmt worden war, ging sie in Flammen auf. Mehr als 20 000 Einwohner verloren dabei ihr Leben. Tilly brachte der Untergang Magdeburgs keinen Gewinn, denn er hatte in der wohlversorgten Festung seinen wichtigsten Stützpunkt gesehen. Jetzt erst entschlossen sich der Brandenburger

Tilly.
Gemälde von
van Dyck

und dann auch der Sachse, dem schwedischen Druck nachzugeben und Gustav Adolf zu unterstützen, jedoch noch immer nicht als Bundesgenossen.

Mit 23 000 Schweden und 20 000 Sachsen war der Schwedenkönig stark genug, das kaiserliche Heer im September 1631 bei Breitenfeld in der Nähe von Leipzig anzugreifen und vernichtend zu schlagen. Nun vermißte Ferdinand seinen unbesiegbar gewesenen Wallenstein schmerzlich und suchte einen Weg, ihn wiederzugewinnen. Doch dieser, von Groll gegenüber dem treulosen Kaiser und dem wittelsbachischen Rivalen erfüllt, verhandelte bereits heimlich mit dem Schweden. Davon erfuhr man in Wien, so daß der Herzog von Friedland es schließlich vorzog, sich offen zum Kaiser zu bekennen. Alle seine übersteigerten Forderungen wurden erfüllt, noch mehr Zugeständnisse wurden ihm verlockend angedeutet, und so übernahm er am 15. Dezember 1631 wieder den Oberbefehl über alle kaiserlichen Streitkräfte. Er hatte sich verpflichtet, innerhalb eines halben Jahres 100 000 Mann anzuwerben!

Vorerst schien Bayern nun aber dem Sieger von Breitenfeld ausgeliefert zu sein. Richelieus vertragliche Klausel zum Schutze der Neutralität Bayerns erwies sich als wirkungslos. Die Bemühungen Charnacés und anderer Unterhändler, die deutschen Fürsten ungeachtet konfessioneller Gegensätze in einer Front gegen das Haus Habsburg zu vereinigen, war vor allem daran gescheitert, daß Papst Urban VIII. sich weigerte, auf die Rückerstattung des Kirchenguts durch protestantische »Erben« gemäß dem Restitutionsedikt von 1629 zu verzichten. Jetzt war von Restitution nicht mehr die Rede. Gustav Adolf zog mit atemberaubender Geschwindigkeit durch deutsche Territorien, ohne sich viel um Fragen der Religion zu kümmern. Kontributionszahlungen der von ihm »befreiten« oder eroberten Länder machten ihn bald von französischen Subsidien unabhängig.

Nach wenigen Wochen standen die Schweden am Rhein, am Ende des Jahres bedrohten sie das linke Rheinufer, Frankreichs besondere Interessensphäre, und ihr König schien im Begriff zu sein, nach Wien vorzudringen, sich zum Herrscher einer mitteleuropäischen protestantischen Großmacht und gleichzeitig zum Herrn der skandinavischen Staaten aufzuschwingen. Als Tilly nach Sachsen marschierte und Leipzig besetzte, hatte das nur zur Folge, daß Sachsen und Brandenburg nun eine förmliche Allianz mit Schweden eingingen.

Verhandlungen von Abgesandten Richelieus mit Gustav Adolf über eine Neutralisierung Bayerns erwiesen sich als Fehlschlag. Dem Schweden war nicht verborgen geblieben, daß Frankreich durch innere Krisen daran gehindert wurde, in die deutschen Verhältnisse mit Nachdruck einzugreifen. Frankreich hatte den von Gustav Adolf geschaffenen Status quo anerkennen müssen; doch Maximilian von Bayern hielt weiterhin zum Kaiser. Dessen militärische Lage blieb nichtsdestoweniger sehr prekär. Am 17. Mai 1632 zog der Schweden-

König
Gustav Adolf
von Schweden.
Kupferstich von
van Delff

könig in München ein. Allein die von dieser Stadt erpreßte Kontribution in Höhe von dreihunderttausend Reichstalern entsprach der Hälfte aller Steuern und Abgaben, die das Königreich Schweden aufbrachte! München und andere Städte verarmten für lange Zeit. Tilly hatte vergeblich versucht, die Besetzung Bayerns zu verhindern, am 5. April war er in der Schlacht bei Rain am Lech tödlich verwundet worden.

Nun aber trat den sieggewohnten Schweden ein gefährlicherer Feldherr entgegen: Mitte Juni vereinigte Wallenstein seine neue Armee zwischen Eger und Regensburg mit dem bayrischen Kriegsvolk. Gustav Adolf verschanzte sich bei Nürnberg in einem mit dreihun-

dert Geschützen bewehrten Lager, Wallenstein bezog am 16. Juli bei
Fürth ein ebenfalls gut gesichertes Lager und ließ sich keineswegs zu
der Entscheidungsschlacht verleiten, die Gustav Adolf jetzt mit großer Ungeduld suchte. In beiden Heeren wüteten Hungersnöte und
Epidemien. Am 3. September wagte der Schwede einen Sturmangriff,
wurde jedoch nach verlustreichen Kämpfen zurückgeworfen. Mit Genugtuung konnte Wallenstein dem Kaiser melden, sein Gegner habe
sich zum erstenmal »mächtig die Hörner abgestoßen«. Bezeichnenderweise nahm der König jetzt Verhandlungen auf, doch Wallenstein
lehnte es ab, so weitgehende Forderungen wie die Aufhebung des Re-
stitutionsedikts auch nur zu diskutieren, da er dazu keine Vollmacht
besitze.

Resignierend wollte Gustav Adolf seine ausgehungerten Truppen
in noch nicht völlig verwüstete Gebiete Frankens und Schwabens
führen. Wallenstein ließ ihn unbehelligt abziehen; aber dann drang
er mit großer Geschwindigkeit in das vom Kaiser abgefallene Sachsen vor. Seine ebenfalls ausgehungerten und beutegierigen Soldaten
hausten in den Ländern des Kurfürsten Johann Georg fürchterlich.
Am 1. November wurde Leipzig besetzt. Nun mußte Gustav Adolf
seinem Verbündeten zu Hilfe kommen, wie Wallenstein vorausgese-
hen hatte. In Eilmärschen führte er seine Armee heran und stieß am
16. November 1632 – während Richelieu in Bordeaux aus akuter Lebensgefahr errettet wurde – in der Nähe von Leipzig, bei Lützen, mit
dem Heere Wallensteins zusammen.

In Frankreich erwartete man eine klare Entscheidung wie die von
Breitenfeld mit entsprechenden Konsequenzen für ein schwedisch-
protestantisches oder kaiserlich-katholisches Deutschland. Doch die
Schlacht fand vorwiegend im Nebel statt und hinterließ vorerst politischen Nebel. Unter den etwa zehntausend Toten, die das Schlachtfeld bedeckten, befand sich König Gustav Adolf, und der kaiserliche
General Pappenheim erlag kurz darauf seiner schweren Verwundung.
Wallenstein war mit einer schnell heilenden Wunde davongekom-
men. Bei früh hereinbrechender Dunkelheit dirigierte er seine Armee, ohne von den ihres Führers beraubten Schweden verfolgt zu
werden, nach Leipzig und weiter nach Böhmen. In Prag hielt er ein
Strafgericht über seine Offiziere und bekannte sich damit zur Rolle
des Verlierers. Aber auch die Schweden fühlten sich nicht als Sieger.
In den von ihnen eroberten Gebieten brach nach der Nachricht, daß

der König gefallen sei, ein militärisches Chaos aus, besonders in den rheinischen Territorien vom Elsaß bis Koblenz. Der Kurfürst von Trier hatte bereits französische Truppen in sein Land gerufen, spanische Truppen besetzten Koblenz, und da die auf dem rechten Rheinufer liegende Festung Ehrenbreitstein eine französische Besatzung aufgenommen hatte, lagen sich dort Franzosen und Spanier gegenüber.

Richelieu stellte fest, daß Gustav Adolf für ein planmäßiges Gedeihen der Interessen Frankreichs sechs Monate zu früh gestorben war; sein Tod schuf aber zumindest klarere Verhältnisse. Jetzt kam es Richelieu darauf an, eine Verständigung zwischen den kriegsmüden deutschen Fürsten und Kaiser Ferdinand II. zu verhindern, da Frankreich sonst Spanien ziemlich isoliert gegenüberstand. Als französischer Unterhändler trat 1633 der Marquis de Feuquières in den Vordergrund. Er hat die Beziehungen Frankreichs zu Schweden und den protestantischen deutschen Fürsten entscheidend stabilisiert. Auch sein bestes Argument war: Geld, immer wieder Geld. Mit Schweden, dessen Politik nun der Kanzler Graf Oxenstierna leitete, wurde der Vertrag von Bärwalde erneuert. Am meisten machte Feuquières die Friedensbereitschaft der Kurfürsten von Sachsen und Brandenburg zu schaffen, die sich unter erheblichem Druck dem im April in Heilbronn geschlossenen Bündnis Schwedens mit den oberdeutschen protestantischen Reichsständen anschlossen.

Mit noch größerer Spannung erwarteten Richelieu und Pater Joseph jedoch die Ergebnisse der Verhandlungen Feuquières' mit Wallenstein. Der Herzog von Friedland beteuerte, er sei entschlossen, mit dem Kaiser zu brechen, da ihm jetzt seine Generäle und Offiziere die Treue halten würden. Nachdem er sich zum König von Böhmen proklamiert habe, werde er den Kaiser »mit den Waffen in der Hand aufsuchen, ... und wäre es in der Hölle«. Im Gegensatz zu Feuquières war Oxenstierna von dieser Aussicht keineswegs begeistert, denn er sah voraus, daß Wallenstein nach der Macht über das ganze Reich streben würde, um Schweden dann vom Reichsgebiet zu vertreiben. Die schwedischen Vorbehalte trugen dazu bei, Wallenstein schließlich scheitern zu lassen. Als sich diese Entwicklung abzuzeichnen begann, verlegte Feuquières das Schwergewicht seiner Aktivitäten schleunigst wieder auf die skandinavischen Staaten.

Anfang 1634 flammte in Richelieu freilich noch einmal die Hoffnung auf, daß der Verlust Böhmens durch den Abfall Wallensteins die Macht Ferdinands II. auf längere Sicht lähmen könnte. An Feuquières erging die Anweisung, er möge mit dem Herzog von Friedland umgehend ein Abkommen schließen. Doch dieser wurde als »Verräter« am 26. Februar von kaisertreuen Offizieren ermordet.

Trotz aller Bedenken seiner Berater hatte der Kardinal sich von den schwer durchschaubaren, vielleicht auch nur wirren Plänen Wallensteins wohl eine wesentliche Unterstützung seiner Politik erhofft; desto größer war nun seine Enttäuschung. Oder hatte er eine gewisse Wesensverwandtschaft zwischen sich und dem einzigen Heerführer und Politiker erkannt, der einen einheitlichen deutschen Nationalstaat erzwingen wollte und schließlich an unüberwindlichen Widerständen gescheitert war? Als Ludwig XIII. sagte, er hoffe, »daß alle Verräter ihres Souveräns ein solches Ende finden«, fühlte sich Richelieu so unmittelbar an seine eigene, stets gefährdete Günstlingsrolle erinnert, daß er recht ungehalten reagierte. Zu dieser Zeit hatte der Kardinal aber weniger Anlaß denn je, an der Treue dieses Königs zu seinem Ersten Minister zu zweifeln. In einem an ihn gerichteten Brief des dankbaren Monarchen vom 28. Januar 1634 finden wir die gefühlvollen, einem zeitgenössischen Roman »nachempfundenen« Worte: »Mein Vetter! Ich darf Ihnen versichern, daß in Versailles das Feuer treuer Freundschaft heller brennt als in Rueil und daß es für alle Zeiten so bleiben wird.«

Diese Freundschaft hatte der Kardinal bitter nötig, denn mit dem Gipfel der Macht hatte er auch den Gipfel äußerster Unbeliebtheit erreicht.

Unruhe vor dem Sturm

Der außerordentlich kostspielige »Krieg durch Stellvertreter«, den Richelieu vordergründig betrachtet gegen den *Kaiser* führte, diente nur dem Zweck, die Streitmacht der österreichischen Habsburger daran zu hindern, in den unvermeidbar erscheinenden offenen Krieg zwischen Frankreich und Spanien mit einzugreifen. Daß die deutschen Territorien durch den allgemein praktizierten Grundsatz »Der Krieg muß den Krieg ernähren« fürchterlich ausgeraubt und verwüstet wurden, nahm der Kardinal ungerührt in Kauf. Ebenso schienen ihm die Leiden und der Haß seiner Landsleute, die durch immer weiter gesteigerte Steuerforderungen ruiniert wurden, wenig auszumachen. Das betraf insbesondere die Bauern. Ihre Hungerrevolten änderten nichts daran.

Den offenen Krieg gegen Spanien wollte Richelieu nur mit möglichst guten Erfolgsaussichten beginnen. Für den Fall, daß Schweden und die mit ihm verbündeten deutschen Fürsten den alsbaldigen Kriegseintritt Frankreichs fordern würden, hatte er im Namen Ludwigs XIII. als Voraussetzung dafür das ganze linke Rheinufer sowie Stützpunkte rechts des Rheins verlangt, damit Frankreich über Krieg und Frieden in Deutschland entscheiden könne. Bis zum Tode Wallensteins hatte aber eine hinhaltende Taktik mit Hilfs- und Bestechungsgeldern ausgereicht.

Seit dem März 1634 war nun aus der schon halb verbündeten Armee des Friedländers mit einem Schlage wieder eine kaiserliche Armee geworden. Richelieu blieb vorsichtig, zögerlich, ganz auf Verteidigung eingestellt; doch eine Entscheidungsschlacht, die dem Kaiser seine verlorene Überlegenheit zurückgeben würde, rückte bedrohlich in den Bereich des Wahrscheinlichen. Wie war Frankreich auf einen sich nähernden »Tag X« vorbereitet?

Pater Josephs Agenten waren nicht nur jenseits des Rheins aktiv geworden, wo noch immer um ein Bündnis mit Bayern gerungen wurde, sondern auch jenseits der Alpen, in der Toskana, im Herzogtum Parma, in Modena, Mantua und Savoyen. Die vom spanischen Mailand ausgehende Bedrohung sollte soweit wie möglich neutralisiert werden. Charnacé hatte jetzt die Aufgabe übernommen, die seit 1621 wieder gegen Spanien kämpfende Republik der Vereinigten Niederlande von einem Waffenstillstand abzuhalten. Er lockte mit dem Vorschlag, im Falle eines französisch-spanischen Krieges die Spanischen Niederlande gemeinsam zu erobern und aufzuteilen. Die Holländer gingen erfreut darauf ein.

Aus der heimlichen Heirat des Thronfolgers Gaston mit Margarethe von Lothringen ließ Richelieu vom Pariser Parlament einen Anlaß für eine erneute Strafexpedition gegen Lothringen konstruieren. Wenn der mit Frankreich verfeindete Herzog von Lothringen billigte, daß seine Schwester den französischen Thronfolger ohne Wissen seines königlichen Bruders heiratete, so konnte man dies als

»feindseligen Akt gegen den Chef des französischen Herrscherhauses« werten. Der Kardinal selbst und der König stellten sich an die Spitze der Truppen, die schließlich nach längerem Hin und Her die Abdankung Herzog Karls IV. erzwangen. Am 25. September 1633 war Ludwig XIII. als neuer Herr in Nancy eingezogen. Lothringen blieb trotz heftiger Gegenwehr der Bevölkerung bis zum Frieden von Ryswijk, der 1697 den sogenannten Pfälzischen Erbfolgekrieg beendete, eine Art französische Provinz. Auch im Elsaß standen französische Truppen, seit Richelieu beschlossen hatte, den über den Rhein vorgestoßenen Schweden entgegenzutreten. Nur der Soldatentod König Gustav Adolfs machte ein relativ friedliches Nebeneinander schwedischer und französischer Besatzungstruppen in habsburgischen Territorien des Elsaß möglich.

Während des quälenden Wartens auf die Heimkehr des Thronfolgers und eine günstigere außenpolitische Entwicklung war der Kardinal ständig darum bemüht, die Wirtschaft des Landes neu zu organisieren und durch die gerechtere, dabei aber effektivere Steuerpolitik soziale Spannungen abzubauen. Im ständigen Widerspruch zwischen dem Wunsch, die Lasten der hart bedrückten Bevölkerung zu verringern, und der Notwendigkeit, große Summen für politisch-militärische Kostgänger und für eigene Truppen, aber auch noch für gewaltige Kriegsvorbereitungen aufbringen zu müssen, blieben Pläne für Steuersenkungen immer wieder nur Utopie.

Da es niemals gelang, einen ordentlichen Staatshaushalt aufzubauen, Einnahmen und Ausgaben also einigermaßen realistisch auszubalancieren, mußte jeder Finanzminister improvisieren. Der im Spätherbst 1632 verstorbene Marschall d'Effiat war als Superintendant der Finanzen ein wahrer Zauberer gewesen, wenn es galt, irgendwie Geld aufzutreiben. Nach seinem Tode übernahmen die ebenfalls vielseitig verwendbaren Staatssekretäre Bullion und Chavigny zusammen mit einem Spanier jüdischer Abstammung gemeinsam die undankbare Aufgabe, alle Steuerpflichtigen so zu schröpfen, daß die Politik ihres Meisters finanziert werden konnte. Von Jahr zu Jahr wurden die Steuern erhöht, neue Ämter wie Handelswaren feilgeboten und dabei von Richelieu eingeleitete Maßnahmen zur Förderung der Wirtschaft, insbesondere des Handwerks, nicht selten zunichte gemacht. Die Staatseinnahmen blieben aber so dürftig, und die Privilegierten konnten sich weiterhin so schamlos bereichern, daß

Herzog Olivares.
Zeichnung von
Velazquez

es Richelieu angesichts der inneren Schwäche seines Landes noch nicht ratsam erschien, sein Werk der Zerreißprobe eines großen Krieges mit dem mächtigsten Staat Europas auszusetzen.

Aus spanischer Sicht erschien ein Krieg mit Frankreich nicht weniger riskant. Verantwortlicher Politiker war hier noch immer der Herzog Olivares, allmächtiger Favorit König Philipps IV. Auch er hatte gegen Mißwirtschaft im Lande und häufig leere Staatskassen kein wirksames Gegenmittel gefunden. Autarkiebestrebungen in den Niederlanden, in Katalonien und im zwangsweise mit Spanien vereinigten Portugal sowie eine allgemeine Schwäche des Königtums machten ihm sehr zu schaffen. Da er nicht über eine so hervorragende staatsmännische Begabung verfügte wie sein französischer Gegenspieler, dessen Genialität manche Schwäche des französischen

König
Philipp IV.
von Spanien,
Gemälde von
Velazquez

Königtums wettmachte, setzte er große Hoffnungen auf außenpolitische »Wunder«.

War Heinrich IV. von Frankreich nicht 1610 wenige Tage vor dem
sorgfältig vorbereiteten Beginn des Entscheidungskampfes gegen Spanien ermordet worden? Sollte sich nicht auch für »das Ungeheuer im
Kardinalspurpur« ein Mörder finden lassen? Doch zwei Anschläge, die
offenbar Maria von Medici veranlaßt hatte, schlugen fehl, Pläne von
Anhängern Gastons für neue Rebellionen in mehreren Provinzen
stimmten Philipp IV. zwar hoffnungsvoll, aber die Schlüsselfigur,
Gaston selbst, wäre viel lieber nach Frankreich zurückgekehrt, wenn
man dort seine Ehe akzeptiert hätte. Andererseits wurde ihm der Aufenthalt in Brüssel durch hohe Schulden und durch seine Mutter verlei-
det, die dem Sohn seine Versöhnungsbereitschaft übelnahm. Sie ver-

227

riet Puylaurens, der zur Rückkehr drängte, an die Spanier. Bald darauf entging der Favorit nur mit knapper Not einer Büchsenkugel. Da veranlaßte er seinen Herrn schleunigst, einen Vertrag zu unterschreiben, in dem der Thronfolger sich für den Fall eines französisch-spanischen Krieges verpflichtete, mit einer ihm zur Verfügung gestellten Armee als Verbündeter Spaniens in Frankreich einzumarschieren!

Im Besitze eines so wertvollen Pfandes glaubte Olivares, gegenüber Richelieu einen entscheidenden Vorteil erlangt zu haben. Der neue Statthalter in Brüssel (die Infantin Isabella Clara Eugenia war gestorben) erhielt Vollmacht, Frankreich jederzeit nach Gutdünken den Krieg zu erklären. Von dieser höchst bedrohlichen Zuspitzung der Lage erfuhr der Kardinal durch einen glücklichen Zufall beizeiten, weil ein spanisches Schiff mit diesbezüglichen Briefen an Bord bei Calais strandete. Zu der erkannten Gefahr kam aber noch die Ungewißheit, ob Frankreich nach Wallensteins Tod in den Schweden wieder zuverlässige und schlagkräftige Verbündete habe. Die deutschen »Pensionäre« wurden durch Feuquières zwar weiterhin im Dienste der französischen Interessen gehalten, vor allem Herzog Bernhard von Sachsen-Weimar, der nach dem Tode Gustav Adolfs zum bedeutendsten Heerführer der Protestanten aufgestiegen war. Aber als die katholische Partei im Juli 1634 zur großen Offensive überging, sah sich Bernhard von Weimar zu hinhaltendem Lavieren genötigt. Ein Machtkampf zwischen ihm und dem Kanzler Oxenstierna schwächte die Schlagkraft der protestantischen Streitkräfte noch zusätzlich.

Das Haus Habsburg näherte sich offenbar unaufhaltsam einem neuen Gipfel seiner Macht. Die schlechten Nachrichten wirkten sich um die Mitte des Jahres 1634 wieder prompt auf Richelieus Gesundheitszustand aus. Schmerzhafte Darmbeschwerden bereiteten ihm große Sorgen. War es nicht, als wenn ganze Scharen von unsichtbaren Teufeln ihn immer wieder um die Früchte endloser Mühen betrogen? Seit dem Dezember 1633 beschäftigte sich der Königliche Rat unter dem Vorsitz des Ersten Ministers mit einem Kriminalfall, bei dem es sich um das Auftreten *nachweisbarer* Teufel handelte, die ihr Unwesen in vielen Orten und nun auch in Richelieus Heimatprovinz, dem Poitou, trieben.

Die Teufel von Loudun

In der nordwestlich von Poitiers gelegenen kleinen Stadt Loudun lebten Katholiken und Protestanten friedlich nebeneinander. Nur die Stadtmauer und die Zitadelle erinnerten noch daran, daß hier bis vor wenigen Jahren die Hugenotten einen militärischen Stützpunkt und eine Fluchtburg besessen hatten. Als im Jahre 1632 der seit 1622 bestehende, 1625 wiederholte königliche Befehl, feudale Befestigungsanlagen zu zerstören, auch im Poitou mit mehr Nachdruck durchgesetzt wurde, erschien in Loudun der Baron de Laubardemont als Kommissar Richelieus, um eine weitere Stütze feudalen Ungehorsams zu beseitigen.

Der Kardinal war daran interessiert, Streitigkeiten zu vermeiden, da er in dieser Gegend Ländereien für sein neues Herzogtum aufkaufte. Er wollte aber Näheres über Skandale um einen Priester erfahren, der bei vielen Frauen sehr beliebt, bei vielen Männern aber gerade deswegen höchst unbeliebt war. Sogar im Kloster der Ursulinerinnen (adlige Damen, die sich der Krankenpflege widmeten) hatte dieser Pfarrer und Domherr Urbain Grandier glühende Verehrerinnen. Allen juristisch verbrämten Anschlägen seiner Widersacher, zu denen auch der Bischof von Poitiers, Richelieus alter Freund La Rocheposay, gehörte, war er dank guter Beziehungen zum Erzbischof Sourdis von Bordeaux und zum Gouverneur von Loudun, Jean d'Armagnac, der beim König in hohem Ansehen stand, triumphierend entronnen. Seine dadurch noch mehr gereizten Feinde rächten sich mit der gefährlichsten Diffamierung, die es in diesem Jahrhundert gab: Sie behaupteten, Grandier sei mit dem Teufel im Bunde! Es wurde der Verdacht geäußert, daß er einige Ursulinerinnen behext habe.

Für das angebliche Treiben des Teufels in Loudun war Laubardemont als erfahrener Hexenrichter ebenso zuständig wie für das Niederreißen der Mauern und Türme dieser »ehemaligen Bastion des Ketzertums«. Die Oberin der Ursulinerinnen war seine Kusine, mit zwei weiteren Nonnen des Klosters war er ebenfalls verwandt, und auch eine Verwandte des Kardinals lebte dort. Als herbeigeholte Teufelsaustreiber die Oberin und etwa ein Dutzend junge Nonnen, die sich vom Teufel besessen fühlten, den festgelegten Praktiken des Exorzismus unterwarfen, wanden sich die Klosterfrauen in Krämpfen und erzählten in sehr mangelhaftem Latein widerliche Obszönitäten. Die in ihnen versteckten Unterteufel gestanden entsprechend ihrer Beschreibung in der einschlägigen Literatur als Inkuben (»oben liegend«) oder Sukkuben (»unten liegend«) ihre Schandtaten und benannten Urbain Grandier als den Hexer, der sie in die Körper der unglücklichen Frauen gebannt habe. Mit solchen Beweisen wurden im 17. Jahrhundert in ganz Europa, vor allem in Deutschland, zahllose Menschen zum Feuertode verurteilt.

Die Feinde des galanten Domherrn, der nicht nur als Kanzelredner, sondern auch als Verfasser einer Schrift gegen das Zölibat außerhalb von Klöstern lebender Priester weithin bekannt war, sahen ihn schon auf dem Scheiterhaufen. Doch der so schwer Bedrohte fand noch einmal Helfer. Der oberste Richter von Loudun wies nach, daß die geständnisfreudigen Unterteufel ganze Abschnitte eines bekannten Handbuchs für Hexenverfolger zitiert hatten, und ein sehr angesehener Arzt erklärte, die angeblich Besessenen seien völlig gesund und hätten nur eine einstudierte Komödie aufgeführt.

Damit wäre vielleicht ein Prozeß gegen einen »Teufelsbündner« für diese Zeit sehr untypisch zu Ende gegangen, wenn nicht Richelieu persönlich eingegriffen hätte. Mit der von vornherein beschlossenen Verbrennung Grandiers sollte genauso ein Exempel statuiert werden wie mit den Prozessen gegen den Marschall Marillac und den Herzog von Montmorency. Obwohl der Kardinal dem Teufels- und Hexenwahn seiner Zeit keineswegs »aufgeklärt« gegenüberstand, betrachtete er doch grundsätzlich *alles* vom Standpunkt des Politikers. Und darum erschien ihm der neuerliche Triumph des »Störenfriedes« (dem auch eine anonyme Spottschrift auf den politisierenden Bischof von Luçon aus dem Jahr 1617 zugeschrieben wurde) aus Gründen der Staatsräson unerträglich. Sein Kommissar war bisher im Hintergrund geblieben, in Loudun zweifelte aber kaum jemand daran, daß er bei der »Theatervorstellung« der Ursulinerinnen Regie geführt hatte.

Richelieu hielt diese Angelegenheit für so wichtig, daß Anfang Dezember 1633 nach einer Sitzung des Ministerrates, an dem außer ihm selbst auch der König, Kanzler Séguier und Pater Joseph teilgenommen hatten, an Laubardemont die Weisung erging, er müsse als Vertreter des Königs »den Prozeß gegen den genannten Grandier und alle, die als seine Komplizen anzusehen sind, einleiten, zu Ende führen und das endgültige Urteil sprechen«. Daraufhin wurde dieser am 7. Dezember erneut verhaftet und eingekerkert.

Im Besitze unbegrenzter Vollmacht konnte der Repräsentant des königlichen Absolutismus in Loudun ein Gerichtsverfahren durchführen, in dem alle Schrecken, Greuel und sinnlose Quälerei der Hexenprozesse dieses finsteren Jahrhunderts im Sinne des Kardinals einem höheren Zweck dienen sollten; denn unkontrollierbare »Teufeleien« vermehrten die Unordnung im Lande, und wer sie ausrottete, bekämpfte gewissermaßen das System feudaler Anarchie. Ob dieser Grandier wirklich ein Hexer war oder nicht, spielte bei einem »exemplarischen Beispiel« nur eine untergeordnete Rolle. Dieser Prozeß wurde besonders gründlich betrieben.

Gelehrte Theologen hatten »unfehlbare Zeichen« sorgfältig zusammengestellt, deren Vorhandensein die Anwesenheit »des Teufels« im Körper eines Menschen verriet. Es fanden sich Ärzte, die diese Liste noch »vervollständigten«. Wer kein Lammfleisch essen mochte, Rosenduft nicht wahrnahm oder trockenen Auges blieb, wenn anständige Leute weinten, war schon so gut wie überführt. Von noch größerer Beweiskraft war, wenn ein Mensch an irgendeiner Stelle seines Körpers keinen Schmerz verspürte (weil der Teufel dort sein unsichtbares Siegel angebracht hatte). Sadistische Ärzte durchbohrten Grandiers Haut mit Nadeln immer wieder an zahllosen Stellen, um »das Satanssiegel« zu entdecken. Doch Winter und Frühling vergingen, ohne daß ihr unbeschreiblich gemartertes Opfer sich zu einem Geständnis bereit erklärte.

Richelieu hatte gewünscht, daß diese Demonstration staatlicher Allmacht überall im Lande gebührend beachtet werde; dazu bedurfte es bei einem Teufelsprozeß keiner zusätzlichen Publizität. Ähnliche Prozesse hatten schon in ganz Frankreich großes Aufsehen erregt. Dieses Mal verhinderten äußerliche Ähnlichkeiten in Anklage und Prozeßverlauf aber nicht, daß sich überall skeptische Stimmen vernehmen ließen, die an der Schuld *dieses* Angeklagten zweifelten. Besonders in Paris hielten die respektlosen Großstädter mit ihrer Meinung nicht hinter dem Berg. Sehr verärgert las der Kardinal im Bericht des Chefs seiner Geheimpolizei: »... daß ich kaum noch auf Leute treffe, die an die Sache glauben, daß man alles für Heuchelei hält und daß man sagt, der Herr von Laubardemont ist ein Feind dieses Pfarrers.«

Da aber die Volksmassen noch an die Existenz des Teufels und an sein menschenfeindliches Treiben glaubten, meinte Richelieu, es genüge, den Geistlichen vor aller Augen der Komplizenschaft mit dem Teufel zu überführen, um die lästigen Skeptiker verstummen zu lassen. Laubardemont hatte den teuflischen Einfall, den Angeklagten zu zwingen, aus den »besessenen« Ursulinerinnen die Dämonen selbst auszutreiben. Beelzebub sollte seinen Unterteufeln also in einer sehr publikumswirksamen Vorstellung persönlich Befehle erteilen, und zwar in der Kirche Zum Heiligen Kreuz, zu deren Domherren Pfarrer Grandier zählte.

Am 23. Juni 1634 fand in Anwesenheit des Bischofs von Poitiers und des königlichen Kommissars Laubardemont das sensationelle Experiment statt. Laubardemont verzichtete aus Berechnung auf den Vorsitz und überließ es dem Bischof La Rocheposay, Richelieus Freund, das Verfahren zu leiten und das Urteil zu fällen. Der Angeklagte gab zu bedenken, daß es einem Dämonen doch wohl kaum gelingen könne, von einer Nonne ohne deren Zustimmung Besitz zu ergreifen. Doch dann hätten »seine Opfer« ja wie zahllose andere Frauen und Mädchen wegen Teufelsbuhlschaft einem Hexenprozeß unterworfen werden müssen! Er wurde sofort mit der Begründung, diese Ansicht sei ketzerisch, niedergeschrien. Dann mußte er sich die Stola umlegen und mit dem Exorzismus nach vorgeschriebenem Ritual beginnen.

Die »von ihm entsandten Dämonen« bekannten sich sofort mit elementarer Heftigkeit »zu ihrem Meister«. Besonders die mit Laubardemont verwandte Oberin und die mit Richelieu verwandte Schwester Klara, aber auch andere Nonnen benahmen sich – wahrscheinlich unter der Wirkung einer den Geschlechtstrieb steigernden Droge – wie rasende Bacchantinnen. Sie entblößten sich schamlos und stürzten sich auf den Domherrn, als wollten sie ihn zerfleischen. Nur mit großer Mühe konnte man ihnen ihr Opfer entreißen. La Rocheposay brauchte nur noch zu bestätigen, was so viele mitangesehen hatten. Einer endgültigen Verurteilung durch den königlichen Kommissar stand nun nichts mehr im Wege.

Laubardemont zog es jedoch vor, sich weiterhin im Hintergrund zu halten. Erst am 18. August verkündete Bischof La Rocheposay das Urteil: »Grandier soll lebendigen Leibes verbrannt und vorher der schwersten Form der Folter unterworfen werden.« Mit der Folter sollte nicht nur ein Geständnis erpreßt, sondern auch festgestellt werden, ob es noch unbekannte Komplizen gebe. Doch selbst die fürchterlichsten Martern ertrug Grandier standhaft, ohne seinen Feinden die Genugtuung eines »Geständnisses« zu verschaffen. Er starb im Feuer mit den Worten: »Gott, vergib meinen Feinden!« Seine wahrhaft christliche Haltung bis zum Tode machte auf die vielen Zuschauer einen so starken Eindruck, daß wieder Zweifel an der Rechtmäßigkeit dieses »Teufelsprozesses« geäußert wurden.

Studien zur Geschichte der Aufklärung in Frankreich haben ergeben, daß Richelieu ungewollt dem Skeptizismus des 18. Jahrhunderts den Boden bereiten half, als er den Aberglauben seiner Zeit dazu mißbrauchte, dem königlichen Absolutismus mit schlecht verhülltem Terror den Weg zu bahnen. Die Vorgänge in Loudun sind zum Ausgangspunkt einer »Gegenkampagne« der Vernunft geworden, die gegen Ende des 17. Jahrhunderts dem Hexenwahn wenigstens die kriminalrechtliche Basis entzogen hat. Der Name des schmutzigen Werkzeugs der neuen Staatsräson, Laubardemont, ist im französischen Wortschatz zum Synonym für einen käuflichen Richter geworden. Man sagt: »Er lügt wie Laubardemont.«

Wie skrupellos der Kardinal in der Wahl seiner Mittel vorgegangen ist, zeigt auch, daß er den Exorzisten ebenso wie den »besessenen« Ursulinerinnen Geld für ihre »Leistungen« zukommen ließ. Die Oberin Johanna von den Engeln, deren krankhaft überreizten Nerven und kriminellem Geltungsbedürfnis der Kardinal in nicht geringem Maße seinen Triumph über Grandier verdankte, entsprach nach dem Prozeß eine Zeitlang keineswegs den Wünschen des obersten Regisseurs, als sie und mit ihr die »besessenen« Schwestern weiterhin von den Teufeln geplagt wurden. Laubardemont, der am liebsten auch noch die Angehörigen seines Opfers vor sein gnadenloses Tribunal gezogen hätte, wurde schleunigst abberufen, weil sich empörte Stimmen aus der Bevölkerung immer lauter gegen den Ersten Minister erhoben. Für seine Dienste wurde er mit den Pfründen eines Intendanten in drei Provinzen belohnt.

Vier Jahre später erlangte auch die Oberin Johanna reichen Lohn. Durch »den Beistand des heiligen Joseph« verließ sie ihr Dämon nach einem besonders strapaziösen Exorzismus, wenn auch heftig widerstrebend. Auf ihrem Hemd fanden sich als Beweis für die erfolgreiche Austreibung fünf Tropfen Blut, und nun wurde sie infolge

geschickter Propaganda vom einfachen Volk, aber auch von hohen Herrschaften als Wundertäterin aufgesucht und verehrt. Ein Skeptiker entdeckte zwar, daß die angeblich aus Teufelsblut bestehenden Flecke von roter Tinte herrührten, aber das tat dem Ruhm der so Begnadeten keinen Abbruch. Königin Anna trug das »Wunderhemd« 1638 bei der Geburt des sehnlich erwarteten Thronerben (Ludwigs XIV.). Als die Betrügerin 1665 starb, wurde ihr Grab zum Wallfahrtsort.

Doch kurz nach der Verbrennung Grandiers war die Geburt des Thronerben noch Gegenstand wenig begründeter Hoffnungen, und daß Ludwig XIV. einmal der wahre Erbe Richelieus sein würde, konnte damals erst recht niemand ahnen. Frankreich trieb in diesen Wochen einer außerordentlich schweren außenpolitischen Krise entgegen.

Der Donnerschlag von Nördlingen

Am 11. September 1634 erhielt Richelieu die Nachricht, daß am 6. September nahe der schwäbischen Stadt Nördlingen eine vom Kaisersohn Ferdinand und dem spanischen Kardinal-Infanten Fernando geführte »gesamthabsburgische« Armee die vereinigten Streitkräfte des Herzogs Bernhard von Sachsen-Weimar und des schwedischen Feldmarschalls Horn vernichtend geschlagen habe. Erst allmählich wurden nähere Einzelheiten und weitere Folgen dieser Schlacht bekannt, die für den weiteren Verlauf des Dreißigjährigen Krieges die wichtigste Vorentscheidung brachte.

Herzog Bernhard hatte im November 1633 Regensburg erobert. Er konnte diese strategisch wichtige Stadt aber ebensowenig halten wie Donauwörth und war auch nicht in der Lage, die Vereinigung der kaiserlichen Armee mit einer spanischen zu verhindern. Der Kardinal-Infant hatte sie aus Oberitalien herangeführt. Als neuer Statthalter in den Spanischen Niederlanden sollte Fernando den Krieg gegen die Republik der Vereinigten Niederlande wiederaufnehmen und mit Hilfe des Kaisers die »kalvinistischen Rebellen« besiegen und unterwerfen.

Die Verteidigung von Nördlingen, das von kaiserlichen Truppen belagert wurde, betrachtete Bernhard als Prestigefrage, da er dafür sein Wort verpfändet hatte. Der schwedische Kanzler Oxenstierna hatte ihm den Rang eines Generalissimus verweigert, so daß er seine Kriegführung mit dem schwedischen Feldmarschall Horn abstimmen mußte. Nach langem, durch Bedenken Horns veranlaßtem Zögern wurden seine und Horns Truppen, etwa 36 000 Mann, bei Nördlingen in einen verlustreichen, zwei Tage während Kampf mit der habsburgischen Armee verwickelt. Am Ende hatte die schwedisch-protestantische Hauptmacht 12 000 bis 17 000 Tote sowie etwa 6 000 in Gefangenschaft Geratene – darunter Feldmarschall Horn – zu beklagen und ihre frühere Überlegenheit endgültig eingebüßt.

Prinz Gaston vor den Toren von La Chapelle, 1634

Nur mit Mühe konnte der Weimarer Herzog die Reste seines Heeres über den Rhein in Sicherheit bringen. Ganz Süddeutschland war nun den Habsburgern ausgeliefert. Zwischen dem spanischen Oberitalien und den Spanischen Niederlanden war eine direkte Verbindung hergestellt. Die verbündeten protestantischen Mächte sahen keine Chance mehr, die spanisch-kaiserliche Koalition ohne sofortigen militärischen Beistand Frankreichs zu besiegen. Richelieus Politik eines Krieges gegen das Haus Habsburg durch schwedische, deutsche und niederländische – teuer bezahlte – Stellvertreter war gescheitert.

Noch am Tage des Eintreffens der Hiobsbotschaft sandte der Kardinal an Ludwig XIII. eine schonungslos offene Darlegung der für Frankreich entstandenen Situation. Er empfahl jedoch abzuwarten,

236

wie die protestantischen Verbündeten auf die schwere Niederlage reagieren würden, und alle diplomatischen – und finanziellen! – Möglichkeiten wahrzunehmen, um eine Kapitulation der deutschen Protestanten vor der katholischen Übermacht zu verhindern. Die Verteidigungskraft der bedrohten Niederländer sollte weiterhin gestärkt werden, mit den Schweden wären neue Abmachungen zu treffen. Durch einen offenen Krieg gegen Spanien alle bisherigen Früchte seiner Politik aufs Spiel zu setzen erschien ihm nicht ratsam, solange sich der Thronerbe noch als Asylant im Lager des Feindes befand und die Königin Anna von Agenten Spaniens umgeben war. Als dringlichste Aufgabe erschien ihm, möglichst schnell den Prinzen Gaston zur Rückkehr zu bewegen.

Als Richelieu berichtet wurde, daß der Prinz nach der Schlacht von Nördlingen wie ein national gesinnter Franzose und nicht wie ein gekaufter Verräter reagiert habe, ließ er Puylaurens, der Gaston wie eine Puppe zu lenken vermochte, schleunigst unglaublich erscheinende Angebote unterbreiten. Der meineidige Hochverräter sollte in den Herzogsrang erhoben, mit der Pairswürde geehrt und Gouverneur einer im Herzen Frankreichs gelegenen reichen Provinz werden, wenn es ihm gelänge, den Prinzen zur Rückkehr und zur Auflösung seiner politisch unerwünschten Ehe zu veranlassen!

Puylaurens blieb aber noch mißtrauisch, bis der Kardinal sich bereit erklärte, ihn in seine Verwandtschaft aufzunehmen: Er bot ihm die Hand seiner jungen Kusine Margarete von Pontchâteau an. Am 1. Oktober wurde ein Vertrag des Königs mit Gaston unterzeichnet, in dem dieser gelobte, sich hinfort »wie ein wahrer Bruder und Untertan« zu verhalten. Hinsichtlich seiner Ehe unterschrieb er eine mit dem Vatikan abgestimmte Formel, die vieldeutig besagte, er werde nicht ohne Zustimmung Seiner Majestät »eine neue Ehe eingehen«. Puylaurens verpflichtete sich in einem gesonderten Vertrag, alle ihm bekannten Intrigen gegen Ludwig XIII. (also auch gegen Richelieu) zu offenbaren und zu erreichen, daß die Ehe seines Herrn innerhalb von zwei Monaten aufgelöst werde.

Am 8. Oktober floh Gaston heimlich aus den Spanischen Niederlanden und erreichte in La Chapelle, wo seine Mutter vor drei Jahren Frankreich für immer verlassen hatte, wieder französischen Boden. Seine Heimkehr löste in ganz Frankreich große Begeisterung aus. Dieser charmante Tunichtgut erinnerte in seinem Auftreten offenbar sehr an den im Volke noch immer verehrten Vater, Heinrich IV., während der königliche Bruder als Werkzeug des »teuflischen« Kardinals galt.

Das Wiedersehen der ungleichen Brüder im Königsschloß Saint-Germain in Anwesenheit von Richelieu und Puylaurens wurde so theatralisch inszeniert wie die am 28. November stattfindende dreifache Hochzeit von Kusinen Richelieus, denn der Kardinal hatte neben Puylaurens noch zwei weitere Mitglieder des Hochadels in seine Verwandtschaft aufgenommen. Während er den Zuwachs an einflußreichen Verwandten sichtlich zu genießen schien, konnte er sich doch kaum der Illusion hingeben, daß seine Außenpolitik ebenfalls von Erfolg gekrönt war.

Kaiserliche Truppen bedrohten jetzt alle rheinischen Städte. Zwischen Frankreich und Schweden spitzten sich Streitigkeiten um die Vorherrschaft in der stark angeschlagenen antihabsburgischen Koalition zu. Die Kurfürsten von Sachsen und von Brandenburg zeigten zunehmend Bereitschaft, sich mit dem Kaiser zu verständigen. Und noch immer wußte Richelieu nicht, wie er den Staatsschatz so auffüllen könnte, daß er in der Lage wäre, neue Armeen zu finanzieren und noch mehr Subventionen zu zahlen.

Aber die größten Sorgen bereitete ihm zur Zeit das Liebesleben seines platonisch keuschen Monarchen.

Liebe, Haß und Politik

Nach der fast tödlich verlaufenen Erkrankung Ludwigs XIII. in Lyon Anfang Oktober 1630 wäre es beinahe zu einer Versöhnung zwischen Anna von Österreich und ihrem Gatten gekommen. Doch dann sah der König zufällig ein vierzehnjähriges Mädchen, das zum Hofstaat der Königinmutter gehörte und schon viele durch seinen Liebreiz – den man mit der Morgenröte verglich – bezaubert hatte: Marie de Hautefort. Als Maria von Medici Frankreich verließ, bat Ludwig seine Gattin, die junge Schöne unter ihre Ehrendamen aufzunehmen, und dann versäumte er keine Gelegenheit, die Angebetete zu sehen und sie mit Aufmerksamkeiten auszuzeichnen – aber stets nur in Gegenwart seiner Frau!

Königin Anna fühlte sich durch das sonderbare Benehmen ihres Mannes nicht gekränkt, weil Marie ihr völlig ergeben war und keinen Zweifel daran ließ, daß sie auch als Favoritin des Königs nur ihrer geliebten Herrin dienen wollte. Gegen Ende des Jahres 1634 trieb Ludwig seinen bittersüßen Entsagungskult so weit, daß er zu Ehren des nun voll erblühten Mädchens aufwendige Feste veranstalten ließ, auf denen die Hautefort wie eine Mätresse auftrat und von Dichtern irrtümlich auch als solche gefeiert wurde. Die Königin wollte das Mädchen als Werkzeug benutzen, um auf den König Einfluß zu gewinnen, und betätigte sich als Kupplerin. Sie ging dabei aber nicht geschickt genug zu Werke. In einer verfänglichen Situation erkannte der stets mißtrauische »Mönch« die Falle und zog sich ohne »Sündenfall« aus der Affäre.

Mit wachsender Besorgnis sah Richelieu, wie zielstrebig diese beiden Frauen nach einem Weg suchten, vom König Besitz zu ergreifen. Wäre es ihnen gelungen, so hätte der Kardinal gute Gründe gehabt, um den Fortbestand seines Lebenswerkes, ja um seine physische Existenz zu bangen. Dabei war er selbst in Anna von Österreich verliebt, noch mehr als in die Chevreuse, und da er nach der »Lustreise« auf der Garonne keine Hoffnung mehr hatte, daß seine Gefühle jemals erwidert würden, blieb ihm nur Haßliebe, die mit unverhülltem Haß vergolten wurde. Während die stolze Schönheit Hautefort den stoischen königlichen Liebhaber quälte, wenn er vergeblich versuchte, die Damen mit Jagdgeschichten zu unterhalten, wuchsen in der erfolglosen Kupplerin Anna immer mehr die Wut auf den Kardinal und die Erbitterung über den Ehemann. Ludwig, der sie seit mindestens zwölf Jahren nicht mehr liebte, brachte es nicht über sich, ihr die Eskapaden mit anderen Männern, noch weniger aber die Fehlgeburten zu verzeihen.

Königin Anna durfte nicht einmal selbst Hof halten. Nur in Gegenwart ihres Gatten war einem anderen Manne der Zutritt zu ihr gestattet, überall lauschten Spione des Kardinals auf ein unbedachtes Wort. Da war es wirklich kein Wunder, daß sie sich bemühte, familiäre Beziehungen zu ihren Brüdern, Philipp IV. und dem Kardinal-Infanten, aber auch zu anderen Spaniern und nicht weniger zu ihrer geliebten, vom Hofe verbannten Chevreuse zu pflegen. Was Marie de Hautefort ausspionieren konnte, gelangte über ihre Herrin an deren Freunde.

Die enge Verbindung der Königin mit den Erzfeinden des französischen Königtums erschien dem Kardinal so unerträglich, daß er sich beim Vatikan diskret nach den Chancen für die Auflösung der Ehe seines Königs erkundigte. Urban VIII. war in diesem Falle jedoch noch weniger bereit, sich die Ziele einer von Richelieu diktierten Staatsräson zu eigen zu machen, als hinsichtlich der Ehe Gastons. Der»Staatskardinal« mußte einen anderen Weg suchen, um zumindest das Staatsoberhaupt den Intrigen der »spanischen Partei« am Königshofe zu entziehen.

In den ersten Wochen des Jahres 1635 quälten die »Grausamkeiten« der Hautefort ihren königlichen Anbeter so sehr, daß er den (von Richelieu inspirierten) Rat seines männlichen Favoriten Saint-Simon befolgte und sein Interesse wenigstens äußerlich anderen Hofdamen zuwandte, um Eifersucht zu erzeugen. Als »Rivalin« wurde ein Fräulein von La Fayette auserkoren. Ludwig fand die zierliche Sechzehnjährige »sanft und entschlossenen Geistes«, also mit Eigenschaften ausgestattet, die ihm sehr gefielen. Sofort bildete sich am Hofe eine einflußreiche Clique, die das Interesse des Königs dauerhaft an die neue Favoritin zu binden verstand. Damit war Richelieu vorerst einer schweren Sorge enthoben, denn über Fräulein von La Fayette führte noch kein Weg nach Spanien.

Der dankbare Kardinal überzeugte seinen Herrn leicht, daß der Favorit des Königs nicht hinter dem Favoriten des Thronfolgers zurückstehen dürfe. So wurde am 1. Februar auch Saint-Simon Herzog und Pair. Wo seine Wohltaten mit Undank vergolten wurden, kannte Richelieu allerdings selbst bei Neuverwandten keine Gnade. Vetter Puylaurens hatte sein Versprechen, innerhalb von zwei Monaten dafür zu sorgen, daß die Ehe Gastons aufgelöst würde, nicht gehalten. Mißtrauisch ließ der Kardinal den neu ernannten Herzog beobachten und fand bald heraus, daß dieser lebhaften Briefwechsel mit Freunden in Brüssel unterhielt und darin verbreitete, der König sei sehr krank und werde wohl nicht mehr lange leben; er selbst sei vom Thronfolger Gaston zum Premierminister ausersehen. Falls König Ludwig am Leben bleibe, werde Gaston abermals emigrieren, diesmal nach Italien. Weitere abgefangene Briefe belasteten zwei andere Freunde Gastons schwer.

Am 14. Februar 1635 speiste Richelieu zusammen mit diesen beiden Herren beim Kanzler Séguier in bester Laune, anschließend wurden sie verhaftet. Noch am selben Tage besuchte er mit dem König ein Ballett, das Ludwig selbst komponiert hatte. Gaston und Puylaurens nahmen an diesem gesellschaftlichen Ereignis teil. Während einer Pause wurde auch der törichte Verfasser der verräterischen Briefe verhaftet. Gaston, voller Sorge, daß seine eigene Freiheit verwirkt sei, bewies einmal mehr die Haltlosigkeit seines Charakters, indem er seine besten Freunde und noch andere zusätzlich belastete. Puylaurens beendete sein Leben nach einigen Monaten in einem Kerker jenes Schlosses Bois de Vincennes, in dem bereits andere Freunde des Thronfolgers, Marschall d'Ornano und Großprior Vendôme, als Gefangene gestorben waren. In der Umgebung des noch immer unangreifbaren Thronfolgers wurden wahrscheinlich weiterhin Komplotte gegen das Leben oder die Freiheit Richelieus geschmiedet. Chavigny erhielt den Auftrag, diese Clique streng beobachten zu lassen.

Gegen die Hetzkampagnen eines »literarischen Zirkels« geistreicher Hofdamen Königin Annas und ihnen ergebener Dichter im Stadtschloß der Herzogin von Rambouillet dachte sich Eminentissime in diesen Wochen eine Gegenmaßnahme aus, die seinem Namen in der Kulturgeschichte Frankreichs einen besonderen Ehrenplatz gesichert hat: die Gründung der Französischen Akademie (Académie Française). Auf diese zunächst rein politisch motivierte Institution, die zum Vorbild für alle europäischen Akademien der Wissenschaften geworden ist, wird im Kapitel »Kulturpolitik« näher eingegangen. Damals war sie ein wenig beachteter Bestandteil der letzten Maßnahmen, mit denen Richelieu den unvermeidbar gewordenen Eintritt Frankreichs in den großen europäischen Krieg vorbereitete.

Der Sprung ins kalte Wasser

Nach der Mitte des 17. Jahrhunderts hat der in österreichischen Diensten stehende Heerführer Raimondo Graf von Montecuccoli in seinen »Aphorismen über die Kriegskunst« die vielzitierte Quintessenz seiner Erfahrungen vermittelt: »Zum Kriegführen sind drei Dinge nötig, Geld, Geld und nochmals Geld.«

Giulio Mazarin, der seit November 1634 als »Frankreichspezialist« des Papstes Außerordentlicher Nuntius am französischen Hof war, verhandelte offiziell über die Rückgabe Lothringens an Herzog Karl IV. »Nebenbei« sollte er aber auch einen offenen Krieg zwischen den katholischen Großmächten verhindern, was ihm ja bereits während der Kämpfe in Oberitalien dank der sehr riskanten, aber erfolgreichen Politik Richelieus geglückt war. Dem Kardinal war der kongeniale Diplomat wie ein lieber Gast hochwillkommen. In sachlich-harten Verhandlungen hatte Mazarin akzeptieren müssen, daß in der lothringischen Frage für ihn nichts zu erreichen war. Um so zuversichtlicher hoffte er, den von körperlichen Leiden wieder besonders hart geplagten Kardinal davon abhalten zu können, Spanien den Krieg zu erklären. Da dieses für einen Krieg mit Frankreich schlecht gerüstet war, mußte auch König Philipps leitender Staatsmann Olivares sehr daran interessiert sein, offene Feindseligkeiten zu vermeiden. Während Urban VIII. an das »gesamtkatholische Interesse im Kampf gegen lutherische und kalvinistische Ketzerei« appellierte, sah Mazarin einen realistischeren Grund für die Bewahrung des Friedens: Beiden Kontrahenten fehlte »Geld, Geld und nochmals Geld«.

Um sich aber soweit wie möglich vor unliebsamen Überraschungen zu schützen, bemühte sich Richelieu weiterhin um vorbeugende Bündnisse gegen Spanien, hatte zunächst aber nur bei den Niederländern Erfolg. Am 8. Februar 1635 schloß er mit ihnen einen Defensivvertrag, der bald darauf durch einen Offensivvertrag ergänzt wurde, in dem sich beide Parteien verpflichteten, im Kriegsfall mit 25 000 Mann Fußtruppen und 5 000 Reitern in die Spanischen Niederlande einzumarschieren. Karl I. von England versuchte eifersüchtig, sich einzumischen, Richelieu konnte ihn jedoch davon überzeugen, daß strikte Neutralität für ihn am vorteilhaftesten sei.

Mit italienischen Staaten kamen ebenfalls gegen Spanien gerichtete Abmachungen zustande. Diese hatten zunächst noch keine Auswirkungen. Am schwierigsten blieben die Verhandlungen über einen neuen Bündnisvertrag mit Schweden. Kanzler Oxenstierna wollte in das Bündnis gegen Spanien von vornherein den Kaiser einbezogen wissen, Richelieu war aber bestrebt, den Bruch mit dem Kaiser solange wie möglich zu vermeiden. Während der Verhandlungen vertrieben kaiserliche Truppen die französische Besatzung aus Philippsburg und marschierten unaufhaltsam auf die Mosel zu.

Die endlosen Verwicklungen in immer wieder neue unlösbar erscheinende Probleme deprimierten Richelieu damals so sehr, daß er
dem Kaiser anbot, er werde dessen protestantische Gegner nicht länger unterstützen, wenn Frankreich dafür das Elsaß bekäme! Angesichts der damals für das Gesamthaus Habsburg überaus günstig erscheinenden Entwicklung lehnte Ferdinand II. dieses Angebot ab.
Nun blieb beiden aber noch die Hoffnung, daß zwei vom Papst vorge-
schlagene Friedenskongresse – der eine nur für katholische Mächte,
der andere mit Einbeziehung der Protestanten – einen allgemeinen
Krieg verhindern könnten. Der Vermittler Mazarin sah einen Erfolg
schon greifbar nahe. Da ließ Olivares, der für Spanien Nachteile befürchtete, am 26. März Trier besetzen und den mit Frankreich verbündeten Kurfürsten Philipp von Sötern nach Wien entführen, wo er
»standesgemäß« unter Hausarrest gestellt wurde.

Aus dieser »rechtswidrigen Inhaftierung eines Reichsfürsten durch
das Reichsoberhaupt« konnte Richelieus Propaganda noch viele
Jahre lang politisches Kapital schlagen; zunächst ergab sich daraus
ein triftiger Grund, Spanien den Krieg zu erklären. Von Friedenskon-
gressen war nun nicht mehr die Rede; doch den Krieg sofort zu beginnen, wagte der Kardinal noch immer nicht. Am 28. April wurde
aber endlich ein Vertrag abgeschlossen, der Frankreich den Beistand
Schwedens und des deutschen Söldnerführers Bernhard von Weimar
sicherte. Maximilian von Bayern hielt sich nur noch einige Monate
lang aus dem Bündnis des Kaisers und der katholischen Liga mit
Spanien heraus. Richelieus Versuche, die Koalition zu sprengen, hatten keinen Erfolg. Immerhin war diese Koalition zunächst nur gegen
die Republik der Vereinigten Niederlande und ausdrücklich nicht gegen Frankreich gerichtet.

Wenn der Kardinal den Stand der Kriegsrüstungen seines Landes
überblickte, fand er für Siegeszuversicht wenig Anlaß. Weder die
Grenzfestungen noch die für einen unabsehbar langen Krieg unerläß-
lichen Versorgungsdepots noch das Rekrutierungssystem und die
Qualität der Heerführer ließen hoffen, die Weltmacht Habsburg bald
niederringen zu können. Diesmal waren ja nicht Expeditionen wie
die nach La Rochelle oder nach Oberitalien vorzubereiten, sondern
langwierige Kämpfe an vielen Fronten: in Flandern, am Rhein, in
den Alpen, in Oberitalien und in den Pyrenäen sowie auf den Meeren.

Da ihm einige Marschälle von vornherein unzuverlässig erschienen, beschloß Richelieu, das Oberkommando wieder selbst zu übernehmen. Offizierspatente waren noch immer käuflich, Kompanien und Regimenter wurden wie Geschäftsunternehmen geführt, gefälschte Soldlisten mit gar nicht vorhandenen Soldaten mußten durch königliche Kommissare »bereinigt«, betrügerische Kommandeure bestraft werden. Der zum Generalissimus gewordene Kardinal machte den Kardinal La Valette zum General und den Erzbischof Sourdis zum Admiral. Ludwig XIII. drängte heftig, die »Schmach von Trier« zu rächen. Sein Erster Minister sah auch keine andere Möglichkeit mehr, als das äußerst riskante Abenteuer einer Kriegserklärung zu wagen. Er tat es mit dem Gefühl, als wenn er in wild bewegtes kaltes Wasser spränge.

Um das Risiko zu mindern, wollte er nur einen »begrenzten« Krieg gegen Spanien, sozusagen als Strafexpedition wegen des Überfalls auf den verbündeten Kurfürsten von Trier, führen. Eine französische Armee sollte gleichzeitig mit einer niederländischen in die spanisch gebliebenen Niederlande einmarschieren und Aufständische unterstützen, die der spanischen Herrschaft ein Ende bereiten wollten. Danach sollte ein allgemeiner Frieden mit gegenseitigen Garantien für eine friedliche Zukunft ausgehandelt werden.

Am 19. Mai erschien, begleitet von einem Trompeter, der Wappenherold Frankreichs vor dem Palais des Kardinal-Infanten in Brüssel, um die Kriegserklärung zu überbringen. Ob er seine Aufgabe nach längerem Warten erfüllen konnte oder ob er sich genötigt sah, die Deklaration vor das Haus des Bürgermeisters zu werfen, ist nicht eindeutig überliefert. Jedenfalls nagelte er zwei Tage später ein Duplikat an einen Grenzpfosten bei der Stadt Bouilly. Die Spanier antworteten mit einer Gegendeklaration, in der sie Richelieu persönlich angriffen, als wenn es nur um Meinungsverschiedenheiten zwischen dem Kardinal und Olivares ginge. Doch in die Geschichtsbücher ist der 19. Mai 1635 als der Tag des Beginns des langen französisch-spanischen Krieges eingegangen, der erst im Jahre 1659 beendet wurde.

Die Zerreißprobe (1635–1642)

Schlimmer Anfang des offenen Krieges

Bereits vor Übergabe der Kriegserklärung in Brüssel war eine von zwei rivalisierenden Marschällen kommandierte französische Armee aufgebrochen, um sich mit den Streitkräften des holländischen Oberbefehlshabers Prinz Friedrich Heinrich von Oranien zu vereinigen. Ein spanisches Heer unter Prinz Thomas von Savoyen (dem Bruder des regierenden Herzogs), das sich bei Lüttich zum Kampf stellte, wurde vernichtend geschlagen. Die französischen Verluste waren sehr gering. In Brüssel brach Panik aus; doch die Franzosen brachten sich selbst um die Früchte dieses unerwartet großen Erfolges. Die beiden Marschälle gönnten sich gegenseitig nicht den Siegeslorbeer, und die völlig unzureichend versorgten Soldaten begannen so hemmungslos zu plündern, daß die Bevölkerung sich von solchen »Befreiern« nichts mehr versprach. Dieser Sieg offenbarte Frankreichs ökonomische Schwäche. Als bald darauf das Aufgebot der Provinzen mobilisiert wurde, erschienen die Feudalherren mit ihren Lehnsleuten, die sich sogleich auf die herkömmliche örtliche und zeitliche Begrenzung ihres Waffendienstes beriefen, wenn nicht genügend Sold gezahlt wurde.

Richelieu hatte den Krieg schlecht vorbereitet begonnen und überdies zu spät, um die deutschen Protestanten noch gegen den Kaiser unterstützen zu können. Am 30. Mai 1635 war in Prag der Friedensvertrag zwischen Ferdinand II. und Kursachsen unterzeichnet worden; im Juli traten außer Bernhard von Weimar alle übrigen protestantischen Fürsten, auch Bernhards Bruder, diesem Friedensschluß bei. Die Schweden waren jetzt auch ihre Feinde. Bernhard von Weimar vereinigte am 27. Juli seine überwiegend deutschen Söldner mit den Truppen des Kardinals La Valette, des Prinzen Condé und des Herzogs von La Force. Sie vereitelten den Versuch des Herzogs von

Lothringen, sein Land zurückzuerobern. La Valette und Herzog Bernhard stießen dann ins Rheinland vor. Das bedeutete praktisch eine Kriegserklärung an den Kaiser.

Da die rechtsrheinischen Gebiete bereits vom Kriege verwüstet worden waren, scheiterte diese Aktion an Versorgungsschwierigkeiten, als der kaiserliche General Gallas mit überlegenen Kräften heranrückte. Daß Herzog Bernhard einen geordneten Rückzug über den Rhein organisieren konnte, galt mit Recht als eine militärische Meisterleistung. Gallas vereinigte seine Truppen am 16. Oktober mit denen des Herzogs von Lothringen und bedrohte damit Ostfrankreich. Der am 27. Oktober von Richelieu mit Bernhard von Weimar abgeschlossene Subsidienvertrag erwies sich erst langfristig als wirksame Gegenmaßnahme.

Vorher hatte sich der hochbetagte Marschall La Force in Lothringen zurückziehen müssen. Eine Garnison überließ dort aus Feigheit oder durch Verrat dem Feinde einen strategisch besonders wichtigen Brückenkopf an der Mosel. Dies fand Ludwig XIII. unerträglich. Er übernahm persönlich das Kommando über die lothringische Armee. Seine Gegenwart erhöhte den Kampfgeist der sonst sehr disziplinlosen Truppen, und der verlorengegangene Ort konnte zurückerobert werden. Richelieu ließ die Einwohner grausam bestrafen, alle an der Übergabe beteiligt gewesenen Soldaten auf Galeeren schicken. Die Brutalität des Kardinals befremdete selbst verrohte Generäle, verhinderte aber nicht, daß die Kampfkraft der französischen Armee weiterhin rapide sank und Gallas' Armee vor Metz erschien. Die Beziehungen des Königs zu Richelieu wurden dadurch erheblich belastet.

Unter dem Eindruck schlechter Nachrichten von der Front in Flandern war der Kardinal in Bordeaux wieder einmal schwer erkrankt. Als Rohan im Veltlin Erfolge gegen die Spanier errang und dank der Verbindung mit Bernhard von Weimar auch an der Ostfront vorübergehend Fortschritte erzielt wurden, besserte sich sein Gesundheitszustand zwar wieder, doch war er noch nicht in der Lage, wie einst in Savoyen neben dem König ins Feld zu ziehen. Traurig schrieb er an Ludwig: »Wenn ich bisher für einen guten Diamanten gelten konnte, komme ich mir jetzt wie ein Alençon-Diamant vor, und der ist nicht mehr wert als Glas.«

Nach dem nur kurzfristig wirksamen Erfolg Ludwigs in Lothringen, dem zunächst keine weiteren folgten, wurde Richelieu von seinen Feinden am Hofe vorgeworfen, er setze das Leben des Monarchen sinnlos aufs Spiel. Er mußte den König veranlassen, nach Paris zurückzukehren. Nur durch eine Drohung mit seinem sofortigen Rücktritt konnte er seine eigene Stellung wieder einigermaßen festigen, denn schon der Gedanke an den Verlust dieses tatkräftigen, wenn auch oft unbequemen Ratgebers erfüllte Ludwig mit Entsetzen. Am 22. Oktober trafen beide in Rueil wieder zusammen, und der bald darauf mit Bernhard von Weimar abgeschlossene (bereits erwähnte) Subsidienvertrag zeigte, daß man aus dem Fiasko der bisherigen Kriegführung Konsequenzen zu ziehen gedachte. Die erste Maßnahme war, daß ein »schlechter Berater« des Königs ins Gefängnis geworfen wurde. Er mußte als Sündenbock für unfähige Marschälle dienen.

Während der Wintermonate ruhten in diesem Jahrhundert (bis auf einige Aufsehen erregende Ausnahmen) alle Kampfhandlungen. Der König wandte sich wieder selbstquälerisch seinem außerehelichen Liebesleben zu und bereitete dadurch seinem Ersten Minister zusätzliche Schwierigkeiten. Da die finanzielle Lage des spanischen Fiskus nicht günstiger war als die des französischen, kam es wiederholt zu Kontakten, bei denen die Friedensbereitschaft des Gegners erkundet werden sollte. Anfang 1636 ließ Richelieu andeuten, daß er den Krieg beenden würde, wenn Frankreich die Einverleibung Lothringens zugestanden werde. Doch für einen Frieden, der nach Lage der Dinge nur ein Waffenstillstand für wenige Jahre sein konnte, erschien Olivares dieser Preis zu hoch. So mußte also ein neuer Waffengang vorbereitet werden.

Dem »Finanzgenie« Bullion und dem seit Februar 1636 für die Staatsfinanzen zuständigen Noyers gelang es, bis zum Wiederbeginn der Kämpfe neue französische Armeen aus dem Boden zu stampfen, wobei vor Gewaltmaßnahmen nicht zurückgeschreckt wurde. Als jedoch der Kardinal-Infant in Flandern und General Gallas von Burgund her neue Offensiven begannen, brach noch schlimmeres Unheil über Frankreich herein. Gouverneure wichtiger Grenzfestungen überließen diese kampflos den Spaniern. Eine von ihnen, Le Catelet, lag nur etwa einhundertachtzig Kilometer von Paris entfernt!

Am Königshofe erkannte man nicht, wie groß die unmittelbar drohende Gefahr war. Dort feierte man in diesen Tagen die Taufe der 1627 geborenen Tochter des Thronfolgers mit aufwendigen Festen

Infanterie auf dem Exerzierfeld. Radierung von Callot

und »patriotischen« Gebeten. Auch Richelieu sah das nahende Unheil nicht. Noch am 2. August richtete er für die Königin Anna ein
glänzendes Fest aus. Zwei Tage später wurde in Paris bekannt, daß
von Norden und Osten feindliche Armeen auf die Hauptstadt zumar-
schierten!

Sofort erließ der König den Befehl, »daß alle waffentragenden Männer, die keine Beschäftigung haben (!), sich in den nächsten vierundzwanzig Stunden beim Marschall La Force eintragen lassen« sollten.
Allen Privilegierten und von der Einkommenssteuer Befreiten wurde
befohlen, sich beritten und bewaffnet in Saint-Denis einzufinden. Dort
war im Mittelalter bei den Königsgräbern die Kriegsfahne des Reiches
aufbewahrt worden. Auf den Stufen des Pariser Rathauses saß der ur-
alte Marschall und schrieb persönlich die Namen der sich herandrän-
genden Kriegsfreiwilligen auf. Patriotische Begeisterung ergriff die
Massen. Als schon am folgenden Tage, dem 5. August, gemeldet wurde,
daß der Feind die Somme überschritten habe und die Armee des Grafen von Soissons aus dem Hause Bourbon nicht in der Lage sei, Widerstand zu leisten, empfing Ludwig XIII. nach einer Krisensitzung des
Ministerrates im Louvre Vertreter der Pariser Zünfte. Diese baten ihn
kniend, über »ihr Gut und ihr Leben« zu verfügen, damit der Feind aus
Frankreich vertrieben werden könne. Gerührt umarmte der König je-

248

den einzelnen und fand begeisternde Worte, die mit Windeseile in der Stadt verbreitet wurden.

Plötzlich öffneten sich Geldbeutel, die noch am Tage zuvor fest verschlossen gehalten worden waren, für die Bedürfnisse der Landesverteidigung. Das sonst so störrisch auftretende Parlament verpflichtete sich freiwillig, den Sold für zweitausend Soldaten aufzubringen, und diesem Beispiel folgten noch viele andere weltliche und geistliche Korporationen. Man hat von einer Heiligen Union gesprochen, wie sie Frankreich so oft vor der Bedrohung durch äußere Feinde errettet habe; doch Philippe Erlanger weist in seiner Richelieu-Biografie mit Recht darauf hin, daß im August 1635 nicht nur die Königin, sondern auch ein großer Teil des katholischen Klerus dieser nationalen Bewegung ablehnend gegenüberstanden. Nur das einfache Volk hielt damals wie zur Zeit der Jungfrau von Orléans zum König und unterstützte ihn gegen äußere und innere Feinde. Der im Volke so verhaßte Kardinal konnte hoffen, daß sein Werk, das ebenso vorbehaltlos dem französischen Königtum dienen sollte, durch den Enthusiasmus der Massen vor dem Untergang bewahrt würde.

Vorerst aber meinten alle Franzosen, die Schuld an ihrem vielfältigen Unglück sei Richelieu zuzuschreiben, und sie sparten nicht mit lauten Verwünschungen. Aus der Umgebung Maria von Medicis kamen Schmähschriften in Mengen über die Grenze, die so wirksam gegen die Politik und mehr noch gegen die Person des »Tyrannen« agierten, daß der Kardinal sich zu den Tröstungen der Religion flüchtete. Während die Spanier mit der Belagerung des wichtigen Brückenkopfes Corbie an der Somme begannen, beschäftigte Richelieu sich sehr intensiv mit theologischen Themen.

Bereits am 15. August kapitulierte der Gouverneur der Festung Corbie, und nun begann nördlich der Seine eine Massenflucht. Auch aus Paris flohen wohlhabende Bürger mit ihren beweglichen Schätzen über die Loire. Die Wut auf den Ersten Minister des nach wie vor höchst populären Königs erreichte ihren Höhepunkt, laute Rufe forderten in Paris seinen Tod. Von körperlichen Schmerzen und Fieber gepeinigt, mit versagenden Nerven dem vollständigen Zusammenbruch nahe, war dieser nur noch von dem Wunsche beseelt, sich irgendwo verstecken zu können und seinen schon triumphierenden Feinden aus der Umgebung der Königin die demütigenden Friedensverhandlungen mit den Habsburgern zu überlassen. Ludwig XIII.

hatte aber 1632 den Pater Joseph zum Nachfolger Richelieus bestimmt, und der König stand stets zu seinem Wort.

Was weltliche Macht und Ehre anlangte, so war die Graue Eminenz noch immer ein Antipode des ehemaligen Bischofs von Luçon. Wie ein Prophet des Alten Testaments kannte er keinen anderen Ehrgeiz als entsagungsvollen Dienst für den »Auserwählten des Herrn«, dessen Mission darin bestand, Frankreich an die Spitze aller christlichen Nationen Europas zu stellen. Der wortgewaltige Kapuziner drohte dem Verzagenden mit dem Höllenfeuer, verkörperte in seiner schäbigen Kutte so deutlich die Absage an alle egoistischen Motive, daß der Kardinal seine Depression überwand und bereit war, »sein Kreuz« bis zu dem von Gott bestimmten Ziel zu tragen.

Der unerbittliche Mahner wies ihm auch einen Weg, der geeignet erschien, dem Propagandafeldzug der »spanischen Partei« gegen seine Person entgegenzuwirken – freilich einen recht gefährlichen Weg. Ohne Leibgarde sollte er sich unter die Pariser begeben, ihnen Mut und Vertrauen in die Zukunft vermitteln. Richelieu dachte an den von einer rasenden Menge zerstückelten Leichnam Concinis und wurde von Furcht übermannt. Da appellierte der Kapuziner als Edelmann François du Tremblay an den Edelmann Armand de Richelieu, verglich ihn mit einem verängstigten, vom Regen durchnäßten Huhn. Diese scharfe Sprache verfehlte ihre Wirkung nicht. Ohne jegliche Begleitung ließ sich der bei seiner Ehre gepackte Edelmann in seiner Karosse ganz langsam durch die belebtesten Straßen von Paris fahren. Zum Türfenster hinausgelehnt, wetterte er gegen maßlos verblüffte Passanten wie ein predigender Kapuziner, rügte mit lauter Stimme ihren Mangel an Gottvertrauen und verhieß, Gott habe Frankreich noch stets vor allen inneren und äußeren Feinden errettet und werde auch diesmal seine schützende Hand über die bedrohte Hauptstadt halten.

Jedermann wußte, wieviel Mut für den am meisten gehaßten Mann des Königreiches dazu gehörte, sich ohne seine Leibgarde unter das unberechenbare Volk zu begeben. Die Wahrscheinlichkeit, daß er dabei sein Leben verlieren würde, war groß. Ein solcher Mut imponierte damals viel mehr als andere Eigenschaften. Wer ihn so eindrucksvoll bewies, wurde respektiert, ja sogar mit Hochrufen gefeiert. Die nun auch auf ihn übertragene patriotische Begeisterung der Volksmassen erfüllte Richelieu mit neuer Siegeszuversicht.

Aufflammender Patriotismus der Massen und neu gewonnenes Selbstvertrauen des leitenden Staatsmanns hätten nichts daran ändern können, daß um den 15. August 1636 Paris von spanischen und kaiserlichen Truppen besetzt worden wäre, wenn der Kardinal-Infant einen kühnen Vorstoß zum »Herzen Frankreichs« gewagt hätte. Versorgungsschwierigkeiten verzögerten den Vormarsch der habsburgischen Armeen im Norden wie im Osten aber so lange, bis eine neu geschaffene französische Streitmacht in der Lage war, die Hauptstadt zu verteidigen. Innerhalb von drei Wochen war eine Armee von 30 000 Fußsoldaten und 10 000 Reitern kampfbereit. Generalissimus Richelieu war noch immer krank, er scheute die Strapazen des Feldlagers. Dagegen fühlte sich der kaum weniger kranke König Ludwig unter den Soldaten wieder ganz in seinem Element. Unermüdlich instruierte und inspizierte er die Truppen, von deren Kampfgeist alle eine Wende im Kriege erhofften.

Für eine wirkliche Wende wäre allerdings mehr erforderlich gewesen als nur Erfolge bei der Vertreibung des eingedrungenen Feindes. Vielleicht hätte eine vernünftigere Verteilung der Kriegslasten ermöglicht, die seit dem Tode Heinrichs IV. nie ganz erloschenen Unruhen in den Provinzen zu beschwichtigen.

Im Frühjahr des ersten Kriegsjahres waren im Südwesten besonders gefährliche Bauernaufstände ausgebrochen; sie hatten ein Viertel des gesamten Staatsgebietes ergriffen. Richelieu war deshalb genötigt gewesen, von der burgundischen Front Soldaten abzuziehen, die dann an der Mosel fehlten. Die wie zur Zeit der Jacquerie im 14. Jahrhundert isoliert kämpfenden Bauernhaufen der »Croquants« (»Arme Schlucker«) ließen sich schließlich durch Verhandlungen beruhigen. Richelieu hatte Straffreiheit und die Zurücknahme der Steuern zugestanden. Da diese Steuererleichterung aber nur den Städtern zugute kam, blieben die Bauern weiterhin zum Aufstand bereit. Der Kardinal konnte ihr Los nicht mildern, da aus der Sicht feudalstaatlicher Logik der Krieg sonst nicht zu finanzieren war.

Äußerste Brutalität beim Eintreiben der Kriegssteuern mochte es dem bestehenden Regime wohl ermöglichen, den Krieg erfolgreicher fortzusetzen; das konnte aber nur geschehen, wenn die Kardinalsdiktatur weiterhin durch den *König* legitimiert wurde. Dieses Damokles-

König Ludwig XIII. von Frankreich. Gemälde von Champaigne

schwert hing nach wie vor an einem sehr dünnen Faden über Richelieu und seinem Werk. Nach zwanzigjähriger Ehe hatte Königin Anna dem Lande noch keinen Thronerben geboren; der Thronfolger Gaston war die wichtigste Stütze der Hoffnungen aller Feinde des Kardinals. Ludwigs Abhängigkeit von den Launen einer Hautefort oder vom Gefühl wirklicher, selbstloser Liebe, das ihm Louise von La Fayette einflößte, wurde zum Politikum, weil sowohl die Feinde des Ersten Ministers als auch er selbst Einfluß auf die Favoritinnen zu nehmen versuchten, einen vielleicht das Schicksal Frankreichs bestimmenden Einfluß, um den im August 1636 noch gerungen wurde.

Bedrängt und bedrückt von so vielen Problemen, mußte der Kardinal sich auch noch mit einem theologischen Phänomen beschäftigen, das zunehmend seine Politik störte: dem Jansenismus. Angehörige der von dem niederländischen Bischof Cornelius Jansen (1585–1638) begründeten Reformbewegung forderten für die Lossprechung von Sünden durch den Priester wesentlich härtere Beweise »aktiver Reue« als die Jesuiten, die menschliche Schwächen milder beurteilten und entsprechend großzügiger Absolution erteilten. Jansen (Jansenius) hatte in Frankreich viele mystisch-fromme Anhänger gefunden.

Ihr Wortführer war Duvergier de Hauranne, mit dem der junge Bischof von Luçon eng befreundet gewesen war. Um 1630 hatte sich dieser, inzwischen Abt von Saint-Cyran bei Paris und nach dieser Abtei benannt, der Partei Maria von Medicis und Marillac genähert. Etwas später geriet er an der Pariser Universität in so heftigen Streit mit den Jesuiten, daß die Gefahr einer Spaltung der französischen Staatskirche drohte. Auch die »gar zu weltlichen« Bündnisse des Kardinals Richelieu mit Ketzern wurden zum Gegenstand theologischer Auseinandersetzungen.

Hier mußte der Politiker als Seelsorger auftreten. In Ratschlägen für einen guten Christen vermittelte der Kardinal Lehren, denen er selbst nicht voll gerecht wurde: »Das Leben des Christen muß ein ständiger Kampf, muß ständige Tätigkeit sein, weit entfernt von dem Müßiggang, dem die Laster entspringen; es muß eine niemals unterbrochene Anstrengung sein, die ohne Unterlaß bemüht ist, in ihm das Reich der Vernunft zu befestigen und *das der Leidenschaften zu zerstören*.« Und während der Feind noch Paris bedrohte, arbeitete er an einem »Traktat über die Vervollkommnung des Christen«. Eine endgültige Auseinandersetzung mit dem unnachgiebigen, weiterhin an Einfluß gewinnenden Abt von Saint-Cyran schob er noch hinaus.

Die Welle allgemeiner Bereitschaft zu Opfern für die Verteidigung der Hauptstadt hatte auch den Thronfolger Gaston erfaßt. Mit 900 Edelleuten und 4000 Mann, die er aus eigenen Mitteln besoldete, erschien er in Paris. Erfreut nahm Richelieu die Gelegenheit wahr, das Haupt der Opposition zum Vorkämpfer im Krieg gegen Spanien zu machen, einen Mann, der noch vor zwei Jahren auf der Seite des Feindes gestanden hatte. Mit einiger Mühe überredete er den König, seinem Bruder den Oberbefehl über die Nordarmee abzutreten und den Bourbonen Soissons zu seinem Stellvertreter zu ernennen. Chavigny sollte als »Kommissar« die beiden Prinzen überwachen.

Anfang September 1636 begann der Vorstoß nach Norden, nachdem sich die Spanier bis an die Somme zurückgezogen hatten. Bezeichnenderweise empfahl der spanische Befehlshaber Thomas von Savoyen dem heranrückenden Gaston, auf die spanische Seite überzutreten und seine in Cambray auf ihn wartende Gattin zu besuchen. Darauf antwortete der Prinz nur mit Spott. Er belagerte einen Brückenkopf an der Somme und nahm ihn schon nach drei Tagen ein. Das war ein wichtiger Erfolg, denn die Spanier hatten dort große Getreidevorräte deponiert. Sogleich regte sich beim König wieder die alte Eifersucht. Mit kleinlichen Einschränkungen versuchte er den Triumph des Siegers zu verkleinern und erreichte damit prompt, daß dieser wenig Eifer zeigte, den Kampf fortzusetzen. Das bot Ludwig willkommenen Anlaß, den Feldzug trotz der ungünstiger werdenden Jahreszeit selbst fortzuführen und die Belagerung der starken Festung Corbie zu wagen.

Als Feldherr während des größten Teils des Tages ständig im Sattel, überall kommandierend, inspizierend, den Sturm auf Corbie vorbereitend, war der noch immer kranke König glücklich. Die beiden von der Spitze der Armee verdrängten Prinzen standen schmollend beiseite. Das genügte, neue Verschwörer zu ermutigen. Der Günstling Gastons, Montrésor, und dessen Vetter Saint-Hibal, der großen Einfluß auf Soissons besaß, weihten ihre Herren in einen Plan ein, »sich der Person des Kardinals zu bemächtigen«. Richelieu sollte nach einer Sitzung des Ministerrates, wenn die Leibgarde des Königs abgerückt war und die Leibgarde des Kardinals ihre Posten noch

Prinz Gaston (Gaston von Orléans). Gemälde von van Dyck

nicht bezogen hatte, nicht entführt – wie die Verschwörer vorgaben –, sondern ermordet werden. Gaston erklärte sich bereit, durch einen Wink das Signal zum Überfall zu geben.

Eine Ratssitzung in Amiens bot eine gute Gelegenheit, den Plan zu verwirklichen. Nachdem der König sich zurückgezogen hatte, plauderte der nichtsahnende Kardinal noch, neben seiner Kutsche inmitten der Verschwörer stehend, mit Soissons. Eine auffordernde Geste Gastons an Montrésor hätte der Geschichte Frankreichs wahrscheinlich einen ganz anderen Verlauf diktiert. Doch statt dessen rannte der plötzlich unsicher gewordene Thronfolger wie von Panik ergriffen zur Treppe des Schlosses, in dessen Innenhof man sich befand, und eilte in großen Sätzen zum ersten Stockwerk hinauf. Der ihm folgende Favorit vermochte nicht, ihn zu bewegen, auf den Hof zurückzukehren, wo die zurückgebliebenen Verschwörer mit verzweifelten Blicken vergeblich versuchten, von Soissons eine »Ersatzlegitimation« für das so gut vorbereitete Attentat zu erlangen. Richelieu stieg seelenruhig in seine Karosse und fuhr unbehelligt davon.

Drei Tage später waren die Prinzen fester entschlossen, das Attentat zu wagen, doch diesmal war die Leibgarde zur Stelle und schreckte die Verschwörer ab. Gaston und Soissons befürchteten, daß der Kardinal von dem Komplott erfahren könnte, und verließen bald unter Vorwänden die Armee. Eine Woche später reiste auch der König ab, um sich in einem Schloß bei Paris zu erholen und seine geliebte Louise de La Fayette wiederzusehen. Richelieu blieb zurück und bewährte sich als Oberbefehlshaber ebenso wie vor La Rochelle.

Corbie spielte in der Picardie eine ähnliche Rolle wie La Rochelle im Kampf mit den Hugenotten. Deshalb zögerte der Kardinal lange, bis er dem Drängen des Marschalls Châtillon nachgab und den Sturmangriff befahl. Er glaubte an die einen großen Sieg verheißende Vision einer Nonne, von der ihm Pater Joseph berichtet hatte. Am 14. November wurde das Wagnis durch die Kapitulation der Festungsstadt belohnt. Richelieu ließ zwei angesehene Bürger, die er für die Übergabe an die Spanier veranwortlich machte, sofort hinrichten. Der spanischen Garnison gewährte er freien Abzug.

Die spektakulären Ereignisse in der Picardie hatten die nicht weniger dramatische Bedrohung an der burgundischen Front in den Hin-

tergrund gedrängt. Dort brachten einige hundert Franzosen im Brük-
kenkopf von Saint-Jean-de-Losne an der Saône einer von Gallas und
dem Herzog von Lothringen befehligten Armee starke Verluste bei
und hinderten sie wochenlang daran, nach Paris vorzustoßen. Condé
entsandte nur eine geringe Verstärkung, doch diese genügte schließlich, die Eindringlinge über den Rhein zurückzuwerfen. Weiter nördlich operierende Truppen des Herzogs Bernhard konnten die Kaiserlichen ebenfalls zurückdrängen. Die deutschen Söldner hausten in
der Champagne jedoch wie in Feindesland und mußten schleunigst
aus dem Lande geschafft werden.

Im Mittelmeer hatte Erzbischof Sourdis als Admiral noch nichts
erreicht, im Baskenland hielten die Spanier kleine Orte besetzt, aber
die tödliche Bedrohung französischen Kernlandes war nun ein für al-
lemal beseitigt. König Ludwig ließ einen Dankgottesdienst abhalten,
bei dem er sein Reich der Heiligen Jungfrau weihte. Der ersehnte
Frieden, der mehr als ein Waffenstillstand sein sollte, war mit den
unerwartet großen Erfolgen französischer Armeen aber nicht näher-
gerückt. Das *Haus Habsburg* war ja noch keineswegs besiegt.

Am 22. Dezember 1636 konnte der todkranke Kaiser Ferdinand II.
die Wahl seines Sohnes Ferdinand zu seinem Nachfolger bei den
Kurfürsten durchsetzen. Die von Frankreich und auch von Papst Urban angestrebte Wahl des bayrischen Kurfürsten zum deutschen König und damit zum späteren Kaiser wurde also gegenstandslos. Als
Ferdinand bereits im Februar 1637 starb, weigerte Richelieu sich
zwar, Ferdinand III. als Kaiser anzuerkennen, da die Kurfürsten von
der Pfalz und von Trier an der Wahl nicht teilnehmen konnten, doch
das war nur eine leere Geste.

Eine viel schlimmere Bedrohung der Politik Richelieus ging zunächst vom verdächtigen Verhalten der Prinzen Gaston und Soissons
aus, für das es gar keinen Anlaß zu geben schien. Seit dem gescheiterten Komplott von Amiens fühlten sich die beiden Prinzen ständig
von der Gefahr bedroht, daß Richelieu doch noch davon erfahren
und sich rächen könnte. Als Soissons an den Hof berufen wurde, weil
der König ihm eine neue, in der Champagne aufzustellende Armee
anvertrauen wollte, eilte der einen Vorwand vermutende Gaston demonstrativ herbei, um sich mit dem »Bedrohten« zu beraten. Sie versprachen einander, niemals »Sondervereinbarungen« abzuschließen,
und erwarteten neue »Angriffe auf ihre Sicherheit«. Ludwig wunderte

De Paris ce 4e Decbr 1636

L'affaire de Du Bois. sera un peu de peine

Ce sera une bonne nouuelle pour M. de Bullion

estant un effort fascheux, mais j'espere

que le Roy y trouuera son compte, Et en effet

et ce comencement vient a efect

Mr. de Noyers a trouué chez luy de lon[?] que nous

auons dequoy faire Deux Moutons D'Armee

Pourueu quon puisse faire paroistre ce que

cet honneste homme a commancé

Pour cet effet on estime qu'il faut faire dresser des

fourneaux au Bois de Vincennes et a Ruel

il ne se peut rien adjouster a cette proposition laquelle je trouue très bonne

pour luy donner esperance de venir quelquesfois

comme non prisonnier, qu'ost un nom qu'il luy fasche

auant qu'elle chose

Ou cet homme servira ou ira a trauailler, ce que je veux

qu'il fera de gré ou de force, quand il se uerra sans

esperance autrement, Ou il faudra tascher de faire

paheuir ce qu'il a commancé selon les Memoires

quon a trouuez dans son laboratoire. Je tascheray

pour cet effet de m'asseurer dès aujourd'huy de deux

hommes qui ont trauaillé souuent auec luy sans

sçauoir le fonds disons secrets et je les meneray

demain a Ruel auec moy pour y faire faire un

laboratoire.

J'asseure sa Maté que je feray en cecy affaire comme

Bericht Richelieus mit eigenhändigen Randbemerkungen Ludwigs XIII.

sich aber nur, weil Soissons das ehrenvolle Angebot ablehnte, und benachrichtigte Richelieu. Dieser hielt eine offene Revolte der beiden Bourbonen mitten im Kriege für eine große Gefahr und riet dringend zu gütlicher Einigung.

Um Gerüchten entgegenzuwirken, die hartnäckig behaupteten, der Kardinal wolle den Thronfolger mit seiner verwitweten Nichte Combalet verheiraten, legalisierte Ludwig XIII. überraschend die Ehe seines Bruders mit Margarethe von Lothringen. Zum Ritual einer abermaligen »Versöhnung« der Brüder kam es aber erst, als eine königliche Armee in Richtung Blois abmarschiert war. Richelieus Verhandlungen mit Soissons, der im selbständigen Herzogtum Sedan Schutz gesucht hatte, zogen sich noch bis zum Sommer 1637 hin. Dann erst brach der Graf seine gefährlichen Verhandlungen mit den Spaniern und mit Maria von Medici ab. Richelieu konnte aufatmen. Doch seine Position blieb gefährdet.

Zum erstenmal in zwölf Jahren hatte Ludwig XIII. seinen Ersten Minister schwach und hilflos gesehen. Nur Wunder hatten den äußeren Feind daran gehindert, Paris zu besetzen, eine bis zu ihrem Ende rätselhafte Rebellion mächtiger Angehöriger des Königshauses war schwächlich, ohne die gewohnte geistige Überlegenheit des »Allmächtigen« abgewehrt worden. Mit wachsendem Befremden bemerkte der König, daß »sein Diener« ihm mißtraute, da er ihn mit einem dichten Netz seines Spionageapparates umgab.

Der Erfolg gegen die eingedrungenen Feinde hatte zwar Richelieus Glauben an »seine Mission« entscheidend gefestigt, aber der Einundfünzigjährige empfand das ungeheure Mißverhältnis zwischen der nur langfristig zu lösenden Aufgabe und seinem in ständiger Überanstrengung verbrauchten Körper immer schmerzlicher. Mit äußerster Anspannung seiner gewaltigen Geisteskraft wurde er nun vollends zum Diktator: über das träge Frankreich, das nach der ihm zugedachten nationalen Größe offenbar gar nicht so heiß verlangte; über seinen kranken Körper; aber nun auch über König Ludwig XIII., der davon nichts ahnen durfte.

Wer die nächsten sechs Jahre des großen europäischen Krieges und darin die Schwerpunkte von Richelieus Wirken während seiner letzten Lebensjahre zu überblicken versucht, dem bietet sich eine verwirrende Fülle parallel verlaufender oder sich überschneidender Ereignisse von großer historischer Bedeutung dar. Einzelne Gesichtspunkte lassen sich besser hervorheben, wenn über die ersten drei Jahre des nun für Frankreich günstiger verlaufenden Kräftemessens, dann über das besonders erfolgreiche Jahr 1640 und schließlich über die beiden letzten Jahre so berichtet wird, daß sachliche und chronologische Zusammenhänge soweit wie möglich berücksichtigt bleiben.

Alle Welt bewunderte die »Allgegenwart« des »dämonischen« Kardinals auf den Feldern der europäischen Politik. Das von Pater Joseph geschaffene Netz offizieller, halboffizieller oder auf Spionage beruhender Informationsmöglichkeiten beherrschte der Erste Minister mit unvergleichlicher Meisterschaft.

Die deutschen und die italienischen Territorialstaaten, der Kaiserhof und das Regierungszentrum der spanischen Habsburger mußten ebenso scharf beobachtet werden wie die Machtzentren der skandinavischen Staaten oder der Republik der Vereinigten Niederlande, auch »Generalstaaten« genannt, wo neben der republikanischen Volksvertretung der oranische »Generalstatthalter« in Kriegszeiten als oberster Heerführer einen beträchtlichen Machtzuwachs erlangte. Dabei durften auch nicht machtpolitische Veränderungen übersehen werden, die sich in Polen, Rußland oder im gewaltigen Osmanischen Reich vollzogen. Nach dem militärischen Schock in der zweiten Hälfte des Jahres 1636 standen nun aber naturgemäß Schlachten und Belagerungen, Siege und Niederlagen im Mittelpunkt der öffentlichen Aufmerksamkeit.

An der *Nordfront,* wo bei Corbie eine wichtige Vorentscheidung gefallen war, wollte Richelieu mit Hilfe der Generalstaaten den gemeinsamen Feind an einer besonders empfindlichen Stelle treffen. Er hoffte, den Spaniern die Herrschaft über Flandern entreißen zu können. Das Gebiet bis zur Mündung des Rheins sollte vom Reiche abgetrennt und dem Gegner der Zugang zu allen Häfen von der Biscaya bis zur Nordsee verwehrt werden. Als dieses Kriegsziel erkennbar wurde, hatte Karl I. von England bereits Ansprüche auf einen

Teil Flanderns geltend gemacht; doch in England begann damals das Vorspiel zur zweiten erfolgreichen bürgerlichen Revolution Europas (1640–1649), und Richelieu zögerte nicht, die Schwierigkeiten des englischen Königs zu vermehren, indem er dessen Feinde unterstützte. Diese hochgesteckten Ziele wurden dennoch nicht erreicht, bis 1640 konnten nur einige Städte im Süden des Artois erobert werden. Immerhin war an der flandrischen Front den Spaniern die Lust zu Offensiven genommen worden.

Eine erhebliche Bedrohung für die *Provence* und das *Languedoc* ging von einigen kleinen, Nizza vorgelagerten Inseln aus, die Spanien im Herbst 1635 erobert und zu Invasionsstützpunkten ausgebaut hatte. Erst nach mehreren vergeblichen Versuchen konnten diese Inseln im Frühjahr 1637 zurückerobert werden. Sourdis, der mit seiner Flotte hier wenig Ruhm geerntet hatte, errang im August 1638 den ersten größeren Seesieg über die Spanier im Atlantik in der Nähe der französisch-spanischen Grenze. Der französische Admiral war aber nicht imstande, spanische Schiffe daran zu hindern, eine von Condé belagerte Stadt mit Vorräten zu versorgen. Beim Kampf um diese wichtige Festung blieb der Herzog von La Valette (ein Bruder des mit Richelieu befreundeten Kardinals) so untätig, daß man von Verrat sprach. Nur mit Mühe konnte sich Condé, der den Oberbefehl innehatte, nach verlorener Schlacht retten. Richelieu wollte den verräterischen Herzog hinrichten lassen, doch dieser wurde gewarnt und floh nach London zu den Verschwörern.

Der Einfluß Frankreichs in *Italien* war von festen Positionen im Herzogtum Savoyen und im Veltlin abhängig; in beiden Bereichen kam es 1637 jedoch zu schweren Rückschlägen. Im Veltlin fehlte Geld für Soldzahlungen, so daß der tüchtige Herzog von Rohan schließlich dieses wichtige Alpental im Mai den Spaniern überlassen mußte, und in Savoyen entstand im Oktober eine komplizierte Lage, als Herzog Viktor Amadeus starb. Seine Witwe Christine war durch sein Testament als Regentin für den noch unmündigen Sohn eingesetzt worden, in Wirklichkeit lenkten aber ihre spanienfreundlichen Berater die Politik des Herzogtums. Überdies fochten ihre Schwäger Thomas (der spanische General) und Kardinal Moritz das Testament an, um sich zumindest das Fürstentum Piemont zusprechen zu lassen, wo mit Casale eine für Frankreich besonders wichtige Bastion auf dem Spiel stand. Der Kardinal La Valette marschierte mit einer

starken Armee nach Savoyen, doch das Kriegsglück entschied wechselhaft, und schwer durchschaubare Winkelzüge des zwischen Frankreich und Spanien lavierenden Herzogshauses hielten bis nach dem Tode Richelieus an.

Daß der Kardinal La Valette im Frühsommer 1639 bei der Belagerung der Hauptstadt Turin starb, war für Richelieu auch persönlich ein harter Schlag. Als Gewinn konnte er verbuchen, daß der Italienspezialist Mazarin, der sich als Beauftragter Urbans VIII. um einen Frieden zwischen Frankreich und Spanien bemühte, seit 1637 in seinem Interesse – wenn auch noch gern als »ehrlicher Makler« – tätig war. Ende 1639 ging der Italiener endgültig nach Frankreich und wurde Franzose. Anfang Januar 1640 erschien er am Hofe und wurde dort mit großer Begeisterung aufgenommen.

Die größte Bedeutung für den weiteren Verlauf des Krieges sollten jedoch die Kämpfe an der *Ostfront* bekommen. Der im Oktober 1636 mit Bernhard von Weimar abgeschlossene Subsidienvertrag verhalf Frankreich an der *Rheinfront* zum allerbesten Schutzschild.

Im Heere des Weimarer Herzogs dienten neben Deutschen auch Schweden, Italiener und Franzosen. Alle waren ihm völlig ergeben, da er ihre Nöte und Hoffnungen teilte, in der Schlacht große Tapferkeit bewies und auch schlimme Lagen durch einen klug organisierten Rückzug in einen großen Sieg verwandeln konnte. Um Kranke und Verwundete kümmerte er sich – wenn immer möglich – wie kaum ein anderer General, und seine Hilfsbereitschaft war geradezu sprichwörtlich. Es war allerdings nicht möglich, ihn dem Kommando eines französischen Oberbefehlshabers zu unterstellen; da zeigte er übersteigertes Ehrgefühl.

Richelieu hätte gern gesehen, wenn Herzog Bernhard seine Truppen im Frühjahr 1637 nach dem Mittelrhein geführt hätte. Pater Joseph erteilte persönlich strategische Ratschläge, erntete dabei aber nur Spott. Da Bernhard eine noch nicht völlig ausgeplünderte Versorgungsbasis brauchte, entschied er sich für das Bistum Basel. Von dort aus konnte er Lothringen, die Freigrafschaft Burgund und das französische Burgund schnell erreichen, andererseits aber auch rechts des Rheins vorrücken. Bald darauf nötigten Erfolge des Oraniers Friedrich Heinrich in den Niederlanden die Spanier, eine in der Freigrafschaft stationierte Armee dorthin zu dirigieren.

Nun überschritt die Armee des Weimarers im Januar 1638 den Rhein bei Säckingen und belagerte bald darauf die bei Basel gelegene Festung Rheinfelden. Eine starke kaiserliche Armee unter Johann von Werth und dem italienischen Herzog von Savelli trat zum Gegenstoß an und zwang Bernhard, sich zurückzuziehen. Obwohl er große Verluste erlitten hatte, erschien der bereits Geschlagene nach drei Tagen wieder vor Rheinfelden und schlug nun die Kaiserlichen vernichtend. Johann von Werth wurde gefangengenommen und nach

Paris gebracht, der ebenfalls gefangengenommene Savelli konnte entfliehen.

Rheinfelden und benachbarte Städte sowie Freiburg im Breisgau wurden von Bernhards Truppen eingenommen. Zu den Opfern der Schlacht von Rheinfelden zählte auch Herzog Heinrich von Rohan, dem Richelieu den Verlust des Veltlins nicht verziehen hatte. Es ist bezeichnend für das Ehrgefühl eines solchen Mannes, der als der begabteste, wenn auch glückloseste französische Heerführer seiner Zeit gilt, daß er unter seinem Freunde Bernhard ohne Kommando diente und – vielleicht den Tod in der Schlacht suchte. In Paris wurde nun der Weimarer als der fähigste Feldherr Frankreichs gefeiert. Von ihm erwartete man als nächsten, größten Triumph die Eroberung der Festung Breisach.

Am Fuße des Kaiserstuhls, westlich von Freiburg gelegen, sicherte dieses mächtige Bollwerk am strategisch günstigsten Punkt die Verbindungswege der spanischen Habsburger zu ihren Besitzungen nördlich der Alpen. Die Stadt Breisach, auf einen an der Nordseite steil abfallenden Hügel rechts des Rheins gebaut, überragt von der mächtigen Zitadelle, von doppelten Mauern und Gräben umgeben, galt als uneinnehmbar. Dort entstanden aus vielen Nebenarmen des Rheins die beiden Hauptarme des Stromes, über die gut geschützte Brücken führten. Die Durchfahrt feindlicher Schiffe konnte durch Ketten verhindert werden. Aber Herzog Bernhard hatte von den Niederländern gelernt, wie man eine solche Festung erobern konnte: durch Aushungern.

Sein stark befestigtes Lager legte sich halbkreisförmig um Breisach. Wo der Fluß erreicht wurde, sicherten es mächtige Bastionen. Die Verbindung zum linken Rheinufer stellten Schiffbrücken her. Aus der Freigrafschaft Burgund wurde eine von Savelli befehligte Entsatzarmee erwartet. Eine zweite Armee nahte unter dem Kommando des Grafen Götz aus Oberdeutschland, eine dritte führte Herzog Karl von Lothringen heran. Die Vereinigung dieser drei Armeen zu verhindern war zunächst das Hauptanliegen Bernhards; aber Kaiserliche, Spanier und Weimarer hatten allesamt so große Schwierigkeiten, immer wieder Proviant herbeizuschaffen, daß Bernhard erst Ende Juli daran denken konnte, Götz und Savelli anzugreifen, nachdem er geringe Verstärkung aus Frankreich erhalten hatte.

Die vereinigten Armeen von Savelli und Götz gerieten nördlich von Breisach bei Wittenweier in einen von Bernhard vorbereiteten Hinterhalt und wurden am 31. Juli nach langem, hartem Kampf fast völlig aufgerieben. Götz floh mit den Resten seiner Truppen bis in die Nähe von Tübingen. Bei den protestantischen Unterzeichnern des Prager Friedens löste Bernhards Sieg große Unruhe aus, denn Frankreich war jetzt in der Lage, mitten in Deutschland erfolgreich weiterzukämpfen. Andererseits mußte nun aber das Haus Habsburg alles daransetzen, diesen gefährlichen Gegner auszuschalten.

Bernhard wandte sich persönlich an Ludwig XIII., um endlich wirksame Unterstützung durch Truppen und Geld zu erhalten; doch dem Herzog von Longueville wurde auf Veranlassung Richelieus nur befohlen, den Herzog von Lothringen daran zu hindern, an den Rhein zu marschieren. Diesem gelang es aber, mit viertausend Mann und Proviant in Richtung Breisach durchzubrechen. Bernhard, obwohl schwer erkrankt, stellte sich persönlich an die Spitze eines Kontingents aus der Belagerungsarmee, das den Lothringer aufhalten sollte. Auch diesmal glückte ihm ein Überraschungsangriff, am 3. Oktober mußte sich Herzog Karl nach mörderischem Kampf zurückziehen. Savelli befand sich bereits auf dem linken Rheinufer. Als er von der Niederlage des Lothringers hörte, wich er schnell nach Norden aus.

Mitte Oktober rückte Feldmarschall Götz von Freiburg her mit einer neu aufgestellten, kampfstarken Armee zum Entsatz von Breisach heran. Bernhard stand bereits wieder vor der Stadt. Nun begann der lange, außerordentlich verlustreiche Entscheidungskampf. Götz griff – wahrscheinlich aus Eifersucht gegenüber dem ihm beigegebenen General Lamboy – bei Breisach nicht direkt an, sondern verschanzte sich mit seinen hungernden Truppen bei Schaffhausen; die Söldner liefen ihm aber davon. Bevor Bernhard darauf reagiert hatte, wurde Götz auf Befehl Kaiser Ferdinands III. verhaftet und in Wien vor ein Kriegsgericht gestellt.

Ein neuer Befehlshaber konnte nach dem Abzug aus dem Lager bei Schaffhausen nur noch einen verlustreichen Rückzug ins Bodenseegebiet bewerkstelligen, und auch der kaiserliche General Horst, der sich dem Herzog von Lothringen nicht unterordnen wollte, war nicht in der Lage, Bernhards Stellungen vor Breisach ernsthaft zu gefährden. Die Verteidiger und die Einwohner der seit Monaten belagerten Stadt litten furchtbare Not; dessenungeachtet berief sich der

Kommandant Freiherr von Reinach auf den Befehl des Kaisers, die Festung um jeden Preis zu halten. Da alle Entsatzversuche gescheitert waren und Verhandlungen keinen anderen Ausweg erkennen ließen, mußte Reinach am 7. Dezember aber dennoch kapitulieren. Auf die Bürgerschaft wurde nicht die geringste Rücksicht genommen. Etwa zwanzigtausend Menschen hatten während der vier Monate dauernden Belagerung ihr Leben verloren, die Kriegskosten wurden mit mehr als einer Million Reichstalern veranschlagt. Der Sieger entschädigte sich mit den Kostbarkeiten, die er im Schloß der österreichischen Erzherzöge erbeutete.

Die Wiener Habsburger hatten mit Breisach die Kontrolle über ihre Besitzungen am Oberrhein und im westlichen Süddeutschland (dem sogenannten Vorderösterreich) verloren; Karl von Lothringen sah sich vom Reich abgeschnitten; die spanische Freigrafschaft Burgund war ebenso gefährdet; die protestantischen Staaten Süddeutschlands rüttelten an den Fesseln, die ihnen der Prager Frieden angelegt hatte. Und Richelieu? Er mußte nun über Forderungen entscheiden, die ihm Bernhards Abgesandter, Generalmajor von Erlach, bereits im Mai 1638 unterbreitet hatte. Sie liefen darauf hinaus, daß der in Weimar nur mit einem dürftigen Erbe ausgestattete Herzog Ansprüche auf große Teile des Elsaß und vor allem auf Breisach erhob. Wie 1632 Gustav Adolf von Schweden, so war jetzt der Weimarer im Begriff, sich von Frankreich unabhängig zu machen.

Zunächst führte die Verhandlungen Pater Joseph, der den noch unersetzlichen Deutschen in seinen von Richelieu und Ludwig XIII. genährten Illusionen bestärkte und ihn auf den endgültigen Friedensschluß (der wieder einmal nahe zu sein schien) vertröstete. Der Kapuziner erlitt um diese Zeit einen schweren Schlaganfall und wurde seitdem in Richelieus Palast in Rueil gepflegt. Bis zu seinem Tode hat er auf den Fall von Breisach als *das* entscheidende Ereignis des Krieges mit großer Ungeduld gewartet – erst einen Tag nach seinem Tod traf die Nachricht in Paris ein. Die Verhandlungen waren vom »Kriegsminister« Noyers, einem Feinde Bernhards, weitergeführt worden. Mit hinhaltenden Versprechungen und spärlicher Unterstützung wollte dieser erreichen, daß der Herzog seine Kräfte bei der Belagerung verbrauchen und dann der Abtretung der Festung an Frankreich zustimmen müsse. Bernhards Sieg machte aber einen Strich durch diese Rechnung. Der Herzog legte eigene Regimenter in die Stadt und ernannte Erlach zu seinem Statthalter für Breisach und alle übrigen eroberten Städte. Seit Juli hatten sich bei ihm jedoch Symptome einer chronisch verlaufenden schweren Erkrankung gezeigt, die in Richelieu vielleicht die Hoffnung weckten, daß Frankreich in absehbarer Zeit die wertvollen Eroberungen einfach »erben« könne.

Durch seinen großen Erfolg neu belebt, begann der Weimarer noch im Winter 1638/39 in Hochburgund mit Eroberungs- und Versorgungsunternehmungen, die ihm innerhalb von eineinhalb Monaten reichliche, in Breisach eingelagerte Vorräte verschafften und ihn in den Besitz der reichsten Teile der spanischen Freigrafschaft brachten. In Paris wurde die Stimmung dadurch natürlich nicht besser. Immer deutlicher sah man zwischen Rhein, Doubs und Mosel einen Machtbereich entstehen, der aus dem »deutschen Kostgänger« eine unabhängige dritte Kraft zwischen Frankreich und dem Kaiser werden ließ.

Bei den von Richelieu geführten Verhandlungen ging es aber noch immer um weitere Hilfsgelder und Lockungen mit einem sehr hohen Kaufpreis für Breisach. Karl I. von England warnte vor Fallstricken, die den Deutschen bei einem schon vorbereiteten glänzenden Empfang in Paris erwarten würden, und die Schweden sahen neue Chancen für die gemeinsame protestantische Sache, wenn Bernhard sich von Frankreich löste. Doch der dem Weimarer beigegebene französische Befehlshaber Guébriant verwies mit guten Gründen auf die bestehenden vertraglichen Bindungen. Das Verhältnis zu Richelieu blieb durch die Interessengegensätze bestimmt; dabei war man von seiten des französischen Hofes aber deutlich bemüht, dem »besten Heerführer Frankreichs« zu schmeicheln, und Richelieu ließ Guébriant sogar mit der deutschen Kaiserkrone winken.

Im Frühjahr sollten gemeinsame Operationen mit den unter Banér kämpfenden Schweden an der Donau beginnen. Es kam jedoch zu Verzögerungen, da Bernhard das Eintreffen französischer Hilfstruppen abwartete. Plötzlich warf ihn die schon mehrmals wieder verstärkt aufgetretene Krankheit mit einem pestartigen Anfall vollends nieder; am 8. Juli 1639 starb er in Neuenburg. Sofort einsetzende Verdächtigungen, Richelieu, aber auch der Kaiser oder die Spanier hätten den zu mächtig gewordenen Herzog durch den Arzt (der bereits den bei Rheinfelden verwundeten Rohan »zu Tode gepflegt«

hatte) vergiften lassen, sind unbewiesen geblieben. Der Tod Bernhards von Weimar kam Richelieu jedenfalls sehr gelegen.

Sofort nach der Beisetzung des Herzogs begannen intensive Bemühungen des Kardinals um dessen außerordentlich schlagkräftige Armee. Guébriant eilte nach Breisach, um die »arbeitslos« gewordenen hohen Offiziere für Frankreich zu gewinnen. Dort erreichte ihn die Weisung, er möge abwarten, was mit dem von Bernhards Stellvertreter Erlach nach Paris entsandten Unterhändler vereinbart werde. Das Ergebnis dieser Verhandlungen war der Vertrag Richelieus mit den Offizieren vom 19. Oktober 1639, der die Armee und alle Eroberungen Frankreich zusprach. Dafür sollten die Truppenkommandeure und die hohen Beamten ihren Rang und alle Schenkungen, die sie von dem Verstorbenen erhalten hatten, behalten. Die Weimarer Herzöge, Bernhards Brüder, waren zwar im Testament reich bedacht worden, doch die daraus erwachsenden Forderungen an Frankreich hätten sie höchstens mit Hilfe Schwedens – zum Teil – durchsetzen können. Als Unterzeichner des Prager Friedens waren sie aber Feinde Schwedens geworden ...

Bereits im August hatte Richelieu den Herzog von Longueville von der Italienarmee zurückbeordert. Diesem mit dem Königshause verwandten Grandseigneur sollten die Weimarer unterstellt werden. Vorher mußte jedoch noch ein anderer Bewerber ausgeschaltet werden: Karl Ludwig von der Pfalz, Sohn des Winterkönigs und späterer Kurfürst. Als Lakai verkleidet, von seinen Onkeln Friedrich Heinrich von Oranien und Karl I. von England mit genügend Geld versehen, wollte dieser als deutscher Protestant mit den protestantischen Offizieren Kontakt aufnehmen. Richelieus Spione spürten ihn jedoch auf französischem Gebiet auf. Er wurde verhaftet und trotz diplomatischer Intervention seiner Verwandten so lange am Weiterverfolgen seines Planes gehindert, bis die verwaiste Armee fest in französischer Hand war.

Im Herbst 1639 bezog Longueville mit seiner neuen Streitmacht Winterquartiere in der Rheinpfalz, wo noch Verpflegungsmöglichkeiten bestanden. Zu Beginn des Februar wurde der Rhein überschritten, um eine Vereinigung mit den Schweden, die unter Banér durch Niedersachsen heranzogen, vorzubereiten; zu dieser Vereinigung kam es aber nicht. Richelieu hatte seinen Armeen für das Jahr 1640 andere Prioritäten gesetzt.

Im Sinne des heute überwiegenden Sprachgebrauchs hatte König Ludwig XIII. nur *eine* Passion: die Jagdleidenschaft. Doch im ursprünglichen Sinne des Wortes gab es in seinem Leben noch andere Leidenschaften, die ihm weniger Freuden und viel mehr *Leiden schafften*: Liebe zu Männern *und* zu Frauen. Davon war schon im Kapitel »Liebe, Haß und Politik« die Rede. Seit dem desillusionierenden und deprimierenden Ende »seines Luynes« hatte Ludwig zwar erkennen lassen, daß er seinen männlichen oder weiblichen »Lieblingen« niemals wieder Einfluß auf die Staatsgeschäfte einräumen wolle – konnte Richelieu sich aber wirklich darauf verlassen?

Der Kardinal hielt es für ratsam, die von ihm ausgesuchte neue Favoritin Louise de La Fayette genauso beobachten zu lassen wie vorher das Fräulein von Hautefort. Er fand bald heraus, daß Louise ihrer Herrin nicht weniger ergeben war als die Hautefort und daß sie den König ständig bedrängte, er möge sich doch mit seiner Frau versöhnen, mit Spanien Frieden schließen und der Verelendung des Landes durch die endlosen Steuerforderungen des kriegswütigen, mit Ketzern paktierenden Kardinals ein Ende bereiten. Seine Enttäuschung und seine Sorgen wurden noch gesteigert, als er entdeckte, daß der ebenfalls von ihm ausgesuchte neue Beichtvater des Königs, der Jesuitenpater Caussin (den er für naiv und gütig gehalten hatte) mit allen ihm zur Verfügung stehenden Mitteln seinen, Richelieus, Sturz betrieb. Caussin agierte beim König und bei der Favoritin sehr geschickt. Unwiderlegbare Beweise für seine Intrigen bewirkten erst im Dezember 1637 seine Ablösung.

Die Erkenntnis, daß zwei »unbedeutende« junge Frauen seiner Allmacht deutlich Grenzen gesetzt hatten, versetzte den Kardinal in rasende Wut. Er bezeichnete alle Frauen als »eine Tierart«, die »imstande ist, einen Staat ins Verderben zu reißen ...« Im Mai 1637 versuchte die La Fayette, dem weiterhin auf sie ausgeübten Druck – Richelieu benutzte dazu mit etwas mehr Erfolg eine andere Hofdame – durch Eintritt in ein Kloster zu entgehen. Der König besuchte sie dort noch mehrere Monate lang, und sein Beichtvater fuhr fort, die junge Nonne in ihrem Aufbegehren gegen den »Tyrannen« zu bestärken. Stundenlang sprach Ludwig XIII. sogar in politisch und militärisch schwierigen Zeiten am Gitter der Klausur mit »seiner einzigen wahren Freundin« über alle Sorgen und auch über die schreckliche Last, die der übermächtige Kardinal, der nicht zum Frieden bereit sei, immer wieder seinem Gewissen aufbürde. Von Ratschlägen, wie er sich von dieser Last befreien könne, wollte er aber niemals etwas hören.

Unter den unberechenbaren seelischen Bindungen seines Herrn litt Richelieu so sehr, daß er dieser »Frauenherrschaft« durch einen neuen, vollständig von ihm selbst abhängigen Favoriten ein Ende zu machen versuchte. Dafür ausersehen war der 1620 geborene Henri Coiffier, Marquis de Cinq-Mars, Sohn des 1632 verstorbenen Marschalls d'Effiat. Für die Hinterbliebenen seiner Getreuen sorgte der Kardinal stets vorbildlich, und so war er mit der Witwe übereingekommen, Henri am Königshofe Karriere machen zu lassen. Bereits mit sechzehn Jahren Kommandeur einer Gardekompanie geworden, rückte dieser nun in die hohe Stellung eines Großmeisters der Garderobe auf, um dem Monarchen auf diese Weise »präsentiert« zu werden. Ludwig beachtete ihn jedoch gar nicht.

Auch als Ende 1638 die Hautefort bei Ludwig in Ungnade fiel, änderte sich daran nicht viel. Cinq-Mars zeigte seinerseits durchaus keine Neigung, zu dem König, der sich als »Erzieher« seines Großmeisters der Garderobe zu betätigen begann, in nähere Beziehung zu treten. Richelieu und auch seine Mutter redeten ihm immer wieder zu, die ungeheuren Vergünstigungen eines Favoriten nicht so leichtsinnig auszuschlagen. Erst als Cinq-Mars 1639 Ludwig monatelang auf unterhaltsamen Reisen begleitete, im Kriege an der Nordfront Erfolg hatte und auch eine berühmte Kurtisane zur Geliebten gewann, fand er Gefallen an der ihm von seinem »Vormund« zugedachten Rolle. Er spielte gegenüber dem König Komödie, verhielt sich wie eine Kokotte; trotzdem empfand Ludwig nach langer Zeit wieder ein Gefühl menschlicher Wärme und verliebte sich jetzt so intensiv und dauerhaft in den attraktiven jungen Mann, daß sein eigenes Schicksal und nicht weniger das des Kupplers Richelieu mit der Kraft einer Urgewalt dadurch beeinflußt wurden.

Zunächst glaubte sich der Kardinal nun am Ziel, wähnte den König durch diesen Favoriten fest in seine Pläne als berechenbare Größe einbauen zu können. Dabei hat er sich in seinem »Mündel« ebenso verhängnisvoll getäuscht, wie er das »Kind« Ludwig XIII. bis zum Jahre 1617 verkannt hatte. Auf den neuen, ganz besonders erfolgreichen Favoriten begannen nämlich im dunkeln agierende Gestalten einzuwirken, die in ihm einen starken Widerwillen gegen die »Kardinalsdiktatur« erzeugten. Deren Einfluß erwies sich als stark genug, Henris Furcht vor dem »Tyrannen« schwinden zu lassen. Die letzte große Passion Ludwigs XIII. wurde für den König selbst, aber auch für den Kardinal Richelieu zur Quelle fürchterlicher und letzthin tödlicher Leiden.

Die Beharrlichkeit, mit der Louise von La Fayette ihrem Liebhaber als Nonne weiterhin ins Gewissen redete, hatte im Spätherbst 1637 ein für die Geschichte Europas folgenreiches Ergebnis. Nach einem Besuch im Kloster entschloß sich Ludwig wegen der späten Stunde, nicht sogleich nach Versailles zurückzukehren, sondern im Louvre bei seiner Frau zu übernachten. Anfang 1638 wurde bekannt, daß Königin Anna schwanger war. Bereits fünfmal hatten ihre Schwangerschaften mit Fehlgeburten geendet, deshalb wurde diesmal nichts versäumt, was eine normal verlaufende Geburt begünstigen konnte. Richelieus Feinde hofften, daß ein Kronprinz die Eltern wieder zusammenführen würde. Das sollte den Einfluß des Kardinals schwächen. Dieser hoffte seinerseits, endlich von der Perspektive, einen König Gaston zu bekommen, befreit zu werden.

Eine durch öffentliche Gebete geförderte Welle der Freude und der Begeisterung ging damals durch das Land. Die Aussicht auf einen Kronprinzen weckte die Erwartung, daß in absehbarer Zeit friedlichere Verhältnisse – wie zur Zeit Heinrichs IV. – wiederkehren würden. Ein stabiles Königtum schien noch immer Hoffnungen auf ein baldiges Ende der Kardinalsdiktatur zu beflügeln. Das Verhältnis Ludwigs XIII. zu seiner Frau blieb aber von Mißtrauen, ja von Feindseligkeit bestimmt. Anna war erst im Juli 1637 erneut in den Verdacht unmittelbarer Komplizenschaft mit dem spanischen Feinde geraten. Nur mit viel Glück war sie nach der Verhaftung ihres Vertrauten La Porte, der den hochverräterischen Briefwechsel mit ihren spanischen Verwandten und anderen Feinden Richelieus vermittelt hatte, einer Anklage entgangen. Es gab schriftliche Beweise für ihre Kontakte. Eine wenigstens formale Versöhnung mit ihrem Gatten war nur dank der Fürsprache Richelieus zustande gekommen. Ludwigs Stimmung hatte sich erst gebessert, als sich die noch immer geliebte Hautefort etwas »gnädiger« zeigte. Sie wollte damit ihrer

Herrin helfen. Die vielfältigen Probleme des Leiters der Politik und der militärischen Aktionen wurden durch das »Liebesleben« des Staatsoberhauptes gewiß nicht gemildert.

Am 5. September 1638 wurde der sehnlichst erwartete Kronprinz geboren, Ludwig – mit dem Zusatz »Dieudonné« (Gottgegeben) – genannt. Als Ludwig XIV. ist er in die Geschichte eingegangen. Mochte auch das Verhältnis zwischen seinen Eltern schlecht bleiben, als Mutter des künftigen Königs war Anna jetzt potentielle Regentin. Mit dem baldigen Tode Ludwigs XIII. rechneten alle, auch der nicht weniger hinfällige Kardinal. Dieser sah als künftigen Regenten aber nur sich selbst und setzte alles daran, eventuelle testamentarische Verfügungen des kranken Königs in diesem Sinne zu beeinflussen. Falls es dafür eines Helfers bedurfte – wer wäre dafür geeigneter gewesen als ein Favorit namens Cinq-Mars?! Daher beobachtete Richelieu mit Genugtuung, daß sich der König gegen Ende des Jahres 1639 mit dem neuen »Liebling« so eng verband, wie es seit Luynes' Tode mit keinem anderen geschehen war. Ludwig erklärte diesem feierlich: »Ich habe Ihnen mein Herz gegeben und verspreche Ihnen, daß es nicht geteilt werden wird.«

Der neunzehnjährige, vom Glück in jeder Hinsicht maßlos verwöhnte »Besitzer eines königlichen Herzens« war von diesem Geschenk nicht sonderlich entzückt, eher peinlich berührt. Ludwig XIII. lebte am liebsten spartanisch-soldatisch, sein neuer Freund liebte Luxus, Verschwendung und Ausschweifungen. Doch der krasse Gegensatz in allen Neigungen, die eine Persönlichkeit prägen, weckte im König keineswegs Abneigung, sondern nur Eifersucht. Wenn der »Liebling« seine Nächte mit einer berühmten Kurtisane verbrachte und seinen Dienst entsprechend nachlässig verrichtete, »beschämte« ihn der seltsame Liebhaber mit Geschenken. Als Cinq-Mars das besonders angesehene Hofamt des Groß-Stallmeisters verlangte, das Richelieu seit langem seinem Neffen Brézé zu verschaffen suchte, wurde für ihn die noch besetzte Stelle mit teuren Kompensationen freigekauft. Sein Titel lautete nun »Monsieur le Grand«, was als Kurzform für Grand-Ecuyer (Groß-Stallmeister) zu verstehen war.

Nach stürmischen Auseinandersetzungen zwischen den »Liebenden« mußte der erboste Kuppler Richelieu regelrechte Friedensverträge vermitteln, die mit »Louis« und »Effiat de Cinq-Mars« unterzeichnet wurden. Auch diese neue Sklaverei hat der königliche Masochist offenbar auf seine Art genossen. Vergeblich versuchte der Minister, seinen Herrn in Wut zu versetzen über einen »Liebling«, der ihn zum Gespött des Hofes machte. Nach dem Vorbild des biblischen Preises der Liebe ertrug Ludwig alles, glaubte alles, hoffte alles. Diese Liebe hörte wirklich »nimmer auf«.

Da beschloß Richelieu, das Beste aus dieser ihn peinigenden Situation zu machen, indem er sein ehemaliges Mündel zunächst nochmals gehörig abkanzelte und ihm dann schonungslos enthüllte, welche Rolle er ihm »im Dienste des Königs« von vornherein zugedacht hatte. Als Cinq-Mars durch Zufall einen Spion des Kadinals unter den Kammerdienern des Königs entdeckt und ihn davongejagt hatte, erteilte ihm sein verärgerter »Gönner« ganz unverblümt den Auftrag, selbst als Spion tätig zu werden. Der so jäh desillusionierte, in seiner Ehre tief verletzte junge Edelmann weigerte sich jedoch, eine schriftlich aufgesetzte Verpflichtung, »dem Kardinal alles zu berichten, was der König äußerte«, zu unterschreiben. Eine solche Weigerung verzieh Eminentissime »seinen Kreaturen« nie, wenn auch in diesem Falle eine äußerliche Versöhnung zustande kam.

Nun hatten es Freunde des zwar nicht in seiner Favoritenrolle gefährdeten, dennoch aber sehr verunsicherten »Monsieur le Grand« leicht, vor der ständig drohenden Rache des »Ungeheuers« zu warnen, dem ja offensichtlich kein Mittel zu schmutzig war. Waren Maßnahmen gegen den Tyrannen nicht Notwehr? Weit mächtigere alte Feinde Richelieus erkannten bald ihre Chance und zogen den »hübschen dummen Jungen« zielstrebig in ihre Netze. Bis daraus die sogenannte Verschwörung des Cinq-Mars entstand, sollten jedoch noch viele Monate vergehen.

Wirtschafts- und Kolonialpolitik

Bevor Richelieu den offenen Krieg gegen Spanien begann, hatte er noch einmal versucht, seine alten wirtschaftspolitischen Wunschbilder wenigstens zum Teil zu verwirklichen. Ein *mächtiges* Frankreich mußte ein *reiches* Land sein, dessen gewerbliche Wirtschaft nicht mehr an das mittelalterliche Zunftwesen gekettet war, mit weise geregeltem Steuer- und Finanzwesen, das niedrige Steuern und Preise ermöglichen würde. Dafür war viel Zeit erforderlich, viel mehr, als ihm in den spärlichen Atempausen im Krieg mit außenpolitischen Rivalen verblieb; doch unermüdlich setzte er seine innenpolitischen Bemühungen fort.

Intendanten und Steuereintreiber ruinierten das Land ökonomisch, um dem Ersten Minister zu ermöglichen, durch militärische Überlegenheit außenpolitisch vollendete Tatsachen zu schaffen. Für die Nachwelt Ratschläge zu erteilen war leichter: »Eine Regierung, die niemanden zufriedenstellt, kann nicht dauern. Wo keiner befriedigt wird, da ist Strenge sehr gefährlich ... Man muß die Unerbittlichkeit mit Nachgiebigkeit paaren.« Entsprechende Versuche sind im Bereich des Handwerks, der Manufakturen und des Handels auch tatsächlich erkennbar, aber niemals bei der bäuerlichen Bevölkerung. Richelieus Anordnungen, daß den Bauern nur Lasten auferlegt werden dürften, die sie – wie die Lasttiere – tragen könnten, blieben reine Theorie. Die französischen Bauern wurden durch die Bürgerkriege und den Machtkampf mit dem Hause Habsburg nicht viel weniger ausgeplündert und ruiniert als die Schicksalsgenossen in den deutschen und den oberitalienischen Territorialstaaten.

Friedlich ging es auch bei der Förderung gewerblicher Produktionszweige nicht zu. In den Jahren 1633 und 1634 begann eine systematische staatliche Beaufsichtigung der von den Zünften seit jeher ausgeübten Qualitätskontrollen, um die Exportchancen für französische Waren zu erhöhen und dem Fiskus entsprechende Gewinne zu verschaffen. Bei der Produktion von Leinen, Tuchen und Papier, auch bei den Leistungen der Färber zeigten sich erste positive Ergebnisse. Aber weder die Erzeuger noch die Händler, noch die Verbraucher und schon gar nicht die städtischen Obrigkeiten wollten eine staatliche Kontrolle akzeptieren. Als Zentren des Widerstandes fungierten die Zünfte, die Richelieu genausowenig vollständig beseitigen konnte wie die traditionellen Gesellenverbände. Als Geldnot ihn die noch heute üblichen Meisterbriefe erfinden ließ, wurden diese von den Steuereinnehmern wie Waren verkauft, und die Zünfte festigten ihr Ansehen wieder. Das Prinzip staatlicher Kontrolle erlitt einen Rückschlag.

Immerhin konnten Städte wie Lyon und Tours ihre Warenproduktion beträchtlich steigern. Zwar behinderten zahllose Binnenzölle seit dem Mittelalter den Handel innerhalb Frankreichs, doch Seifen, Glaswaren, Tuche, Wein und Salz konnten in beträchtlichen Mengen exportiert werden, trotz aller örtlichen Widerstände gegen die in diesem Zusammenhang sehr effektive staatliche Wirtschaftslenkung. Das gewaltige Projekt eines Kanals, der das Mittelmeer mit dem Atlantik verbinden und den Sperriegel Gibraltar unwirksam machen sollte, mußte allerdings wegen Geldmangels zurückgestellt werden; die Arbeiten begannen erst unter Ludwig XIV. Neue käufliche Ämter schufen neue Schichten von Privilegierten und verringerten den Ertrag dieser Geldquelle. Für Anleihen, mit denen die florierende Kriegsindustrie (Schiffbau, Geschützgießerei, Produktion anderer Waffen und Ausrüstungsgegenstände für den Heeresbedarf) finanziert werden mußte, ließen sich immer schwerer Geldgeber auftreiben. Da war es kein Wunder, daß auch Richelieu drei Jahre lang auf einen Schwindler hereinfiel, der Gold zu machen versprach.

Lag es nicht näher, Gold jenseits der Weltmeere zu suchen, wo Spanier und Portugiesen es in gewaltigen Mengen gefunden hatten, oder es ihnen auf dem Meere mit Kriegsschiffen abzujagen? Es gab auch die Möglichkeit, nach dem Beispiel der Holländer sogenannte Kolonialwaren in Gold zu verwandeln. Diese hätte man allerdings auf eigenen Schiffen aus eigenen Kolonien herbeiholen, in eigenen Manufakturen zu Waren von hervorragender Qualität verarbeiten und durch französische Handelshäuser verkaufen müssen. Das kalvinistische Arbeitsethos der kapitalistischen Holländer und ihrer englischen Konkurrenten blieb den katholischen Franzosen fremd. Aber auch hugenottische Unternehmungen wurden durch die staatliche Steuerpolitik (Verkauf von Steuern an Generalpächter) mehr behindert als gefördert. Kapitalanhäufungen verlockten eher zu zinstragenden Geldgeschäften und auch zum Kauf von Ämtern, die den Aufstieg in den Beamtenadel ermöglichten.

Überseehandel großen Stils entsprach offenbar nicht der französischen Mentalität. Daran konnte auch ein Richelieu nicht viel ändern, der seinen Titel »Großmeister und Generalintendant der Schiffahrt und des Handels« zweifellos besonders ernst genommen hat. Nach ersten Rückschlägen, die sein Admiral Sourdis im Kampf mit spanischen Schiffen erlitt, erfreuten ihn großartige Erfolge seines Neffen Jean Armand de Mailé-Brézé. In der zwei Tage dauernden

Seeschlacht bei Cadiz im Juli 1640 errang er einen glänzenden Sieg, die Spanier verloren dabei vier Schiffe und mit ihnen viel Gold.

Doch den Ruhm, die spanische Seemacht entscheidend geschwächt zu haben, errang der holländische Admiral Tromp. Im September 1639 vernichtete dieser die größte spanische Flotte des 17.Jahrhunderts in der Seeschlacht bei Dover. Die zum Schutze ihrer Küste erschienenen englischen Schiffe beschossen dabei »ganz unparteiisch« spanische und holländische Schiffe gleichermaßen. Etwa zur gleichen Zeit schlug sich Sourdis im Mittelmeer an der Küste des Roussillon tapfer mit spanischen Schiffen, konnte aber nicht verhindern, daß Condé dort nicht den von Richelieu erhofften Erfolg hatte. Für gemeinsame Unternehmungen französischer und niederländischer Schiffe waren die Holländer nicht zu gewinnen, weil der Seekrieg in erster Linie Handelskrieg war. Da wurden aus Verbündeten schnell Konkurrenten.

Französische Schiffe trugen damals dazu bei, Grundlagen für eine später erfolgreichere Kolonialpolitik zu schaffen. Die Antilleninseln Guadeloupe und Martinique wurden 1635 besetzt, am Ende der Lebenszeit Richelieus folgte Réunion (damals Bourbon genannt) im Indischen Ozean. Vor allem wurde »Neufrankreich« in Kanada, wo Landwirtschaft und Handel sträflich vernachlässigt worden waren, durch persönlichen Einsatz der Nichte Richelieus für Frankreich gerettet, indem neue Ansiedler Starthilfen bekamen. Die ehemalige Madame de Combalet war inzwischen zur Herzogin von Aiguillon ernannt worden. Zwar sollte noch immer vor wirtschaftlichen Zielen die Heidenmission gefördert werden, aber nun entstand dort auch ein Handelszentrum am Sankt-Lorenz-Strom in der Nähe des heutigen Montreal.

Für die große Auseinandersetzung zwischen Frankreich und Spanien waren letzthin maritime Erfolge nicht von entscheidender Bedeutung. Die französische Staatskasse war und blieb leer, und neue Steuereintreibungen beschworen neue Unruhen herauf. Immer ungeduldiger suchte König Ludwig nach einer Möglichkeit, den Krieg durch Verhandlungen mit den ebenfalls kriegsmüden, ökonomisch erschöpften Gegnern zu beenden. Da diese Bemühungen erfolglos blieben, mußten Bullion und Chavigny Geldquellen zur Finanzierung neuer Feldzüge erschließen, an die sich ihr Vorgänger d'Effiat noch nicht herangewagt hatte. Als 1636 feindliche Heere Paris bedrohten, waren privilegierte Herren und Institutionen zu einmaligen Spenden bereit gewesen. Diese wurden ihnen von nun an ständig abverlangt, was um so lauteren Protest hervorrief, als die Höhe der Abgaben von der Willkür der Intendanten abhing.

Im Jahre 1639 kam es zu einer weiteren Steigerung dieses bis dahin unvorstellbar gewesenen Verfahrens. Nun wurde nicht nur das *Einkommen*, sondern das gesamte *Vermögen* besteuert, also Häuser, Grund und Boden, Erbschaften, Nutzungsrechte aller Art und sogar der Kirchenzehnte! Denn der Erste Stand, die gesamte Geistlichkeit mit ihren Korporationen und Mönchsorden wurde miterfaßt. Schätzungen hatten ergeben, daß allein schon die Besteuerung aller Schenkungen, die dem Kirchenvermögen seit 1620 zugeflossen waren, etwa achtzig Millionen Livres einbringen könnte! Damit hatte der Kardinal aber nicht nur seinem eigenen Stand, bei dem er bis dahin noch einen gewissen Rückhalt gefunden hatte, sondern auch dem Papst den Krieg erklärt. Die Kirche mobilisierte sogleich ihre Gläubigen, indem sie den vollständigen Ruin ihrer Institutionen mit unausweichlichen Auswirkungen auf das Leben aller Frommen und den Zusammenbruch der Armen- und Krankenpflege voraussagte.

Richelieu blieb in der Sache hart, verlegte sich aber aufs Taktieren. Er bot Verhandlungen mit Vertretern der Geistlichkeit an, beklagte Übergriffe seiner Finanzbeamten, behandelte einzelne Gruppen des Klerus unterschiedlich und hoffte, die Front seiner Gegner auf diese Weise schwächen zu können. Gegenüber dem Heiligen Vater kamen Kompromisse nicht in Frage, da der Kardinal fest entschlossen war, seinen Krieg gegen die spanischen Protagonisten des Katholizismus, auf dessen Beendigung der Papst drängte, jetzt mit Geldern der Kirche fortzusetzen. Die Beziehungen Frankreichs zum Vatikan waren nun durch diplomatische Schikanen gekennzeichnet.

Im Bereich des *Kultus* hatte Richelieu also den letzten Rückhalt verloren; um so mehr mußte er bemüht sein, die religiös meistens ziemlich gleichgültigen Intellektuellen durch eine kluge *Kultur*politik von seinen zahllosen Gegnern zu isolieren.

Kulturpolitik

Wie die Volkswirtschaft, so haben Richelieu auch die kulturellen Errungenschaften seines Landes vor allem hinsichtlich des Nutzens interessiert, den er für die Durchsetzung seiner politischen Ziele daraus ziehen konnte. Die Architektur diente der Repräsentation königlicher Macht oder dem Ruhm seines Familiennamens (Schloß und Stadt Richelieu); die bildende Kunst wurde nach denselben Aspekten gefördert, im Einzelfall konnte hier auch aktuelle Außenpolitik im Spiel sein, wie es die Zusammenarbeit mit Rubens als Maler der Medici-Galerie und als spanischer Diplomat zeigte; doch die größte Bedeutung hat der Kardinal wohl der Literatur und gegebenenfalls ihrer Vermittlung durch das Theater beigemessen. Neue, strenge Regeln sollten auch in diesen Bereichen sein politisches Ideal eines wohlgeordneten Staates symbolisieren. In den von ihm persönlich angeregten Theaterstücken, die er zum Teil als eigene Werke aufführen ließ, herrschte sogar plumpe Agitation vor. Um aktuell zu sein, ließ er zeitweilig sogar fünf namhafte Autoren, darunter den großen Corneille, an ein und demselben Stück arbeiten. In sein neues Stadtschloß, das Palais Cardinal, wurde 1640 ein zweiter, prunkvoll ausgestatteter Theatersaal eingebaut.

Sein wichtigstes Instrument zur Überwachung der gesamten literarischen und dramatischen Produktion des Landes sollte eine Akademie werden, der die fähigsten Köpfe aus beiden Bereichen angehörten. Seit 1629 hatte sich ein Kreis von Pariser Schöngeistern regelmäßig in der Wohnung eines Schriftstellers zusammengefunden, um Neuigkeiten aus allen Bereichen der schönen Künste auszutauschen. Richelieu hatte davon gehört, und als ihm 1634 ein Propagandafeldzug geistreicher Hofdamen der Königin Anna gegen seine antispanische Politik zu schaffen machte (siehe oben S. 241), nahm er mit diesen – darüber gar nicht erfreuten – Herren erste Verhandlungen über die Statuten einer Akademie auf.

Diese Institution bedurfte der Genehmigung durch den König, die nach Abschluß der Vorverhandlungen Ende Januar 1635 erteilt wurde. Das Parlament zögerte länger als zwei Jahre, diese Urkunde zu registrieren und damit rechtswirksam zu machen, denn die Parlamentsräte erkannten, daß sich der Kardinal hier ein neues Machtinstrument schaffen wollte. In der Beglaubigung betonten sie einschränkend, »daß die genannte Institution nur die Zierde, Verschönerung und Bereicherung der französischen Sprache anzustreben habe«.

Die Zahl der Mitglieder wurde nach und nach auf vierzig (später »Die Unsterblichen« genannt) erhöht, sie ergänzten sich durch Zuwahl. Die Auswahl der ersten erfolgte durch Richelieu persönlich, wobei theoretische Kenntnisse und deren strenge Anwendung mehr galten als Originalität. Sie erhielten den Auftrag – der noch immer gilt –, über den richtigen Gebrauch der französischen Sprache zu wachen und sich das dazu benötigte Instrumentarium selbst zu erarbeiten: ein Wörterbuch des französischen Sprachschatzes sowie Lehrbücher für Grammatik, Rhetorik und Poetik. Doch erst als dem Kardinal Anfang 1639 berichtet wurde, daß nach wie vor »die gewöhnliche Beschäftigung der Akademiker darin bestehe, ihre eigenen Schriften einer strengen Prüfung zu unterziehen, woraus Vorteile für die Sprache und ihre Regeln zu erwarten seien«, und Eminentissime auf diese »literarische Nabelschau« recht ungehalten reagierte, begann man ernsthaft, an Plänen für ein großangelegtes Wörterbuch und eine Grammatik zu arbeiten.

Richelieu wollte Regeln für eine Schreibweise aufstellen lassen, die streng und zugleich elegant sein sollte. Auf dem Wege zur Verwirklichung dieses Ideals bedeutete das Erscheinen des »Cid« von Pierre Corneille (der als Justizbeamter in Rouen lebte) im Jahre 1636 eine bedeutsame Zäsur. Diese erste Tragödie im neuen klassischen Stil wurde im folgenden Winter mehrmals im Louvre und im Kardinalspalast aufgeführt und erregte so große Begeisterung, daß man von der »Saison des Cid« sprach. Doch wer wurde hier mitten im Kriege gegen die Spanier mit außerordentlich wirksamem sprachlichem Pathos verherrlicht? Ein ruhmbegieriger *spanischer* Edelmann, Volksheld im Kampf gegen die maurischen Unterdrücker, der die von Richelieu so entschieden bekämpfte Mentalität der Duellanten publikumswirksam verkörperte! In diesem Stück stand der *König* hilflos dem Aufruhr seiner Grandseigneurs gegenüber, wirkte schwächlich gegenüber der Königin-Infantin Jimena, mit der offenbar viele die *Königin Anna* identifizierten ...

Um diese unerwünschten Nebenwirkungen der Tragödie scheint Richelieu sich aber kaum gekümmert zu haben. Er hat den Autor mit einer namhaften Pension belohnt und auch gestattet, daß dem Stück eine Widmung für Madame de Combalet, seine Nichte, vorangestellt wurde. Dennoch wurde der Autor von neidischen Kollegen so heftig angegriffen, daß der Kardinal nach einiger Zeit die Akademie anwies, ihm ein Gutachten vorzulegen. Corneille protestierte mit dem Selbstbewußtsein des Genies, mußte aber doch seine Einwilligung geben, da die Statuten nur unter dieser Voraussetzung eine kollektive Begutachtung erlaubten. Diese Nötigung hat er seinem Gönner nie verziehen. Er blieb bei seiner Ansicht, daß es für seine Verse nur *einen* Richter gebe: das Theaterpublikum. Offenbar wurde so viel Selbstgefühl nicht sehr geschätzt – die zunächst vorgesehene Berufung in die Akademie erfolgte erst fünf Jahre nach Richelieus Tod.

Der Kardinal wollte »seine Akademie« wohl wirklich ohne Rücksicht auf deren Statuten zu einer Art Gerichtshof machen. Sie sollte eventuell politisch relevante Hintergedanken eines Autors aufdekken, ihn aber auch vor ungerechtfertigten Angriffen schützen. Im Falle des »Cid« nahm der Mäzen auf das Gutachten persönlich Einfluß. Er ließ die literarische Qualität des Stückes loben, die Aussage jedoch ohne stichhaltige Gründe kritisieren. Der noch keineswegs verbindliche Tadel der Akademie – die sich damit moralisch disqualifiziert hatte – verbitterte zwar den Autor, beendete aber keineswegs den Streit um das Stück. Schließlich sah sich der heimliche Gutachter genötigt, weitere Polemik kurzerhand zu verbieten.

Corneille brachte 1640 zwei weitere Meisterwerke auf die Bühne. Von der Mitarbeit an Stücken, die der literarisch sehr ehrgeizige Staatsmann unter seinem eigenen Namen inszenieren ließ, zog er sich aber zurück. Für die Französische Akademie und ihren Schöpfer hatte das erzwungene Gutachten über den »Cid« ernstere Folgen. Die Institution wurde spöttisch eine »eminente Akademie« genannt, da sie sich von einer tyrannischen und verständnislosen Eminenz mißbrauchen lasse.

Höhepunkte der Volksaufstände

Während der letzten Tagung der Generalstände von 1614/15, als der junge Bischof von Luçon die Bühne der großen Politik betrat, hatte der Sprecher des Dritten Standes, Robert Miron, die Bauern außerhalb der drei Stände des Reiches gestellt, als er vor dem König erklärte: »Die Bauern sind gezwungen, die Nahrung Eurer Majestät, des geistlichen Standes, des Adels und des Dritten Standes zu erzeugen.« Im damaligen Sprachgebrauch bedeutete »Nahrung« soviel wie »gesamte Existenzgrundlage«, so daß Mirons Worte bedeuteten: Alle leben von der Arbeit der Bauern.

Etwa um dieselbe Zeit definierte ein Edelmann den Dritten Stand folgendermaßen: »Er setzt sich zusammen aus Krämern, Bauern und Handwerkern und einer anderen Sorte von Leuten, die für den König und die Öffentlichkeit unnütz, weder Beamte noch Adlige sind.« Hier sollte offenbar die bürgerliche Oberschicht, deren Reichtum den Neid des oft verarmten Adels erregte, diffamierend mit »Krämern, Bauern und Handwerkern« in einen Topf geworfen werden, denn gerade das Großbürgertum und die höheren Beamten, denen der Aufstieg in den Adel noch nicht geglückt war, traten gegenüber den beiden anderen Ständen als der eigentliche Dritte Stand auf. Aus der Sicht dieser Oberschicht gehörten die einfachen Handwerker wie die Bauern zum »gewöhnlichen Volk«, dem die politische Literatur des beginnenden 17. Jahrhunderts jeden Anspruch auf Freiheit verweigerte. Allein schon die Bauern machten damals etwa vier Fünftel der Gesamtbevölkerung aus.

Protestaktionen der von Steuereintreibern Bedrängten, die sich in Krisenzeiten zu bürgerkriegsähnlichen Aufständen steigerten, haben den französischen Staat besonders nach dem Beginn des offenen Krieges mit Spanien mehrmals in große Gefahr gebracht. Die häufigste Ursache waren mehrere Mißernten hintereinander, die zu Hungersnöten bei den ärmeren Schichten in Stadt und Land führten. Davon waren die Söldnerheere ebenfalls hart betroffen. Sie verschleppten die in Notzeiten regelmäßig ausbrechenden Seuchen und trugen durch Plünderungen dazu bei, daß allgemeine Steuerverweigerung – als offene Rebellion – sich fast zwangsläufig ergab. Die dann folgenden Repressalien verschlimmerten die Lage der Notleidenden noch. Allein schon »normale« Kontributionszahlungen bei Truppendurchzügen waren eine schwere Last auch für die Stadtbevölkerung, und so waren an den Aufständen Bauern und Städter, oft auch der niedere und der mittlere Adel beteiligt. In den einzelnen historischen Landschaften hat es große Unterschiede in der Beteiligung der sozialen Schichten gegeben. Am auffälligsten ist die Gebundenheit der Auf-

Plündernde Soldateska. Radierung von Callot

ständischen an ihre engere Heimat und ihre Neigung, vor heranrük-
kenden Truppen in die nächste befestigte Stadt auszuweichen, wo sie
den plündernd und mordend umherziehenden Armeen aber nicht
lange standzuhalten vermochten.

Der Aufstand der »Armen Schlucker« von 1636 in Mittel- und
Südwestfrankreich war ziemlich untypisch zu Ende gegangen. Um
ihn niederschlagen zu können, mußte der grausame Condé Truppen
von der burgundischen Front abziehen, während Paris zunehmend in
Gefahr geriet, vom Feinde erobert zu werden. Die im September auf-
brandende Welle nationaler Euphorie hatte auch die Aufständischen
so sehr beeindruckt, daß sie ihren Kampf aufgaben, als ihnen Straffreiheit und eine – für die Bauern freilich belanglose – Steuererleichterung zugesichert wurde. Im Frühjahr flammte in der Guyenne
der Aufstand jedoch noch viel bedrohlicher wieder auf. Besonders in
der nordöstlich von Bordeaux gelegenen Landschaft Périgord, die
stets ein Zentrum des Widerstandes gegen die königliche Zentralgewalt gewesen war, rotteten sich nun Zehntausende von Armen
Schluckern zusammen, um alle Steuereinnehmer zu vertreiben und
der unerträglichen Bedrückung ein Ende zu bereiten.

Die Guyenne grenzte im Süden unmittelbar an das Baskenland,

also an die spanische Front. Ein Aufstand im Rücken der königlichen Armee, die sich aus dem Lande ernähren mußte, bereitete Richelieu natürlich besonders große Sorgen, zumal Unterstützung der Aufständischen durch Spanien zu erwarten war. Der Kardinal befahl dem Provinzgouverneur, dem uralten Herzog von Epernon, auch diese Rebellion, wie vorher schon viele andere, schleunigst niederzuschlagen und die blockierte Steuerschraube wieder anzuziehen. Epernon lag aber krank in seinem Schloß Cadillac. Er rief daher seinen Sohn, den Herzog von La Valette, zu Hilfe. Dieser hatte im Baskenland gegen die Spanier gekämpft und marschierte nun mit einer starken Streitmacht nach Bordeaux, um sich noch zusätzlich mit Artillerie zu versehen. Diesmal handelte es sich nämlich nicht um zersplitterte Bauernhaufen, sondern um eine gut organisierte Bauernarmee, die auf folgende Weise zustande gekommen war.

An die Spitze der Armen Schlucker des Périgord waren zahlreiche Edelleute getreten. Einer von ihnen, der Sieur de La Mothe-La Forest, wurde zum Anführer der vereinigten Massen aus Stadt und Land gewählt. Er formierte aus ihnen eine regelrechte Armee und ernannte sich selbst zum »General der vereinigten Gemeinden von Guyenne« mit dem bezeichnenden Zusatz »des Königs sehr demütiger, sehr gehorsamer und sehr getreuer Diener«. Er übermittelte dem König die »alleruntertänigste Bitte« seiner »gehorsamen Untertanen«, sie von dem Joch, das ihnen – sicherlich gegen den Willen des Monarchen – von »Spitzbuben« auferlegt worden sei, in Gnaden zu erlösen.

In einigen Gegenden Frankreichs, so auch im Süden der Guyenne, wurden unter bestimmten Voraussetzungen Adlige ebenfalls besteuert, wenn sie bürgerlichen Grundbesitz erworben hatten. So gab es bei der Abwehr übermäßig erhöhter Steuern nicht ganz so klar gesonderte Klasseninteressen, wie sie die Generalstände von 1614/15 gekennzeichnet hatten. Forderungen des Dritten Standes und der Bauern, die *allgemeinen* Steuerprivilegien des Adels und der Geistlichkeit aufzuheben, führten aber stets dazu, daß eine gemeinsame Front gegen die ruinöse Steuerpolitik des Kardinals schnell wieder zerbrach. Das war auch im großen Aufstand von 1637 der Fall, der mit dem Eintreffen der Truppen des Herzogs von La Valette im Périgord seinen Höhepunkt erreichte.

Die militärisch organisierte, Disziplin haltende Bauernarmee war

den Truppen von La Valette offenbar überlegen, so daß die adligen
Führer, denen es nur um eine günstige Verhandlungsposition für ihre
egoistischen Anliegen ging, einen sensationellen Sieg befürchteten.
Hätten im Périgord und in den benachbarten Provinzen kriegserfah-
rene Männer aus dem Volke die Führung starker Rebellenarmeen
übernommen, so wäre aus Hungerrevolten vielleicht eine ganz Frank-

reich ergreifende soziale Bewegung erwachsen! Schon mehrmals war in Versammlungen der rebellierenden Bevölkerung, an denen auch der Adel und die Geistlichkeit teilgenommen hatten, gefordert worden, *alle* Steuerprivilegien zu beseitigen.

Nun richteten es die adligen Führer der Bauernarmee so ein, daß La Valette eine starke Vorausabteilung überraschend zum Kampf stellen konnte. In einer besonders mörderischen Schlacht fielen etwa 1000 Arme Schlucker und 200 reguläre Soldaten, bevor die Hauptstreitmacht der Aufständischen eingreifen konnte. Unter dem Eindruck so schwerer Verluste ließen sich die Rebellen auf Verhandlungen ein. Ihnen wurde unter der Voraussetzung Amnestie gewährt, daß sie für die Dauer von zwei Monaten 4000 Mann für den Krieg an der spanischen Front stellten. Todesurteile ergingen nur gegen wenige Anführer.

Richelieu und der König neigten dazu, die Hauptschuld an dem Aufstand den Epernons anzulasten. Sie meinten, die ihnen aus verschiedenen Gründen verhaßten hohen Herren hätten die Aufständischen als Werkzeuge für eine groß angelegte Verschwörung mißbraucht, an der auch der Bourbone Soissons beteiligt sei. Die Not der armen Leute betrachteten sie als etwas ganz Natürliches. Kaltblütig sahen sie zu, wie sich nun in der Normandie besonders gefährlicher Zündstoff anhäufte.

Diese große Provinz hatte lange Zeit hindurch ein Viertel der gesamten Steuern des Königreiches aufgebracht, war aber infolge nie ganz erlöschender Pestepidemien mehr und mehr verarmt. Rouen, Hauptstadt der Normandie und nach Paris bedeutendste Stadt des Reiches, hatte sich lukrativer Steuerprivilegien erfreut. Seit Beginn des Krieges wurde sie aber mit neuen Verbrauchssteuern sowie Zwangsdarlehen bedrückt und mußte auch mehreren Regimentern als Winterquartier dienen, so daß aus Wohlstand Armut und schließlich für viele völliger Ruin wurde. Das war auf dem Lande in noch höherem Maße der Fall. Dort spielte das Salzsieden aus Meerwasser ökonomisch und steuerpolitisch die größte Rolle. Der König besaß in der Gegend um Rouen, Caen und Alençon das Salzmonopol, Grundlage für die verhaßte Salzsteuer, die »gabelle«. Aus anderen Landesteilen mit geringerem Salzaufkommen mußte nur der vierte Teil des gewonnenen Salzes an den König abgeführt werden.

Mehrere Edelleute, Besitzer riesiger Wälder, konnten mit ihrem

Unerwarteter Überfall. Radierung von Franckh

Holz illegale Siedereien betreiben und ihr Salz billiger als das vom König besteuerte verkaufen, ja sogar einen schwunghaften Handel nach England betreiben. Von den illegalen Siedereien und dem Vertrieb unversteuerten Salzes lebten in der unteren Normandie viele Tausende, so daß allein schon das Gerücht, das Monopolgebiet des Königs solle erweitert werden, eine allgemeine Verfolgung der Steuerpächter verursachte. Aus Unruhen erwuchs schnell ein Aufstand, der vor allem das Gebiet um Avranches (am Golf von Saint-Malo) in Aufruhr versetzte.

Dieser zweite große Aufstand gegen Richelieus Steuerpolitik hat seinen Namen von dem legendären »Hans Barfuß« bekommen (die Salzarbeiter trugen keine Schuhe). Er nahm aber nicht wegen der großen Beteiligung von Plebejern und Bauern so bedrohliche Formen

286

Überfall auf Landleute. Radierung von Franckh

an, sondern weil sich ihm auch Beamte, Juristen, Priester und Angehörige des niederen Adels anschlossen. Vertreter der Zentralgewalt (wie der Gouverneur von Avranches) und örtliche Justizorgane (das Parlament von Rouen) sympathisierten mit den Rebellen.

Hier wurde ebenfalls wieder »der gute König« angerufen. Man beschränkte sich diesmal aber nicht darauf, die Abschaffung aller seit dem Tode Heinrichs IV. eingeführten Steuern zu verlangen, sondern stellte Forderungen im Sinne eines biblischen, urchristlichen Kommunismus und rief sogar nach antiken Vorbildern zum Tyrannenmord auf. Appelle an Leidensgefährten in anderen Regionen der Normandie und der benachbarten Bretagne, ja sogar im Poitou und in Paris hatten keinen Erfolg. Nur Rouen geriet vollständig in die Hand der Aufständischen. Der Gouverneur der Provinz (der Herzog

287

von Longueville) und der Gouverneur von Rouen konnten für die »nicht ungewöhnlichen« Ausschreitungen gegen Steuereintreiber nicht verantwortlich gemacht werden, da sie als Kommandeure von Fronttruppen eingesetzt worden waren.

Die Barfüßer verfolgten und töteten tatsächlich nur die Repräsentanten des Richelieuschen Steuersystems. Diese handhabten die Steuergesetze nur zu oft mit der Gefühllosigkeit einer Maschine. Sie schlachteten das Huhn, das sie nur rupfen sollten. Beide Kontrahenten kämpften für eine »Revolution«: die Barfüßer für eine »*Zurück*entwicklung« zu den alten, vom Partikularismus geprägten Verhältnissen; die Steuerbeamten für die zentralistisch-königliche Revolution (im modernen Sinne der »*Weiter*entwicklung«), die den Volksmassen als volksfeindliche Methode zur Finanzierung eines längst wieder unpopulär gewordenen Krieges erscheinen mußte.

Als die von den Barfüßern ausgesandten Agitatoren in der Bretagne, im Poitou und anderswo keine Bereitschaft zu gemeinsamem Handeln zu wecken vermochten, bedeutete das eine klare Absage an die Idee einer umfassenden sozialen Revolution. Die Normandie war wegen ihrer »englischen« Traditionen und Beziehungen des Separatismus, des Verrats an der geheiligten Person des Königs verdächtig. Bedürfnisse nach sozialen Reformen, wie sie die Große Revolution von 1789 erzwang, waren noch nicht herangereift. So mußte dieser Protest gegen den Krieg und seine fiskalischen Zwänge ein Glied der langen Kette letztlich ohnmächtiger Volksaufstände bleiben.

Im Herbst 1639, als an der Nordfront die übliche Winterruhe begann, wurden Truppen für eine Strafexpedition gegen die Barfüßer frei. Richelieu befand sich zusammen mit dem König auf der Heimreise von Grenoble, wo mit Ludwigs Schwester über die Zukunft Savoyens verhandelt worden war, als er die Befehle zu unerbittlichem Vorgehen gegen die normannischen Rebellen erteilte. Die Leitung sollte der Kanzler Séguier persönlich übernehmen. Dieser wußte, daß sich der Kardinal von äußerster Grausamkeit eine abschreckende Wirkung versprach, obwohl diese bei anderer Gelegenheit niemals erzielt worden war. Andere hatten gewagt, darauf aufmerksam zu machen, und waren in Ungnade gefallen. Einer solchen Gefahr wollte sich Séguier nicht aussetzen.

In der unteren Normandie ließ er viertausend ausgesuchte, landfremde Soldaten wie in Feindesland wüten. Zwischen Caen und Avranches floß besonders viel Blut, waren besonders viele Gehenkte an Bäumen und Zinnen zu sehen. Der Kardinal gratulierte dem Kommandeur persönlich zu seiner Unbarmherzigkeit. Der Kanzler wollte ihn noch übertreffen. Mit neuen Soldaten zog er nach Rouen, dessen Bevölkerung sich dem Aufstand angeschlossen hatte. Er hatte Vollmacht, ohne Gerichtsurteil hinrichten zu lassen, und machte davon reichlich Gebrauch. Am liebsten hätte er das berühmte mittelalterliche Rathaus der Stadt zerstören und an seine Stelle eine Pyramide mit mahnender Inschrift setzen lassen, doch hier dämpfte Richelieu seinen Eifer.

Séguier begnügte sich nicht damit, zahllose Häuser zerstören und zahllose Bürger hinrichten zu lassen; als er die Hauptstadt verließ, setzte er sein Treiben in nahe gelegenen Städten und auf dem Lande fort. Die Folge war aber nicht Ruhe, nicht einmal Friedhofsruhe, sondern nur neuer Widerstand gegen die weiterhin offen terroristische »Innenpolitik« des Kardinals. Da sich der Haß der Ausgebeuteten und Gequälten aber niemals gegen den Träger der Krone richtete, blieb der Verhaßte ungefährdet, solange der Monarch sich zu ihm bekannte.

Das Jahr 1640

Trotz der verheerenden Folgen einer Innenpolitik, die nur wenige Heereslieferanten und Steuerpächter reich werden, die Volksmassen jedoch in bürgerkriegsähnlichen Zuständen dahinvegetieren ließ, beschafften Bullion und Chavigny immer wieder die Mittel für neue Armeen. Der dünnen Oberschicht der Reichen und Neureichen bescherte Bullion angesichts der kriegsbedingten Inflation (Verringerung des Silbergehaltes des Sou) den berühmt gewordenen Louis d'or (Louisdor) als wertbeständigere Goldmünze (1640) und im Jahr darauf den silbernen Écu (Taler), während das Livre als »Rechnungsmünze« für zwanzig Sou beibehalten wurde. Mit welchen Methoden Geld für die Durchsetzung seiner Politik beschafft wurde, hat Richelieu niemals interessiert. Als Bullion wegen persönlicher Bereicherung der Prozeß gemacht werden sollte, verbot er weitere Untersuchungen.

Die Pläne für die Feldzüge des Jahres 1640 arbeitete der Kardinal zusammen mit Ludwig XIII. »generalstabsmäßig« in einem nördlich von Paris gelegenen Schloß aus. Sie konnten mit mehr als hunderttausend Soldaten zu Fuß oder zu Pferde rechnen. Während dieser intensiven Zusammenarbeit hatten der König und sein Erster Minister durchaus divergierende Zielvorstellungen. Ludwig XIII. dachte nicht so sehr an wirkliche Feldzüge, sondern mehr an militärische Drohgebärden, die das Haus Habsburg endlich zwingen sollten, einem für Frankreich günstigen Frieden zuzustimmen; denn dafür bestanden jetzt unerwartet gute Voraussetzungen. Als der Kaiser seine Truppen von der lothringischen Front zurückbeorderte, weil er sie dringend im Reich benötigte, sah sich der leitende spanische Minister Olivares angesichts der ökonomischen Notlage seines Landes außerstande, den Krieg gegen Frankreich erfolgreich fortzusetzen. Er meinte, Gott habe Spanien die Mittel zum Kriegführen entzogen, um es zu zwingen, jetzt Frieden zu schließen.

Da auch Frankreich wirtschaftlich ruiniert war, hätte jeder vernünftige Staatsmann diese Chance wahrnehmen und auf vorteilhafte Friedensangebote eingehen müssen. Doch Richelieu war nicht vernünftig im gängigen Sinne des Wortes, er wollte Frankreich nicht nur auf einem ehrenvollen, sondern auf dem *ersten* Platz sehen. Um dieses Ziel zu erreichen, forderte er immer wieder neue, noch größere Anstrengungen und riß den zögernden König mit. Ein militärischer Mißerfolg mußte unter solchen Voraussetzungen für den »Kriegstreiber« allerdings katastrophale Folgen haben.

Bevor die eisernen Würfel des Mars wieder zu rollen begannen, versuchte der Kardinal noch einmal, die für die Einheit der gallikanischen Staatskirche höchst gefährliche jansenistische, reformkatholische Bewegung einzudämmen. Durch eine Verständigung mit ihrem bedeutendsten Repräsentanten, Saint-Cyran, wollte er sie von weiterer Agitation gegen seine Politik abhalten. Richelieu hielt den frommen Abt für »gefährlicher als sechs Armeen«, weil dessen Lehren nicht nur den »weltklugen« Jesuiten, sondern der gesamten Hierarchie der gallikanischen Kirche bis hinauf zu den fest in den Staatsapparat integrierten Kardinälen die religiöse Existenzgrundlage entzog.

Der skrupellose »Richter« von Loudun, Laubardemont, hatte vergeblich versucht, eine stichhaltige Anklage zu konstruieren. Engste Mitarbeiter Richelieus, sogar seine Nichte, die Herzogin von Aiguillon, vermochten den ehemaligen Freund des Bischofs von Lucon jedoch zu nichts zu überreden, »was sein Gewissen beunruhigen könnte«. So blieb Saint-Cyran in harter Haft, seine Lehren hörten aber nicht auf, die Fundamente der Staatskirche zu unterhöhlen.

Als wichtigste Ziele der Feldzüge dieses Jahres hatte Richelieu die Eroberung der Städte Casale, Turin und Arras bezeichnet. Infolge der zwielichtigen Haltung des Herzogshauses von Savoyen war es den Spaniern gelungen, in Piemont und Savoyen feste Positionen zu erlangen, die allerdings den Besitz von Casale und Turin zur Voraussetzung hatten. Casale wurde von der Armee des Grafen d'Harcourt (aus dem lothringischen Herzogshause) belagert und von einer mailändisch-spanischen Armee verteidigt. Noch bevor die während des Winters in Südfrankreich bereitgestellte Verstärkung von 30 000 Mann in Piemont eingetroffen war, wagte Harcourt einen Angriff und eroberte die Stadt im Handstreich. Vom Schwung dieses Erfolges getragen, traf seine Armee kurz darauf vor Turin ein, das von Prinz Thomas von Savoyen für Spanien besetzt gehalten wurde. Die Belagerer gerieten bald in eine schwierige Lage, weil sie ihrerseits von einer mailändisch-spanischen Armee eingeschlossen wurden. Alle Angriffe der Spanier konnten jedoch abgewehrt werden, bis der junge Turenne, der jüngste Bruder des Herzogs von Boullion, mit Verstärkung aus Frankreich eintraf und die Spanier zum Rückzug zwang. Nun dauerte es nur noch wenige Tage, bis Turin kapitulierte.

Richelieu und der König waren von den Nachrichten aus Savoyen zwar begeistert und sparten nicht mit Komplimenten für den Grafen d'Harcourt, doch erschien ihnen vorerst nichts so wichtig wie die Eroberung von Arras, der Hauptstadt des Artois, das Frankreich vor hundertfünfzig Jahren an die Habsburger verloren hatte. Richelieu wollte es jetzt unbedingt zurückgewinnen. Mit 23 000 Mann Fußtruppen und 9000 Reitern zogen drei Marschälle vor die Festungsstadt und umgaben sie mit Verschanzungen und Bastionen. Nun rückte der Kardinal-Infant Fernando mit einer überlegenen Armee heran, um Arras zu entsetzen. Die drei Marschälle fragten beim Oberbefehlshaber Richelieu an – der sein Hauptquartier auf halbem Wege zwischen der Armee und dem in Amiens residierenden König eingerichtet hatte –, ob sie den Angriff abwarten oder den Spaniern entgegenziehen sollten. Dieser antwortete wie ein Orakel: Dem König sei es gleichgültig, ob sie angreifen oder abwarten würden, »doch Sie werden mit Ihrem Kopf dafür haften, wenn Sie die Stadt Arras nicht erobern«.

Die Marschälle zogen es vor, das Risiko eines Angriffs auf freiem Felde zu vermeiden. Auch Fernando griff nicht an. Nach dem Beispiel des spanischen Heerführers vor Turin legte er einen weiteren Belagerungsring um die Belagerer. Da die Franzosen nun ohne Nachschub blieben, wurde ihre Lage bald so kritisch, daß der Kardinal sich zum Eingreifen gezwungen sah. Er ließ einen Konvoi von 6 000 oder 7 000 Karren zusammenstellen, der unter dem Schutz von 19 000 Soldaten die feindlichen Stellungen durchbrechen sollte. Zu seinem größten Entsetzen schmeichelte nun aber Cinq-Mars dem König die Erlaubnis ab, die für den Durchbruch bestimmten Truppen kommandieren zu dürfen. Für den jungen Mann schien es sich um ein lustiges Abenteuer zu handeln.

Nur mit großer Mühe konnte der Kardinal den ehrgeizigen Heißsporn davon überzeugen, daß es ehrenvoller sei, mit einer Elitetruppe von 1 400 Adligen dort einzugreifen, wo es um Sieg oder Niederlage gehen würde. Er konnte damit rechnen, daß kein Befehlshaber es wagen würde, den »Liebling« des Königs einer wirklichen Gefahr auszusetzen. Als der Konvoi am 2. August vor Arras ankam, tobte dort bereits eine erbitterte Schlacht. Der Kardinal-Infant hatte die halb verhungerten Belagerer angreifen lassen, und die Franzosen hatten bereits eine entscheidende Befestigungsanlage verloren. In dieser verzweifelten Situation setzte der Marschall Châtillon die von Cinq-Mars kommandierte Elitetruppe ein, um die verlorengegangene Bastion zurückzugewinnen.

So geriet der Favorit ins gefährlichste Schlachtgetümmel. Er zeichnete sich dabei durch Tapferkeit aus, doch der aus gutem Grund sehr besorgte Châtillon befahl ihm bald, sich mit den hochgeborenen Freiwilligen (unter denen sich auch der Sohn Condés befand) zurückzuziehen. Am Abend hatten die Franzosen gesiegt, und schon wenige Tage darauf kapitulierte Arras. Der überglückliche Kardinal ließ die Einwohner wie Bürger einer befreiten französischen Stadt behandeln. Beim Wiedersehen mit Ludwig XIII. stellte er verblüfft fest, daß dieser sein Glücksgefühl keineswegs teilte. Sein »Liebling« hatte nämlich sein Versprechen, während des Feldzugs fleißig zu schreiben, nicht eingehalten! Da kam Richelieu die verhängnisvolle Idee, dem offensichtlich gekränkten und erzürnten König Klatschgeschichten mißgünstiger Angehöriger des Hochadels zu hinterbringen. In ihnen wurde der Verlauf des Kampfes dargestellt, als ob sich der vielbeneidete Favorit vor dem Feinde als Feigling erwiesen habe.

Bei Feigheit kannte Ludwig keine Entschuldigung. Als aber nach vierzehn Tagen »der liebe, böse Junge« am Hofe erschien, genügte bereits sein Anblick, allen königlichen Zorn dahinschmelzen zu lassen. Cinq-Mars erzählte stolz vom Kampf seiner Freiwilligen, bei dem ihm sein Pferd unter dem Leibe weggeschossen worden war, und wie ihn Châtillon daran gehindert habe weiterzukämpfen. Sein Verhalten im Kampf als feige darzustellen – für einen Edelmann eine tödliche Beleidigung – war Richelieu ja nur in den Sinn gekommen, um den Favoriten dem König gründlich zu entfremden. Ludwig berichtete dem Freunde seinerseits darüber mit dem Hintergedanken, Richelieus geistige Macht über das ehemalige »Mündel« abzuschwächen. Er wußte nichts von dessen Haß auf den Kardinal, der ihn als Spion hatte mißbrauchen wollen, und ahnte nicht, daß der nun noch schwerer Beleidigte mit unübersehbaren Folgen nach Rache zu dürsten begann. Vorerst sah es aber nicht so aus, als ob er dieses Bedürfnis bald würde befriedigen können.

Im Sommer 1640 öffnete Fortuna ihr Füllhorn weit über Richelieus Frankreich. In Casale, Turin und Arras wehte das Lilienbanner; vor Cadiz besiegte Richelieus Neffe Brézé die überlegene spanische Flotte; zur gleichen Zeit starb der Vizekönig von Katalonien, und die reiche spanische Provinz bat Frankreich um Schutz für ihr Streben nach Selbständigkeit; in England begann eine bürgerliche Revolution, die Karl I. als Rivalen in der europäischen Politik ausschaltete; und Kaiser Ferdinand III. mußte seinen Traum, über ganz Deutschland zu herrschen, auf dem Regensburger Reichstag endgültig begraben. Mazarin, der als einziger fähig war, Frankreich bis zur Regierungszeit Ludwigs XIV. im Sinne Richelieus zu leiten, wurde in diesem Jahre vom Italiener zum Franzosen. Nach der Eroberung von Turin bekam er Gelegenheit, sich als französischer Diplomat auszuzeichnen, als er Verhandlungen aufnahm, die das Savoyer Herzogshaus aus seinen Bindungen an Spanien lösen sollten.

Turin hatte überraschend schnell kapituliert. Dem Prinzen Thomas und der Garnison war bereits (wie üblich) freier Abzug gewährt worden, als Richelieu sich des Prinzen bemächtigen wollte, um ihn bei den anstehenden Verhandlungen unter Druck setzen zu können.

Bei früheren Vermittlungsaufträgen hatte Mazarin die Interessen der Herzogin Christiane stets so geschickt vertreten, daß er noch immer ihr volles Vertrauen besaß. Doch die Aufgabe, die Prinzen Thomas und Moritz auf die Seite Frankreichs zu ziehen und die Herzogin von einem spanischen Agenten, ihrem geliebten Grafen d'Aglié, zu trennen, erschien dem Unterhändler als unlösbar. Der Kardinal hielt seine Forderungen selbst für übertrieben und schrieb an Mazarin, als dieser das unmöglich Erscheinende dennoch erreicht hatte, bewundernd: »Ich glaube, daß Gott Ihnen erlaubte, mit diesem Probestück zu beweisen, was Sie bei den größten und bedeutendsten Verhandlungen erreichen können, für die Sie bestimmt sind ...«

Die Prinzen hatten als Voraussetzung für künftiges Wohlverhalten verlangt, alle von den Franzosen eroberten Orte müßten an die Regentin Christiane zurückgegeben werden. Das geschah, doch Mazarin hatte vorgesorgt: Die Schwester Ludwigs XIII. überließ diese Orte freiwillig dem Schutze französischer Truppen! Macchiavelli hatte in Mazarin einen tüchtigen Schüler. Der Graf d'Aglié wurde kurzerhand verhaftet, als er sich schon sicher wähnte. Er blieb bis nach dem Tode Richelieus im Prominentengefängnis Bois de Vincennes inhaftiert; die Tochter Heinrichs IV. vergaß ihn schnell.

Der Abfall der Katalanen vom »kastilischen« spanischen Königtum überraschte den Kardinal während des Kampfes um Arras. Er hatte aber mit einem Aufstand der Portugiesen gerechnet, denn in Portugal propagierten seine Agenten, vor allem Kapuziner aus der Schule Pater Josephs, seit langem die Wiederherstellung der 1580 aufgehobenen staatlichen Selbständigkeit. Den Portugiesen waren jährliche Subsidien, Schiffe und Soldaten versprochen worden. Spanien hatte sich das Königreich zwar nach formal gültigem Erbrecht, doch wie erobertes Land mit unnötiger Grausamkeit angeeignet, so daß ein allgemeiner Volksaufstand leicht zu organisieren war.

Diese weitere erhebliche Schwächung der von Olivares nur noch mühsam verteidigten königlichen Zentralgewalt erfolgte tatsächlich noch im selben Jahr. Der bisherige Herzog von Braganza, ein unehelicher Nachkomme des 1580 ausgestorbenen Herrscherhauses, ließ sich in Lissabon als Johannes IV. zum König ausrufen. Philipp IV. und Olivares sahen keine Möglichkeit, wirksame Gegenmaßnahmen zu ergreifen. Der Zerfall des spanischen Großreiches schritt unaufhaltsam voran. Einen großen Teil der reichen Kolonie Brasilien hatten bereits 1630 die Holländer (Niederländer) erobert, was einen Sonderfrieden zwischen Spanien und den Generalstaaten zusätzlich erschwerte, Richelieus Politik also begünstigte.

Katalonien war (ähnlich wie die Normandie) besonders hart mit Steuern und Einquartierungen belastet worden, seit Frankreich in das Roussillon eingedrungen war. Richelieu sandte sogleich nach der Eroberung von Arras den Aufständischen Bevollmächtigte, die im Namen König Ludwigs Schutz und Hilfe bei der Errichtung einer katalonischen Republik versprachen. Zentrum der Rebellion war Barcelona, die Hauptstadt des Landes. An der Grenze des Roussillon erschien alsbald eine kleine französische Armee, die einer von Olivares »zur Wiederherstellung der Ordnung« entsandten Streitmacht zwar unterlegen war, den Aufständischen jedoch offenbar genügend moralische Unterstützung vermittelte, so daß die »Strafexpedition« der Zentralgewalt abgebrochen werden mußte. Ein neuernannter Vizekönig konnte mehrere Orte erobern und deren Einwohner grausam bestrafen, erreichte damit aber nur, daß die Führer der Katalanen sich nun mit einem förmlichen Vertrag an Frankreich banden. Ludwig XIII. wurde von ihnen in feierlicher Zeremonie im Schloß zu Saint-Germain als ihr Herrscher anerkannt.

Wie konsequent der Kardinal die Prinzipien seiner eigenen Politik – staatliche Einheit und monarchischer Absolutismus – bei seinen Gegnern bekämpfte, zeigt auch seine Haltung gegenüber Karl I. von England. Am englischen Hofe hatten alle Verschwörungen gegen seine Person ihr Zentrum oder doch wesentlichen Rückhalt. König Karl verfolgte eine prospanische Außenpolitik, obwohl Spanien für die englische Bourgeoisie der gefährlichste Rivale auf den Gebieten kolonialer Expansion und des Handels war. Der äußerlich religiös motivierte Aufstand der Schotten, der 1639/40 zu einem Bürgerkrieg führte, fand in Richelieu ebenso einen heimlichen Förderer wie die Revolution des englischen Bürgertums, die keineswegs einer Rekatholisierung dienlich war. Das Überspringen eines revolutionär-kalvinistischen Funkens auf die Hugenotten zog der Kardinal offenbar gar nicht in Betracht.

Auf dem deutschen Kriegsschauplatz war es bis 1640 nicht zu gemeinsamen Aktionen französischer und schwedischer Armeen gekommen. Nach dem Prager Frieden von 1635 hatten schwedische Siege bei Kyritz (Dezember 1635) und Wittstock a.d. Dosse (Oktober

1636) die Vorherrschaft des Verbündeten Richelieus in Norddeutschland gesichert. Die Beziehungen zu Frankreich wurden durch Subsidien auf einem Stand gehalten, der einen Separatfrieden mit dem
Kaiser und dessen Verbündeten verhinderte. Durch die Erneuerung
der französisch-schwedischen Allianz am 30. Juni in Hamburg wurde
der Abschluß eines Sonderfriedens bis zum Ende des Krieges unwahrscheinlich gemacht.

In der zweiten Hälfte des Jahres 1640 vereinigte der Graf von Guébriant die ehemaligen Truppen Bernhards von Weimar mit denen des
schwedischen Generals Banér. Sie verdrängten die Kaiserlichen aus
Mitteldeutschland, hätten fast den Regensburger Reichstag aufgehoben, den bereits militärisch entmachteten Kaiser bei dieser Gelegenheit gefangengenommen und damit vielleicht den Krieg beendet. Als
Banér im folgenden Mai starb, konnte Guébriant den Oberbefehl
über beide Armeen an sich ziehen, bis Banérs Nachfolger Torstenson
eintraf. Am 2. Januar 1642 errangen die Franzosen unter Guébriant
im Rheinland bei Kempen einen großen Sieg über die Kaiserlichen,
der über den Tod des Kardinals hinaus gute Voraussetzungen für den
Vorrang Frankreichs bei den in Münster und Osnabrück bereits eingeleiteten Friedensverhandlungen schuf.

Als im Sommer 1640 Erfolgsmeldungen von allen Fronten eintrafen,
hätte sich der Kardinal wohl eine Atempause gönnen können; doch
Anzeichen für neue Verschwörungen erforderten höchste Aufmerksamkeit. Drei Eremiten gestanden, daß sie ihn im Auftrag des Herzogs von Vendôme ermorden sollten; noch schwerer wogen Briefe
aus London von Soubise und La Valette an Epernon, die bei einem
verhafteten Edelmann de La Vigerie gefunden worden waren. Sie ließen einen großen Aufstand in der Guyenne erwarten, wenn der Einfall weiterer Verschwörer vom Ausland her das Signal geben würde.
Der Verdacht richtete sich gegen Soissons, der Sedan nicht verlassen
hatte. Bevor darüber größere Klarheit erlangt werden konnte, sorgte
die plötzlich aufflammende Leidenschaft des bisher ziemlich frivolen
Cinq-Mars für die neun Jahre ältere Prinzessin Maria von Gonzaga-
Nevers dafür, daß der Seelenfrieden Ludwigs XIII. und damit der seines Ersten Ministers nachhaltig gestört wurde.

Ohne den nach damaligen Begriffen ungeheuren Standesunterschied zwischen einem Favoriten und einer Prinzessin aus regieren-

dem Hause, einer ehemaligen Verlobten des Prinzen Gaston zu erwägen, warb der verblendete Cinq-Mars ernsthaft um eine notorische Feindin Richelieus. Er verlangte sogar, daß der Kardinal ihm zu seinem Glück verhelfe! Dieser explodierte fast vor Wut. Von einer Erhebung des Heiratskandidaten zum Herzog, Pair und Konnetabel (nach dem Beispiel von Luynes) wollte er nichts hören, vielmehr suchte er mit berechtigter Sorge die Absichten der sphinxhaft lächelnden Prinzessin zu ergründen. So bescherte diese erste echte Liebe Cinq-Mars also nur Qualen. Haß und Rachsucht gegen den »Feind seines Glükkes« nahmen daher noch beträchtlich zu.

Es erwies sich, daß der weinende, mit den Füßen strampelnde, bestenfalls schmollende Günstling den König wieder ungestraft tyrannisieren durfte. Der Kardinal mußte den hilflosen Monarchen trösten und den ebenfalls verzweifelten großen Jungen beschwören, nicht noch mehr Dummheiten zu machen, bis schließlich ein leidlicher Friede hergestellt war. Aber nun hatten im Hintergrund lauernde Feinde den Wert des sich ihnen hier darbietenden Werkzeuges erkannt. Man mußte es nur genügend vorsichtig und geschickt handhaben. Der Kardinal war um die Wende zum Jahre 1641 so sehr mit der Verwirklichung eines lange gehegten Traumes beschäftigt, daß ihn kein Gedanke an neue Häupter der Hydra, die sich zum tödlichen Biß anschickte, beunruhigte.

Als Richelieu 1632 die Hinrichtung des Herzogs von Montmorency durchsetzte, hatte sich dessen Schwager Condé beeilt, dem Allmächtigen seine Loyalität zu beweisen. Er hielt für seinen elfjährigen Sohn um die Hand einer Nichte Richelieus an. Gemeint war Claire-Clemence, die dreizehnjährige Tochter des Marschalls Maillé-Brézé. Ludwig XIII. gab seine Einwilligung mit so säuerlicher Miene, daß der Kardinal »vorsichtshalber« ablehnte. Doch 1639 wiederholte Condé seinen Antrag, weil er wegen seiner Niederlage im Roussillon die Ungnade des Oberbefehlshabers fürchtete und außerdem hoffte, sein Sohn werde im Testament des sagenhaft reichen Ministers reichlich bedacht. Der junge Herzog hatte zwar andere Heiratspläne, aber sein Vater zwang ihn, die kleinwüchsige, auch geistig sehr zurückgebliebene und mit schrecklichen Erbübeln belastete Claire-Clemence zu heiraten. Ende 1640 wurden die Verhandlungen abgeschlossen, Mitte Januar 1641 begannen die mit ungeheurem Aufwand vorbereiteten Hochzeitsfeierlichkeiten im neuen Kardinalspalast in Paris.

Im kostbar ausgeschmückten Theatersaal wurde ein Stück aufgeführt, das der geistvolle Dramatiker Desmarets de Saint-Sorlin (seit vielen Jahren bevorzugter Gesprächspartner bei den täglichen Erholungsspaziergängen) nach einem Entwurf des Kardinals verfaßt hatte. Den pflichtschuldig gespendeten rauschenden Beifall der Hofgesellschaft hat Richelieu offenbar auf seine eigenen Fähigkeiten als Dramatiker bezogen und wie ein eitler Künstler genossen. Vielleicht bereitete es ihm auch nur besondere Genugtuung, daß hier so viele Hochgeborene, die ihn zutiefst haßten, lange »begeistert« applaudierten?

Drei Wochen lang, bis zur kirchlichen Einsegnung dieser für beide Partner qualvollen Ehe in Gegenwart des Herrscherpaares, folgte ein Fest dem anderen, während Vendôme, als Sohn Heinrichs IV. ein Mitglied der königlichen Familie, der Schande preisgegeben blieb, drei Verbrecher zur Ermordung eines Kardinals angestiftet zu haben. Der Beschuldigte wollte sich vor dem Herrscher rechtfertigen, wurde kurz vor Paris aber anderen Sinnes und floh nach London. Am Hofe trat ein mit entsprechend hochgestellten Richtern besetztes Sondergericht zusammen, dem auch Ludwigs »Liebling« angehörte (!), die Verhandlungen kamen aber nicht voran. Erst am 17. Mai fand in Gegenwart des Königs die letzte Sitzung statt. Ludwig willigte schließlich ein, den Urteilsspruch auf unbestimmte Zeit zu vertagen, nachdem ihm Richelieu in einem Brief dringend dazu geraten hatte. Ein notwendigerweise hartes Urteil gegen ein Mitglied der königlichen Familie hielt der Erste Minister für politisch unklug.

Die übrigen, noch immer heimlich planenden Feinde des Kardinals wollten die Vollstreckung ihres Todesurteils an dem »Tyrannen« aber keineswegs auf unbestimmte Zeit verschieben lassen.

Das Ende eines Bourbonen

Die Feinde des Ersten Ministers besaßen am Königshof, in London, Nancy, Turin und Sedan gefährliche Stützpunkte. Alle ihre raffiniert ausgeklügelten Komplotte waren bisher gescheitert und hatten offenbar das Gefühl verbreitet, daß »dieser Teufel im Purpur« unbesiegbar sei. Selbst Maria von Medici resignierte in ihrem Londoner Exil, ihr alter Feind Vendôme traf dort eine zu demütiger Unterwerfung bereite alte Frau an. Die Herzogin d'Aiguillon, Richelieus Lieblingsnichte, der sie besonders am »Tag der Geprellten« schwerste Beleidigungen angetan hatte, empfing von ihr einen Brief mit der Bitte um Geld. Denn der Thron Karls I. wankte, Maria mußte sich nach einem anderen Asyl umsehen. Ihre Rückkehr nach Frankreich hatte ihr ehemaliger Günstling höflich abgelehnt; er genoß ein Gefühl süßer Rache, als er jetzt einhunderttausend Livres für eine genau vorbereitete Reise nach Florenz (über Köln) in Aussicht stellte, wenn Maria sich bereit erklärte, bei ihren florentinischen Verwandten leben zu wollen.

Die Anerkennung der Ehe Gastons mit der lothringischen Prinzessin Margarethe hatte zur Folge, daß diese ihren Bruder dazu überredete, sein Bündnis mit den Habsburgern aufzugeben und sich mit Ludwig XIII. zu versöhnen. Dafür bekam Karl IV. Lothringen – bis auf die Festungen! – zurück. Weniger Erfreuliches erfuhr Richelieu aus Savoyen. Dort wandte sich Prinz Thomas erneut den Spaniern zu; aber Mazarin sorgte weiterhin für Wohlverhalten der Regentin, und der Graf d'Harcourt ließ sofort Truppen aufmarschieren, wenn sich im Lande Unruhe bemerkbar machte.

Nach dem Verlust von Arras, mit der Aussicht auf neue Angriffe der Franzosen an der flandrischen Front sahen Olivares und der Kardinal-Infant ihre beste Chance in einem durchschlagenden Erfolg der *inneren* Feinde des Kardinals. Niemand schien besser geeignet zu sein, Spaniens Krieg *in Frankreich* zu führen, als der Bourbone Soissons, der noch immer in Sedan Intrigen gegen Richelieu spann. Diesem waren die im Sommer versprochenen Gelder »für künftiges Wohlverhalten« nicht ausgezahlt worden, und so fühlte er sich auch nicht an die damaligen Vereinbarungen gebunden.

Sein erster, zu plump angelegter Versuch, Cinq-Mars für die Sache der Verschwörer zu gewinnen, war abgewiesen worden. Neuere Kontakte, bei denen Maria Gonzaga die Hauptrolle spielen sollte, versprachen mehr Erfolg. Informationen, die Richelieus Geheimpolizei dem abgefangenen »Briefträger« La Vigerie abgepreßt hatte, belasteten Soissons aber so schwer, daß er es für ratsam hielt, sich vor dem König zu »rechtfertigen«. Das sollte allerdings nur durch einen Mitverschwörer geschehen. Dieser wurde am Hofe zuvorkommend empfangen, im übrigen jedoch mit Redensarten abgespeist, da Soissons sich nicht auf französisches Gebiet locken lassen wollte. Es lagen Beweise vor, daß außer ihm der Herr von Sedan, Bouillon, mit Spanien verhandelte.

Während der Kardinal mit aller Kraft daran arbeitete, die für den Mai vorgesehene neue Offensive an der Nordfront umfassend zu organisieren, bereitete ihm das Parlament wieder die gewohnten Schwierigkeiten. Es lehnte die neuen Steuererhöhungen ab. Da verbot der Kardinal am 21. Februar kurzerhand dem Parlament jegliche Einmischung in Belange der Staatsverwaltung und führte damit offiziell die absolute Monarchie ein! Auch in diesem Bereich gaben sich die Wortführer des »Althergebrachten« noch nicht endgültig geschlagen. Sie hofften auf einen eindrucksvollen Erfolg der vom Ausland her agierenden Verschwörer, denen es dann im Lande an Unterstützung nicht fehlen würde.

Zu den Verschwörern gehörte außer den Londoner Emigranten und dem nach Sedan geflohenen Herzog von Guise (ehemals Erzbischof vom Reims) schon wieder Karl von Lothringen. Die Leitung sollte Soissons übernehmen, der auch für das Amt des Regierungschefs vorgesehen war. Vor allem Olivares drängte darauf, daß ein *Bourbone* Richelieu hinwegfegen und den König entmündigen sollte, damit der Staatsstreich leichter legalisiert werden könne. Der kluge Bouillon hatte Soissons gewarnt, Spanien sei nur daran interessiert, Frankreich in einem langen Bürgerkrieg ausbluten zu lassen. Schließlich war er aber doch bereit, als souveräner Fürst von Sedan Bündnisverhandlungen mit dem Kaiser und dem Kardinal-Infanten aufzunehmen, so daß die neue große Verschwörung eine Erfolg versprechende breite Basis erhielt.

Ende Mai erfuhr der Kardinal, daß von den rebellierenden Fürsten ein Pakt mit dem Feinde abgeschlossen worden sei. Unter dem Befehl des Generals Lamboy sollten siebentausend Kaiserliche in Sedan einrücken, der Kardinal-Infant schickte Geld für eine ebenso große Streitmacht. Gespannt beobachteten Ludwig XIII. und sein Minister, wie Gaston sich nun verhalten würde. Der blieb sich treu: Einen von den Verschwörern an ihn gerichteten Brief übersandte er Richelieu, den Überbringer ließ er einsperren. Ob er ahnte, daß dieser ein Doppelagent war und ihn nur auf die Probe stellen sollte? Jedenfalls war der charakterlose Prinz als unmittelbare Gefahr ausgeschaltet.

Als Bouillon seine Vorbereitungen abgeschlossen hatte, erklärte er Ludwig XIII. in aller Form den Krieg. An der Spitze eigener und kaiserlicher Truppen drang Soissons in Frankreich ein. Mit einer Armee, die von der Nordfront abgezogen werden mußte, sollte ihm der Marschall Châtillon den Weg versperren. Pater Carré, Beichtvater des Königs und Richelieu treu ergeben, schätzte, daß mindestens die Hälfte aller Franzosen mit den Rebellen sympathisierte, da sie sich von ihrem Sieg nicht nur Frieden, sondern auch die Rückkehr der »guten alten Zeit« versprach – was immer man darunter verstand.

Von Châtillons Soldaten und Offizieren traten wohl ebenfalls viele nur halbherzig gegen die Rebellenarmee an. Trotz zahlenmäßiger Überlegenheit verhinderten sie nicht, daß die Aufrührer die Maas überschritten. Am 6. Juli kam es in der Nähe von Sedan bei einem Wäldchen namens La Marfée zur Schlacht, die mit einer verheerenden Niederlage der Truppen des Königs endete. Als Richelieu diese Nachricht erhielt, sah er eine Sturzflut weiterer Niederlagen auf sich zukommen, die unaufhaltsam ihn selbst und sein Werk verschlingen würde. Wie nach den Hiobsnachrichten von 1636 versagten seine Nerven, und diesmal stand ihm kein Pater Joseph in seiner Not bei.

Da wandte sich Cinq-Mars völlig überraschend an den verhaßten »Tyrannen«, den er gefürchtet hatte und der nun selbst vor Furcht schlotterte. War es Gutmütigkeit, war es Großmannssucht – er bot ihm seinen Schutz an! Soissons werde er persönlich bald verhaften. Der Kardinal umarmte ihn dankbar; doch als nach drei Stunden gemeldet wurde, Soissons sei kurz nach der Schlacht ums Leben gekommen, als er das Schlachtfeld inspiziert habe – ob infolge eines Unfalls durch die eigene Pistole oder durch eine von Richelieu ferngelenkte »Hand der Vorsehung« blieb ungeklärt –, da wurde aus dem hilflosen Nervenbündel sehr schnell wieder der allmächtige Erste Minister. Und dieser hatte den unbedachten Trostworten des »Monsieur le Grand« das Eingeständnis enger Beziehungen zu den Rebellen entnommen ...

Der bucklige, hochintelligente Marquis de Fontrailles, ein enger Vertrauter Gastons, aber auch eine Schlüsselfigur des ganzen höfischen Komplotts gegen Richelieu, riet Cinq-Mars zu sofortiger Flucht. Fontrailles wußte, daß der Favorit sich dazu nicht entschließen könnte, und hörte mit großer Genugtuung, der Freund sei nun bereit, zu seinem eigenen Schutze notfalls »äußerste Mittel« anzuwenden. Es galt also, ihn vorsichtig in eine entsprechende Situation zu manövrieren.

Richelieu und der König beeilten sich, aus der sogleich nach Soissons Tode erkennbar werdenden Ratlosigkeit seiner Anhänger Nutzen zu ziehen. Ludwig übernahm an der Nordfront selbst den Oberbefehl, eroberte dort eine Festung und zwang dann Bouillon zur Kapitulation. Nur mit Mühe konnte der Kardinal ihn daran hindern, den Leichnam des verräterischen Verwandten dem Henker zu übergeben; er durfte ohne Trauerfeierlichkeiten in der Fürstengruft der Condé-Soissons beigesetzt werden. Der Fürst von Sedan wurde »Vasall der Krone«, ließ sich von Cinq-Mars aber sogleich wieder in die am Hofe weiterbestehende heimliche Verschwörung einbeziehen. Karl von Lothringen hatte sich beim Beginn des Aufstandes den Spaniern angeschlossen. Nun wurde sein Land abermals besetzt. Er selbst verzichtete auf die ihm angebotene Amnestie und verbrachte den Rest seines Lebens im Exil.

Im September, als der Krieg gegen den Kardinal-Infanten erfolgreich fortgesetzt wurde, erschienen katalonische Abgesandte vor Ludwig und bezeichneten sich als seine Vasallen. Der König nahm die Titel der Grafen von Barcelona, Roussillon und Cerdana an und versprach, diese Gebiete in kommenden Frühjahr »zu befreien« – also für Frankreich zu erobern. Diese riesengroße Aufgabe fügten zwei Schwerkranke den bereits auf ihnen lastenden Problemen hinzu, ohne sich durch Gedanken an weitere Fallstricke von Verschwörern davon abhalten zu lassen.

Die sogenannte Verschwörung des Cinq-Mars

Zu den am Hofe lebenden Verschworenen gehörte auch François-Auguste de Thou, Sohn eines berühmten Juristen, seit seinen Kindertagen mit Cinq-Mars befreundet. Eine glänzende Karriere im Justizdienst hatte er 1637 unterbrochen, um der Königin ritterlich bei ihrem »Selbstbehauptungskampf« gegen Richelieu zu dienen. Als ein Freund in die Verschwörung einbezogen wurde, unterstützte der junge Jurist, der bereits den Titel eines Justizrates führte, den listenreichen Fontrailles bei dessen Bemühungen, Gaston für die Legali-

Cinq-Mars. Gemälde von Le Nain

sierung eines Attentats auf den Kardinal zu gewinnen. Cinq-Mars war die Aufgabe zugedacht, den König darauf vorzubereiten, daß der verhaßte Tyrann eventuell in seiner Gegenwart getötet werden würde (da nur dann dessen Leibwache nicht anwesend war). Doch weder de Thou noch der Favorit wollten Augenzeugen des Mordes werden, und als gegen Ende des Herbstfeldzuges in Amiens beim Herzog von Chaulnes (einem Bruder von Luynes) mit Gaston die Möglichkeit eines Attentats vorsichtig erörtert wurde, stellte sich heraus, daß auch dieser nicht gewillt war, Attentäter durch seine Gegenwart zu ermutigen und zu schützen. Das Schloß in Amiens erinnerte den Prinzen wohl gar zu deutlich daran, wie kläglich bisher alle Attentatspläne gegen Richelieu geendet hatten.

Französische Heere siegten an allen Fronten, und die Sehnsucht nach Frieden verlangte immer gebieterischer, endlich erfüllt zu werden. In Deutschland schloß Kurfürst Friedrich Wilhelm von Brandenburg als erster einen separaten Waffenstillstand mit Schweden ab. Richelieu war nun bereit, dem dringenden Wunsche seines Königs nach Frieden zu entsprechen. Er hatte die wichtigsten Anweisungen für die Unterhändler bereits zusammen mit Mazarin ausgearbeitet, doch er wollte den Kaiser nicht für alle deutschen Fürsten verhandeln lassen. Schließlich gab der Kardinal in diesem Punkt zwar nach, dabei stand schon fest, daß Frankreich »nebenbei« Separatverhandlungen führen würde. Philipp IV. war aber trotz chronischer Wirtschaftsmisere und militärischer Mißerfolge noch immer nicht zum Frieden bereit. Er wartete auf das »Wunder« eines Machtwechsels in Frankreich. Auch der plötzliche Tod seines Bruders, des Kardinal-Infanten, im Herbst 1641 stimmte ihn nicht um. Hoffte er auf Hilfe von seiten seiner Schwester Anna?

Wie »spanisch« Königin Anna um diese Zeit noch dachte, bewies sie, als sie von der neuen Verschwörung hörte. Sie ließ Cinq-Mars durch Maria von Gonzaga nachdrücklich ermutigen. Im November kam Gaston an den Hof nach Saint-Germain. Er stellte in dieser Hinsicht völliges Übereinstimmen seiner Interessen mit denen Annas fest, und beide sicherten sich Diskretion zu. Anna verfolgte aber vor allem rückhaltlos das Ziel, nach dem – von allen in nächster Zeit erwarteten – Tode ihres Gatten die Regentschaft für Ludwig XIV. zu erlangen. Hier widersprach ihr Interesse ganz entschieden dem Gastons und – Richelieus. Das war aber kein aktuelles Problem, und so konnten sich Anna und Gaston »ehrlich« gegen den Kardinal verbünden.

Königin Anna war davon überzeugt, daß eine Verschwörung ohne Beteiligung Bouillons zu riskant sei. Über Maria von Gonzaga erreichte sie, daß de Thou sich mit dem Mordplan einverstanden erklärte, dem Herzog im Dezember ins Périgord nachreiste und ihn auch tatsächlich aufs neue für eine Verschwörung gewinnen konnte. Im Périgord hatte Bouillon nämlich einen Brief Richelieus erhalten, in dem ihm das Oberkommando über die Italienarmee angetragen wurde. Dieses Angebot ließ ihn sein anfängliches Zögern beenden, denn er glaubte nun, »auf zwei Hochzeiten tanzen« zu können, da sowohl die Verschwörer als auch der Kardinal ihm vertrauten.

Die Verschwörer überzeugte er davon, daß ihr Plan nicht ohne Beteiligung Spaniens glücken könne. Eine Entscheidungsschlacht wie die von La Marfée sei nur mit starker Unterstützung durch das Ausland zu gewinnen, die »Befreiung vom Tyrannen« dürfe aber niemals wieder vom Leben eines einzigen Repräsentanten einer breiten Oppositionsbewegung abhängig gemacht werden, wie es bei Soissons der Fall gewesen war. Am Hofe begann man alsbald, einen Vertrag mit Philipp IV. auszuarbeiten, den neben Gaston wahrscheinlich auch noch Bouillon und Cinq-Mars (als »Vertrauensmann« Ludwigs XIII.!) unterschreiben sollten. Der Text ließ klar erkennen, daß Königin Anna mit seinem Inhalt einverstanden war. Nachdem Gaston und Bouillon – die seit dem 1632 so schmählich aufgegebenen »Aufstand« des damaligen Thronfolgers verfeindet gewesen waren – sich wieder versöhnt hatten und Cinq-Mars unter dem Einfluß Marias gelernt hatte, den König durch geheuchelte Ergebenheit leichter manipulierbar zu machen, sahen die Verschworenen dem Jahre 1642 mit großer Zuversicht entgegen.

Ein übereilter Versuch des ungeduldigen Favoriten, den von körperlichen Schmerzen und seinem ungestillten Bedürfnis nach Frieden gemarterten Monarchen zu veranlassen, Richelieu »einfach fortzuschicken«, endete für Cinq-Mars sehr enttäuschend. In seinen Lebenserinnerungen behauptete der Marquis de Fontrailles, Ludwig habe einmal zu seinem Freunde gesagt:»Ich gäbe mein halbes Königreich dafür, wenn Sie mich vom Kardinal befreien könnten! Er hat mir alle meine Freunde genommen, er wollte sogar Sie selbst opfern. Im übrigen übt er einen unerträglichen Zwang auf mich aus. Ich wollte, es gäbe in Frankreich eine Partei gegen ihn wie einst gegen den Marschall d'Ancre.« Wer Richelieu mit Concini verglich, von dem Ludwig ja durch Attentäter befreit worden war, die sich nur durch »zustimmendes Schweigen des Souveräns« legitimiert fühlen konnten – wünschte der sich vielleicht eine ähnlich »schweigsam« legitimierte Lösung des »Problems Richelieu«?

Fontrailles zufolge sei Ludwig aber sofort klar geworden, wie verhängnisvoll-mißverständlich seine im Ärger hingeworfene Bemerkung ausgelegt werden könnte. Er habe seinen Favoriten nachdrücklich vor einer solchen Fehldeutung gewarnt, indem er sagte, Frankreich habe niemals einen »größeren Diener« als diesen Kardinal« besessen. Zur Zeit sei er unentbehrlicher denn je und könne auf keinen Fall durch einen unerfahrenen jungen Mann wie Cinq-Mars ersetzt werden. Anstatt nun weitere Versuche dieser Art zu unterlassen und abzuwarten, welcher der beiden Schwerkranken (die selbst nicht wußten, daß sie wie siamesische Zwillinge aufeinander angewiesen waren) zuerst sterben werde, verschwieg der Günstling den bedeutsamen »Zwischenfall« seinen Komplizen und beteiligte sich an Überlegungen, wann und wo das Attentat stattfinden solle.

Königin Anna, die 1640 noch einen zweiten Sohn geboren hatte, sah sich unerwartet schnell in eine schon mehrmals angedrohte Zwangslage versetzt: Ihr unversöhnlicher Ehemann wollte sie von ihren Kindern trennen. Sie sollte im Schloß Fontainebleau wie eine Verbannte leben. Ohne Verfügungsgewalt über den Kronprinzen sah sie einer trostlosen Witwenschaft entgegen. Obwohl von Natur träge, suchte die Habsburgerin im Kampf um ihre Söhne Schutz und Hilfe ausgerechnet bei dem Mann, den ihre Mitverschwörer in allernächster Zeit ermorden wollten! Sie ließ den Herzog von La Rochefoucauld (den späteren Verfasser der bekannten »Maximen und Reflexionen«) heimlich über ihre Beziehungen zu Cinq-Mars unterrichten und machte den Herzog damit »als Mitwisser« von ihrer Diskretion abhängig; gleichzeitig bat sie Richelieu durch Pater Carré, etwas für Marie de Hautefort zu tun. Bei dieser Gelegenheit ließ sie ihm ihre Ergebenheit versichern und andeuten, wie sehr sie das schlechte Benehmen des Günstlings gegenüber seinem langjährigen Wohltäter verurteile. Anna schickte sich also an, beide Seiten zu verraten und gelassen abzuwarten, wie der Sieger sich ihr erkenntlich zeigen werde.

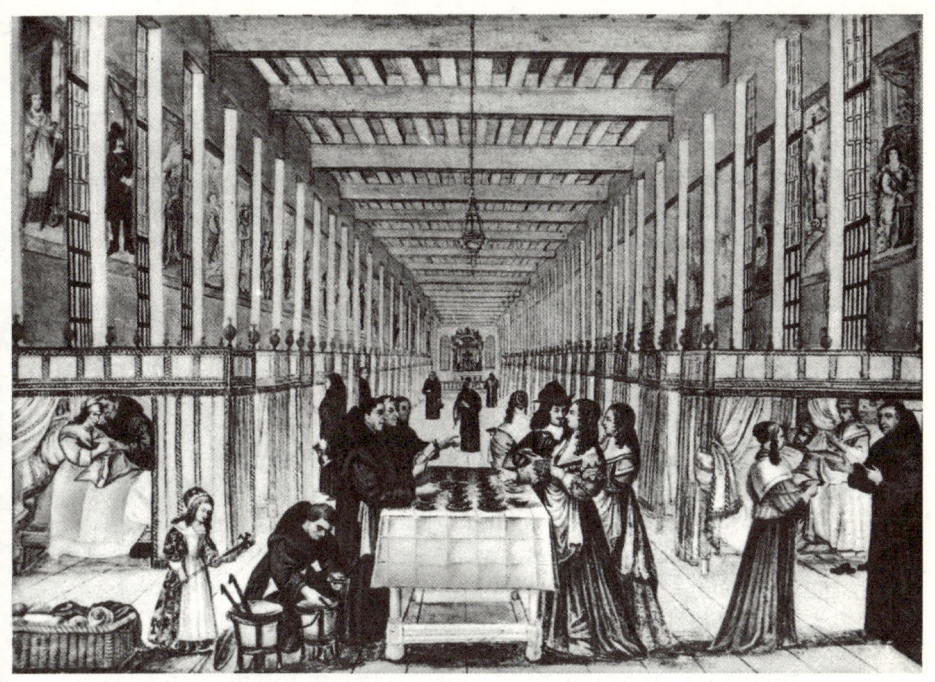

Königin Anna besucht mit dem Dauphin (Ludwig XIV.) ein Krankenhaus in
Paris. Zeichnung von Bosse

Am zweitletzten Tage des Jahres 1641 belohnte Papst Urban VIII. die
rastlosen Bemühungen Mazarins um einen Friedensschluß zwischen
den katholischen Staaten, indem er ihn auf Vorschlag Ludwigs XIII.
zum Kardinal ernannte, obwohl der vierzigjährige Wahlfran-
zose aus niederem italienischen Adel nicht die geringste theologi-
sche Vorbildung besaß. Für Richelieu bedeutete diese gewichtige Absicherung des eigentlich noch landfremden engsten Mitstreiters
einen weiteren glänzenden Sieg. Da es wieder einmal gelungen war,
aus dem wirtschaftlich ruinierten, kriegsmüden Lande die Mittel für
erfolgversprechende neue Kampfhandlungen im Norden, am Rhein
sowie in den Alpen und noch aufwendigere Mittel zur Eroberung des
Roussillon herauszupressen, erhoffte er sich vom Jahr 1642 eine besonders reiche Ernte für seine außenpolitischen Ziele.

Doch wieder einmal stellte eine lebensbedrohende Erkrankung des Monarchen die politische wie die physische Zukunft des Kardinals ganz plötzlich in Frage. Und wieder einmal geschah nach Tagen qualvollen Wartens das Wunder der Wiederauferstehung des Herrschers, den – bei aller Sehnsucht nach Frieden – die Aussicht auf Kriegsruhm an der spanischen Front wiederbelebt hatte. Richelieu zögerte nicht, ihn aufzufordern, trotz des noch immer desolaten Gesundheitszustandes den Oberbefehl zu übernehmen. Die Verschwörer bemühten sich vergeblich, die öffentliche Meinung gegen den Ersten Minister zu mobilisieren, der hier eine Art Königsmord vorbereite. Angesichts eines solchen Vorwurfs stellte Richelieu erneut sein Amt zur Verfügung. Daraufhin unterzeichnete Ludwig eine feierliche Erklärung, in der er sich selbst die Initiative zuschrieb und seinen Minister als einen Opferbereiten bezeichnete, dem angesichts seines noch schlechteren Gesundheitszustandes eine Teilnahme am Feldzug eigentlich nicht zugemutet werden sollte.

Diese unerwünschte Entwicklung veranlaßte die Verschwörer, ihre Arbeit am Vertrag mit Spanien beschleunigt zu Ende zu führen. Gaston wurden Truppen sowie die nötigen Mittel für deren Unterhaltung zugesichert, König Philipp sollte Sedan, die »Fluchtburg«, durch eine starke Garnison schützen, der Prinz, Bouillon und Cinq-Mars sollten für ihr Komplott gegen Richelieu mit stattlichen Pensionen belohnt werden. Der Bruder Ludwigs XIII. verpflichtete sich, einen dauerhaften Frieden mit Spanien zu schließen, auf alle Eroberungen zu verzichten und die Bündnisse aufzukündigen, die den Habsburgern soviel zu schaffen machten. Angeblich war der Vertrag nicht gegen den Allerchristlichsten König und »ebensowenig gegen die Rechte und die Autorität der herrschenden Allerchristlichsten Königin« gerichtet.

Daß dem König hier Loyalität zugesichert wurde, klang wie blanker Hohn. Da Anna andererseits keineswegs über »die Rechte und die Autorität der herrschenden Allerchristlichsten Königin« zur Zeit verfügte, sondern mit Verbannung bedroht wurde, mußte sie als Nutznießerin des Vertrages und zumindest als Mitwisserin angesehen werden, wenn Richelieu der Inhalt bekannt werden würde. Die Wahrscheinlichkeit dafür war groß, denn als Fontrailles mit dem brisanten Dokument nach Spanien fuhr, saß einer der fähigsten Agenten des Kardinals auf dem Kutschbock. In Madrid zögerte Olivares noch, den Vertrag ratifizieren zu lassen, doch Frankreichs Erfolge in Katalonien beseitigten schließlich seine letzten Bedenken.

Eine Verschlechterung der Beziehungen zwischen Ludwig XIII. und seinem Ersten Minister schien das riskante Komplott aber schon bald überflüssig zu machen. Während Fontrailles sich in Madrid befand, entdeckten Richelieus Spione, daß zwischen Cinq-Mars und Gaston enge Beziehungen bestanden, über die nichts Näheres herauszufinden war. Der beunruhigte Kardinal bot dem Favoriten das früher heißbegehrte Gouvernement einer reichen Provinz an. Als dieser einen so fetten Köder verschmähte, mußte das als Alarmsignal verstanden werden. Aufs höchste besorgt, trug Richelieu seinen (noch nicht beweisbaren) Verdacht auf verschwörerische Machenschaften dem König vor und – erlitt eine niederschmetternde Abfuhr. Das sprach sich schnell herum. Der so eindeutig vom König bevorzugte schöne junge Mann wurde vorbehaltlos anerkannter Führer einer Art Partei von mehr als zweihundert Edelleuten, erbitterter Feinde des »Tyrannen«, unter denen Offiziere der Königsgarde die größte Gefahr darstellten. Wie stark die Stimmungen des Königs schwankten, wußte niemand.

Schon am 3. Februar erfolgte die Abreise an die Südfront. König und Kardinal waren wegen Verpflegungsschwierigkeiten für ihr großes Gefolge gezwungen, unterschiedliche Reiserouten zu wählen und nur an bestimmten Etappenorten zusammenzutreffen. Unterwegs gelang es Cinq-Mars und de Thou, Ludwig zu überreden, sich ohne Wissen des Ministers direkt an Philipp IV. zu wenden, um zu erkunden, ob der Kardinal vielleicht das einzige Hindernis für den vom Allerchristlichsten König ersehnten Frieden sei.

Die jugendlichen Hitzköpfe schlossen daraus, daß Ludwig seinem Ersten Minister mißtraute; und als der Monarch sich erneut recht ungehalten über irgendeine »Schikane« Richelieus äußerte, glaubten Cinq-Mars und ein anwesender Gardeoffizier, der Graf von Tréville, es sei möglich, den Verhaßten »zu Füßen des Königs« ungestraft zu ermorden, wenn dieser ohne den Schutz seiner Garde den Raum betrete. Als sie vor Ludwig darüber zu sprechen wagten, hatte der nur den wenig überzeugenden Einwand: »Er ist Kardinal und Priester. Ich würde exkommuniziert werden.« Tréville war aber fest davon überzeugt, daß er in Rom Absolution für eine solche »dem Frieden dienende« Tat erlangen würde. Cinq-Mars stimmte nach längerem

Zögern zu. Kameraden von der Königsgarde, die im Vorzimmer Dienst taten, wurden eingeweiht. Beim Aufenthalt in Lyon sollte der Plan verwirklicht werden.

Während der Reise und bei ihren Begegnungen, nach dem 17. Februar auch in Lyon, arbeiteten der König und der Kardinal sehr intensiv an der Vorbereitung des neuen Feldzugs. Eine dieser Beratungen hatte der Favorit für die »große Tat« ausersehen. Mehrere Offiziere der Königsgarde warteten im Vorzimmer. Veranlaßte vielleicht etwas Ungewohntes den Kommandeur der Kardinalsgarde, einen gefürchteten Fechter, seinen Herrn an diesem Tage bewaffnet ins Zimmer des Königs zu begleiten? Jedenfalls erschien kurz darauf Cinq-Mars sichtlich verwirrt im Vorzimmer und schickte die enttäuschten Gardisten in ihre Quartiere. Zu einem zweiten Versuch bot sich keine Gelegenheit.

Von Lyon aus begab sich Bouillon zu seiner in Savoyen eingesetzten Armee, ohne bei Richelieu Zweifel an seiner Treue geweckt zu haben. König und Kardinal fuhren die Rhône hinab und folgten der Küste des Mittelmeeres bis Narbonne, wo längere Zeit Station gemacht werden sollte. Dort hörte der Erste Minister von einem Sieur de La Luzerne, Cinq-Mars habe ihm gegenüber geäußert, »daß er die Maske nur halb gelüftet habe, aber im Begriff sei, sie ganz fallen zu lassen«. Der Nuntius in Madrid hatte schon vorher von einem Franzosen berichtet, der mit Olivares lange Besprechungen gehabt habe. Da Fontrailles auf der Rückreise den Geheimagenten entwischt war, wagte der Kardinal nicht, den König noch einmal mit unbeweisbaren Anschuldigungen zu reizen.

Bald darauf schien das berüchtigte Sumpffieber von Narbonne, dem bereits römische Konsuln zum Opfer gefallen waren, weiteres Aufspüren von Verschwörern und Attentätern unnötig zu machen: Richelieu erkrankte am 18. März so schwer, daß an eine Weiterreise ins Feldlager vor Perpignan, der stark befestigten Hauptstadt des Roussillon, nicht zu denken war. Mitte April verließ Ludwig seinen von Schmerzen gepeinigten, fast bewegungsunfähigen Minister mit der für ihn typischen undurchschaubaren Miene, die den Kranken beunruhigte. Dessen Befinden verschlechterte sich dadurch noch mehr.

Im Lager vor Perpignan genoß Ludwig zum letztenmal das Glück, als Soldat unter Soldaten zu leben. Er hatte sich offenbar an den Gedanken gewöhnt, seinen Ersten Minister in absehbarer Zeit durch das »Narbonner Fieber« oder durch ein Attentat zu verlieren, und wartete geduldig eine Willensäußerung Gottes ab. Sein seelisches Gleichgewicht wurde aber ständig durch Flegeleien seines Favoriten gestört, der unter der Entfernung von seiner geliebten Maria litt und sich gegenüber dem König und den Marschällen streitsüchtig und launisch aufführte. Er schien den Tod seines königlichen Freundes ebenso sehnlichst herbeizuwünschen wie den des »Tyrannen«. Mißtrauisch stellte ihn Ludwig auf die Probe und war schließlich so enttäuscht, daß er eines Tages vor Zeugen seufzend äußerte: »Seit sechs Monaten speie ich ihn aus!«

Der von Noyers und Chavigny über solche Vorgänge stets genau unterrichtete Kardinal fand darin auf seinem Schmerzenslager aber keinen Trost. Daß der König Cinq-Mars nicht einfach wegschickte, bewies nur zu deutlich, wie sehr er ihn noch immer liebte. Eiternde Geschwülste und Fisteln nahmen wieder zu, und in schlaflosen Nächten grübelte der von Fieber, Schmerzen und Furcht vor seinen Feinden gequälte Staatsmann unablässig, wie er das Netz der Verschwörer zerreißen könnte.

Plötzlich kam ihm der rettende Einfall. Er lenkte die allgemeinen Unlustgefühle seines Herrn auch aus der Ferne ohne Mühe auf die ungeliebte Gattin. Entsetzt empfing Anna einen Brief, der ihr befahl, Fontainebleau nicht zu verlassen und sich auf die Trennung von ihren Kindern vorzubereiten. In der Hoffnung, daß ihr Annäherungsversuch über Pater Carré nicht ohne Wirkung geblieben sei, richtete sie am 30. April an Richelieu eine Bitte um Hilfe, die dieser jedoch geflissentlich ignorierte. Da geriet die Königin in Panik – und mit ihr die bereits insgeheim verratenen Verschwörer! Fontrailles riet Gaston, sich in Sicherheit zu bringen, Cinq-Mars deponierte Geld in Lyon, ihre zahlreichen Anhänger beschlossen, sich abwartend zu verhalten.

Auf der anderen Seite bekannte sich Bouillons Bruder Turenne, später berühmt geworden als Heerführer Ludwigs XIV., offen zu Richelieu, und Condé hielt die Hauptstadt unter Kontrolle. Trotzdem nahm die Angst des Schwerkranken vor einem Attentat weiter zu. Als Mazarin ihn am 23. Mai besuchte, diktierte er in dessen Gegenwart sein Testament. Der Tod schien unmittelbar bevorzustehen; doch wider Erwarten kehrte die Lebenskraft in den kaum noch lebensfähigen

Körper zurück. Da ein Gerücht besagte, der König wolle ihn verhaften lassen, wenn der Gesundheitszustand sich gebessert habe, beschloß er, in der Festung Tarascon an der Rhône Schutz zu suchen. Von dort aus war das päpstliche Avignon schnell zu erreichen. In diesen Tagen gelangten an die Staatssekretäre unglaubliche Mengen der verschiedensten Anweisungen, als ob ein völlig Gesunder die Staatsgeschäfte führe.

Während die wie ein Zimmer eingerichtete Sänfte von Stadt zu Stadt getragen wurde, diktierte der Kranke auch viele Briefe an den König, die freundschaftlich-herzlich beantwortet wurden, ganz so, als wenn ihr Verhältnis nie getrübt worden wäre. Cinq-Mars benahm sich in dieser Zeit besonders frech und für den königlichen Freund demütigend, immer in der Gewißheit, eine Versöhnung leicht erreichen zu können. Anfang Juni erkrankte Ludwig. Der Favorit begleitete ihn zunächst nach Narbonne, später sollte eine Brunnenkur Linderung verschaffen. Von Flucht wollte er nichts hören, das Geheimnis um den Vertrag mit Spanien schien ihm gut gehütet.

Als die Sänfte des Kardinals am 9. Juni in Arles (am Rhônedelta) angekommen war, schien der Vorrat an Energie, der das Aufflackern des Lebenswillens bewirkt hatte, verbraucht zu sein. Die Nachricht von einem spanischen Sieg im Artois löste eine schwere Nervenkrise aus. Noch am selben Tage überbrachte jedoch ein bis heute unbekannt gebliebener Bote ein Dokument, das nachhaltig belebend wirkte. An den beiden folgenden Tagen wurde die Reise nach Tarascon fortgesetzt. Unterwegs arbeiteten die Sekretäre fieberhaft an schnell diktierten Berichten und Denkschriften für den König, die der herbeigerufene Chavigny unverzüglich weiterleiten sollte.

Das geschah bereits am 12. Juni. Ludwig reagierte so, wie Richelieu vermutet hatte. Wütend schrie er, der Kardinal habe ihm einen gefälschten Vertrag von Verschwörern mit Spanien vorlegen lassen. Erst als er sah, daß mit diesem rechtsgültig formulierten Dokument (von dem allerdings nur eine Abschrift vorlag) sein eigenes Lebenswerk ebenso wie das seines Ministers vernichtet werden sollte, unterzeichnete er Haftbefehle für Cinq-Mars, de Thou, Bouillon und zwei unbedeutende Mitläufer, damit diese – »falls sie schuldig seien« – nicht fliehen und noch größeres Unheil anrichten könnten. Gaston wurde durch zwei irreführende Briefe Ludwigs an einer Flucht zu den Spaniern gehindert. Anna aber war überglücklich, als sie erfuhr, daß die Söhne endgültig bei ihr bleiben sollten, und ließ Richelieu übermitteln, sie werde nun für immer treu zu ihm stehen.

Am 21. Juni berichtete die vom Kardinal kontrollierte »Gazette«, daß eine große Verschwörung aufgedeckt worden sei. Jetzt sahen alle, die sich von einem Umsturz Vorteile versprochen hatten, diese Hoffnung schwinden, denn nun konnte niemand den Ersten Minister mehr daran hindern, mit allen seinen Feinden gründlich abzurechnen.

Rache, letzter Triumph und Tod

Die archivalische Überlieferung beweist, daß der schwerkranke Staatsmann auch in den letzten Monaten seines Lebens die Staatsgeschäfte – die damals allerdings fast ausschließlich auf das Kriegführen beschränkt waren – nicht vernachlässigt hat. Den weitaus größten Teil der ihm noch verbliebenen Lebenskraft konzentrierte er jedoch mit einem uns befremdenden Eifer auf das eine Ziel: alle in seine Hand geratenen Feinde physisch oder zumindest moralisch zu vernichten. Obwohl er bei erwiesenem Hochverrat sicher sein konnte, daß die zuständigen Richter keine Gnade walten lassen würden, übernahm er aus eigenem Antrieb die Rolle eines Despoten, der schließlich sogar dem Monarchen seinen Willen aufzwang.

Kaum waren vom König die Maßnahmen gebilligt worden, durch die alle nachweislich in die Verschwörung Verstrickten unschädlich gemacht wurden, da führten nervliche Belastungen und körperliche Überanstrengung bei dem schwerkranken Kardinal zu einer erneuten Krise. Noch nie war sein körperlicher Zustand schlechter, noch nie seine Position als Lenker der Geschicke Frankreichs besser gewesen. Doch auch die Krankheit des Königs verschlimmerte sich. Der Verrat des geliebten Freundes hatte ihn zu hart getroffen. Er beschloß, nach der Brunnenkur nicht mehr nach Perpignan zurückzukehren. Unterwegs besuchte er am 28. Juni seinen in Tarascon »verbarrikadierten« Minister, der wohl nicht ohne Grund ein Attentat von seiten der Anhänger des »Monsieur le Grand« fürchtete. Seit Mitte April waren die beiden mächtigsten Männer des Königreiches nicht zusammengetroffen. Jetzt hatten beide nicht mehr die Kraft, einander stehend zu begrüßen. In einem prächtigen Zimmer wurden zwei mit Baldachinen geschmückte Betten aufgestellt, um ihnen das Gespräch zu erleichtern.

Richelieu beschränkte sich darauf, der Majestät für das ihm erwiesene Vertrauen zu danken. Ludwig war es angenehm, über die Gründe seines »ungnädigen« Verhaltens nichts sagen zu müssen. Schon am nächsten Tage schrieb er auf dem Wege nach Lyon an den Kardinal: »Es geht mir viel besser als gestern ...« Unterdessen zerstörte eine französische Flotte vor Genua die spanische Mittelmeerflotte, so daß Perpignan von See her nicht mehr versorgt werden konnte. Die Stadt mußte bald darauf kapitulieren.

Am selben Tage, an dem die Nachricht vom Seesieg in Tarascon eintraf, erschien dort eine Delegation, die Richelieu die Ernennungsurkunde zum Stellvertreter des Königs im Gebiet südlich der Loire überbrachte. Auf diese Weise wollte Ludwig der Verantwortung für den kurz bevorstehenden Prozeß gegen die Verschwörer entrinnen. Er hoffte auch, in seinen geliebten Wäldern um Versailles beim Jagen neuen Lebensmut finden zu können. Oder fürchtete er gewisse Geständnisse eines schönen jungen Mannes, dem er »sein Herz gegeben« hatte, so sehr, daß er damit wenigstens nicht unmittelbar konfrontiert werden wollte? Solche den König *und* die Königin belastenden Aussagen fürchtete der von Rachedurst getriebene Kardinal kaum weniger.

Das Herrscherpaar mußte aus diesem Prozeß vollständig herausgehalten werden. Auch Gaston, der offiziell als »Sohn Frankreichs« bezeichnet wurde, durfte nicht auf der Anklagebank erscheinen; wohl aber als Zeuge. Wichtigstes Anliegen Richelieus war, daß der Prinz das Original des Vertrages herausgebe, denn eine Abschrift konnte vor Gericht nicht als Beweismittel gelten. Erst nach langem Drängen, Locken und Drohen gestand Gaston »alle Schuld« ein. Er gab aber auch Geheimnisse preis, für die er unverbrüchliches Schweigen gelobt hatte. Dabei belastete er fast ausschließlich Cinq-Mars, nicht aber de Thou, und er erwähnte mit keinem Wort Königin Anna, die »geliebte Herrin« des jungen Justizrates. Das Original des »spanischen Vertrages« hatte er verbrannt, war aber bereit, die Authentizität einer Abschrift zu beglaubigen.

Noch immer befürchtete Richelieu, daß Ludwig XIII. offen oder

Die Hinrichtung von Cinq-Mars und de Thou. Zeichnung

heimlich zugunsten seines »Lieblings« eingreifen könnte. Kurz vor seiner Verhaftung war dieser zweimal gewarnt worden. Durch wen, wenn nicht durch den König? Eine Flucht aus dem Gefängnis war nur gescheitert, weil »Monsieur le Grand« im entscheidenden Augenblick einen völlig ungefährlichen Sprung nicht gewagt hatte. Deshalb wurde der König durch seinen Ersten Kammerherrn, der im Solde Richelieus stand, zunächst systematisch an das bekannte skandalöse Treiben des Favoriten erinnert. Doch dann erzählte der Kammerherr wie beiläufig, der Undankbare habe während Ludwigs Erkrankung im Roussillon auf eine Frage, wie es Seiner Majestät gehe, hämisch-zufrieden geantwortet: »Er siecht dahin.« Dieser Giftpfeil erzielte die beabsichtigte Wirkung. Sein »Liebling« hätte sich gefreut, wenn er gestorben wäre. Dieser Gedanke war für den König so demütigend, daß er sich zwang, seinen Favoriten zu hassen. Chavigny berichtete: »Seine Majestät ist inzwischen gegen den Staatsverräter so aufgebracht, daß es schwieriger wäre, ihn zur Milde als zur Strenge zu bewegen.«

Aber auch Richelieu empfing beim Lesen der Verhörprotokolle eine nie mehr heilende Wunde. Als Cinq-Mars über seine Pläne gegen den Kardinal befragt worden war, hatte er gesagt, es hätte gar keine gegeben, »wenn nicht der König damit einverstanden gewesen wäre«. Das bedeutete zumindest stillschweigendes Einverständnis mit dem Mordplan! Von nun an respektierte der Kardinal, erfüllt von Wut, Furcht und Haß, in Ludwig XIII. nur noch den Repräsentanten des zur Herrschaft über Europa berufenen Nationalstaates. Kalt rechnend zwang der »Stellvertreter des Königs« das nach Lyon einberufene Sondergericht, seinen persönlichen Haß zu befriedigen.

Zusammen mit Cinq-Mars sollte auch de Thou, der Mitwisser schlimmer Geheimnisse der Königin, sterben. Ausreichend belastet war (durch Gastons Geständnis) noch zwei Tage vor Prozeßbeginn jedoch nur der erste. Da schickte der Kardinal den skrupellosen Richter Laubardemont zu Cinq-Mars. Der log jenem vor, de Thou habe bereits gestanden, es sei aber nötig, daß er das Geständnis bestätige. Dann bleibe ihm die Folter erspart, und er werde auch begnadigt werden. Cinq-Mars »bestätigte« ein gar nicht vorhandenes »Geständnis de Thous« durch seine Unterschrift und verriet damit den Freund. Richelieu dachte aber gar nicht an Begnadigung. Auch geltendes Recht galt ihm wenig, wenn es seiner Auffassung von Staatsräson im Wege stand. Bei der Prozeßeröffnung am 12. September ließ er seine Haltung durch Laubardemont begründen. In dessen »Bericht« wurde argumentiert, »daß Staaten ... oft beträchtlichen Schaden erleiden oder sogar zerstört werden können, wenn man bei Verbrechen, die zu ihrem Sturz führen sollten, ebenso eindeutige Beweise braucht, wie sie für private Fälle notwendig sind ...«

Für Fürsten galten damals wie selbstverständlich andere rechtliche Maßstäbe. Von zwei Feinden aus diesem Bereich hatte den Kardinal im Verlauf des Jahres 1642 der Tod befreit: Anfang Januar war der siebenundachtzigjährige Epernon gestorben, Anfang Juli folgte ihm Maria von Medici. Die Königinmutter starb in Köln arm und verlassen, nachdem sie von der bürgerlichen Revolution als »Papistin« aus England vertrieben worden war. Sie hatte sich nicht von ihrem ehemaligen Favoriten nach Florenz »abschieben« lassen wollen. Eine gewisse Gefahr stellte noch Gaston dar, der schließlich nur seine Apanage behalten, das Recht auf die Thronfolge aber verloren hatte. Bouillon mußte sein Fürstentum Sedan an Frankreich abtreten, auch er ging im übrigen straffrei aus. – Während der Kardinal sich in seiner roten Sänfte von Schmerzen gequält nach Paris tragen ließ, wurden Cinq-Mars und de Thou zum Tode verurteilt und unter großer Anteilnahme der Bevölkerung öffentlich hingerichtet.

Das Gerichtsverfahren in Lyon und vor allem das langsam-qualvolle Sterben der beiden Freunde von der ungeübten Hand begnadigter Verbrecher riefen im ganzen Lande laute Entrüstung hervor. Dadurch wurde das Richelieu-Bild in Geschichtsschreibung und Belletristik des 19. Jahrhunderts viel stärker mitbestimmt als durch die zahllosen Opfer der Hungerrevolten, denen der Kardinal mit äußerstem Terror geantwortet hatte. Unbeeindruckt durch Haß und Furcht der Massen, ließ er für seine von vierundzwanzig Trägern fortbewegte, von Hunderten seiner Gardisten beschützte riesige Sänfte Breschen in Stadtmauern schlagen, Häuser niederreißen.

Nachdem er sich von einer Kur vergeblich Besserung erhofft hatte, kam er am 13. Oktober in Fontainebleau am Königshof an. Entgegen der höfischen Etikette suchte ihn der König wie schon öfters zuvor in seinem Quartier auf, um ihn nicht der Gefahr eines ständig drohenden Attentats auszusetzen. Chavigny und Noyers hatten Mühe, ihren Herrn zur Begrüßung aufzurichten, die dann ohne die gewohnte Herzlichkeit stattfand. Der Kardinal und der König hatten sich schon seit längerer Zeit jeweils auf den Tod des anderen eingestellt; jetzt fühlten sie, daß die Frist der Ungewißheit für sie beide schnell ablief. Und noch immer richtete Richelieu sich darauf ein, die Regentschaft für Ludwig XIV. zu übernehmen, denn er hielt Ludwig XIII. für kränker als sich selbst. Mit Königin Anna glaubte er gegebenenfalls leichtes Spiel zu haben, seitdem Gaston geloben mußte, »kein öffentliches Amt mehr anzustreben«. Noch immer war er ja der einzige, der Frankreichs Innen- und Außenpolitik sowie die gesamte Kriegführung und die sich anbahnenden Friedensverhandlungen souverän leiten konnte und von seinem Schmerzenslager aus auch leitete. In Lyon hatte er sich vorgenommen, auch den Monarchen für dessen

Richelieu. Zeichnung von Mellan

Gleichgültigkeit angesichts eines Mordkomplotts gegen seinen Ersten Minister zu bestrafen. Das sollte wohlüberlegt geschehen. Höfische Geschmeidigkeit, seinen seit Jahrzehnten benötigten Schutzschild, ließ er jetzt ganz außer acht.

Als die Königin ihn nach dem 17. Oktober in seinem Pariser Palais mit einem Besuch ehrte, begrüßte der Kardinal sie, ohne sich zu erheben. Er scherzte, sie kenne wohl noch aus Spanien dieses Vorrecht der dortigen Kardinäle – aber man befand sich in Frankreich! Am 27. Oktober stellte er für sein weiteres Verbleiben im Amt dem Monarchen ziemlich unverblümt Bedingungen, die früher seine Entlassung unausweichlich zur Folge gehabt hätten, weil sie auf weitgehende Kontrolle des Königs durch den Minister hinausliefen. Ludwig tat, als fühle er sich nicht gekränkt, antwortete aber nicht. Am 5. November folgte ein zweites Memorandum, in dem geradezu erpresserisch an geheimgehaltene Geständnisse des Favoriten über des Königs Verhalten erinnert wurde. Ludwig schwieg weiter, reagierte nach einigen Tagen aber recht wütend auf die Mitteilung Chavignys, die Gardisten Seiner Eminenz hätten Befehl, ihre Waffen in Gegenwart Seiner Majestät nicht mehr abzulegen, da sich unter den Königsgardisten Leute befänden, die in Lyon zum Attentat bereit gewesen wären.

Die ungeheure Nervenbelastung durch diese Machtprobe wirkte sich auf Richelieus Befinden sehr ungünstig aus; doch am 13. November raffte er sich zu einem dritten, alles entscheidenden Memorandum auf. Darin wiederholte er die Forderungen, die das Ehrgefühl Ludwigs so sehr belastet hatten, fügte nun aber ausführlich die Bedingungen hinzu, unter denen er zum Abschluß eines Friedensvertrages mit den Habsburgern bereit sei. Der König wurde gebeten, am Rande dazu Stellung zu nehmen. Hier war das Entscheidende angesprochen worden. Hätte Ludwig nicht an der Bereitschaft seines Ministers zum Frieden gezweifelt, wäre es niemals zu der fast noch tragischer verlaufenen Entfremdung gekommen.

Es vergingen aber sechs weitere, für beide quälende Tage, bis Ludwig seinen Stolz überwand und »bedingungslos kapitulierte«. Seine »Randbemerkungen« zeigen eindeutig, daß hinsichtlich der später in den Westfälischen Frieden eingeflossenen Friedensbedingungen nicht die geringste Meinungsverschiedenheit zwischen König und Minister bestand. Um so mehr litt Ludwig unter der Vorstellung, ihm

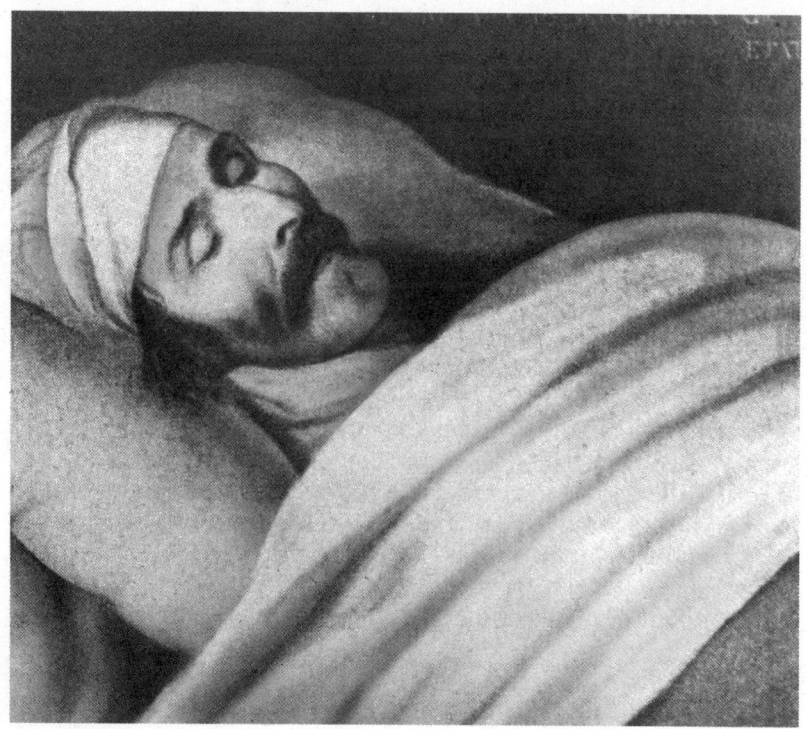

Richelieu auf dem Sterbelager. Gemälde von Champaigne

könnte Komplizenschaft mit jenen törichten, egoistischen Verschwörern nachgesagt werden, die Frankreichs Größe für einen schnellen,
aber unwürdigen Frieden preisgeben wollten. Nun blieb das gemeinsame Ziel erreichbar – doch es lag noch in weiter Ferne, unerreich-
bar für die beiden todkranken, von Haß und Kummer aufgeriebenen
Männer.

Während Ludwig endlich aus seiner Leibgarde jene Offiziere (in
Ehren) entließ, die in Lyon bereit gewesen waren, das Leben seines
Ministers auszulöschen, diagnostizierten Richelieus Ärzte am
29. November bei ihrem Patienten eine »falsche Rippenentzündung«
(eine Bauchfellentzündung?), verbunden mit hohem Fieber. –

320

Eben noch hatte der Kardinal seinen Sieg über den König durch einen Vertrag im Sinne der drei Memoranden besiegeln wollen; eben noch hatte er an Feldzugsplänen für das Jahr 1643 gearbeitet und viele andere »große Pläne für den Rest seines Lebens« erwogen (wie eine Hofdame in ihren Memoiren zu berichten wußte); da begann der ausgebrannte Körper dem noch ungeschwächt tätigen Geist endgültig den Dienst zu versagen. In der Nacht zum 30. November stieg das Fieber weiter an, die stechenden Schmerzen in der Brust nahmen zu. Da gab Richelieu den so oft erfolgreich geführten Kampf gegen die Unzulänglichkeiten seines Körpers auf. Getreu den Idealen des Neustoizismus, die er als Jüngling an der Pariser Universität in sich aufgenommen hatte, erwartete er den Tod mit der Würde eines wahren geistlichen und weltlichen Grandseigneurs.

Offenbar schützte ihn der unerschütterliche Glaube, daß er Gott gut gedient habe, indem er Frankreich nach besten Kräften diente, vor reuevollen Gedanken an Förderer und Freunde, die er seinem Ehrgeiz geopfert hatte, ganz zu schweigen von den vielen, denen seine rücksichtslosen Entscheidungen Not, Siechtum und Tod beschert hatten. Am 2. Dezember erschien der König an seinem Krankenlager. Von ihm erbat er Wohlwollen für seine Verwandten und Anerkennung des Testaments, das auch den Monarchen reich bedachte. Ludwig wurde das neue Palais Cardinal übereignet, das jetzt als würdigster Ort für ein stilvolles Hinscheiden seines Erbauers auserwählt worden war, ferner goldenes, mit Diamanten besetztes Altargerät, ein besonders großer Diamant, ein kunstvoll gearbeiteter Silberschrank und acht Wandteppiche. Richelieu bat den König auch, seine engsten Mitarbeiter Chavigny, Noyers und Mazarin in Regierungsämtern zu belassen. Daß er empfohlen habe, den Kardinal Mazarin zu seinem Nachfolger zu ernennen, ist nur von einem sonst wenig zuverlässigen Zeugen überliefert.

Bevor Ludwig sich an diesem Tage verabschiedete, reichte er seinem todkranken Minister mit eigener Hand zwei Eigelb, was nach damaligem Verständnis eine ungeheure Ehrung bedeutete. Doch die innere Bindung zwischen ihnen war seit dem schmachvollen Tod des schönen Jünglings, den Ludwig ebensowenig vergessen konnte wie sein Minister das schweigende Billigen des Mordplans, für immer zerrissen. Die folgende Nacht wollte der König im Louvre verbringen, um dem Sterbenden nahe zu bleiben. Als er mit seinem Gefolge in eine Galerie des Kardinalspalastes gelangte, der ihm nun bald gehören sollte, wurde beobachtet, daß er dort lachend Bilder betrachtete. Fühlte er sich von einem strengen Zuchtmeister befreit, oder wurde der Monarch von der Ironie des Schicksals überwältigt, weil der rachedurstige Richelieu, Richter von Lyon, schon nach drei Monaten seinen Opfern nachfolgte? Am nächsten Tage aber nahm Ludwig in tiefer Trauer Abschied von seinem Ersten Minister, dem er so viel verdankte.

An diesem Tage wurde auch das vorgeschriebene Zeremoniell christlichen Sterbens absolviert. Als der Priester den Kardinal auf die Letzte Ölung vorbereitete, fragte er – wie üblich –, was der Beichtende für seine Feinde empfinde. Die veröffentlichte Antwort hat bei der Nachwelt häufig Anlaß zu kritikloser Bewunderung gegeben; viele Zeitgenossen hat sie jedoch empört, denn sie lautete: »Ich habe niemals andere Feinde als die des Staates gehabt.« Der geschulte *Dialektiker* vermochte seine privaten Gefühle vielleicht so zu interpretieren, daß sie mit den Interessen des Staates gleichgesetzt werden konnten; doch daß der *Christ* nicht einmal mit der gängigen Formel *seinen Feinden verziehen* hat, wurde von vielen als ein Makel empfunden.

Die Nacht zum 4. Dezember verbrachte der Todkranke dank einer Opiumpille, die ein bekannter Quacksalber allen von den Ärzten aufgegebenen hochgestellten Patienten verabfolgen durfte, mit geringeren Beschwerden. Am Morgen empfing er noch aus Höflichkeit die Günstlinge Gastons und der Königin. Waren das die Sendboten einer Zukunft, deren Vision dem sterbenden Architekten eines zentralistisch-absolutistisch regierten Frankreichs die Todesstunde qualvoll verdüstern mußte? Seine letzte Sorge galt den Berichten zufolge aber nicht seinem Lebenswerk, sondern dem empfindsamen Gemüt seiner Lieblingsnichte, der Herzogin von Aiguillon, die auch jetzt noch ständig als Pflegerin um ihn bemüht war. Er bat, man möge sie liebevoll aus dem Zimmer führen.

Als die einzige Frau, für die er nach dem Tode seiner Mutter noch beständige Liebe empfunden hatte, seinen Blicken entschwunden war, verließ ihn das Bewußtsein, und sein Herz hörte auf zu schlagen.

Das Erbe und die Erben

Noch am Todestage Richelieus ernannte Ludwig XIII. den Kardinal Mazarin zu seinem neuen Ersten Minister. Ob diese beiden Haupterben des politischen Vermächtnisses des großen Toten wohl ahnten, daß bereits nach Ablauf von nur fünf Monaten erneut über sein historisch relevantes Erbe entschieden werden mußte? Zunächst galt es jedoch, von der sterblichen Hülle des eigentlichen Herrschers von Frankreich Abschied zu nehmen.

Dem Verstorbenen wurden Ehrungen zuteil, die seiner fast königlichen Stellung im Staate entsprachen. Die Bevölkerung bekam vier Tage lang Gelegenheit, an dem Katafalk vorüberzuziehen, auf dem der Leichnam im Kardinalsgewand ruhte, Herzogskrone und Herzogsmantel zu seinen Füßen. Da die Kirche der Sorbonne, die Richelieu zu seiner letzten Ruhestätte bestimmt hatte, noch nicht fertiggestellt war, wurde der Sarg am 13. Dezember in eine kleine Kapelle der Sorbonne übergeführt. Höhepunkt der Trauerfeierlichkeiten war eine Seelenmesse, die am 19. Januar 1643 in der Kathedrale Nôtre Dame zelebriert wurde. Dazu waren Gesandte aller europäischen Herrscherhäuser eingeladen, auch von solchen, mit denen Frankreich Krieg führte!

Es fiel auf, daß Ludwig XIII. an dieser prunkvollen Veranstaltung nicht teilnahm. Sein Gesundheitszustand verschlechterte sich immer mehr. Am 14. Mai 1643 starb auch er. In seinem Testament hatte er verfügt, daß seine Witwe die Regentschaft für den noch nicht fünf Jahre alten Ludwig XIV. übernehmen sollte. Wen sie zu ihrem Ersten Minister ernennen würde, konnte ihr niemand zwingend vorschreiben.

In französischen Geschichtsbüchern wird das erfolgreiche Zusammenwirken Richelieus und Ludwigs XIII. treffend als »zweiköpfige Monarchie« bezeichnet. Keines der beiden Häupter konnte ohne das

323

andere jenes »absolute« Königtum durchsetzen, in dem sich damals der historische Fortschritt manifestierte. Die volle Entfaltung des Absolutismus in *einer* Person erfolgte in Frankreich erst ein Vierteljahrhundert später, als Ludwig XIV. die Alleinherrschaft antrat. Bis dahin konnte das politische Erbe Richelieus nur durch einen kongenialen Politiker bewahrt, gefestigt und gemehrt werden, der fähig war, eine neue »zweiköpfige Monarchie« zu konstituieren und diese gegen mächtige Feinde erfolgreich zu verteidigen.

Es ist gewiß nicht das geringste Verdienst des Armand-Jean du Plessis de Richelieu, einen solchen Mann in dem Italiener Giulio Mazarini entdeckt zu haben. Er hat ihn als französischen Kardinal Jules Mazarin am Ende seines Lebens so untrennbar in sein Lebenswerk »eingebaut«, daß jeder Erbe oder Verwalter des Thrones in diesem »zweiten Kopf« eine unabdingbare Voraussetzung für die eigene politische Existenz sehen mußte. War etwa von einer Regentin Anna von Österreich, einer »Spanierin auf dem französischen Thron«, mehr Verantwortungsgefühl gegenüber Frankreich zu erwarten als von der »Italienerin« Maria von Medici?

Der Zufall wollte es, daß zur Zeit des Todes Ludwigs XIII. jener Lord Montagu englischer Botschafter in Paris war, dessen Verschwiegenheit die Königin Anna im Herbst 1627 davor bewahrt hatte, wegen Beteiligung an einer von England ausgehenden Verschwörung gegen die »Kardinalsdiktatur« nach Spanien zurückgeschickt zu werden (s. oben S. 145). Diesen erprobten Freund fragte nun die neu ernannte Regentin, ob sie Mazarin als Ersten Minister beibehalten sollte. Erst als Montagu ihr nachdrücklich dazu riet, kam es zu der für Frankreich schicksalhaften Verbindung Annas mit dem schönen, galanten Kardinal-Minister, die sich vielleicht sogar zu einer geheimen Ehe entwickelt hat. So konnte Mazarin Frankreichs steilen Aufstieg zur führenden Großmacht Europas mit seinem Namen verbinden.

Während Richelieu die Anwendung von Gewalt nicht gescheut hatte, bevorzugte Mazarin geschmeidiges Lavieren; doch das Ziel, Frankreichs Größe, blieb dasselbe. Schon wenige Tage nach dem Tode Ludwigs XIII. besiegte der Herzog von Enghien bei Rocroi die zum Vorstoß nach Frankreich angetretenen Spanier vernichtend. Auch gegen den Kaiser kämpfte Enghien, der spätere »Große Condé«, so erfolgreich, daß Mazarin im Westfälischen Frieden von

Königin Anna
von Frankreich
als Regentin.
Gemälde von
Nanteuil

1648 Frankreich von einer wesentlichen Kriegslast befreien konnte;
die im Herbst 1642 von Richelieu gemeinsam mit Mazarin ausgear-
beiteten »Generalinstruktionen« waren für die französischen Unterhändler verbindlich geblieben.

Da ein Ende des Krieges mit dem Hauptfeind Spanien jedoch
noch immer nicht abzusehen war und die neue Kardinalsdiktatur auf
der Bevölkerung Frankreichs womöglich noch härter lastete als die
des Kardinals Richelieu, wehrte sich nicht nur die Landbevölkerung
mit erneuten Rebellionen. Noch kurz vor dem Ende des Krieges gegen den Kaiser kam es zur ersten, von Mitgliedern des Pariser Parlaments angezettelten »Fronde« gegen die bürokratisch-zentralistische

Kardinal
Mazarin.
Gemälde von
Champaigne

Monarchie. Das Volk von Paris unterstützte aus unterschiedlichen
Gründen diesen Aufstand. Bald nach dem Erlaß einer Amnestie für
die »Frondeure« versuchten 1650 Angehörige des Hochadels und
Teile des Klerus, mit einer neuen »Fronde« ihre alten Privilegien zurückzuerobern. Der verhaßte Erste Minister mußte zwar wiederholt
außer Landes fliehen, doch die Regentin hielt fest zu ihm. So konnte
er die Häupter dieser letzten »Hydra« geschickt gegeneinander aus-
spielen und 1653 einen vollständigen Sieg des königlichen Absolutismus erreichen. Der »Pyrenäenfriede« mit Spanien krönte 1659 sein
Werk. Frankreich gewann (wie schon im Westfälischen Frieden)
wertvolle Territorien und war nun unangefochten der mächtigste
Staat Europas. Ein kurzer Rückblick mag an die wichtigsten Etappen
des langen, von Richelieu entscheidend mitbestimmten Weges zu
diesem Ziel erinnern.

Die Kämpfe zwischen Frankreich und dem Hause Habsburg waren
seit den Anfängen des französischen Absolutismus unter Ludwig XII.

(1498–1515), Franz I. (1515–1547) und Heinrich II. (1547–1559) vor allem auf italienischem Boden ausgetragen worden. Sie hatten 1559 durch den Verzicht Frankreichs auf umstrittene italienische Gebiete ein vorläufiges Ende gefunden. Die Hugenottenkriege (1562–1598) gaben den spanischen Habsburgern mehrmals Gelegenheit, durch Unterstützung des katholischen französischen Hochadels die königliche Zentralgewalt zu schwächen. Noch von 1591 bis 1594 war Paris von spanischen Truppen besetzt, so daß die Könige Heinrich II. und Heinrich IV. ihre eigene Hauptstadt belagern mußten!

Heinrich IV. wurde ermordet, als er im Begriff war, durch Eingreifen in den Jülich-Kleveschen Erbfolgestreit die Klammer habsburgischer Bastionen an Frankreichs Grenzen zu sprengen. Seine Witwe Maria von Medici verlieh als Regentin für Ludwig XIII. den Botschaftern Spaniens und des Vatikans Sitz und Stimme in ihrem Staatsrat. Darin kam symbolhaft eine Kapitulation Frankreichs vor dem »gesamtkatholischen« Führungsanspruch des Hauses Habsburg zum Ausdruck, eine Haltung, die auch noch am Anfang der Regierungszeit Ludwigs XIII. offizielle Regierungspolitik blieb.

So war Richelieus Politik nach einem ersten, gescheiterten Versuch 1616/17 von 1624 bis zu seinem Tode nur darauf gerichtet, den auf Frankreich lastenden Druck des Hauses Habsburg zu beseitigen. In Europa sollten Machtverhältnisse hergestellt werden, die dem Führungsanspruch eines ökonomisch, militärisch und kulturell überlegenen, national geeinten Frankreich Rechnung trugen. Dabei konnte er sich die traditionelle Uneinigkeit der Glieder des Heiligen Römischen Reiches Deutscher Nation zunutze machen. Der Kardinal der römisch-katholischen Kirche scheute nicht davor zurück, außenpolitisch Bündnisse mit lutherischen und kalvinistischen »Ketzern« zu schließen und innenpolitisch bei seinen Zentralisierungsbestrebungen wie bei der Geldbeschaffung für seine Feldzüge mit nacktem Terror zu regieren. Der religiöse Gegensatz im eigenen Lande wurde 1629 durch einen staatsmännisch weisen Kompromiß entschärft.

Daß unstillbarer persönlicher und politischer Ehrgeiz eines leitenden Ministers letztlich dem historischen Fortschritt seiner Zeit diente, macht den besonderen Reiz der hier versuchten Lebensbeschreibung aus. Scheint sie nicht – oberflächlich betrachtet – die Be-

Die Aufbahrung König Ludwigs XIII. Stich 1643

hauptung des englischen Historikers Carlyle (1795–1881), »Geschichte ist die Biografie großer Männer«, zu unterstützen, die in der Zuspitzung »Männer machen Geschichte« einem reaktionären Heroenkult diente? Wir sahen jedoch, daß Richelieu im Herbst 1636, soeben noch auf dem Gipfel seiner persönlichen Macht, unter dem Eindruck eines unaufhaltsam erscheinenden Vormarsches spanischer und kaiserlicher Heere nach Paris psychisch und physisch zusammenbrach. Im alles entscheidenden Augenblick »machte« nicht seine zweifellos gewaltige Persönlichkeit, sondern das einfache Volk »Geschichte«, indem es wie zur Zeit der Jungfrau von Orléans das schwache nationale Königtum stützte und freiwillig die zu dessen

Verteidigung nötigen Mittel aufbrachte. Nur so konnte das »zweiköpfige« Königtum einer vernichtenden militärischen Niederlage entgehen, die auch das Ausscheiden Frankreichs aus dem Dreißigjährigen Krieg bedeutet hätte.

Aus der Sicht deutscher Geschichtsbetrachtung hätte die Niederlage Frankreichs freilich wesentlich erfreulichere Perspektiven ergeben, weil der Prager Frieden von 1635 eine Chance bot, die schwedischen Eindringlinge aus dem Reichsgebiet zu vertreiben und zu einer friedlichen Regelung der innerdeutschen Gegensätze zu gelangen. Eine solche Entwicklung war mit den Kriegszielen Richelieus nicht zu vereinbaren, und nach der »Wende von Corbie« wurde aus den neu entfachten Kämpfen auf deutschem Boden denn auch unabwendbar der *Dreißigjährige* Krieg.

Der Aufstieg Frankreichs im 17. Jahrhundert (das französische Historiker »das Große« genannt haben) ist mit der bis dahin schlimmsten Katastrophe der deutschen Geschichte bezahlt worden. Zusammen mit dem von ihm abhängigen Schweden wurde Frankreich »Garantiemacht« des Westfälischen Friedens von 1648, der ein »Gleichgewicht« der Staaten Europas unter der Vorherrschaft der »Großen Nation« für lange Sicht sichern sollte. Nach dem Tode Mazarins (1661) konnte Ludwig XIV. die Alleinherrschaft antreten und sich zum »Sonnenkönig« machen, »um den sich alles drehte«.

Im Besitze unumschränkter Macht gebrauchte der Sohn Ludwigs XIII. diese keineswegs zu dem naheliegenden Zweck, seinem ausgepowerten Volke endlich die Wohltaten eines gesicherten Friedens zukommen zu lassen. Anstatt die Last der Steuern zu verringern, führte Ludwig zwischen 1667 und 1697 drei kostspielige Angriffskriege gegen seine Nachbarn im Norden und Osten. Erbansprüche lieferten fadenscheinige Vorwände. Ein weiterer, 1701 begonnener Krieg um die Erbfolge seines Enkels Philipp von Anjou auf dem Thron Spaniens endete 1713 im Frieden von Utrecht mit dem Verlust französischer Kolonien in Amerika an England und kostete Frankreich die von Richelieu und Mazarin so mühsam begründete Vorherrschaft in Westeuropa.

Dessenungeachtet erreichten Literatur, Kunst und Wissenschaft in der zweiten Hälfte des 17. Jahrhunderts in Frankreich ihre bis dahin höchste Blüte, und während des 18. Jahrhunderts behauptete die »Grande Nation« unangefochten ihren Platz als führende Kulturnation Europas. Die herrschende Klasse verteidigte ihre feudalen Privilegien gegenüber dem erstarkenden Bürgertum jedoch so kurzsichtig-egoistisch, daß sie schließlich durch die bürgerliche Revolution von 1789 hinweggefegt wurde.

Bürgerliche französische Historiker haben in neuerer Zeit behauptet, durch Richelieu seien »wirtschaftliche und soziale Verhältnisse geschaffen« worden, »aus denen die Revolution hervorging« (wie Philippe Erlanger am Schluß seiner mehrfach erwähnten Richelieu-Biografie kritisch-ablehnend berichtet). Daraus spricht eine Überschätzung der Wirkungsmöglichkeiten eines einhundertfünfzig Jahre früher verstorbenen, noch mitten im Kampf um die Existenz seines Werkes stehenden Staatsmannes, mehr aber wohl noch Blindheit gegenüber den Entwicklungsgesetzen der Geschichte. Darüber wird zum Erinnerungsjahr an die Große Französische Revolution von berufenen Fachleuten ausführlicher geschrieben werden.

Als wirkliche »Erben Richelieus« könnten sich bis in unsere Gegenwart alle betrachten, die in der Existenz eines einheitlichen französischen Nationalstaates ein wertvolles Erbe sehen. Ein Zerfallen des von Heinrich IV. hinterlassenen Staatsgebietes in eine protestantische Republik im Süden und in verselbständigte Provinzen, die unter habsburgischem Einfluß gestanden hätten, absolute Ohnmacht anstatt absoluter Herrschaft des Königtums waren ja immerhin denkbare Alternativen zu dem Staat, den der Kardinal 1642 hinterließ. Nur in dessen festgefügtem Rahmen konnte sich die Revolution von 1789 entfalten und eine neue Etappe der Weltgeschichte einleiten.

Als »Erbe Richelieus« kann aber auch jeder angesehen werden, der sich allgemeingültige Lehren seines »Politischen Testaments« zu eigen macht, dessen deutsche Übersetzung in einer Schriftenreihe mit dem bedeutungsvollen Titel »Klassiker der Politik« erschienen ist. Es handelt sich hier um eine Sammlung von Schriftstücken, deren älteste bereits kurz nach 1627 verfaßt worden sind. Redaktionelle Überarbeitungen zwischen 1635 und 1640 wurden nicht fortgesetzt, so daß dieses »Testament« ein Torso blieb. Ein Teil stammt vom Kardinal persönlich, andere Stücke haben besonders vertraute Mitarbeiter nach schnell hingeworfenen Notizen oder mündlichen Äußerungen ihres Meisters ausgearbeitet, eine dritte Kategorie scheint jedoch erst später hinzugefügt worden zu sein.

Der bald nach Richelieus Tod einsetzende Streit um die Authentizität des »Politischen Testaments« ist heute wohl zugunsten des Echtheitsanspruchs entschieden; philologisch strittige Details müssen von Fall zu Fall beachtet werden. Den Inhalt richtig zu interpretieren ist nur möglich, wenn man die Schriftstücke insbesondere der ersten Gruppe als *Memoranden* versteht, die den Inhalt zahlloser Vorträge und Schriftsätze des stets um das Vertrauen des Königs ringenden Ministers einprägsam wiederholen. Wenn zum Beispiel Undank als Lohn für die Dienste eines leitenden Ministers verallgemeinernd beklagt wird, so ist das eine dringliche Mahnung, gute Dienste stets gut zu belohnen.

Wohl am eindrucksvollsten kommt Richelieus politisches Genie im Grundtenor der »Generalinstruktionen« für die Friedensverhandlungen in Münster und Osnabrück zum Ausdruck, dem für uns wichtigsten Teil seines »Politischen Testaments«. Bis ins einzelne sind dort Pläne für die Neuordnung Europas ausgearbeitet, wobei außenpolitische Ansprüche stets völkerrechtlich begründet werden; denn der Kardinal war davon überzeugt, daß allein mit Gewalt der Frieden nicht auf Dauer gesichert werden könne. Sein Ziel war, ausgewogene Verhältnisse zu schaffen, seine Devise: *maßhalten*. Elastizität des Verhandlungsstils und pragmatische Betrachtungsweise blieben die Grundregeln seiner Politik auch dort, wo sie zunächst starr und dogmatisch vorgezeichnet zu sein schienen.

Da in dieser Lebensbeschreibung oft Situationen zu schildern waren, wo glückliche Zufälle unabwendbar erscheinende Katastrophen verhinderten und – wie am »Tag der Geprellten« – Frankreichs Zukunft entscheidend mitbestimmten, konnte sich der Verfasser leicht in die Rolle eines Romanschriftstellers versetzt fühlen. Dieses Leben verlief abenteuerlicher und oft unglaubhafter als das eines der berühmten Musketiere des Alexandre Dumas. Ein Rückblick auf die Geschichte zeigt indes, daß immer, wenn die Voraussetzungen für Fortschritte in der Gesellschaftsordnung herangereift waren, auch Menschen auftraten, die zur geschichtsbewegenden Kraft wurden.

Am Ende des 18. Jahrhunderts ist das französische Volk den Völkern Europas an einem weltgeschichtlich bedeutsamen Wendepunkt ihrer Geschichte vorangeschritten. Es verstand sich wie selbstverständlich als geeinte Nation und nannte sich mit Stolz »la Grande Nation«. Die Rolle eines ihrer bedeutendsten »Geburtshelfer«, des Kardinals Richelieu, wurde von Jahrhundert zu Jahrhundert sehr unterschiedlich bewertet, sowohl innerhalb Frankreichs als auch bei seinen Nachbarn. Dabei wurden die Kategorien »Politik« und »Moral« oft unzulässig vermischt. Wir haben versucht, uns dem schwer verständlichen Menschen und dem überragenden Staatsmann mit gesichert erscheinenden Informationen aus großer Entfernung zu nähern. Ob es geglückt ist, mag jeder Leser für sich entscheiden.

Anhang

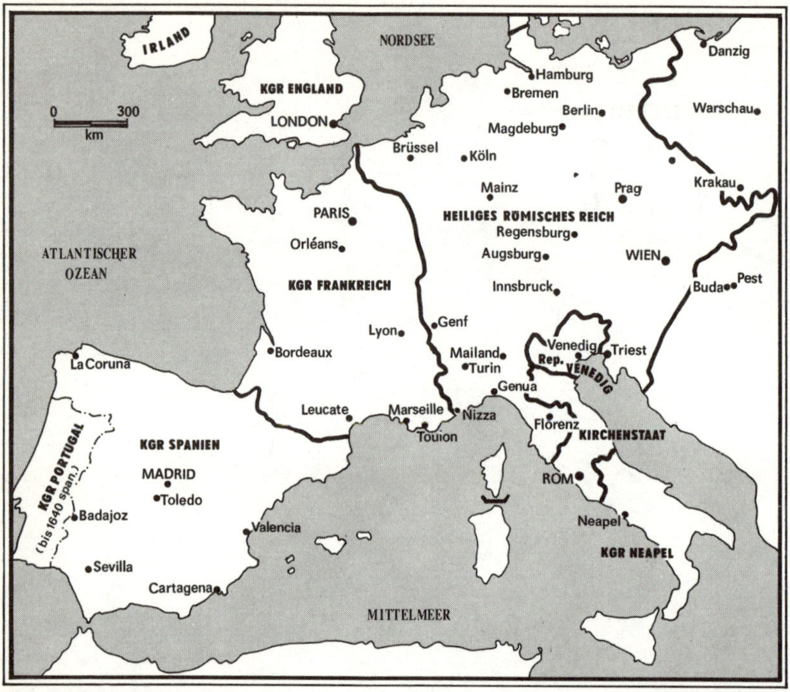
IRLAND
NORDSEE
KGR ENGLAND
LONDON
0 300 km
Danzig
Hamburg
Bremen
Berlin
Warschau
Magdeburg
Brüssel
Köln
Mainz
Prag
Krakau
PARIS
HEILIGES RÖMISCHES REICH
Regensburg
Orléans
Augsburg
WIEN
ATLANTISCHER OZEAN
KGR FRANKREICH
Innsbruck
Buda
Pest
Genf
Lyon
Bordeaux
Mailand
Turin
Venedig
Triest
Rep. VENEDIG
La Coruna
Genua
Leucate
Marseille
Nizza
Toulon
Florenz
KIRCHENSTAAT
KGR PORTUGAL (bis 1640 span.)
KGR SPANIEN
MADRID
Toledo
ROM
Badajoz
Valencia
Neapel
KGR NEAPEL
Sevilla
Cartagena
MITTELMEER

Freigrafschaft Burgund
SCHWEIZ
Chur
Grafschaft Tirol
Saône
Veltlin
Bellizona
Adda
Lyon
Herzogtum Savoyen
Fürstentum Piemont
Como
Republik VENEDIG
Herzogtum Mailand
Mailand
Rhône
Ticino
Grenoble
(span.Gouv.)
(1631 sav.)
Herzogtum Mantua
Exilles
Casale
Mantua
Turin
Po
KÖNIGREICH FRANKREICH
(1631 franz.)
Pignerol
Herzogtum Parma
Herzogtum Modena
Saluzzo
Markgrafschaft Montferrat
(1631 an Gonzaga-Nevers)
0 50 km
Genua
KIRCHEN-STAAT
Barcelonetto
Republik Genua

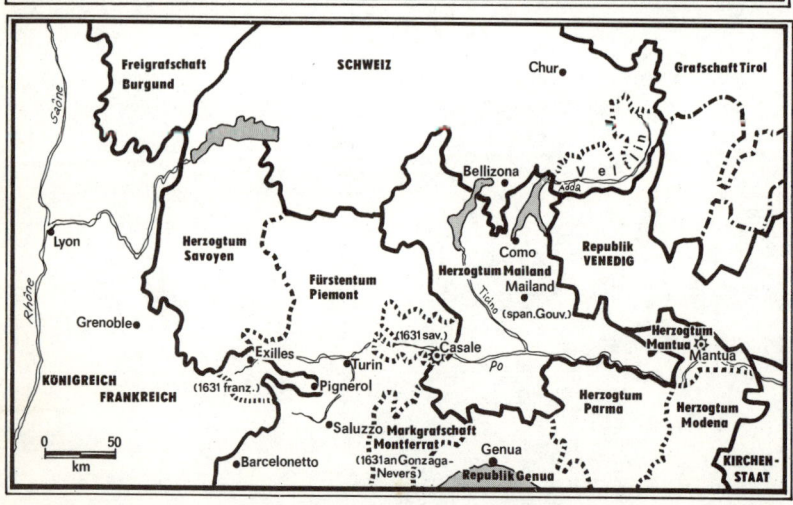

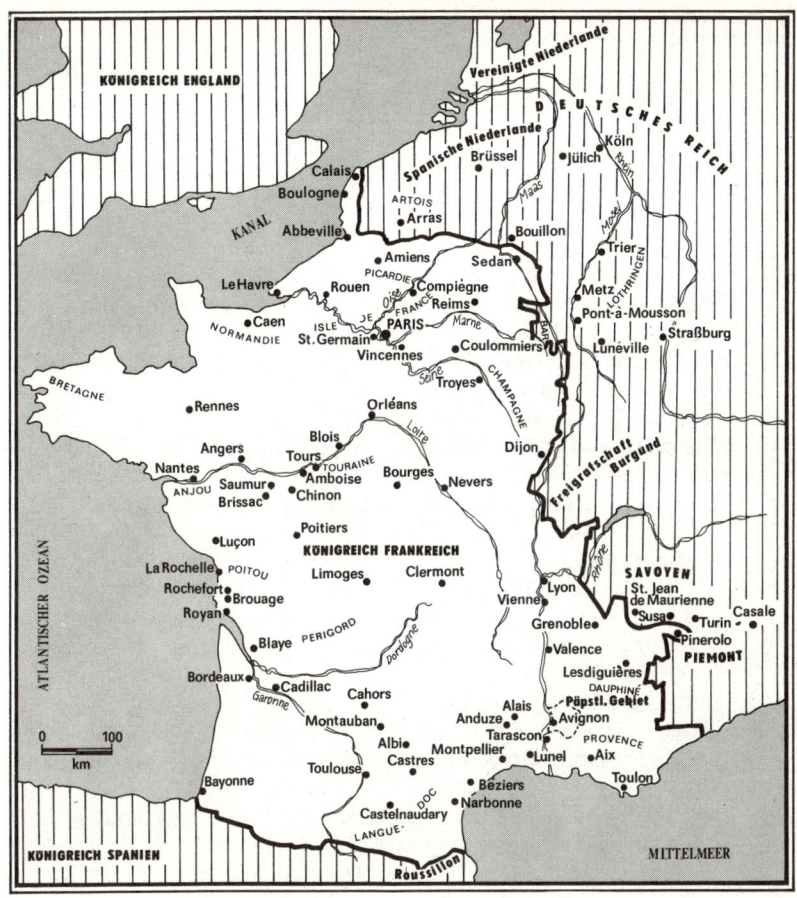

Frankreich zur Zeit Richelieus

linke Seite oben: Habsburgische Länder um die Mitte des 16. Jahrhunderts
unten: Norditalienische Staaten und das Veltlin 1631

Zeittafel

1585   9. September: Armand-Jean du Plessis in Paris geboren.

1589   Heinrich von Navarra wird als Heinrich IV. erster König von Frankreich aus dem Hause Bourbon.

1598   Mit dem Edikt von Nantes werden den Hugenotten weitgehende Rechte zugestanden.

1600   Heinrich IV. heiratet (in zweiter Ehe) Maria von Medici.

1607   Richelieu wird in Rom vorfristig zum Bischof geweiht.

1608   Dezember: Richelieu übernimmt seine Amtsgeschäfte in Luçon.

1609   Heinrich IV. unterstützt im Jülich-Kleveschen Erbfolgestreit deutsche protestantische Fürsten und bereitet einen Krieg gegen das Haus Habsburg vor.

1610   14. Mai: Heinrich IV. wird in Paris ermordet; für seinen minderjährigen Sohn Ludwig XIII. führt Maria von Medici die Regentschaft. Ihre Günstlinge Leonora Galigai und Concino Concini gewinnen entscheidenden Einfluß.

1614   Ludwig XIII. wird volljährig.
Oktober bis Februar 1615: letzte Versammlung der Generalstände vor der Französischen Revolution. Richelieu zeichnet sich als Delegierter aus.

1615   bis 1622: Aufstände des Hochadels und der Hugenotten. Ludwig XIII. heiratet Anna von Österreich, Tochter Philipps III. von Spanien; seine Schwester Elisabeth (Isabella) heiratet Philipp IV., der 1621 König von Spanien wird. Richelieu erlangt durch die Gunst der Concinis ein Hofamt.

1616   Ende November: Richelieu wird Staatssekretär.

1617   24. April: Ermordung Concinis; Regierungsübernahme durch Ludwig XIII.; Richelieu wird entlassen, begleitet die »verbannte« Königinmutter nach Blois.

1618   7. April: Richelieu wird nach Avignon verbannt.
23. Mai: der Prager Fenstersturz löst den sog. böhmisch-pfälzischen Krieg (1618–1623) aus, die 1. Etappe des Dreißigjährigen Krieges.

1619   7. März: Versuche der Königinmutter, mit Hilfe einer Rebellion des Hochadels ihren Einfluß zurückzugewinnen, veranlassen Ludwig XIII., Richelieu zurückzurufen.

8. Juli: Richelieus Bruder Henri fällt im Duell.

26. August: Wahl des pfälzischen Kurfürsten Friedrich V. zum König von Böhmen.

28. August: Wahl Ferdinands II. zum Kaiser.

1620   3. Juli: Der Gesandte Frankreichs ermöglicht in Ulm die Ausschaltung der protestantischen Union.

10. August: Richelieu beendet als Beauftragter der Königinmutter die Rebellion gegen die Zentralgewalt.

Durch einen Aufstand im Veltlin werden Gebirgspässe für eine Verbindung zwischen dem oberitalienisch-spanischen Gebiet und habsburgischen Territorien nördlich der Alpen verfügbar.

8. November: Die Schlacht am Weißen Berg entscheidet im sog. böhmisch-pfälzischen Krieg zugunsten der Habsburger.

1621   Ein von Luynes befehligter Feldzug gegen rebellierende Hugenotten scheitert vor Montauban.

15. November: Luynes stirbt.

1622   Luynes' Witwe heiratet den späteren Herzog von Chevreuse, sie wird Richelieus erbitterte Feindin.

Erneuter Aufstand der Hugenotten unter Soubise.

5. September: Richelieu wird Kardinal.

9. Oktober: Friedensschluß mit den Hugenotten (in Montpellier).

1623   Diplomatischer Kampf zwischen Frankreich und Spanien um die Veltliner Alpenpässe.

Streit Buckinghams mit Olivares in Madrid.

Lord Holland als englischer Gesandter in Paris.

1624   27. Februar: Buckingham ruft vor dem Parlament zum Krieg gegen Spanien auf und erreicht den Gipfel seiner Macht.

29. April: Richelieu wird in den Ministerrat berufen.

13. August: Richelieu wird Vorsitzender des Ministerrates.

Dezember: Vertreibung der im Veltlin stationierten päpstlichen »unparteiischen« Besatzungstruppen durch Richelieu; Aufhebung des Durchmarschrechtes für habsburgische Streitkräfte.

1625   Erneute Bedrohung durch eine hugenottische Rebellion; Richelieu befürchtet Eingreifen Englands.

11. Mai: König Karl I. von England heiratet Henriette von Frankreich, Schwester Ludwigs XIII.

Buckingham kommt nach Paris.

15. April: Wallenstein wird kaiserlicher Oberbefehlshaber. Dänemark ist zum Eingreifen auf seiten der Protestanten bereit.

September: Aufbruch der von Wallenstein aufgestellten Armee in Böhmen; Beginn des sog. dänisch-niederdeutschen Krieges (1625–1629), der 2. Etappe des Dreißigjährigen Krieges.

1626 Verschwörung Gastons, der Chevreuse und anderer gegen Richelieu; Chalais wird in Nantes hingerichtet, die Chevreuse begibt sich nach Lothringen.

27. August: Tilly besiegt den Dänenkönig Christian IV. bei Lutter am Barenberg. Anschließend besetzen Truppen der Liga und Kaiserliche unter Wallenstein bis 1628 schrittweise Norddeutschland und Jütland.

1627 März: Geheime Mission Lord Montagus nach Nantes und Turin; Kriegsvorbereitungen Englands und der Hugenotten.

23. Juni: Beginn der Expedition Buckinghams nach La Rochelle.

12. Oktober: Ludwig XIII. vor La Rochelle.

8. November: Rückzug Buckinghams.

28. November: Beginn der Belagerung von La Rochelle.

1628 11. Mai: Ankunft eines neuen englischen Geschwaders unter Denbigh vor La Rochelle.

4. August: Abbruch der Belagerung von Stralsund durch Wallenstein.

23. August: Ermordung Buckinghams in Portsmouth.

20. September: Ankunft eines englischen Geschwaders unter Lindsey vor La Rochelle.

28. Oktober: Kapitulation von La Rochelle. Richelieu bereitet das Eingreifen Frankreichs in den Mantuanischen Erbfolgestreit vor.

Gründung der »Compagnie von Neufrankreich« für den Kanadahandel durch Richelieu.

1629 13. Januar: Memorandum Richelieus über die Leitsätze künftiger französischer Politik.

28. Januar: Aufbruch der französischen Armee nach Savoyen.

19. April: Vertrag von Susa mit Spanien. Franzosen besetzen Casale.

28. April: Aufbruch Ludwigs XIII. von Casale nach Südfrankreich zur Niederschlagung der hugenottischen Rebellion.

27. Juni: »Gnadenedikt« von Alais.

1630 bis 1635: der sog. schwedische Krieg, die 3. Etappe des Dreißigjährigen Krieges.

29. Januar: als päpstlicher Unterhändler begegnet Mazarin zum erstenmal Richelieu.

29. März: Franzosen erobern Pignerol.

Casale wird von Spinola belagert.

6. Juli: Gustav Adolf von Schweden landet auf Usedom.

13. Oktober: Auf dem Regensburger Kurfürstentag schließt Pater Jo-

seph mit Ferdinand II. einen Friedensvertrag, den Richelieu jedoch nicht anerkennt.

10. November: der »Tag der Geprellten«.

1631   23. Januar: Im Vertrag von Bärwalde verpflichtet sich Richelieu zu Subsidienzahlungen an Schweden.

19. Juli: Maria von Medici flieht in die Spanischen Niederlande.

13. August: Richelieu wird Herzog und Pair.

17. September: Gustav Adolf besiegt Tilly bei Breitenfeld.

1632   Eine großangelegte Verschwörung der Königinmutter, Gastons, der Herzöge von Lothringen, Sedan und Savoyen wird bekannt; Gegenmaßnahmen Richelieus haben Erfolg; Frankreich setzt sich in Lothringen fest. Gaston veranlaßt Montmorency zur Rebellion.

30. Oktober: Montmorency wird in Toulouse zum Tode verurteilt und hingerichtet.

16. November: Gustav Adolf fällt bei Lützen.

November: Richelieu gerät auf Epernons Schloß Cadillac in Lebensgefahr.

1633   Richelieu verhandelt mit Wallenstein, protestantischen Fürsten, in Oberitalien und mit der Republik der Vereinigten Niederlande.

September: neuer Feldzug nach Lothringen.

1634   25. Februar: Wallenstein wird in Eger ermordet.

6. September: Mit der Schlacht bei Nördlingen verlieren die Schweden die Vorherrschaft in Deutschland.

8. Oktober: Gaston kehrt aus den Spanischen Niederlanden nach Frankreich zurück.

1635   Januar: Gründung der Académie Française durch Richelieu.

28. April: Kriegserklärung Frankreichs an Spanien, Beginn der 4. Etappe des Dreißigjährigen Krieges (bis 1648), des sog. schwedisch-französischen Krieges.

27. Juli: Bernhard von Weimar tritt auf die französische Seite über.

1636   Erfolge spanischer und kaiserlicher Truppen an der Nord- und Ostfront bringen Paris in große Gefahr.

9. November: Corbie wird zurückerobert.

1637   15. Februar: Tod Kaiser Ferdinands II. Sein Sohn Ferdinand III. wird von Frankreich zunächst nicht anerkannt. Schwedische Erfolge in Norddeutschland.

Französische Siege in Flandern.

August bis September: geheime Konspiration der Königin Anna.

1638   5. September: Ludwig XIV. geboren.

Dezember: Breisach durch Bernhard von Weimar erobert; Pater Joseph stirbt.

1639	Juli: Tod Bernhards von Weimar in Neuenburg.
	September: Seesieg der Holländer über die Spanier vor Dover.
1640	5. Januar: Der zum Franzosen gewordene Mazarin trifft in Paris ein.

1639   Juli: Tod Bernhards von Weimar in Neuenburg.
        September: Seesieg der Holländer über die Spanier vor Dover.
1640   5.Januar: Der zum Franzosen gewordene Mazarin trifft in Paris ein.
        Casale, Turin und Arras werden von französischen Truppen erobert.
        Mazarin vertritt in Savoyen erfolgreich Frankreichs Interessen. Ri-
        chelieu plant, nach der Eroberung des Roussillon in Katalonien zu
        intervenieren. Portugal wird wieder ein selbständiges Königreich.
        Ende November bis 1649: In England siegt eine bürgerliche Revolu-
        tion.
1641   6.Juli: In der Schlacht vor La Marfée siegen die Rebellen, doch ihr
        Anführer, der Bourbone Soissons, kommt nach der Schlacht ums Le-
        ben.
        28.Juli: Sedan wird von Frankreich abhängig.
        Lothringen wird besetzt; an der Nordfront hat Frankreich weitere Er-
        folge; eine katalonische Gesandtschaft huldigt Ludwig XIII.
        16. Dezember: Mazarin wird zum Kardinal ernannt.
1642   Februar: Richelieu und der König begeben sich nach Südfrankreich,
        um die Eroberung des Roussillon zu leiten.
        23. Mai: Richelieu diktiert sein Testament.
        12. Juni: Aufdeckung der sog. Verschwörung des Cinq-Mars.
        Juli: Maria von Medici stirbt in Köln.
        12. Juli: Die Vertreter der kriegführenden Mächte einigen sich in
        Hamburg über Friedensverhandlungen in Münster und Osnabrück.
        Richelieu arbeitet mit Mazarin genaue Instruktionen für die französi-
        schen Unterhändler aus, die nach seinem Tode verbindlich bleiben.
        September: Prozeß in Lyon und Hinrichtung von Cinq-Mars und de
        Thou.
        17. Oktober: Richelieu wieder in Paris. Erneute Erkrankung.
        4. Dezember: Tod Richelieus in Paris.
        13. Dezember: Vorläufige Beisetzung in einer Kapelle der Sorbonne.
1643   14. Mai: Tod Ludwigs XIII. Die Regentschaft für Ludwig XIV. über-
        nimmt Königin Anna. Sie ernennt den Kardinal Mazarin zu ihrem
        Ersten Minister.

Literatur

Einen Gesamtüberblick über die Geschichte Frankreichs vermittelt:

Heinz Köller / Bernhard Töpfer: Frankreich. Ein historischer Abriß. 4., überarbeitete und ergänzte Auflage, Berlin 1980.
Teil 1: *Bernhard Töpfer*, Von den Anfängen bis zum Tode Heinrichs IV.
Teil 2: *Heinz Köller*, Von Ludwig XIII. bis zur Gegenwart.

In knapper Form zeigt größere Zusammenhänge:

Allgemeine Geschichte der Neuzeit von 1500 bis 1917. Von einem Autorenkollektiv unter Leitung von M. Kossok, Berlin 1986.

Neben Karten und Skizzen in den hier erwähnten Werken ist ein unentbehrliches Hilfsmittel:

Atlas zur Geschichte, Band 1, Herausgeber: Zentralinstitut für Geschichte der AdW der DDR, Gotha/Leipzig 1973.

Den Einfluß Richelieus auf die Entwicklung des Dreißigjährigen Krieges in Deutschland bis zum Tod Gustav Adolfs von Schweden schildert:

Dieter Albrecht: Richelieu, Gustav Adolf und das Reich, München und Wien (1959).

Die Bedeutung vor allem des bäuerlichen Klassenkampfes hat aus französischen Archiven am gründlichsten erschlossen:

Boris Porschnew: Die Volksaufstände in Frankreich vor der Fronde, 1623 bis 1648, Leipzig 1954.

Die Rolle des Paters Joseph auf dem Regensburger Kurfürstentag von 1630 und seine persönlichen Beziehungen zu Richelieu schildert in einer historischen Erzählung:

Bruno Gloger: Kronen in einer Kapuze, Berlin (1979).

Die vorliegende Arbeit fußt vor allem auf folgenden biografischen Werken, denen auch Quellenzitate ohne besondere Kennzeichnung entnommen wurden und die weiterführende Literatur nachweisen:

Willy Andreas: Richelieu (Persönlichkeit und Geschichte, Bd. 11), Göttingen/ Berlin/Frankfurt a. M. (1958).

Carl Jacob Burckhardt: Richelieu, Frankfurt a. M./Wien/Zürich (1968)
Band 1: Der Aufstieg zur Macht (München 1935)
Band 2: Behauptung der Macht und kalter Krieg (München 1965)
Band 3: Großmachtpolitik und Tod des Kardinals (München 1966/67)

Philippe Erlanger: Richelieu (Frankfurt a. M. 1977), aus dem Französischen übertragen von Ulla Leipe.
Band 1: Der Ehrgeizige (Paris 1967)
Band 2: Der Revolutionär (Paris 1969)
Band 3: Der Diktator (Paris 1970)

Daniel Patrick O'Connell: Richelieu. Kardinal – Staatsmann – Revolutionär. Deutsch von Dr. Holger Fließbach, 2. Auflage München 1981.

Inhalt